AM HÖHEPUNKT DER KIRCHLICHEN GLEICHSCHALTUNG:
Der evangelische D.C.-Reichsbischof Ludwig Müller (rechts) mit Adolf Hitler beim Reichsparteitag im Sept. 1934 im Luitpoldhain in Nürnberg (Bildmitte: der katholische Abt Albanus Schachleitner, eine NS-Schachfigur. – Bild: Preuß. Kulturbesitz)

Projekt „MYRTEN FÜR DORNEN“
– Geschichte(n) aus Weidenberg 1919–1949

Alltagsleben und Kirchenkampf in einer oberfränkischen Marktgemeinde

Eine kirchen- und ortsgeschichtliche Chronik in den Zeiten von Pfarrer Georg Redenbacher

Folge 4:

CHRISTSEIN AM SCHEIDEWEG – Weidenberg im Kirchenkampf

1. „BLOß KEINE ATHEISTEN …“
Glückliche Fügungen und vereitelte Wunder bei der Entwicklung der protestantischen Landeskirche in Bayern und im Kirchenkampf im Dritten Reich

2. „DAS TROJANISCHE PFERD DER NAZIS“
– Pfarrer Theodor Hoffmann und die Deutschen Christen

3. „DIE GEHEIME BEKENNTNISGEMEINDE WEIDENBERG“
und andere Geschichten vom Pfarrer Redenbacher

Jürgen-Joachim Taegert

CHRISTSEIN AM SCHEIDEWEG
– Weidenberg im Kirchenkampf –

Projekt „MYRTEN FÜR DORNEN“
– Geschichte(n) aus Weidenberg 1919–1949 –

Folge 4

Die Bücher dieser Folge:

Bibliografische Informationen der Deutschen Nationalbibliothek:
Die Deutsche Nationalbibliothek verzeichnet diese Publikation in der Deutschen Nationalbibliothek; detaillierte bibliographische Daten sind im Internet über http://dnb.dnb.de abrufbar.

Bearbeitung und Herausgabe, Design und Layout:
Jürgen-Joachim Taegert

ISBN: 978-3-947247-18-9

Herstellung und Verlag:
BoD – Books on Demand, Norderstedt

Vorwort

ADOLF HITLER stilisierte sich ja gern als Schutzherr des abendländischen Christentums gegen Atheismus und Kommunismus. Das nahmen ihm anfangs auch viele evangelische Pfarrer und Kirchenleitungen ab. Ihnen saß noch der Schock der deutschen Novemberrevolution von 1918 im Nacken, als die Kirchen tief in den Abgrund des Atheismus geblickt hatten und ein apokalyptisches Ende des Christentums in Deutschland nahe herbeigekommen schien. In ihrem Vertrauen zu HITLER hatten sich in Oberfranken sogar Pfarrer zu Hitlers Wegbereitern gemacht.

Doch der schöne Schein zerstob rasch. Bereits ein halbes Jahr nach Regierungsantritt, am 23. Juli 1933, griff HITLER wie ein absolutistischer Landesherr in die Rechte der Kirchen ein und beraumte willkürlich Kirchenwahlen an. Sie sollten die Plattform sein, um seine religiöse Parteiorganisation „Deutsche Christen" (D.C.) von der Basis her in alle Ebenen der Landeskirchen einzuschleusen.

Erstaunlicherweise blieb der laute Aufschrei der Kirchen aus. Gemeinden und Kirchenleitungen arrangierten sich mit den braunen Parteigängern in ihren Reihen. Die Gleichschaltung der Kirchen unter der Führerschaft des von Hitler ernannten Reichsbischofs LUDWIG MÜLLER schien unaufhaltsam näherzurücken.

Doch ereigneten sich „zum Glück" zwei Vorfälle, die den Widerstand in den evangelischen Kirchen zündeten und Hitlers Griff nach den Kirchen stoppten. Beide Ereignisse hatten mit den rassistischen Ambitionen von Hitlers kirchenpolitischer Kampftruppe, den D.C., zu tun. Bereits am 1. April 1933 hatte die NS-Regierung, entsprechend dem 25-Punkte-Programm der NSDAP, als Probelauf einen Boykott aller jüdischen Geschäfte und Einrichtungen angeordnet; doch dieser „Judenboykott" war im Sande verlaufen, weil die Bevölkerung zu passiv war; der „Radau-Antisemitismus" hatte fast nirgends gezündet.[1] Die Kirchen hatten dazu weitgehend geschwiegen.

Eine Woche hatte später HITLER dann das rassistische „Gesetz zur Wiederherstellung des Berufsbeamtentums" erlassen. Der darin enthaltene „Arierparagraph" sollte es ermöglichen, Beamte „nichtarischer Abstammung" in den Ruhestand zu versetzen. Die D.C. wollten diese Bestimmungen auch in den Kirchen einführen und auch auf christliche Pfarrer jüdischer Herkunft anwenden.

Doch dagegen erhoben sich nun warnende Stimmen. Der Theologe DIETRICH BONHOEFFER ließ seinen bereits im April 1933 zeitgleich mit den Vorfällen begonnenen Aufsatz „DIE KIRCHE VOR DER JUDENFRAGE" im Juni zum letztmöglichen Zeitpunkt vor den staatlichen Zensurmaßnahmen drucken und verbreiten. Er trat darin für das gesamte verfolgte Judentum und andere Opfer ein, *„auch wenn sie nicht der christlichen*

---

[1] Erst am 25. März 1934 gab es beim „Blutpalmsonntag" in Gunzenhausen einen vereinzelten ersten Judenpogrom, vergl. unten die S. 127, 143, 230 und 314.

Gemeinde zugehören" und forderte die Kirche auf, im Falle eines *„Zuviel oder ein Zuwenig an Ordnung und Recht ... nicht nur die Opfer unter dem Rad zu verbinden, sondern dem Rad selbst in die Speichen zu fallen".* Auch mehrere namhafte Hochschul-Professoren nahmen damals kritisch zum Arierparagraphen Stellung.

Trotzdem beschloss die von D.C. majorisierte „braune Synode" der Altpreußischen Union im September 1933 die Einführung dieser umstrittenen Bestimmung in ihrer Kirche. Das war der eigentliche Auftakt zum „Kirchenkampf", dem die vorliegende 4. Folge des Projektes „MYRTEN FÜR DORNEN – Am Scheideweg" gewidmet ist.

Ein zweiter Brandherd beschleunigte damals die Auseinandersetzung und beflügelte den Widerstand einer immer weiter wachsenden Zahl von Geistlichen und Gemeinden. Im viel beachteten „Sportpalastskandal" demaskierte sich die religiös-politische D.C.-Sekte bereits am 13. November 1933 mit ihrem Großangriff auf Bibel und Bekenntnis. Ihr Auftritt im Berliner Sportpalast, mit dem sie sich über die „Viehhändler- und Zuhältergeschichten" des Alten Testaments und über die „Sündenbock- und Minderwertigkeitstheologie des Rabbiners Paulus" echauffierte, geriet inhaltlich so abstoßend, dass sich viele angewidert von den D.C. abwandten und Hitlers Trojanisches Pferd dauerhaft geschwächt wurde.

Es folgte ein vielgestaltiger Kampf um das christliche Bekenntnis gegenüber der NS-Weltanschauung. Er steht im Mittelpunkt dieser vorliegenden Folge von „MYRTEN FÜR DORNEN". Das erste Hauptkapitel „BLOß KEINE ATHEISTEN" schildert die Entwicklung der protestantischen Landeskirche i. B. im 19.-20. Jh. Die Kenntnis dieser geschichtlichen Entwicklungen ist für ein gerechtes Urteil über das Verhalten der Bayerischen Landeskirche im Kirchenkampf unerlässlich.

Die beiden folgenden Hauptkapitel machen exemplarisch am Beispiel der Gemeinde Weidenberg und ihrer Geistlichen sichtbar, wie die Herausforderungen des damaligen Kirchenkampfs das Handeln der Pfarrer bestimmten und wie sie sich auch auf den Alltag der Gemeinden auswirkten. Hier stehen sich ein aufsässiger D.C.-Pfarrer und ein streitbarer Bekenntnispfarrer gegenüber. Wird es dem gegen die Kirchenleitung wütenden D.C.-Pfarrer Theodor HOFFMANN gelingen, das „Trojanische Pferd der Nazis" in das Dekanat Bayreuth und in Weidenberg einzuschleusen? Kann der beliebte Geistliche Georg REDENBACHER am Marktort eine „Bekenntnisgemeinde Weidenberg" installieren, ohne das verabredete Stillhalten mit seinem Kollegen zu durchbrechen? Welche Persönlichkeiten sind diese Geistlichen?

Am Höhepunkt dieser Auseinandersetzung im Jahr 1937 stellt dann die gebürtige Lessauerin MARGARETE SCHILLING ihr evangelisches Bekenntnismarterl auf der Bocksleite über Weidenberg auf, das auf einmalige Weise den Widerspruch des Glaubens gegen Hitlers totalitären Anspruch formuliert.

Jürgen Taegert, Kirchenpingarten 2020

INHALTSÜBERSICHT:

CHRISTSEIN AM SCHEIDEWEG
– Weidenberg im Kirchenkampf –

1. Buch: „BLOSS KEINE ATHEISTEN“

Glückliche Fügungen und vereitelte Wunder bei der Entwicklung der protestantischen Landeskirche in Bayern und im Kirchenkampf im Dritten Reich

Stolzes Erkennungssymbol des Bayerischen Protestantismus bis zum erzwungenen Abriss am Kulminationspunkt des Kirchenkampfes 1938: Die Evang.-Luth. Matthäuskirche, erbaut 1833 in München auf dem Glacis der Sonnenstraße nahe dem Karlstor

ERSTES BUCH:

„BLOSS KEINE ATHEISTEN"

GLÜCKLICHE FÜGUNGEN UND VEREITELTE WUNDER BEI DER ENTWICKLUNG DER PROTESTANTISCHEN LANDESKIRCHE I. B. UND IM KIRCHENKAMPF IM DRITTEN REICH

Inhalt:

PROLOG

Was alles hätte passieren können ...

Nur wer die besondere Prägung der Evangelisch-lutherischen Kirche in Bayern und ihre Geschichte kennt, kann ihre Haltung in Hitlerzeit und Kirchenkampf sachgerecht beurteilen. Mag man es berechtigterweise auch als Schuld ansehen, dass sich diese Kirche damals zu weit für den Nationalsozialismus geöffnet und nicht eindeutig genug gegen die Judenverfolgung positioniert hat, so muss man andererseits doch auch anerkennen, dass sie sich Hitlers persönlichem Projekt einer weltanschaulichen Gleichschaltung der Kirchen damals tapfer und erfolgreich widersetzt hat. Als eine der wenigen evangelischen Kirchen in Deutschland ist die Bayer. Landeskirche in Bekenntnis und Kirchenstruktur weitgehend „intakt“ geblieben.

Die Nazis waren damals gereizt durch den Widerstand der Protestanten in Bayern. Als Beweis darf man getrost den skandalösen Vorgang werten, der sich am Ende des Kirchenkampfes im Juni 1938 in München ereignete. Die braune Stadtverwaltung ließ für NS-Aufmärsche das stolze Erkennungssymbol des Bayerischen Protestantismus, die Matthäuskirche am Karlsplatz, binnen, vier Wochen dem Erdboden gleichmachen. Es war eine Bestrafung der renitenten Landeskirche.

Racheakt der Nazis an der Kirche für ausdauernde Renitenz:
Im Juni 1938 zerstörten die Nationalsozialisten die Münchner Matthäuskirche

Doch es hätte alles auch noch viel schlimmer kommen können. –

Diese junge, im Verlauf des 19. Jh. zu eigenem Profil erstarkte Landeskirche hätte zum Beispiel bereits mit dem Ende des Ersten Weltkrieges untergehen können. Denn das Desaster des verlorenen Krieges hatte in Deutschland nicht nur alle politischen Verhältnisse verändert und alle moralischen Werte und gesellschaftliche Normen völlig umgestürzt. Die Schrecken dieses Krieges hatten in vielen Menschen auch das Gottvertrauen erschüttert.

Und unter denen, die nun nach der Macht strebten, gab es manche radikale, antikirchliche Überzeugungstäter. Mit den Ideen der marxistischen Religionskritik im Hirn und der kommunistischen Gottlosenpropaganda im Herzen trachteten sie danach, den Kirchen endgültig den Garaus zu bereiten. Das apokalyptische Ende der protestantischen Kirche stand im Raum und wurde von der bayerischen Kirchenleitung auch als bedrohlich nah empfunden.

– Tatsächlich aber suchten dann gerade in dieser umfassenden Krise erstaunlich viele Menschen bewusst neu Zuflucht bei der Kirche. Sie ließen sich von der Hoffnung leiten, ihre Prediger könnten ihnen etwas vom ewigen Heil und den unzerbrechlichen Werten des Christseins für ihr bedrohtes Dasein vermitteln.

Oder:

Die Kirche hätte, nachdem ADOLF HITLER die Macht übernommen hatte, den Diktator vielleicht als „Summus Episcopus", ihr höchstes Oberhaupt, akzeptieren müssen, wie es einige seiner Anhänger damals ernsthaft vorschlugen.

Die alten Regeln für das Amt des „Notbischofs" der Evangelischen Kirche, die seit der Reformation und der Loslösung von der römischen Kirche galten, blieben ja auch nach dem Ersten Weltkrieg für die führenden Politiker ein Objekt der Begierde. Nicht anders als die protestantischen Markgrafen und Kleinfürsten der absolutistischen Zeit und die katholischen Könige der jungen bayerischen Monarchie hätten nach 1918 zunächst gern rote, später braune Machthaber als kirchlich Oberherren fungiert.

So hatte bereits in der Revolutionsregierung Kurt Eisners im November 1918 der SPD-Kultusminister JOHANNES HOFFMANN[2] die Rechte des „Summus Episcopus" für sich beansprucht und für eine ausgesprochen kirchenfeindliche Religions- und Kulturpolitik genutzt.

– Tatsächlich aber hatte die kirchenfeindliche Politik der Linksregierungen seit dem Sturz der Monarchie im November 1918 viele Kirchentreue und Gemeindepfarrer auf den Plan gerufen, so auch den Pfarrer von St. Matthäus in München und späteren Landesbischof HANS MEISER. Sie hatten ihre Gemeindeglieder und die Kirche zum Widerstand gegen den Atheismus und diese Kirchenfeindlichkeit aufgerufen.

In diesem Zusammenhang war MEISER im April 1919 in eine lebensbedrohliche Situation geraten. Die Räteregierung hatte ihn als Geisel genommen. Seitdem hatte MEISER umso vehementer für eine klare Trennung von Kirche und Staat gekämpft.

---

[2] JOHANNES HOFFMANN wurde dann von März 1919-1920 bayerischer Ministerpräsident.

Die Bayerischen Landeskirche sollte künftig über ihre Organisation und ihr Bekenntnis ganz allein bestimmen können.

Bereits im Juli 1919 war die erste Bayerische Kirchliche Generalsynode zusammentreten und hatte im folgenden Jahr die Kirchenverfassung verabschiedet. **„Bloß keine Atheisten“** – so lautete seitdem in Bayern die kirchliche Parole, die dem kirchenpolitischen Handeln zur Richtschnur diente. Das lutherische Bekenntnis war nun für alle Entscheidungen der allein gültige Maßstab.

Ein kollegiales Leitungsgremium mit einem **als Oberhirt bevollmächtigten Kirchenpräsidenten** trat nun an die Stelle des bisherigen „Summus Episcopus“. FRIEDRICH VEIT wurde zum ersten und einzigen Kirchenpräsidenten gekürt. Weil er aber den Nationalsozialisten eine Absage erteilte, hatte die Synode im Jahr von Hitlers Machtübernahme an seiner Stelle, entsprechend der neuen Doktrin des „Führerstaats“, mit HANS MEISER am 4. Mai 1933 erstmals einen „Landesbischof“ gewählt. Von ihm erwartete man mehr Offenheit gegenüber dem nationalsozialistischen System.

Doch ihm und allen anderen deutschen Landesbischöfen machte HITLER bereits zwei Monate nach Meisers Amtsantritt die Befugnisse als „summus episcopus“ streitig: Ohne Rückfrage ordnete er im ganzen Deutschen Reich und somit auch in Bayern „Kirchenwahlen“ an. Auch mischte er sich persönlich in den Wahlkampf ein, indem er das Trojanische Pferd der Nationalsozialisten für die Gleichschaltung der Kirchen, die „Deutschen Christen“ (D.C.), als einzige Wahlalternative protegierte. Das war nur der Auftakt für unzählige weitere Grenzüberschreitungen des Staates gegenüber der Kirche, so als wäre der alte, übergriffige Absolutismus nie vergangen.

Diesen Übergriffen hätte die Kirche nachgeben können. Sie hätte sich in die Hierarchie einer parteikonformen Reichskirche einfügen und damit zum willigen Handlanger von Hitlers Unrechtsystems machen lassen können.

– Tatsächlich aber gab ein anfangs eher lavierender Landesbischof bald seinen Flirt mit dem NS-System auf und schrieb seiner Kirche und den Gemeinden ein klares kirchliches Bekenntnis auf die Fahnen.

– Tatsächlich fanden sich damals mutige und vorausschauende Theologen, die mit dem **„Barmer Bekenntnis“** über die Grenzen der evangelischen Bekenntnisse hinweg ein geistliches Bollwerk schufen, um Hitlers Parteigliederung „D.C.“ wirkungsvoll die Stirn zu bieten und die totalitären Angriffe auf den christlichen Glauben abzuwehren.

Um die Gleichschaltung der Bayerischen Landeskirche dennoch durchzudrücken, versuchten die braunen Machthaber dasselbe, was die roten kommunistischen Räte 15 Jahre zuvor schon einmal die getan hatten: Sie ließen den Bischof verhaften und festsetzen. Ja, noch mehr, sie beraubten ihn und den ganzen Landeskirchenrat ihrer Ämter. Das hätte leicht das Ende einer unabhängigen Amtsführung sein können.

Demonstrieren für Landesbischof HANS MEISER:
Menschenmenge vor dem landeskirchlichen Dienstgebäude in München am 16. Okt. 1934

– Tatsächlich fanden sich aus dem Kirchenvolk von ganz Bayern Abordnungen von bekennenden Bürgern, Bauerngemeinden und Patronatsherren, die nach München fuhren und in einem „frommen Volksaufstand" öffentlich für die Befreiung ihres Landesbischofs demonstrierten. Der populistisch gesinnte HITLER war davon so beeindruckt, dass er MEISER daraufhin sofort freiließ und wieder ins Amt einsetzte. Es war Hitlers einzige, wenn auch uneingestandene innenpolitische Niederlage.

– Tatsächlich fanden sich nun vermehrt tapfere Pfarrer, die auf ihrer Kanzel und bei Vorträgen klare Worte der Orientierung für ihre Gemeinden formulierten, auch unter Einsatz ihrer Freiheit und ihres Lebens.

– Tatsächlich bildeten sich nun an den meisten evangelischen Orten Bayerns in freiwilliger, aber bewusster Mitgliedschaft **Bekenntnisgemeinden**, die in Bekenntnisgottesdiensten und -kundgebungen ihr eigenes christliches Profil schärften und im alltäglichen Bekennen die christliche Moral hochzuhalten versuchten.

– Tatsächlich führte der hinhaltende Widerstand der Bekennenden Kirche und der Bekenntnisgemeinden dazu, dass schon seit 1934 Hitlers „Deutschen Christen" zum Auslaufmodell wurden, auch wenn einzelne ihrer Vertreter diese Niederlage nicht wahrhaben wollten, sondern noch fast bis Kriegsende weiter zu agitieren versuchen.

Alle diese Regungen des Glaubens und Handelns in der Startphase des „Dritten Reichs" waren keineswegs selbstverständlich. Denn immer ist es nach dem Römerbrief, Kapitel 13, für Christen die Frage, inwieweit sie **„ihrer Obrigkeit Gehorsam schulden"**, oder aber ob nach Apostelgeschichte, Kapitel 5, eine Situation eingetreten ist, in der man **„Gott mehr gehorchen muss, als den Menschen"**. An solchen Scheidewegen sind zur Orientierung verlässliche Erzählungen vom Wirken Christi und des Hl. Geistes in seiner Kirche hilfreich.

Über den Begriff des „Wunders" in der Geschichtsschreibung

In der folgenden Beschreibung der Geschichte der Protestantischen Landeskirche in Bayern wird mehrfach der metaphysische Begriff des „Wunders" verwendet. Das ist in der profanen Geschichtsschreibung eher unüblich. Damit soll aber nicht behauptet werden, dass in der Geschichte natürliche Kausalzusammenhänge oder Gesetzmäßigkeiten durchbrochen werden. Vielmehr soll auf solche Ereignisse hingewiesen werden, die unsere nachträgliche Verwunderung und unser Erstaunen auslösen.

Immer wieder ergeben sich ja im Lauf der Kirchengeschichte für Christen Situationen, in denen es geboten ist, darauf zu vertrauen, dass der Geist Jesu Christi anwesend und die Stimme mutig zu erheben. Aber ob die Gläubigen dann wirklich ihre Lähmung, Blindheit oder Stummheit überwinden und sich zu solchem Mut aufraffen, und ob solchem Einsatz dann auch Erfolg beschieden ist, liegt kaum in ihrer Hand. Es darf vielmehr von *Fügungen* oder gar von *Wundern* gesprochen werden, in denen sich der Herr der Kirche als wirksam erweist.

Für den Glauben ist Gott ja der Herr der Natur mit allen ihren Erscheinungen, wie er auch der Herr der Geschichte ist mit allen ihren Begebenheiten. Dass dieser Gott das Geschehen auf dieser Welt regiert und begleitet, sodass darin immer wieder sein heilsames Tun für die Menschen wirksam wird, dass also der Mensch nicht von Gott verlassen ist, ist für den Christen das eigentliche „Wunder".

Die Theologie der Reformation Martin Luthers und seiner Mitreformatoren bekennt sich beim Glauben an Gottes Wunder vor allem zu **Kreuz und Auferweckung Jesu Christi**. Hier sieht sie das Hauptwunder. Es gipfelt darin, dass Gott sich selbst erniedrigt, um dem sündigen Menschen entgegenzukommen und ihn mit Liebe zu beschenken.

Im folgenden Hauptkapitel sollen zunächst die Kirchwerdung der Evangelisch-Lutherischen Kirche in Bayern und ihre Bekenntnisbildung in ihrem geschichtlichen Wachstum untersucht werden, um dann zu fragen, **wie sich dieses Protestantische Bekenntnis auch in der Zeit des Nationalsozialismus bewährt**.

Dabei soll solchen Wendungen der hier betrachteten jüngeren Kirchengeschichte, das Prädikat „Wunder" gegeben werden, die der Geschichte einen unerwarteten Verlauf geben, der uns heute noch staunen lässt. – Es können aber auch solche bedauerlichen Situationen nicht verschwiegen werden, in denen die Kirche das Besondere der Stunde nicht erfasst und sich so Gottes möglichem Wundern verschlossen hat.

DAS ERSTE WUNDER und seine Grenze:

Die Reformation – und das Kreuz der Vielfalt des Landesherrlichen Kirchenregimentes

Ihr erstes Wunder hatte diese Kirche bereits mit der Reformation erfahren: MARTIN LUTHER hatte nach seinem Bekehrungserlebnis der alten Kirche den neuen bahnbrechenden Impuls geben können: Er hatte Gottes Gerechtigkeit im Glauben an den gekreuzigten Christus wiederentdeckt. Mit LUTHER und den anderen Reformatoren war das Christentum bewusst zu seinen biblischen Quellen zurückgekehrt. Indem die junge Bewegung die Hl. Schrift konsequent anwendete, konnte sie ihren Glauben neu justieren: Jesus Christus wurde zur geistlichen Mitte ihres Denkens und zum Maßstab ihres Lebens. Diese Neuorientierung hat der Reformation einen gewaltigen Zustrom von Menschen weit über Deutschland hinaus beschert.

Mit dem Wegfall der päpstlichen Hierarchie war aber die Frage nach der **Kirchenleitung** und der **Rolle der Kirche im Staatswesen** neu zu klären.

Religion und Staatskirchentum

Seit der Antike bis zum Deutschen Kaisertum war die die Staatsgewalt stets als göttliche Stiftung aufgefasst worden, der man Gehorsam schulde. Die Obrigkeit sei Gottes Dienerin, so hatte der Apostel Paulus im Römerbrief Kap. 13 den Christen eingeschärft; ihre Aufgabe sei der Schutz des Bürgers und die Bekämpfung des Bösen. Ihr habe sich jeder Bürger zu unterstellen.

Aber zugleich waren die Christen ja mit den Interessen des heidnischen Staates konfrontiert, der bestrebt war, seine polytheistische Staatsreligion durchzusetzen, denn ein Abweichen von dieser Religion hätte die Legitimationsbasis des Staates in Frage gestellt. Doch schon im Altertum hatte der römische Staat dem ehrwürdigen Judentum mit seinem hervorstechenden Monotheismus eine Ausnahmestellung als „religio licita" zugebilligt, als großzügige Geste, weil jüdische Feldherren den Prinzeps CÄSAR bei seinem ägyptischen Abenteuer mit KLEOPATRA beim Angriff von Palastfeinden herausgehauen hatten.

Von diesem religiösen Schutz hatte auch die frühe Christenheit profitiert, solange sie als jüdische Gruppierung galten. Als dann die Juden sie nach dem Jahr 70 n. Chr.

aus ihrer Synagogengemeinschaft ausschlossen, traf sie der religiöse Anspruch des römischen Staates schutzlos und mit voller Wucht. Es war das klare Bekenntnis zu Christus, dass den Christen trotz wiederholter resoluter Verfolgung die geistliche Energie gab, das Martyrium in beeindruckender Hingabe zu bestehen. Unter den Geboten von Liebe und Frieden revolutionierten sie das Leben der Menschen. In der Zeit des Kaisers KONSTANTIN hatte sich das Christentum weitestgehend gegenüber dem Staatskult der alten römischen Götter und den heidnischen Mysterienkulten durchgesetzt.

Kaiser THEODOSIUS hatte dann dieses Christentum in seiner Nicänischen Form des Glaubens an die Gottheit Christi und seine Menschwerdung im Jahr 380 zur neuen Staatsreligion erklärt. Das Römische Reich sollte religiös in Ost und West einheitlich sein. Es folgten die berühmten Glaubenskonzilien mit ihren bis heute gültigen Festlegungen. Sie hatten letztlich neben der religiösen auch die staatspolitische Funktion, die gewachsene Vielfalt der christlichen Überzeugungen nicht zu einer Gefahr für die Einheit des Reiches werden zu lassen. Diese **Spannung von Vielfalt und Einheit** blieb seitdem das heiß umkämpfte Thema der Kirchengeschichte.

Nachdem die mittelalterlichen Herrscher das antike römische Reich beerbt hatten, haben sie sich bemüht, die **Staatsidee von der Einheit von göttlicher und weltlicher Herrschaft** irgendwie aufrechtzuerhalten; sie sahen sich also als Hüter der politischen Reichsidee und des Christentums zugleich. Umso härter gingen sie gegen alle Versuche vor, die Vielfalt und Veränderung bedeutet hätten. Die Exkommunikation und die Reichsacht, das Schwert und der Scheiterhaufen wurden zur Ausrottungsmethode. Die Begriffe „Häretiker", „Ketzer" und „Aufrührer" dienten nun zum Urteil gegen Andersdenkende.

Die Reformationszeit markiert aber nun insofern eine Zeitenwende, als es seitdem nicht mehr so einfach möglich war, die Einheit im Glauben mit diesen bisherigen Mitteln der Exkommunikation und der Bestrafung und Ächtung von Abweichlern durchzusetzen.

Luthers „Zwei-Reiche-Lehre" markiert die Zeitenwende

Denn Martin Luthers Schrift *„Von weltlicher Obrigkeit, wie weit man ihr Gehorsam schuldig sei"* hatte ein **Menschenbild** etabliert, nach welchem der Christ unter „zwei Regimentern" lebt; beide Herrschaftsweisen habe Gott eingerichtet. Aber beide praktizierten sie ihre Herrschaft auf ihre je eigene Weise, man dürfe sie keinesfalls vermischen.

Dem **Staat** als dem Regiment Gottes „zur Linken“ obliege es, „mit dem Schwert“ für Recht und Ordnung zu sorgen und so das Gute zu fördern. Die **Kirche** wiederum als Regiment Gottes „zur Rechten“ sei für die Verkündigung des Wortes Gottes, die Seelsorge und den Dienst am Nächsten verantwortlich. Ihr „Schwert“ sei geistlicher Natur, nämlich das Wort, das die Christen an Gottes Gebote erinnern und ihnen die frohe Botschaft von Jesus verkündigen solle.

Wären alle Menschen wahre Christen, sodass sie nur nach der Richtschnur des Evangeliums lebten, bräuchte es die Herrschaft Gottes zur Linken nicht. In einer Welt aber, wo man immer mit allerlei Bösewichten zu tun hat, bedürfe es aber der ordnenden starken Hand durch den Staat, das war reformatorische Lehre.

Mit dieser Scheidung der Bereiche bekamen Religion und Glauben ein neues Gewicht. **Das religiös geformte Gewissen des Einzelnen** erwuchs zu einem neuen, machtvollen Maßstab, den die Herrschenden bei Fragen des Glaubens nicht mehr so einfach ignorieren konnte. **Bekenntnis und Gewissen wurden zu Menschenrechten**. Unter dem Druck der neuen Verhältnisse gingen die Herrschenden aber traurige Kompromisse ein: Sie wollten, trotz der neuen Vielfalt von Einzelmenschen und Interessen, dennoch die alte Reichsidee von der Einheit des Glaubens und allen sozialen Lebens aufrecht zu erhalten. Sie waren der irrigen Meinung, man könne das Rad der Geschichte noch einmal zurückdrehen, und sei es mit Hilfe von grausigen Kriegen. Der Machtkrieg mit Frankreich und die Gefahr durch den Druck der Türken kamen in Sicht. Das eröffnete der Sache der Evangelischen aber auch Chancen. Nach dem Wormser Edikt von 1521 hätte, nach der alten Ordnung, Luthers

„Hier stehe ich …“: LUTHER 1521 in Worms vor Kaiser KARL V.

Person und Werk geächtet und seine Bücher verbrannt werden sollen. Aber für die Kriege wurden die Protestanten gebraucht. So wurden den evangelischen Fürsten im Speyerer Reichsabschied von 1526 erstmals erlaubt, dass Edikt nach eigenem verantwortlichem Ermessen anzuwenden.

Damit war das Grundprinzip der deutschen Reformation in der Welt, wie es dann mit dem Augsburger Religionsfrieden von 1555 selbstverständlich wurde: *„Cuius regio, eius religio"*, oder in einer damaligen deutschen Formel: *„Wes der Fürst, des der Glaub'"*. Trotz ihrer religiösen Abweichung konnten die Protestanten seitdem nicht mehr von der Herrschaft im Reich ausgeschlossen werden. Der Protestantismus gehörte jetzt zu Deutschland.

Den Landesherren hatte freilich die reformatorische Idee des **„landesherrlichen Kirchenregimentes"**, des „Summepiskopats" eine starke Stellung beschert. Sie entschieden ja nun auch über den Glauben ihrer Untertanen.

Das landesherrliche Kirchenregiment prägt das Wesen der lutherischen Kirche

Die Landesherren konnten ihre Macht gegenüber der Kirche besonders wirkungsvoll in der Besetzung von Pfarrstellen und in der geistlichen Gerichtsbarkeit ausüben. In den Gebieten, die sich der Reformation angeschlossen hatten, galt ja die einstige päpstliche Hierarchie mit der Jurisdiktion der katholischen Bischöfe nicht mehr. Vielmehr gingen die evangelischen Theologen von der Annahme aus, dass in evangelischen Gebieten das Kirchenregiment „treuhänderisch" auf den Fürsten übertragen worden war. Die christlichen Herrschaften fungierten als „Notbischöfe". Ihr geistliches Amt war zwar nicht mit der staatlichen Herrschaftsgewalt deckungsgleich, gab ihnen aber doch das Recht („ius in sacra"), als oberster Bischof (**„summus episcopus"**) die inneren Angelegenheiten der evangelischen Kirche ihres Territoriums zu ordnen.

Über die Pfarrstellenbesetzung hinaus bestimmten sie insbesondere die **Ordnung des Gottesdienstes**: Sie gaben Agenden und Gesangbücher in Auftrag und genehmigten sie.

Freilich waren in der Anwendung des reformatorischen Glaubens auf das konkrete Leben und auf den gemeinsamen Gottesdienst auch die ersten nachhaltigen gesellschaftlichen und theologischen Risse sichtbar geworden: Die meisten Reformatoren hatten die Brisanz der **sozialen Frage** bei der unruhigen Bauernschaft unterschätzt. Damit hatten sie ungewollt den Bauernaufständen Vorschub geleistet.

Tiefe Risse zeigten sich aber auch in der Reformation selbst. Schwierige theologische Fragen waren zunächst ausgeklammert worden, so insbesondere die Auslegungen des Abendmahlssakramentes. Resultat war, dass sich **zwei unterschiedliche Bekenntnisse** entwickelten: **das Heidelberger Bekenntnis für die Reformierten** und **das Augsburgische Bekenntnis für die Lutherischen**. Der gemeinsame Gottesdienst wurde unmöglich. Beide Bekenntnisse entwickelten in der Folgezeit **große, Identität stiftende Wirkungen**, zogen aber auch **Abgrenzungen** nach sich, die weit bis ins 20. Jh. reichten: Hier verbargen sich die eigentlichen kirchlichen Probleme, die dann im Dritten Reich den Widerstand gegen HITLER und die nationalsozialistische Weltanschauung fortdauernd schwächten.

Diesen konfessionellen Pluralismus empfanden manche Landesherren schon damals als Problem. Sie strebten eine geistliche Einheitlichkeit für ihr Territorium an. So nahmen sie in etlichen Fällen das weit gehende drastische Recht in Anspruch, eine „**Kirchenunion**“, also ein Zusammengehen von unterschiedlichen Konfessionen, durch Anordnung zu erzwingen.[3]

---

[3] Gespräche über die Vereinigung der reformatorischen Kirchen hatte es bereits in der Reformationszeit gegeben und danach auch in den folgenden beiden Jahrhunderten. Sie waren aber immer wieder gescheitert, in der Regel aus theologischen Gründen. Man war mit gegenseitigen Verwerfungen in Unfrieden auseinander gegangen. So haben z.B. in Sachsen die Altlutheraner zusammen mit der Witwe des Kurfürsten, SOPHIE VON SACHSEN, im Jahr 1601 darauf hingewirkt, dass der ehemalige kurfürstliche Kanzler NIKOLAUS KRELL mit dem Schwert hingerichtet wurde. Er hatte sich dafür eingesetzt, dass sich **alle Protestanten auf europäischer Ebene einigen** und den Bruderkrieg zwischen den lutherischen und reformierten Kirchen beenden.

Eine ganz besondere Form von Union ordnete seit 1652 der Pfalzgraf CHRISTIAN AUGUST VON SULZBACH in der nördlichen Oberpfalz gleich für drei Konfessionen an. Anstatt Lutheranern, Calvinisten und Römisch-katholischen zu erlauben, neue Kirchengebäude getrennt nach Konfessionen zu bauen, ließ er 49 „Simultankirchen“ einrichten. Sie sollten von mehreren Konfessionen zum Gottesdienst genutzt werden. Dieses „**Simultaneum**“ endete zwar offiziell mit der Beendigung der Adelsherrschaft 1918. Doch in neun dieser Kirchen feiern Katholiken und Protestanten noch heutzutage nebeneinander ihre Gottesdienste und empfinden dies sogar als eine Bereicherung im Sinn des Ökumenegedankens. Insgesamt soll es gegenwärtig noch 64 simultan genutzte Kirchen in Deutschland geben, die meisten davon in Rheinland-Pfalz.

Es gab auch weiterhin Einigungsversuche. Dabei ging die Initiative in manchen Fällen von der staatlichen Obrigkeit aus, in anderen kam sie von der Basis. So war es **in Preußen** König FRIEDRICH WILHELM III., der im Jahr 1817 eine heute noch bestehende Union verordnete. Sie sollte aus lutherischen und reformierten Gemeinden bestehen. Aus dieser Anordnung entspann sich damals ein lebhafter Agendenstreit. Diese Kirchenverbindung wurde später zur „Evangelischen Kirche der altpreußischen Union“ (APU) und hält bis heute. Trotz Gleichschaltung durch die Nazis spielte sie bei der Entstehung der Bekennenden Kirche im Kirchenkampf eine Schlüsselrolle, wie noch zu zeigen sein wird.

Zahlreich waren in Deutschland auch die Vereinigungsversuche „**von unten**“, so im Bereich des ansonsten katholischen Saarlandes, im katholischen Mainz und Koblenz, in Baden, in Rheinhessen und der Pfalz und in Anhalt. Eine Besonderheit stellt dabei die „Hanauer Union“ in

Der Protestantismus tut sich mit der Einheitlichkeit von Kirche und Bekenntnis schwer

Wenn die Fürsten ihre starken Rechte durchsetzten, dann wirkte sich das für die Gläubigen oft sehr belastend aus. So erlebten z.B. die Untertanen der **Oberen Pfalz,** die zu der Zeit noch zur Rheinpfalz gehörte, nach der Reformation, dass die lutherischen und calvinischen Landesherren sie im Wechsel zur Anpassung an unterschiedliche Gottesdienstformen und Bekenntnisse nötigten. Darüber hinaus erzwangen die Calviner sehr zum Unmut des Volkes, das seine Bilder liebte, die „Abtuung" der Bilder.

Eine neue drastische Wendung ergab sich zu Beginn des 30-jährigen Krieges nach der militärischen Niederlage des Anführers der Evangelischen Front Kurfürst FRIEDRICH V. Nun musste die Bevölkerung der Oberen Pfalz gar ertragen, dass sie mit drastischen Mitteln wie Polizei, Militär und Gefängnis zwangsweise rekatholisiert wurde. So wurden hier die Menschen „in 100 Jahren fünfmal umgetauft", was sie dann schließlich nur noch resigniert hinnahmen.[4]

Fünfmal „umgetauft" – Röm.-kath. Barockkirche St. Jakobus d. Ä. in Kirchenpingarten

Es gab aber in Bayern auch evangelische Gegenden unter katholischer Herrschaft, die durchaus konfliktfrei verlaufen konnte.[5]

Hessen dar, die auch zu den Unionen „von unten" zählt. Hier schlossen 59 reformierte und 22 lutherische Pfarrer sowie zahlreiche Kirchenälteste ihre Gemeinden zu einer „Buchbinderunion" zusammen. Sie wird so genannt, weil man – aus finanziellen Gründen – die relevanten Bekenntnisschriften, den „Heidelberger Katechismus" der Reformierten und Luthers Katechismus einfach in einem Buch zusammenband. Es war dabei den Gläubigen überlassen, welchen Text sie jeweils verwendeten.

[4] Vergl. dazu vom selben Verfasser das Buch „SPURENSUCHE FRANKENPFALZ" ab S. 48ff.

[5] So unterstand z.B. die Kirchenburg „Zu unserer lieben Frau" am Altstraßenkreuz in Katzwang bei Nürnberg auch nach der Reformation von 1527 dem Patronat des katholischen Zisterzienserklosters Ebrach. Im Verlauf der Säkularisation kam Katzwang dann im Jahr 1803 zum Königreich Bayern. Das Wappen des Abtes von Ebrach zierte bis weit ins 20. Jh. die Wohnzimmerdecke im evangelischen Pfarrhaus.

Auch die politische Vielgestaltigkeit des alten Heiligen Römischen Reiches Deutscher Nation stand der Entwicklung eines einheitlichen Protestantismus hemmend entgegen. So hatte sich die Reformation in Deutschland zwar auch weit nach Süden ausgebreitet und den gesamten Bereich Frankens und Bayerns bis zur Donau sowie die Reichsstädte ergriffen. Aber die hier entstandene junge Kirche war in ihrem Bekenntnis keineswegs geistig geschlossen und regional einheitlich. Die Denkanstöße der Reformatoren wirkten ja in einen Fleckerlteppich von höchst individuellen markgräflichen, adligen, geistlichen und reichsstädtischen Territorien hinein, die noch dazu miteinander rivalisierten und sich bewusst voneinander abgrenzten, ohne dass eine Änderung in Sicht war.

So hatte sich die Reichsstadt NÜRNBERG bei der Reformation, wie auch die anderen Reichsstädte, für das Luthertum entschieden, ebenso zunächst das Fürstentum ANSBACH-BAYREUTH. Mit dem wachsenden preußischen Einfluss seit der Herrschaft von Markgräfin WILHELMINE hatte sich im Fürstentum aber das reformierte Element durch die Hugenotten verstärkt. Die Markgrafen hatten diese französischen Glaubensflüchtlinge[6] zunächst am Hof in BRANDENBURG, dann aber auch in ERLANGEN demonstrativ mit einem extra neu gebauten Stadtteil aufgenommen und sie sehr zum Ärger der eingesessenen lutherischen Bevölkerung besonders privilegiert.

Man sieht, das kirchliche evangelische Leben war lange Zeit hindurchgeprägt von den unterschiedlichen Vorlieben oder Abneigungen der jeweiligen absolutistisch regierenden Landesherren. Eine einheitliche übergreifende reformatorische Kirche war lange Zeit so fern und irreal, wie der Himmel auf Erden.

Als dann der Zeitgeist von Aufklärung und Rationalismus auch in die Theologie einzog, verwässerte er die Gedanken der Reformation vollends und führte in den evangelischen Gegenden zu einem Protestantismus, der mehr oder minder schlaff vor sich hindümpelte.

---

[6] Die Selbstbezeichnung „Hugenotten" leiten manche vom alemannischen Ausdruck für „Eidgenossen" ab und verweisen auf den Kampf von Genfer Bürgern 1526 gegen die Annexion durch den Herzog von Savoyen. Bereits 1523 wurde in Paris ein erster Protestant am Pfahl verbrannt. Seit 1530 begann in Frankreich die wachsende blutige Verfolgung der Protestanten, die sich über 250 Jahre vor allem unter den absolutistischen Herren bis zur französischen Revolution hinzog. ¼ Million Flüchtlinge fanden in den Nachbarländern bereitwillige Aufnahme.

In Frankreich verbliebene Protestanten haben dann den Umsturz der Französischen Revolution 1789 herbeigesehnt und bewusst mit unterstützt. Erst die Verfassung von 1791 garantierte auch den Protestanten in Frankreich ihre eigenen Rechte.

DAS ZWEITE WUNDER:
Die lutherische Kirchwerdung in der Bayerischen Monarchie

Die Reformation hatte also das religiöse Menschenrecht des Einzelnen gestärkt, aber einen unerhörten Pluralismus von teils unverträglichen Bekenntnissen hervorgerufen.

Dann war **ein zweites unerwartetes Wunder** geschehen. Mit der Entstehung des Bayerischen Königtums von Napoleons Gnaden 1805/1806 kam hier überraschend auch ein Wandel zu eindeutigerer lutherischer Kirchlichkeit in Gang. Das war zunächst einmal dem Gebietszuwachs zu verdanken, den Bayern seiner Solidarität mit dem französischen Kaiser verdankte.

Durch die Vereinnahmung Frankens und der Pfalz erlebte das alte, fast durchwegs katholisch Wittelsbachische Herzogtum Bayern eine Ausdehnung aufs Doppelte. Unter den nun über drei Millionen Einwohnern lebten jetzt zu einem Viertel Protestanten. Sie waren freilich auf **90 Kirchenwesen höchst unterschiedlichsten Charakters** verteilt. Und sie hatten bisher in ihren Verwaltungsstrukturen, Glaubenstraditionen und gottesdienstlichen Ritualen auch völlig unabhängig voneinander existiert.

Es war der neue monarchische Staat, der, beeinflusst von französischen Ideen des Zentralismus, auf **Einheitlichkeit und klare zentrale Verwaltungsstrukturen** drängte. So sah sich die neue Regierung unter dem Kurfürsten bzw. ersten bayerischen König Maximilian I. als Nachfolgerin des protestantischen Summepiskopats und nahm sich Vollmacht, die Vielzahl der evangelischen Kirchenwesen, die sie in den 90 neu erworbenen Gebieten vorfand, zu einer **zentral verwalteten protestantischen Gesamtgemeinde** zusammenzufassen. Diese neue **Bayerische Evangelische Staatskirche** sollte auf irgendeine Weise das bisherige kirchliche Chaos bei Lutherischen und Calvinisten auf ihrem Gebiet bändigen, das ja damals auch noch die so wesens- und glaubensverschiedene Rheinpfalz mit umfasste.

Kirchenbildung im Zeichen der Aufklärung

Diese zusammengewürfelte protestantische Staatskirche war anfangs freilich nur ein der Regierung untergeordneter **Behördenapparat, ohne gemeinsame geistliche Substanz und ohne regionale Einheitlichkeit**. Aber an der Spitze des Staates stand doch auch in dieser Hinsicht ein ambitioniertes Team. Da war der Thronprätendent MAX IV. JOSEPH, der als gebürtiger Mannheimer aus den pfälzischen Neuerwerbungen kam. Da war dessen Gattin Prinzessin KAROLINE VON BADEN, die von Haus aus

Gönner der Protestanten: Der röm.-katholische Kurfürst und König MAXIMILIAN I.

evangelisch war und auch ihr Leben lang in MÜNCHEN tapfer ihrer Konfession treu blieb.

Da war schließlich Max' Vertrauter und „Superminister" JOSEPH DE GARNERIN GRAF MONTGELAS, der bereits in Pfalz-Zweibrücken im Dienste des späteren bayerischen Kurfürsten und Königs MAX JOSEPH stand. Er war MAXIMILIAN ins Exil nach ANSBACH gefolgt, als dieser seine linksrheinischen Gebiete an Napoleons Frankreich verlor. In diesem neuen – einst markgräflichen, jetzt preußischen – Interimsort Ansbach hatte MONTGELAS 1796 ganz im Geist der Aufklärung sein „Ansbacher Mémoire" abgefasst. Es beschrieb sein geplantes radikales Reformprogramm für Bayern. Nachdem sein Fürst MAX JOSEPH in Bayern im Jahr 1799 seine Regierung antrat, konnte MONTGELAS als Minister und wichtigster Berater des Kurfürsten dieses einschneidende Reformprogramm für die Gestaltung des neuen Kurfürsten- und später Königtums Bayern in den folgenden Jahren fast vollständig umsetzen.

Diese Drei – zusammen mit anderen Mitarbeitern im Staatsdienst, die diesen Ideen nahestanden – hatten sehr zukunftsweisende Ideen, um ihr geplantes Königtum mit geistvollem Leben zu füllen. Ihre für den Protestantismus beste Idee bestand darin, dass sie sich fragten, **wie man im Geist der Aufklärung das bekannte reiche kulturelle und geisteswissenschaftliche Erbe der Protestanten dem neuen Königreich nutzbar machen könnte**. Das konnte gegen die starre Bastion der katholischen Altgläubigen nur mit **Privilegien** und rechtlichen Sicherungen für die Protestantische Kirche funktionieren. Denn die Katholiken verteidigten nach dem gewaltigen Aderlass der Säkularisation und dem Ende ihrer geistlichen Fürstentümer die verbliebenen Bastionen mit Zähnen und Klauen und wurden dabei von Rom aus massiv unterstützt.

So verfasste der bayerische Kurfürst bereits im Jahr 1803 – nach dem Vorbild der kurpfälzischen Religionsdeklaration von 1799 – ein **Religionsedikt**. Es garantierte den drei nun anerkannten Konfessionen der Katholiken, Lutheraner und Reformierten im neuen Bayern **gleiche Rechte auf Niederlassung und Gottesdienste**.

Ein unnötiger Bildersturm fördert die Missgunst der Katholiken gegen die Protestanten

Hat Montgelas' Bildersturm überlebt: Die „Weiße Marter" in Kirchenpingarten aus der frühen Barockzeit

In aufklärerischem Übereifer hatte MONTGELAS freilich in Verkennung der Mentalität der „Altgläubigen" einen großen Fehler begangen. Denn diesem Akt der neuen Religionsfreiheit hatte er einen völlig überflüssigen Gewaltakt gegen die Katholiken vorausgehen lassen: Im Jahr 1802 hatte er gegen die angeblich „überholte" katholische Volksreligion einen kurzen, aber heftigen Bildersturm entfacht. Als Fanal der „aufgeklärten Vernunft" hatte er in der Oberen Pfalz und in Altbaiern die Symbole der alten Religion gründlich „demolieren" lassen. Martern und Feldkreuze waren so zu Tausenden vernichtet und Kapellen abgerissen oder zu „modernen" Dorfschulen umfunktioniert worden.

Über diesen Bildersturm von 1802 wird heute in der katholischen Welt gern das Gerücht verbreitet, er sei ein Werk der Calvinisten gewesen. Hier werden aber die Jahrhunderte durcheinandergebracht, siehe oben. Tatsächlich hatte offiziell die staatliche Obrigkeit die Befehle gegeben, und merkwürdigerweise hatte die kirchlich-katholische Obrigkeit dazu ihre Billigung erteilt. Sie wollte eben auch als „aufgeklärt" gelten. Doch fegte diese „Demolierung" für Jahrzehnte viele dieser sympathischen „Zeichen der Religion von unten" weg und schuf viel Verbitterung und bleibende Wut unter der altbayerischen Bevölkerung, gegen die Regierung, gegen die katholische Kirchenleitung und leider auch gegen die Protestanten. Dieser einstige Zorn hat sich mit der Zeit sublimiert. Er hat eine bleibende Gestalt angenommen im emanzipierten Verhalten der Bevölkerung gegenüber den Mächten Regierung und Kirche, die man in dieser Gegend heute noch spüren kann.[7]

Manche Protestanten, vor allem in der Regierungshauptstadt MÜNCHEN, durften sich damals ihrer spürbaren Bevorzugung erfreuen, während die Regierung zur Zeit von König MAXIMILIAN gleichzeitig versuchte, den bislang alles beherrschenden Einfluss Roms mit neuen Konkordaten weiter zurückzudrängen. Die Evangelischen in

---

[7] Vergl. zu diesem Bildersturm und den „Zeichen der Religion von unten" vom selben Verfasser das Buch *„Wenn Holz und Steine reden …"*, insbesondere ab S. 37ff.

MÜNCHEN, die Großteils von außen kamen, bildeten hier einen viel beachteten gelehrten Zirkel.

Viele begrüßten auch die staatliche Idee, alles zu tun, um die konfessionellen Schranken zu überwinden. So tauchte schon damals der beispielhafte Plan auf, die Würzburger Universität zu einer überkonfessionellen Einrichtung umzugestalten.

Es konnte freilich nicht ausbleiben, dass der unverhohlene Anspruch der Protestanten, „geistige Elite" zu sein, auch viel Missgunst bei den Altgläubigen weckte. Zeitweilig kam es in MÜNCHEN sogar zu Pogromstimmungen und Attentatsversuchen. Gleichwohl wurde die junge evangelische Kirche im Jahr 1818 in der neuen Bayerischen Verfassung verankert, die nun für genau 100 Jahre Gültigkeit hatte.

Eine unierte Staatskirche unter Leitung von Beamten

Diese Ordnung einer Staatskirche blieb also bis zum Ende von Deutschem Kaiserreich und Bayerischem Königtum im Jahr 1918 in Kraft. Bereits seit dem Jahr 1824 nannte sich diese Kirche aber auf Geheiß des Königs „Protestantische Kirche". Die Leitung hatte das Oberkonsistorium in MÜNCHEN. Ihm untergeordnet waren die drei Konsistorien in ANSBACH, BAYREUTH und „für den Rheinkreis zu SPEYER".

Das Oberkonsistorium unterstand direkt dem königlichen Innenministerium und dem jeweiligen katholischen König als Oberhaupt.

Beachtenswert ist, dass die neue Kirche auf dieser höchsten Leitungsebene eine **„unierte" Kirche** war, d.h. Lutherische und Reformierte wurden von einem *gemeinsamen* Gremium geleitet. Man könnte hier also von einer **„Verwaltungsunion"** sprechen, im Unterschied zu einer „Bekenntnisunion", die ihre Gemeinsamkeit auch im gemeinsam formulierten Bekenntnis hat.[8]

---

[8] Vergl. dazu das oben bereits Dargelegte über die Kirchenunionen.

In Deutschland sind heute folgende Kirchen **verwaltungsuniert**: neben der genannten EVANG. KIRCHE IN BERLIN-BRANDENBURG die BREMISCHE EVANG. KIRCHE, die EVANG. KIRCHE IN HESSEN UND NASSAU, die EVANG. KIRCHE VON KURHESSEN-WALDECK, die EVANG. KIRCHE IN MITTELDEUTSCHLAND (seit 2009, entstanden aus der EVANG. KIRCHE DER KIRCHENPROVINZ SACHSEN und der EVANG.-LUTH. KIRCHE IN THÜRINGEN), die EVANG. KIRCHE IM RHEINLAND, die EVANG. KIRCHE VON WESTFALEN. Die einstige unierte POMMERSCHE EVANGELISCHE KIRCHE wurde 2012 in die LUTHERISCHE KIRCHE IN NORDDEUTSCHLAND eingegliedert.

Bekenntnisunion herrscht in der EVANG. LANDESKIRCHE ANHALTS, der EVANG. LANDESKIRCHE IN BADEN und der EVANG. KIRCHE DER PFALZ.

In Europa ist heute die EVANGELISCHE KIRCHE A. U. H. B. (Augsburgischen und Helvetischen Bekenntnisses) in Österreich eine rein organisatorische Verwaltungsunion. Wirkliche Bekenntnisunionen zwischen Lutheranern und Reformierten gibt es weltweit heute etwa in der UNITED CHURCH OF CHRIST in den USA oder in der UNITED CHURCH OF CANADA..

Dieses Leitungsgremium setzte sich zusammen aus einem Präsidenten und vier geistlichen Oberkonsistorialräten, „unter welchen einer der reformierten Religion ist“, sowie „einem weltlichen Rate“. Ihr Gehalt wurde aus der Staatskasse bezahlt. Dazu gerechnet wurde auch das notwendige „Unterpersonal, mit Einschluss eines Rechnungsverständigen zur Superrevision der Pfarrfassionen und der Rechnungen.“

Dieses Konstrukt einer obrigkeitsgelenkten Kirche hatte nun also Bestandsgarantie und kirchliche Rechte, ihm fehlten aber alle Elemente einer Beteiligung der Basis von Pfarrern und Gemeinden. Auch fehlte dem Ausdruck „protestantisch“ jegliche konfessionelle Definition; er war nur ein Sammelbegriff für alles, was „nicht katholisch“ war. So betrachteten sich auch die Protestanten selbst mehr als die **Hüter des Einfachen, Klaren, Vernunftbetonten**. Sie sahen sich in einem bewussten Gegenüber zum verschnörkelten barocken und nur auf die Sinne ausgerichteten Gefühlskatholizismus.

Wie schon im Absolutismus verstanden die evangelischen Pfarrer ihre Rolle als privilegierte, vom rationalen Geist geprägte **Volkserzieher**. Und deshalb wurde die protestantische Kirche lange Zeit auch so wahrgenommen: als eine **staatshörige moralische Anstalt in Gegnerschaft zum Katholizismus ohne eigenes geistliches Profil**.

DAS DRITTE WUNDER:

Erweckung der Kirche zu eigenem geistlichem Leben

D**as dritte Wunder**, was dann dieser Kirche widerfuhr, war ihre Erweckung zu eigenem geistlichem Leben. Erste zaghafte Anstöße dazu kamen von den Gesprächen, die im linksrheinischen Bayern über das Zusammengehen mit den Reformierten geführt wurden. Mit dem Willen, die Spaltung des Protestantismus zu überwinden, wurden in den neuen Kirchengebieten links des Rheins zunächst zahlreiche „Lokalunionen“ aus der Taufe gehoben.

Die Loslösung der Reformierten nötigt die Lutherischen zur eigenen Kursbestimmung

Der Wiener Kongress von 1815 hatte ja die Pfalz und angrenzende Gebiete, in denen es viele reformierte Gemeinden gab, dem jungen Königreich Bayern zugesprochen. Doch der besonnen handelnde bayerische König MAXIMILIAN hatte es für ratsam gehalten, in einer **Abstimmung aller evangelischer Gemeinden dieses Landesteils** zu klären, ob die Bevölkerung eine Union der bisher getrennten protestantischen „Religionsparteien" wünschte. Das überwältigende Ja hatte im Jahr 1815 zur Geburt der „VEREINIGTEN PROTESTANTISCH-EVANGELISCH-CHRISTLICHEN KIRCHE DER PFALZ" geführt. Sie unterstand zunächst noch dem Konsistorium in MÜNCHEN, orientierte sich aber klar am calvinischen Bekenntnis.

In dieser Situation zunehmender Klärung bemühte sich auch die evangelische Kirche im rechtsrheinischen Kernland Bayerns, eine Antwort zu gewinnen, wie sie sich selber geistlich verstehen wollte. Zu einer Union beider Bekenntnisse mochte sie sich nicht durchringen. Sie hatte das Gefühl, bei der Suche nach einem eigenen Profil noch unterwegs zu sein. Als dieser Prozess aber länger dauerte und in der Bekenntnisfrage immer deutlicher die unterschiedlichen theologischen Auffassungen zutage traten, drangen die Pfälzer auf eine Trennung der bisherigen Verwaltungsunion. Mit königlicher Entschließung wurde ihnen im Jahr 1848 die Errichtung eines **eigenen Konsistoriums in SPEYER** genehmigt. Oberhaupt der pfälzischen Kirche blieb aber bis zum Ende des Königtums im Jahr 1918 der jeweilige König von Bayern als „summus episcopus".

Die so verschlankte evangelische Kirche in Bayern war in ihrer Gemeindestruktur, bis auf ein paar verbleibende calvinische Gemeinden, LUTHERISCH, zumindest auf dem Papier. Doch außer einem eher formalen Bekenntnis zu Luthers Katechismus brachte sie in ihrer theologischen Selbstfindung zunächst nichts zuwege. Auch die kulturellen Kräfte aus Romantik und Idealismus vermochten ihr kein neues geistliches Leben einzuhauchen. Nur ein Wunder konnte diesen leerlaufenden Apparat aus seiner Apathie zu wecken. Die Anstöße dazu kamen aus einer unerwarteten Ecke und verdankten sich dem allgemeinen Krisenbewusstsein der damaligen Gesellschaft in der napoleonischen Zeit und im Biedermeier.

Das allgemeine Krisenbewusstsein der Zeit fördert eine religiöse Erweckung

Denn das Beben der französischen Revolution von 1789 und die Auflösung des „Heiligen Römischen Reiches Deutscher Nation" im Jahr 1806 durch NAPOLEON hatten doch viele nachdenkliche Menschen erschüttert. Fragen waren aufgebrochen, die nach Antworten suchte. Der Pietismus Hallescher Prägung aus dem 17. Jh. konnte das geistliche Vakuum, dass die Aufklärung hinterlassen hatte, nur zeitweilig aufhalten und kaschieren. Die Frommen hatten sich als „die Stillen im Lande" zurückgezogen. Stattdessen trat nun deutlicher die innere Zerrissenheit der Menschen ans Licht. Sie hatten ja manche Enttäuschung zu verarbeiten.

So war seit den Befreiungskriegen 1813 ein Suchen nach Identität und Freiheit erwacht. Aber die Niederlagen Napoleons zwischen 1812-1815 hatten den reaktionären Kräften der alten Monarchien wieder in den Sattel geholfen bzw., wie im Fall Bayerns, sogar eine weitere neue Monarchie entstehen lassen. An den oft harschen Reaktionen der alten Kräfte gegenüber jeglichen Unruhen zerrieb sich die Sehnsucht vieler nach einem selbstbestimmteren Dasein.

Freilich waren nun die Ansprüche nach selbstbestimmter Freiheit geweckt und verstummten nicht mehr. Und auch wenn die reaktionären Kräfte sich bemühten, jede missliebige Äußerung zu unterdrücken, so beherrschte seitdem doch ein revolutionäres Klima Europa, das nur mit Gewalt in Schach zu halten war.

Die frühindustrielle Revolution verschärfte das vorhandene Krisenbewusstsein, denn sie stürzte die alten bäuerlichen Strukturen um und trieb viele Arbeitssuchende auf die Straßen und in die Städte. Die Bessergestellten ballten die Fäuste in den Taschen und suchten ihren Ausgleich im Rückzug in romantische Gefühlswelten und biedermeierliche Bürgerlichkeit.

Es ist ein brütendes Klima. Aber es erweist sich als erstaunlich fruchtbar für das Entstehen einer neuen verinnerlichten Religiosität. In vielen deutschen Gegenden kommt es damals zu einem allgemeinen geistlichen Aufbruch.

Diese „Erweckungsbewegung“ macht sich in der Geschichte einen Namen und erreicht **um 1830** ihren ersten Höhepunkt.

Der Aufbruch geht zunächst von katholischen (!) Geistlichen aus. Während die katholische Großkirche noch von der Säkularisierung gelähmt ist und misstrauisch zuschaut, schießen am Rand der Kirchen neue kleine geistliche Gemeinschaften auf. Auch in Bayern entwickeln sich solche **Erweckungsherde**. Sie ignorieren in der Regel bewusst die konfessionellen Schranken.

Ihre Ausläufer führen nach Überwindung mancher Widerstände längerfristig auch zu einer Belebung *in* den Kirchen. Ein solcher Herd, dessen geschichtliche Fernwirkung gar nicht genug gewürdigt werden kann, bildet sich seinerzeit eigentümlicherweise im katholischen Allgäu.

Ein nachhaltiger ökumenischer Erweckungsherd im katholischen Allgäu

In der Gegend von SEEG östlich von KEMPTEN treffen sich bereits seit dem Jahr 1794 katholische Priester zu gemeinsamen Erbauungsstunden mit Lutheranern und Abkömmlingen früherer pietistischer Kreise. Die katholischen Teilnehmer waren stark beeinflusst von ihrem theologischen Universitätsdozenten JOHANN MICHAEL SAILER, dem Begründer und Hauptvertreter einer innerlichen und dabei duldsamen Richtung innerhalb der katholischen Kirche. Er galt zwar in der Zeit von Revolutionswirren und

Vater eines nachhaltigen ökumenischen geistlichen Aufbruchs: JOHANN MICHAEL SAILER (1751-1832; 1826 geadelt)

Säkularisation als Vorbild eines aufrechten Katholiken. Gleichwohl setzte er dem Rationalismus der Aufklärung in zahlreichen Erbauungsschriften ein verinnerlichtes Christentum entgegen, das Katholiken wie Protestanten gleichermaßen berührte.

Die verfasste katholische Kirche begegnete Sailers konfessioneller Friedfertigkeit mit Misstrauen, sie setzte den Mann aber doch im Jahr 1823 als Bischof von REGENSBURG ein, denn die Religion in den ersten Jahren der bayerischen Monarchie lebte von der ungewohnten, von der Regierung geförderten **religiösen Toleranz.**[9] SAILER wurde weit über die Grenzen seines Bistums hinaus schließlich fast wie ein Heiliger verehrt. Die von ihm geprägten Priester im Seeger Kreis entwickelten einen Rechtfertigungsglauben, der dem evangelischen Glaubensverständnis gleichkam. In diesem persönlichen Glauben war **Christus die allgenügsame Glaubensmitte.**

Zwei Männer mit charismatischer Ausstrahlung aus diesem Kreis erlangten eine besondere Wirkung, obwohl ihre römisch-katholische Kirche sie verfolgte und kaltzustellen trachtete:

Der erste war der Allgäuer MARTIN BOOS (1762-1825). BOOS wurde der Ketzerei verdächtig und eingesperrt. Der Kernsatz seiner Verkündigung lautete: *„Christus für uns und in uns"*. Er floh nach Oberösterreich. Dort bewirkte er an einem seiner Einsatzorte, in GALLNEUKIRCHEN bei Linz, erneut eine tiefgreifende Erweckung. Wieder wurde er verhaftet und lange eingesperrt. Doch aus seiner Arbeit entwickelte sich in GALLNEUKIRCHEN eine evangelische (!) Gemeinde mit besonderem Charakter. Nicht nur, dass sie die Zeiten bis heute im katholischen Österreich überdauert hat, sie wurde auch Keimzelle einer umfangreichen diakonischen Arbeit, aus der schließlich das heutige „EVANGELISCHE DIAKONIEWERK GALLNEUKIRCHEN" und auch das erste österreichische Diakonissenmutterhaus erwuchsen.

---

[9] Freilich wurden dann vierzig Jahre später (1873) die Werke desselben Mannes bei der Römischen Inquisition angeklagt, weil SAILER ein Häretiker gewesen sei, der die katholische Theologie durch aufklärerische und protestantische Ideen »zersetzt« habe.

Ein Katholik wird Protestant mit Fernwirkung

Von großer Wirkung und ein berühmter Mann wurde zweitens auch der Priester JOHANN EVANGELISTA GOSSNER (1773-1858). Er stammte aus HAUSEN im bayerischen Schwaben und stand diesem ökumenischen Allgäuer Erweckungskreis nahe. Er hatte als Kaplan fromme Schriften von bekannten lutherischen und reformierten Schriftstellern gelesen und fand sich in deren Mystik selbst wieder, z.B. in MATTHIAS CLAUDIUS. Von Gossners eigenen Erbauungsschriften wurde später vor allem sein „HERZBÜCHLEIN" weltweit bekannt.

Auch ihn wollte seine katholische Kirche zum Schweigen zu bringen; sie ließ ihn für ein Jahr ins Gefängnis werfen! Ausgerechnet der oben schon genannte, damals noch kurfürstliche, aufgeklärte Minister MONTGELAS ließ ihn aber befreien und rehabilitieren. Diesem wichtigsten Staatsmann in der Gründungsphase der bayerischen Monarchie, JOSEPH DE GARNERIN, war alles Recht, womit er der aus seiner Sicht überholten katholischen Altkirche „eins auswischen" konnte.

GOSSNER war nun überkonfessionell und international ein gefragter Mann. Der **russische Zar** ALEXANDER rief ihn schließlich nach PETERSBURG, um von dort aus **die erstarrte Russisch-orthodoxe Kirche zu reformieren**. GOSSNER gab der Erneuerung von Herz und Gesinnung der Menschen in seiner Verkündigung vorrangige Bedeutung und beeindruckte Diplomaten, Kaufleute, aber auch Arme, in dem er seine Seelsorge mit Sozialarbeit verknüpfte. Gegner, die aus der erneuerungsunwilligen Russischen Orthodoxie kamen, bewirkten mit Metternichs Hilfe zum Bedauern vieler seine Abrufung aus fruchtbarer Arbeit.

Über die Herrnhuter Brüdergemeine führte Gossners Weg nach BERLIN. Er **konvertierte** zur Evangelischen Kirche und engagierte sich nun stark für die Innere und Äußere Mission als Schwerpunktaufgaben der Kirche. Er fand viele Gönner im preußischen Königshaus und in der aufstrebenden Geschäftswelt für seine gewaltigen großstädtischen und weltweiten Projekte. Der **soziale Bereich** und die **Mission** waren für ihn die beiden „Zwillingsschwestern und Lieblingstöchter Jesu". Sein Ziel war eine **„ganzheitliche Mission"**, die er als Auftrag der Bibel vernommen hatte. In aller Welt, aber vor allem im asiatischen Raum, entstanden Gossner-Gemeinden, die stets diesem **Doppelansatz von Verkündigung und Nächstenhilfe** verpflichtet waren.[10].

[10] Die größte Gemeinschaft ist die EVANGELISCH-LUTHERISCHE GOSSNER KIRCHE in Indien (Gossner Evangelical Lutheran Church, GELC), die aus dem Wirken der Gossner-Missionare hervorgegangen ist. Sie umfasst rund 500.000 Mitgliedern. Ihre Mitglieder sind zu über 90 Prozent indische Ureinwohner*innen: Adivasi. Neben Indien arbeitet die Gossner-Mission auch in Nepal, Sambia und Uganda.

Die wirkungsvolle Allgäuer Erweckung strahlte in Bayern auch bis nach NÜRNBERG und ERLANGEN aus und erreichte dort Dozenten aller Fachrichtungen und Hochschüler. Vom Katheder aus, aber auch in Hauskreisen, vermittelten die Professoren nun ihren staunenden Studenten ihre Botschaft von einem ganz **persönlichen Glauben**, der aus der Erfahrung der Erlösung durch Jesus Christus lebt.

Unter den jungen Hörern saßen die Männer, die in den folgenden Jahren die Gestalt der jungen Bayerischen Landeskirche prägen sollten, wie z.B. der Student WILHELM LÖHE, von dem weiter unten ausführlicher zu erzählen ist. Aber auch Pfarrer der alten theologischen Schule revidierten ihre Anschauung und rechneten nachträglich mit Rationalismus und Aufklärung ab. Denen, die dieser neuen Frömmigkeit nicht folgen wollten, erklärte man im zum Kampfblatt umfunktionierten „Korrespondenzblatt" die Fehde.

Wie die Königsgattin die protestantische Untergrundgemeinde Münchens zum Leben erweckt

Um die Protestanten bemüht: Königin CAROLINE VON BAYERN

Die Hauptstadt MÜNCHEN erlebte ihre eigene konfessionelle Entwicklung. Die hier wirksamen Impulse reichten bis in die Reformationszeit zurück. Viele Bürger und Adlige hatten sich damals auch in dieser Stadt mit der Reformation zum neuen Glauben bekannt.

Machtpolitische Interessen waren es, die das Wittelsbacher Herrscherhaus schon bald zu einem scharfen Vorgehen gegen die Evangelischen veranlasst hatten. Bis zum Jahr 1575 waren die meisten Evangelischen gezwungen worden, **die Stadt zu verlassen**. Der Rest hatte seitdem **ohne Bürgerrecht** seinen **Glauben im Untergrund** gelebt. Hoffnungen auf Wiederzulassung des Protestantismus, die der Schwedenkönig GUSTAV ADOLPH mit seinem siegreichen Einzug in MÜNCHEN im Jahr 1632 geweckt hatte, erwiesen sich als voreilig.

Wieder ist es aber dann die hohe Politik, die knapp 300 Jahre nach der Reformation die Wende bringt: Der katholische bayer-

---

Die Gossner-Mission arbeitet eng mit den bestehenden Landeskirchen zusammen. Ein ganz besonderer gesellschaftsbezogener Dienste der Gossner Mission ging in Deutschland aus der der Tradition der Bekennenden Kirche nach dem Zweiten Weltkrieg hervor: In der damals noch bestehenden DDR begann man mit der Mission unter Arbeitern und begründete in kirchenlosen Neubaugebieten neue Gemeindeformen. In der Bundesrepublik entstand ein „Gossner-Zentrum für kirchlichen Dienst in der Industriegesellschaft".

ische Kurfürst MAX IV. JOSEPH, als MAXIMILIAN I. JOSEPH ab 1806 König von Bayern, hat seiner **lutherischen Gemahlin** KAROLINE schriftlich das Recht auf Ausübung ihres Glaubens und den Unterhalt eines eigenen protestantischen Kabinettspredigers zugesichert. Am 2. Juni 1799 konnte die kleine Hofgemeinde im „Grünen Saal" des Schlosses Nymphenburg den **ersten protestantischen Gottesdienst seit der Reformationszeit** in MÜNCHEN feiern.

Dieser Kabinettsprediger LUDWIG FRIEDRICH SCHMIDT aus Baden wurde dann, neben Kurfürstin KAROLINE selbst, die entscheidende Figur bei der Entstehung einer Münchner protestantischen Gemeinde. Er wurde auch ihr erster Gemeindepfarrer. Schon im folgenden Jahr 1800 lässt KAROLINE das Ballhaus der Residenz zum Hofbethaus umbauen. Es bietet Platz für 900 Menschen. Und so viele finden sich auch bald ein.

Zur weiteren Gründungserzählung dieser protestantischen Stadtgemeinde gehört der Weinwirt und Pferdehändler JOHANN BALTHASAR MICHEL. Seine Gastwirtschaft befand sich in der Rosenstraße im Herzen Münchens, direkt beim Marienplatz. Dieser Pfälzer, der wie der Fürst selbst in MANNHEIM geboren ist, erreicht es, dass der Kurfürst ihm gegen den Widerstand des Magistrats als **erstem Protestanten das Bürgerrecht** in Bayerns Hauptstadt verleiht.

Bereits im Jahr 1803, als das Bayerische Religionsedikt erscheint, gibt es in der Stadt unter den damals rund 45.000 Einwohnern über 800 Protestanten. Ihre Zahl schwillt rasch weiter an. Neben den Hofbediensteten sind es auch Protestanten aus Baden, der Pfalz und dem Elsass, die sich im Münchner Umland ansiedeln. Im Jahr 1827 hat die evangelische Gemeinde schon 4.500 Gemeindeglieder. Sie pflegen freilich zumeist eine schöngeistige, bürgerliche Religiosität ohne vertiefte Frömmigkeit.

König Ludwig I. verpasst den Protestanten die „Lutherische Linie", wird aber selbst zum „Protestantenfresser"

Eine Veränderung dieser Gemeindefrömmigkeit bahnt sich aber, gewissermaßen wider Willen, „von oben" an, als Maximilians Sohn und Nachfolger LUDWIG I. den Württembergischen Juristen, Finanzmann und autodidaktischen Gelehrten FRIEDRICH ROTH (1780-1852) zum Präsidenten des kirchlichen Oberkonsistoriums beruft. ROTH hat durch eigene Forschungen einen erstaunlichen inneren Wandel hin zu einem Lutheraner vollzogen. Er feiert LUTHER nicht länger als Aufklärer und deutschen Helden, sondern achtet ihn als Prediger und Verkünder der Rechtfertigung aus Gnaden.

Als zweiten Mann dieser **neuen lutherischen Linie der Landeskirche** ernennt der König zwei Jahre später den Nürnberger Pfarrer CHRISTIAN FRIEDRICH BOECKH zum evangelischen Dekan des Münchner Dekanatsbezirks. Ihm wird nun auch die Aufsicht über den „Isarkreis" mit übertragen, das heutige Oberbayern. Auch BOECKH hatte in NÜRNBERG eine Wandlung durchgemacht und war vom kühlen Rationalisten zum biblisch fundierten Theologen geworden. Man schätzte ihn als guten Prediger. Auch die „erweckten Kreise" akzeptierten ihn.

Auch baulich und strukturell tat sich einiges. So konnte im Jahr 1833 in MÜNCHEN endlich auch **der erste neue lutherische Kirchbau** geweiht werden. Er war unter vielen Opfern und Schwierigkeiten mitten auf dem repräsentativen Glacisstreifen der Sonnenstraße südlich in Sichtweite des Karlsplatzes entstanden. Dieser hübsche klassizistische Rundbau lag zwar „am Rande" der damaligen Altstadt, aber doch in der aufstrebenden Zone und bot der gewachsenen Stadtgemeinde nun genügend Platz. Hier entstanden gerade viele neue Wohn- und Geschäftshäuser und bereits sechs Jahre später Münchens Hauptbahnhof.

Diese historische Matthäuskirche am Karlsplatz wurde zum Symbol für eine zunehmend selbstbewusste Landeskirche, die in dieser umkämpften und aufregenden Zeit dabei war, ihr eigenes geistliches Profil zu finden. Und es traf dann nicht nur die Gemeinde, sondern mit ihr die ganze Landeskirche am Nerv, als die Nazis dann dieses Gebäude 1938 für mehr Platz bei ihren Aufmärschen dem Erdboden gleichmachten.

König LUDWIG I., der im Jahr 1825 seinem leutseligen Vater nach dessen Tod auf den Thron gefolgt war, blieb freilich der Weihe der neuen Kirche damals ostentativ fern. Damit kündigten sich die kommenden Schwierigkeiten an.

Diesem ansonsten am Puls der Zeit lebenden Monarchen, der seine Residenzstadt aufs Schönste baulich neu gestaltete und dafür keine persönlichen Studien und Kosten scheute, der auch die wirtschaftliche Entwicklung ganz Bayerns mit dem Eisenbahnbau von Oberfranken bis zum Bodensees und Kanalbau vom Main zur Donau vorantrieb, der auch im ganzen Deutschen Reich einen Abbau der Zollschranken durchsetzte, – diesem Herrscher war die Kirche der Protestanten kein echtes Bedürfnis, sondern eher ein Stein des Anstoßes.

Der kirchenpolitische Wind, der den Protestanten bislang unverhofft so manche Wohltat zugefächelt hatte, hatte sich inzwischen nachhaltig gedreht. Denn die Französische Juli-Revolution von 1830 hatte in dem jungen König Ängste um seinen Thron geweckt und ließ ihn nach Bundesgenossen Ausschau halten. Er suchte und fand sie in den erzkonservativ-katholischen Kreisen. Sie hatten sich in den Jahren seines Vaters MAXIMILIAN düpiert und zurückgesetzt, ja im Fall des Bildersturms von 1802 und der fast gleichzeitigen Säkularisation der Kirchengüter sogar von Staat und Kirche verfolgt gesehen. Auch wollten sie mit den Protestanten noch eine Rechnung begleichen, weil sie sich von ihnen in MÜNCHEN gehänselt und herabgesetzt gefühlt hatten.

Dem Monarchen war es jetzt das wichtigste Anliegen, sich mit den katholischen Altgläubigen zu versöhnen, um seinen Thron zu erhalten und bei der Mehrheit der Bevölkerung abzusichern.

Der vermittelnde und sanfte Katholizismus Sailers war nun vergessen, die „römischen Sturmböcke“ gaben seitdem in Bayern in Kirche und Staat den Ton an. Die freiheitliche Entwicklung des Protestantismus war fürs erste beendet.

Diese Veränderung der staatlichen Kirchenpolitik gegenüber der jeweiligen Minderheitenkonfession verlief aber zu der Zeit in Preußen und in Bayern gegengleich parallel. Wie den katholischen Bayern viele evangelische Gebiete zugesprochen worden waren, so war das bis dahin klar evangelische Preußen 1815 um viele katholische Gebiete, insbesondere im Rheinland, erweitert worden. Als die Ansprüche der Katholiken wuchsen, setzten die Preußen kurzerhand den widerspenstigen Kölner Erzbischof DROSTE ZU VISCHERING fest.

Die monarchische Revanchepolitik gegenüber der Minderheitenkonfession weckt den Kampfwillen der Protestanten

Praktisch im Gegenzug ließ nun auch das bayerische Innenministerium, das unter Leitung des „bürokratischen Absolutisten“ KARL VON ABEL stand, die bayerischen Protestanten seine Muskeln spüren. Einen ganzen Katalog von Maßnahmen dachte dieser rachsüchtige Mann sich aus, um den Einfluss der ungeliebten evangelischen Kirche zurückzudrängen, der er einst sogar selbst angehört hatte.

So verweigerte ABEL die Errichtung neuer Pfarrstellen in Oberbayern, obwohl dort der Zuzug evangelischer pfälzischer Familien anhielt. Er lehnte wiederholt das Abhalten von Gottesdiensten in dieser Diaspora ab, mit dem Hinweis, niemand zwänge die Menschen, hier zu wohnen. Den Kolonisten von PERLACH, denen Maximilian freie Religionsausübung versprochen hatte, verbot ABEL ihre Gottesdienste als gesetzeswidrig, weil sie ein Lehrer hielt.

Bei konfessionsverschiedenen Ehen, die gerade in der Münchener Gemeinde sehr häufig waren, erzwang er die Zustimmung zur katholischen Kindererziehung. Ehescheidungen lehnte er nach dem katholischen Kirchenrecht ab. Auffallend waren in seiner Amtszeit auch die gehäuften Übertritte unmündiger evangelischer Jugendlicher zum Katholizismus, die bei den Englischen Fräulein oder in der Landesblindenanstalt erzogen wurden; man ahnte, dass solche Konversionen wohl nicht ganz freiwillig waren.

DAS VIERTE WUNDER:

Der „Kniebeugestreit" lässt ein volkskirchliches Bewusstsein der Protestanten wachsen

Den Höhepunkt erreichten die staatlichen Pressionen im Jahr 1838 mit dem „Kniebeuge-Erlass". König LUDWIG I. hatte ihn persönlich veranlasst. Jetzt gewann der schwelende Konflikt zwischen Staat und Kirche eine besondere Schärfe. Zugleich ereignete sich aber **das vierte Wunder in der Kirchwerdung der bayerischen Protestanten.**

Hier bahnt sich nun an, was wir ein „volkskirchliches Bewusstsein" nennen und was wir bis heute als Merkmal für die Bayerische Landeskirche ansehen können, nämlich eine **wachsende Gewissheit im gesamten Kirchenvolk für die eigene kirchliche Identität**.

Gleichzeitig werden nun die bislang im Protestantismus vorherrschenden, lokal oder territorial geprägten Winkelkirchen überwunden. Es wächst ein gemeinsames Verständnis von Kirche. Ein Bewusstsein bildet sich heraus für die Rolle der Protestanten in Staat und Gesellschaft. Die eigene Betroffenheit der Mitglieder belebt die bisherige Beamtenkirche und füllt ihre schlaffe Hülle mit Leben. Was ist geschehen?

Ein unter Pseudonym schreibender protestantischer Regierungspräsident erklärt damals wirkungsvoll, was der Stein des Anstoßes ist

Ein zeitgenössisches Dokument hilft uns beim Verstehen. Die kleine, als Google-Book kostenlos zugängliche Broschüre unter dem Titel „DIE KNIEBEUGUNG DER PROTESTANTEN VOR DEM SANCTISSIMUM DER KATHOLISCHEN KIRCHE IN DEM BAYERISCHEN HEERE UND IN DER BAYERISCHEN LANDWEHR"[11] erschien im Jahr 1841, also im dritten Jahr des Konfliktes. Sie trägt keinen Autorennamen, ist aber sichtlich eine Schrift, die die Berechtigung des protestantischen Standpunktes erweisen will.[12]

---

[11] Untertitel: „MATERIALIEN ZUR BERURTHEILUNG DIESER ANGELEGENHEIT VOM STANDPUNKTE DER GLAUBENSLEHRE, DES STAATSRECHTS UND DER GESCHICHTE." Mit 12 Beilagen. Ulm, Verlag der Stettin'schen Buchhandlung 1841. Als Verfasser dieses pseudonym erschienen, geschliffenen Werkes entpuppte sich der mittelfränkische evangelische Regierungspräsident FRIEDRICH KARL GRAF V. GIECH. Er gab seinem Protest dadurch Ausdruck, dass er später sogar von seinem Amt zurücktrat.

[12] Etliche Beilagen ab S. 66 dieser Schrift geben viele zum Verständnis des Konfliktes notwendige Dokumente im Wortlaut wieder. Hier werden sowohl die seinerzeitigen Verordnungen und Antworten der Regierung im Wortlaut abgedruckt, als auch die Eingaben des Konsisto-

Das besondere Pathos wird am Ende des Hauptteils erkennbar.[13] Es handele sich bei der Kniebeugefrage nicht um eine militärische Formalie, sondern „um heilige und wichtige Interessen“, nämlich **die Bewahrung der Glaubens- und Gewissensfreiheit** der bayerischen Protestanten, sowie um die staatsrechtliche Stellung der protestantischen Gesamtkirche als einer gleichberechtigten Kirche neben der katholischen. Gerade weil man das Militär nicht an der Befolgung königlicher Befehle irre machen wolle, dürfe man sie nicht in der peinlichen Lage belassen, sich in einen Zwiespalt gestellt zu sehen zwischen Glaubenspflicht und militärischem Gehorsam.

Die Schrift beschreibt dann die damaligen Vorgänge. Die **königliche Order vom 14. August 1838** sei eine **militärdienstliche Vorschrift, welche den Protestanten befehle, die zum Messopfer verwendete Hostie durch Niederknien auch außerhalb der Messe bei Gelegenheiten des militärischen Dienstes nach einem Glaubenssatz der katholischen Kirche anzubeten.** Die beanstandete Anordnung hat folgenden Wortlaut: *„Seine Majestät der König haben allergnädigst zu beschließen geruht, daß bei militärischen Gottesdiensten während der Wandlung und beim Segen wieder niedergekniet werden soll. Das gleiche hat zu geschehen bei der Fronleichnamsprozession und auf der Wache, wenn das Hochwürdigste vorbeigetragen und an die Mannschaften der Segen gegeben wird. Das Kommando lautet: Aufs Knie!“*

Kniender Krieger: Mahnmal von 1923 in Weidenberg bei der Kirche

Während bis dahin beim Nahen der Hostie nur je nach Dienstgrad unterschiedliche Ehrenbezeugungen wie Kopfneigen oder Salutieren üblich waren, sieht die neue Praxis vor, dass der Soldat nun nach genauer Anweisung nieder-

---

riums, dazu Pressestimmen von damals. Im Hauptteil stellt der Verfasser den Streit dar und nimmt Stellung zu den jeweiligen Positionen.

Die Schrift hat lt. Vorwort die Absicht, eine Darstellung und Diskussion des Konflikts von den historischen, theologischen und staatsrechtlichen Voraussetzungen her zu geben. Denn die damalige Gegenwart habe das Bedürfnis, „über die Fragen der Zeit zum klaren Bewusstsein zu kommen“. Der Fall der Kniebeugung sei exemplarisches Beispiel für die Erfahrung, dass solche Beurteilung nicht einfach sei, weil sich „die verschiedenartigsten Ansicht und Standpunkte durchkreuzten.“

[13] AaO. S. 65.

knien muss:[14] Als Infanterist oder Kavallerist zu Fuß nimmt er das Gewehr bei Fuß und setzt auf das Kommando „aufs Knie“ den rechten Fuß zurück, um darauf niederzuknien. Dabei stützt er sich mit der rechten Hand auf seinem Gewehr ab. Der Soldat neigt den Kopf, seine linke Hand berührt die Kopfbedeckung.

Die Haltung ähnelt der des betenden Kriegers, wie ihn der Markt WEIDENBERG dann im Jahr 1923 an der ST. MICHAELSKIRCHE auf dem Gurtstein als Mahnmal für die Gefallenen des Ersten Weltkrieges aufstellt (hist. Foto), mit dem Unterschied, dass dieser Soldat auf dem Berge sein Gewehr nicht seitwärts, sondern vor sich hat und mit seinen betenden Händen umklammert.[15]

Nachgeschobene Erklärungen des Innenministeriums präzisieren die damalige Anordnung und schränken sie für die Männer der Landwehr[16] ein: Protestanten und jüdische Gemeindeglieder dürfen bei Kirchenparaden vor Eintritt in die katholische Kirche wegtreten; aber wenn sie in Reih und Glied stehen, **müssen sie ohne Unterschied dem Kommando Folge leisten**. Nur in überwiegend evangelischen Gebieten müssen evangelische Landwehrmänner nicht am Fronleichnamsumzug teilnehmen.

Das Glaubensproblem besteht darin, dass die Anbetung der Hostie, die sich im Kniefall ausdrückt, für den Protestanten **Götzendienst** ist. Deshalb hatte das kirchliche Oberkonsistorium beantragt,[17] die Protestanten in Armee und Landwehr gänzlich von der Kniebeugung bei der Wandlung und Segenserteilung zu befreien. Denn für die Lutherischen sind Brot und Wein lediglich Gaben, „in, mit und unter denen Christus“ bei der tatsächlichen Feier des Abendmahls selbst zugegen ist („Konsubstantiation“). Das heißt: Für den Protestanten ist eine Hostie außerhalb ihrer Anwendung beim Abendmahl nur ein natürliches Lebensmittel, dem, wie auch sonst den natürlichen Dingen, keine göttliche Verehrung zusteht.

Hingegen geht die kirchlich-katholische Lehre von der „Transsubstantiation“ aus und lehrt, dass die Hostie in der Messe ihre Substanz wandele und Christus auch unabhängig von der Mahlfeier ganz in den konsekrierten Gaben enthalten sei.

Zwar windet sich damals das Innenministerium damit heraus, es handele sich nicht um den religiösen Akt der **Anbetung**, der tatsächlich das verfassungsmäßige Recht auf Glaubens- und Gewissensfreiheit berühren würde, sondern lediglich um eine **Ehrenbezeigung**, also einen innermilitärischen Vorgang. Genau dies ist aber der Kon-

---

[14] Aao. S. 67, Beilage B.

[15] Vergl. das Kapitel über die Arbeit des Verschönerungsvereins in der 2. Folge des Projektes „MYRTEN FÜR DORNEN – Licht und Schatten der neuen Zeit …“, S. 306.

[16] Mit „Landwehr“ ist hier die Bürgerarmee der Reservisten gemeint. Für das eigentliche Militär, die „Liniensoldaten“, blieb die Order voll in Kraft.

[17] Am 28. Dez. 1838 und 25. Febr. 1839.

fliktpunkt. Denn die einschlägigen katholischen Bestimmungen stellen demgegenüber fest, dass Katholiken in der Gestalt des „Sanktissimum" bzw. „Hochwürdigsten"[18] wirklich das Göttliche **„anbeten"**.[19] Für den Katholiken geht es klar um Anbetung der geweihten Hostie, in der er Jesus in der Gestalt des Brotes erblickt,

Die evangelische Kirchenleitung kündigt an, die gesamte Geistlichkeit davon zu unterrichten, dass der König den Antrag zur Freistellung der Protestanten abgelehnt hat.

Den Schlüssel zum protestantischen Abendmahlsverständnis liefert der Wortlaut der „Konkordienformel" von 1577. Sie dogmatisierte die lutherische Abendmahlslehre von der Konsubstantiation und verwarf damals sowohl die katholische Lehre von der Transsubstantiation, als auch die symbolische Deutung der Abendmahlsgaben bei den Reformierten.

Die lutherische „Konkordienformel" von 1577 ist die Grundlage des protestantischen Bekenntnisses

Dabei weist Giechs Broschüre auf den wichtigsten Grundsatz der Lutherischen in Verfolgungssituationen hin, der dann auch knapp 100 Jahre nach dem Kniefallstreit im Kirchenkampf seit 1933 wieder zum Hauptsatz wird: *„Wir glauben, lehren und bekennen, dass zur Zeit der Verfolgung, wenn ein* ***klares Bekenntnis des Glaubens von uns gefordert*** *ist, in solchen ‚Mitteldingen' den Feinden nicht zu weichen ist".* Denn in solchem Fall gehe es nicht mehr um ein Mittelding, sondern um die Wahrheit des Evangeliums, um die christliche Freiheit gegenüber öffentlicher Abgötterei, wie auch um Verhütung von Ärgernis für die Schwachgläubigen, nach der Weisung aus Paulus' Galaterbrief 5,1 *„So bestehet nun in der Freiheit, zu der euch Christus befreit hat und lasst euch nicht wieder unter das knechtische Joch fangen."*

Damit ist also die Kampflinie eröffnet: **An der Order des Kniefalls sind Katholiken und Protestanten klar voneinander geschieden und allein den Aussagen ihrer jeweiligen Kirchen unterworfen.** Hier habe der Glaube nicht nachzugeben, sondern klar zu bekennen; er muss auch die Leiden, die mit solchem Bekenntnis verbunden sein können, als von Gott geschickt ertragen.

---

[18] Gemeint sind damit die konsekrierten Hostien.

[19] Die Broschüre verweist auf die 13. Sitzung des Konzils von Trient. Der damals abgefasste 6. Canon zur „Lehre vom Altar-Sakrament" bedroht jeden mit dem Bann, der die Anbetung Christi im Hl. Altarsakrament in Gottesdienst, Prozession im Umhertragen und öffentlichen Aussetzen verweigert und seine Anbeter zu Götzendienern erklärt.

Das Niederknien hat für Protestanten und Katholiken unterschiedliche Bedeutung

Interessant ist auch ein Blick auf die äußere Form der Anbetung, die hier von den Soldaten erwartet wird, das Niederknien. Zwar ist es typisch, dass der Protestantismus das bewusste *Stehen* als Zeichen seiner Gottesverehrung bevorzugt.[20] Aber es ist doch bemerkenswert, dass lutherische Kirchen durchaus das teilweise oder vollständige Niederknien kennen und praktizieren, so z.B. beim Empfang der Abendmahlsgaben oder bei den Segnungen der Taufeltern, der Konfirmanden und der Eheleute. In einigen evangelischen Kirchen kniet man auch beim Rüstgebet (Confiteor) zu Anfang des Gottesdienstes, bei Beichte und Absolution und in Phasen der Abendmahlsliturgie: Konsekration, Vaterunser, Agnus Dei, Schlusssegen. Aber das alles meint doch eher eine **ergebene Bitte um Zuwendung und Vergebung**, im Sinn von *„Gott sei mir Sündern gnädig"*.

Für den Katholiken ist aber fast jede Form des Kniens **Anbetung Christi**. Damit hat sich diese Kirche nach evangelischem Urteil jedoch von ihrem gemeinsamen Ursprung entfernt. Denn zumindest in den ersten Generationen der Christenheit dokumentierte das aufrechte *Stehen*, dass der Glauben in der *Auferstehung Christi* seinen siegreichen Ausgangspunkt hat. Noch das erste Konzil von Nicäa im Jahr 325 hatte das Knien an Sonntagen, sowie in der ganzen Zeit von Ostern bis Pfingsten als „unangemessen" erklärt, da hier die Feier der Auferstehung Jesu Christi in der Mitte stehe. Dieser Praxis folgen die orthodoxen Ostkirchen heute noch, die Gemeindeglieder stehen bei der Liturgie und beim Beten.

Anders die Römisch-katholische Kirche. Sie praktiziert seit dem Mittelalter in Liturgie und Frömmigkeitspraxis verschiedene Formen des Kniens. Sie unterscheiden sich äußerlich von Ort zu Ort vor allem in der Beugung eines oder beider Knie und auch in der Tiefe dieser Beugung zwischen bloß angedeutet bis hin zum vollständigen Niederlassen des bzw. der Knie auf der Erde. Entsprechend variieren die Vorstellungen über die Bedeutung des Ritus zwischen „Verehrung" und „Anbetung".

Jedenfalls gibt der Tabernakel mit seiner konsekrierten Hostie durch sein „ewiges Licht" die Gebetsrichtung an. Zu ihm hin machen Katholiken immer dann eine einfache Beuge mit dem rechten Knie, wenn sie sich in die Kirchenbank begeben, vor

---

[20] Auch nach der Zwangskonversation im Zuge der Gegenreformation behielten viele bislang Evangelische ihre aufrechte Haltung beim Beten bei und stießen damit bei den Katholiken auf Verwunderung oder sogar Protest, der bis an höchste Stellen ging. Davon existieren eindrückliche Berichte im Büchlein *„Der oberpfälzische Adel und die Gegenreformation"* von August Sperl, das im Jahr 1900 erschien.

dem Tabernakel vorübergehen oder die Kirche wieder verlassen, desgleichen die am Gottesdienst beteiligten Helfer. Nach dem katholischen Katechismus (1378) wird aber bereits diese Kniebeugung, ebenso wie auch eine tiefe Verneigung, als „Zeichen der *Anbetung* des Herrn“ verstanden.[21]

Eine vollständige Kniebeuge, „bei der das rechte Knie bis zum Boden gebeugt wird“, fordert das römische Messbuch bei der Eucharistie.[22] Auch dies „bringt die *Anbetung* zum Ausdruck“. Um diese Form ging es bei der Order des bayerischen Königs LUDWIG I. vom Jahr 1838.[23]

Der Kniefall – eine Zumutung für das protestantische Gewissen

Zurück zum Kniefallstreit ab 1838. Die königliche Order von diesem Jahr ist zwar scheinbar eine nur eine militärdienstliche Vorschrift. Sie regelt den äußerlichen Gestus des diensttuenden Soldaten. Nach protestantischer Überzeugung ruht sie aber auf religiöser Grundlage. Und dafür ist der Staat nicht zuständig. Die Order mutet dem Protestanten zu, mit dem Kniefall vor der umhergetragenen Monstranz eine Zeremonie mitzumachen, die gegen seinen Glauben und sein Gewissen ist. Nach Röm. 14, 23 muss er aber gänzlich vermeiden, sich an jeglichem Ritus zu beteiligen, der

---

[21] Eine auch für Protestanten nachdenkenswerte Praxis ist das Knien der Katholiken an Weihnachten und am Fest „Mariae Verkündigung“, wenn sie im Glaubensbekenntnis die **Menschwerdung Jesu** ansprechen, ebenso am Palmsonntag und Karfreitag im Credo beim Satz über die Passion Jesu und an Pfingsten beim Ruf vor dem Evangelium „Komm Heiliger Geist“.

[22] GRM 274

[23] Die doppelte Kniebeuge, bei der auch das linke Knie gebeugt wird und man sich verneigt, wird vor dem „ausgesetzten Allerheiligsten“ praktiziert. Diese „Aussetzung“ bedeutet eine „verlängerte Elevation“, also eine dankbare und sichtbare Erhebung der konsekrierten Abendmahlsgaben durch den Priester nach der „Wandlung“. Dieser Kniefall wird z.B. bei der „Ewigen Anbetung“ praktiziert oder wenn das „Allerheiligste“ vorbeigetragen wird oder beim „sakramentalen Segen“, wenn mithilfe des Hostiengefäßes das Kreuz geschlagen wird.

Solche Aussetzung oder Elevation kommt aus dem Schauverlangen der hochmittelalterlichen Eucharistiefrömmigkeit mit ihrem fast magischen Verständnis. Berichte aus dem Mittelalter zeigen, dass das Kirchenvolk zu dieser Zeit eher selten an der vollständigen Messe teilnahm, aber gern zur Elevation die Kirche betrat, wie zu einer Zauberhandlung, und sie oft an mehreren Altären hintereinander wahrnehmen wollte.

Schließlich gibt es noch das vollständige Sich-niederlassen auf beiden Knien mit Hilfe der Kniebänke. Es erfolgt an den entsprechenden Stellen in der Liturgie bei der Konsekration bis zur Akklamation „Deinen Tod ...“, sowie beim persönlichen stillen Gebet in der Kirche.

Immer knien Katholiken an Weihnachten und am Fest „Mariae Verkündigung“, wenn sie im Glaubensbekenntnis die Menschwerdung Jesu ansprechen, ebenso am Palmsonntag und Karfreitag im Credo beim Satz über die Passion Jesu und an Pfingsten beim Ruf vor dem Evangelium „Komm Heiliger Geist“. – Es gibt darüber hinaus noch den raschen Kniefall (Venie), der aber eher in Askesepraktiken oder bei Orden in Gebrauch ist.

äußerlich den Anschein einer Gottesverehrung hat und kann sich auch nicht mit der Behauptung entschuldigen, sein Inneres sei dabei unbeteiligt.

Die Broschüre von 1841 führt ergänzend noch weitere, historische, politische und juristische Gründe an, die Militärorder abzulehnen:[24] Wenn der König weiter starr an seiner Order festhalte, erzeuge er einen Konflikt, bei dem der protestantische Teil Widerstand leisten müsse.

Im eskalierenden Streit solidarisieren sich die Bayerischen Protestanten mit ihrer Kirche

Als es dann damals verschiedentlich tatsächlich zu Gehorsamsverweigerungen kommt, wird die Sache für den König und seinen Minister zur Prestigeangelegenheit. Das kirchliche Oberkonsistorium hatte sich nur zu einem flauen Protest durchringen können. Seinen vorsichtigen Vorschlag, alle Protestanten in der Armee von der Kniebeugung zu entbinden, schmettert Minister ABEL resolut ab.

Die protestantische Kirchenleitung nimmt diese Niederlage nach ein paar weiteren Zuckungen hin, weil sie wohl mit dem Apostel Paulus der Meinung ist, der Obrigkeit Gehorsam zu schulden. Sie hat sich gegenüber den Zumutungen des Staates als zahnlos und ohnmächtig erwiesen.

Bisher war diese Kirche eine Beamtenkirche gewesen, die auf die alte Privilegierung unter König MAXIMILIAN vertraute, mit wenig Profil, nachgiebig, um sich bei den Regierenden angenehm zu machen, zu feige, um eigene Anliegen durchzukämpfen, ein Verwaltungsapparat, mit dem der Staat im Grund machen konnte, was er wollte. Es bestand die Gefahr, dass die Sache der Protestanten in Bayern in Zukunft weiter geschwächt würde.

Aber nun gab es diesen demütigenden Kniebeugeerlass, von dem der König nicht Abstand nehmen wollte. Er erwies sich als ein Ärgernis, das im ganzen Land hohe Wellen schlug und an dem sich auch der ganze übrige inzwischen angewachsene Ärger festmachte. In dieser Situation ereignete sich für die Evangelische Kirche in Bayern das **vierte Wunder.** Immer mehr Menschen in ganz Bayern machten sich die Sorge um ihre Kirche zu eigen. Es reagierten nicht nur die Konsistorien von BAYREUTH und ANSBACH oder viele Dekanatsbezirke, sondern es meldeten sich auch verantwortlich denkende Pfarrer und Menschen aus dem Volk zu Wort. Die Protestantische Kirche begann sich zur **Volkskirche** zu entwickeln.

ADOLPH VON HARLEß, möglicherweise ein Verwandter des in WEIDENBERG von 1637-52 amtierenden JOHANN GEORG HARLES, wurde genau in dieser Zeit 1839 für

[24] AaO. S. 32ff.

die Universität ERLANGEN zum Landtagsabgeordneten gewählt. Über ihn ist weiter unten noch mehr Wichtiges im Zusammenhang mit der Kirchwerdung der Bayerischen Landeskirche zu berichten. Er formulierte jedenfalls eine Beschwerdeschrift über die am stärksten empfundenen **drei Gravamina der Protestanten**, nämlich neben der erzwungenen Kniebeugung noch die Behinderung bei den Gottesdiensten und die erpresserischen Regelungen bei Mischehen. HARLEß erlangte für sein Protestschreiben die Unterschrift von 40 weiteren Abgeordneten.

So kam das Thema auch in die Politik. Auch das oben besprochene Büchlein des Regierungspräsidenten v. GIECH erlangte sogar deutschlandweite Aufmerksamkeit. Es bewirkte, dass König Ludwigs leichtsinnige Order zunehmend sogar reichsweit als Skandal gewertet wurde.

Wie Georg Redenbachers Großvater zum aufsehenerregenden Wegbereiter dieses Wunders wird

Von einem weiteren Akteur in diesem nachdrücklichen Protest ist bereits im zweiten Band des Projektes „MYRTEN FÜR DORNEN" berichtet worden, als der Werdegang der Hauptfigur dieses Projektes, des Weidenberger Pfarrers GEORG REDENBACHER, beschrieben wurde.[25] Denn es war sein Großvater, der Pfarrer und Volksschriftsteller WILHELM REDENBACHER, der dann, von König LUDWIG zum Märtyrer gemacht, zum eigentlichen Wegbereiter dieses Wunders der Kirchwerdung wurde. Auf ihn war der Enkel deshalb stets mit Recht stolz und versuchte, ihm nachzueifern, was ihm aber nicht in jedem Fall gelang.

WILHELM REDENBACHER, Abkömmling einer Gelehrten- und Theologenfamilie, hatte sich nicht damit begnügen wollen, seine Pfarrämter in JOCHSBERG im Altmühltal (ab 1828) und in SULZKIRCHEN in der Oberpfalz (ab 1837)[26] zu verwalten. Er gehörte vielmehr mit zu den jungen Geistlichen, die in ihrem Studium in ERLANGEN insbesondere durch den warmherzigen reformierten Prediger und Theologen CHRISTIAN KRAFFT **Zeugen der neu erweckten Frömmigkeit auf dem Katheder** geworden war. Er wollte nunmehr bewusst persönlich an der innerlichen und äußerlichen

---

[25] Vergl. in der 2. Folge des Projektes „MYRTEN FÜR DORNEN – Licht und Schatten der neuen Zeit" das Kapitel: *„Wo sind denn die Ritter? – Georg Redenbacher (1880–1951), ein Original von Pfarrer ...", ab S. 54ff.*

[26] Das Dorf Sulzkirchen gehörte bis zur Errichtung des Königtums Bayern zu den wenigen evangelischen Territorien im alten katholischen Bayern. Es war 1566 unter den Wolfsteinern lutherisch geworden und evangelisch geblieben. Es bildet heute mit Oberndorf zusammen eine Gemeinde im „Landl", der ehemaligen Reichsgrafschaft der Wolfsteiner auf und um den markanten Höhenrücken zwischen Sulz und dem neuen Europakanal.

Auf Bildung des Volkes bedacht: Erstes Bändchen von Wilhelm Redenbachers „Volksbibliothek" 1854

Kirchwerdung der Protestantischen Landeskirche mitwirken und hat das dann auf mehrfache Weise getan.

Ihm lag die Kirche und die Bildung des Volkes gleichermaßen am Herzen. Er war der Schöpfer und erste Herausgeber einer frühen evangelischen Kirchenzeitung, die mithelfen sollte, das Evangelische Profil in Bayern zu schärfen, einer Vorläuferin des bekannten „Rothenburger Sonntagsblattes". Auch diese Zeitung berichtete damals ausführlich über den Bayerischen „Kniebeugestreit". REDENBACHER hat seinerzeit ein umfangreiches literarisches Werk aus unterschiedlichsten Erweckungs-, Erbauungs- und Jugendschriften geschaffen, mit dem er auf die Bildung des Volkes in der Breite einwirken konnte.

Aber nun, am Höhepunkt der Krise des Kniefalls, im März 1843, gab REDENBACHER einen Vortrag in Druck, mit dem er zuvor auf der kirchlichen Synode an die Öffentlichkeit gegangen war. Als Verweser des Dekanats PYRBAUM hatte er unter der Überschrift „Simon von Cana" einen flammenden Appell zum Widerstand an die versammelten Teilnehmer gerichtet. Der gewählte Titel von Vortrag und Druckwerk „Simon von Cana" verrät dem theologisch Gebildeten den emotionalen Gehalt des Exposees, denn im Evangelium Lukas 6, 15 und in der Apostelgeschichte 1, 13 ist SIMON der wenig bekannte zehnte der 12 Jünger Jesu, dem man zur Unterscheidung von SIMON PETRUS den hebräischen Beinamen „Kananai" bzw. griechischen „Zelotes" gab, das bedeutet „Eiferer".[27]

Genau das will REDENBACHER in seinem Text: sich ereifern, die Wände hochgehen, sich entrüsten, wütend werden, Widerstand leisten. Für ihn ist das erzwungene Niederknien vor der konsekrierten Hostie **„Abgötterei"**. Er nimmt damit genau den Ausdruck auf, den Graf v. GIECH in seiner anonymen Broschüre bereits zur Diskussion

---

[27] Das Wort „Zelot" erinnert an den Enkel Aarons, PINCHAS, der mit dem Speer in der Hand „für seinen Gott eiferte"(4. Mose 25,7f). Zur Zeit Jesu waren die Zeloten Widerstandskämpfer gegen Rom.

gestellt hatte, bekennt sich aber dazu nun öffentlich und unter eigenem Namen. Damit entpuppt er sich als ein mutiger und standfester Bekenner, der auch vor möglichen Folgen für sich selbst keine Angst hat.

Damit übertrug REDENBACHER Luthers Grundanliegen des Pro-Testes, also des Zeugnisses *für* das Evangelium, in seine Zeit. Er belebte das LUTHER zugeschriebene berühmte Bekenntnis von Worms: *„Hier stehe ich, ich kann nicht anders"* auf seine Weise in einer Richtung, die LUTHER in seiner Zeit wohl so nicht ergriffen hätte: Er rief die betroffenen evangelischen Soldaten zum **Ungehorsam** auf.

An sich war ja Redenbachers Aufruf nichts Ungewöhnliches. Man muss ja die revolutionäre Stimmung bedenken, die zu dieser Zeit des Biedermeier in den vordemokratischen Strömungen in Deutschland herrschte. Das erste deutsche demokratische Parlament, das sich dann genau 10 Jahre nach der Kniefallorder in der Frankfurter Paulskirche konstituierte, bestand aus vielen solchen „Mut-Bürgern". Anders dagegen war zu dieser Zeit noch die politische Lage in Bayern. Dessen König versuchte dort noch immer seine rückwärtsgewandte, absolutistische und romhörige Politik durchzusetzen. Und in diesem reaktionären Klima war so eine Aufforderung zum Ungehorsam natürlich eine Ungeheuerlichkeit.

Auch wenn sich der König mit seiner Antwort überraschend viel Zeit ließ, waren doch die Folgen für WILHELM REDENBACHER voraussehbar: Der Regent musste seinen Untertanen in die Schranken weisen. Aber er suchte immerhin einen Kompromiss: Er wollte einerseits sein Gesicht wahren und andererseits, um nicht noch mehr Porzellan zu zerschlagen, Brücken zu den Protestanten bauen. So wartete der Monarch acht Monate, bis er nach Redenbachers despektierlichem Aufruf eine gerichtliche Untersuchung einleitete.

Die dann verhängte Strafe vollzog er in zwei Stufen. Im März 1844 enthob er, in seiner Eigenschaft als oberster Bischof der Evangelischen Kirche, REDENBACHER wegen seiner Oppositionshaltung seines geistlichen Amtes; das bedeutete zugleich den schmerzlichen Verlust der Einkünfte. Im Dezember desselben Jahres verurteilte ihn das Gericht „wegen Verbrechens der Störung der öffentlichen Ruhe durch Missbrauch der Religion" zu einjähriger Festungshaft.

Auch wenn der König damit REDENBACHER in den Augen der Protestanten zum Märtyrer machte, so signalisierte diese Form des Strafvollzuges doch Entgegenkommen. Denn Festungshaft billigte man bei politischen Straftaten nur Häftlingen mit „ehrenhafter Gesinnung" aus höheren Ständen zu. Dieses Wohlwollen erweiterte der Regent, indem er dem Urteil gleich noch die königliche Begnadigung beigefügte. REDENBACHER musste also die Haft gar nicht antreten.

Es dauerte nicht mehr lange, da nahm der König auch jene Kriegsministerialorder zurück, die den ganzen Protest ausgelöst hatte.[28] Sie hatte immerhin sieben Jahre hindurch das Verhältnis von Staat und Kirche vergiftet und hunderte von Eingaben an die Konsistorien und die Regierung verursacht.

Die Amtsenthebung Redenbachers jedoch ließ der König bestehen. Der beliebte Pfarrer musste das Pfarrhaus verlassen. Zunächst zog er nach NÜRNBERG. Dort widmete er sich nun ganz der Tätigkeit als Volksschriftsteller. Er wollte sein sittliches und religiöses Anliegen unter die zahlreichen Leser zu bringen. Dabei halfen ihm seine gute Erzählergabe und die Herzenswärme einer entschiedenen, aber nicht engherzigen christlichen Überzeugung.[29]

Aber auch die öffentliche Aufmerksamkeit in ganz Deutschland bis in Kirchenleitungen und Politik hinein blieben REDENBACHER erhalten. Sein Prozess hatte überall Aufsehen erregt und ihm viel Fürsprache auch von außerhalb eingebracht. So bewirkte ein Gutachten der Berliner theologischen Fakultät, dass auch König FRIEDRICH WILHELM IV. sich für ihn interessierte; er ließ WILHELM REDENBACHER eine Pfarrei in Preußen anbieten. Die Bedenken des Pfarrers gegen die verordnete „Verwaltungsunion" der Kirche mit den Reformierten zerstreuten sich, weil man ihm im Jahr 1846 mit SACHSENBURG an der Unstrut in der Kirchenprovinz Sachsen [30] eine ursprünglich lutherische Gemeinde gab. Aber schon sechs Jahre später kehrte er nach Bayern zurück. Ihn trieb die Sehnsucht nach seiner Heimat Mittelfranken.

Der Stimmungswandel erreicht Bayern

Die Stimmung in Bayern hatte sich inzwischen stark gewandelt. Die demokratischen Strömungen in Deutschland und Europa hatten an Einfluss gewonnen. Viel diskutierte Ereignisse im Inland bewirkten das Übrige. Als Ludwigs evangelische Stiefmutter KAROLINE im Jahr 1841 starb, hatte romhörige Eiferer gemeint, mit der verdienten Königin Spott treiben zu können; sie hatten eine Beerdigung inszeniert, wie wenn die einstige Landesmutter unter dem Bannfluch stünde: ohne Kerzen, ohne Gesang und Gebet und unter Ausschluss der Protestanten. Solcher Mangel an Würde hatte den Monarchen über den konfessionellen Anachronismus in Bayern nachdenklich gemacht. Auch unter einsichtigen Katholiken war die Empörung gewaltig.

---

[28] Im Dezember 1845

[29] *„Volksbibliothek"* in sieben aufeinander folgenden Jahrgänge (1846–53); *„Reisen des Capitän Cook"*, drei Bände 1848–50; *„Der Maronit"* 1855 und vieles andere, manches in unzähligen Auflagen.

[30] An der „Thüringer Pforte" im Kyffhäuserkreis südlich des Harzes gelegen, wo die Wipper in die Unstrut einmündet.

Aber auch sich selbst hatte der König ein Bein gestellt. Seit 1846 hatte er eine außereheliche Liaison mit der irischen Tänzerin ELIZABETH GILBERT unterhalten, die als „Lola Montez" berüchtigt war. So hatte er viele Getreue in Staat, katholischer Kirche, Studentenschaft und der eigenen Familie gegen sich aufgebracht. Im revolutionären März 1848 wählte LUDWIG I. zur eigenen Sicherheit das Privatleben und überließ seinem erstgeborenen Sohnes MAXIMILIAN II. den Thron. Den Zeichen der Zeit entsprechend hatte er gegen seine Überzeugung etlichen staatlichen und militärischen Reformen zustimmen müssen. Besonders gedemütigt hatte ihn aber, dass Staatsorgane seine Geliebte auswiesen und verfolgten.

Die Konsequenzen für die Evangelische Kirche waren erfreulich. Bereits im Jahr 1846 hatte der König einen ersten versöhnlichen Schritt getan und seinem intriganten Innenminister ABEL die kirchlichen Angelegenheiten entzogen.

Die Bayerische Landeskirche war jetzt anerkannt. Seitdem bekam sie auch vom Staat wieder mehr Unterstützung. Redenbachers trotziger Dickkopf und der Bekennermut anderer profilierter Protestanten hatten sich als geschichtswirksam erwiesen. Mit vielen anderen zusammen hatte er dazu beitragen können, den Bayerischen Protestantismus nach außen und innen zu stärken und zu einer eigenen Identität verhelfen. In zwei Pfarreien nacheinander, GROßHASLACH bei Ansbach und seit 1860 DORNHAUSEN im Altmühltal, wirkte REDENBACHER weiter als volkstümlicher Pfarrer und setzte auch seine intensive literarische Tätigkeit fort, solange er konnte.[31]

An der weiteren Ausgestaltung des Profils dieser Kirche hatte dann das Wirken der „erweckten" Theologen an der Universität ERLANGEN und das literarische und praktische Wirken des Pfarrers WILHELM LÖHE (1808-1872) entscheidenden Anteil.

DAS FÜNFTE WUNDER:

Überzeugungsstarke Theologen entdecken das alte lutherische Bekenntnis neu

Das Erblühen der „Erlanger Theologie" zwischen 1840 und 1875 trägt die geistige Handschrift des Professors für Theologie ADOLF VON HARLEß (1806-1879). Er wurde oben schon als Landtagsabgeordneter genannt. Im Jahr 1849 vertraute König MAX II. ihm die Kirchenleitung an und berief ihn zum Oberkonsistorialpräsidenten der Bayerischen Landeskirche.

[31] Im Auftrag des Calwer Vereins hatte WILHELM REDENBACHER schon 1856 eine *Reformationsgeschichte* herausgegeben. Von 1860–67 ließ er ein *„Lesebuch der Weltgeschichte"* in drei Bänden folgen.

HARLEß hatte als junger Student an der Universität HALLE, die lange vom Geist August Hermann Franckes (1663-1727) geprägt war, seine eigene Bekehrung, seine lutherische Ausrichtung und eine vielfältige Öffnung auch zur Welt hin erlebt. Denn hier war ihm ein zugleich frommes, bibelbezogenes, aber auch weltoffenes und missionarische Christentum begegnet. Mit großer Rührung sah er seine neuen Glaubenserfahrungen in den alten lutherischen Bekenntnisschriften der ausgehenden Reformationszeit bestätigt. Dass auf diese Weise ein einzelner überzeugungsstarker Theologe das lutherische Bekenntnis wiederentdeckt, war das eigentliche **fünfte Wunder** und ein substanzieller Schritt bei der Werdung der Evangelisch-Lutherischen Kirche in Bayern. Der Weg führte die Kirche nun in die tiefen Schichten des lutherischen Glaubens.

Kämpferischer Theologe für ein bekenntnistreues Luthertum: ADOLF V. HARLEß

Bereits das vierte Wunder in der Krise des Kniefallstreites, das zur Anerkennung des theologischen Standpunktes der Protestanten in der Abendmahlsfrage geführt hatte, war ein Schritt in diese Richtung von außen nach innen gewesen. Die schlaffe Hülle der bisherigen Beamtenkirche hatte sich mit Leben gefüllt. Die unzähligen territorial geprägten evangelischen Winkelkirchen auf dem Boden des bayerischen Staates hatten zu einem gemeinsamen Verständnis von Gesamtkirche und ihrer Rolle in Staat und Gesellschaft gefunden.

Die Botschaft von der Rechtfertigung des Sünders als Bestätigung des persönlichen Glaubens und als Maßstab für die Kirche

Das fünfte Wunder stieß nun zum Kern des Glaubens vor. In seiner tiefen Bedeutung für das Leben des einzelnen Gläubigen erinnert es an Luthers „Turmerlebnis" mit der Wiederentdeckung des gnädigen Gottes. Es war die Klarheit, mit der die Lehre von der Rechtfertigung des Sünders den Menschen auf das **Werk Christi** schauen lässt. Diese reine **Christuszentriertheit** bezauberte HARLEß und seinen Jugendfreund LÖHE ganz besonders am lutherischen Bekenntnis. Das Bekenntnis findet ein offenes Wort für das Ausmaß der Gottesferne des Menschen, über welchem die göttliche Gnade nun umso heller aufleuchtet. Diese befreiende Glaubenserfahrung beschert dem Gläubigen eine **neue Existenz**. Im lutherischen Bekenntnis empfinden die erwecklich geprägten Anhänger des „Neuluthertums“ die stärkste Bestätigung dieser eigenen Glaubenserfahrung.

Aber dieses wieder entdeckte lutherische Bekenntnis von der rechtfertigenden Gnade Gottes in Christus berührt nicht nur den einzelnen Gläubigen. Vielmehr ist mit ihm auch ein **Maßstab für alles Handeln** von Kirche und Gemeindegliedern gefunden. Das Bekenntnis ist ein **geistliches** Element, das diese Kirche verbindet. Nun muss man nur noch bewusst machen, dass es Pflicht *aller* Gläubigen ist, dieses Bekenntnis im kirchlichen, öffentlichen und privaten Bereich zu bezeugen. Der Protestantismus soll keine religiöse Privatreligion sein, die sich vom Leben abseits hält. Sondern er soll sich als Kirche verstehen, die das öffentliche Leben durchdringt. Die Devise für die kirchliche Arbeit der nächsten Jahrzehnte lautete: **Der bayerische Protestantismus ist lutherisch und kirchlich, und sofern er es noch nicht ist, soll er es werden.**

Die Voraussetzungen für die theologische Arbeit waren in ERLANGEN günstig. HARLEß traf hier einen Kreis gleichgesinnter Theologen an, die zu einer bis dahin selten geübten Form von Gemeinschaftsarbeit fanden. Die Universität wurde zu einem wahren Brut-Ofen einer unübersehbaren Menge geistlicher Küken.

Ihre **Arbeitsmethode zwischen scharfsinniger Wissenschaftlichkeit und erwecklichem Biblizismus** wurde zu einem deutschlandweiten, ja internationalen Geheimtipp unter den Theologiestudenten, die sich nun in wachsendender Zahl, zum Teil auch aus dem Ausland, in ERLANGEN einfanden. Studenten anderer Fachrichtungen gewannen sogar zunehmend den Eindruck, als wären alle anderen Fakultäten Anhängsel der theologischen Fakultät. Diese Anziehungskraft war aber auch dem **Vorbildcharakter** mancher der theologischen Dozenten geschuldet, die sich in ihrer **Weltoffenheit** auch in Politik und anderen Bereichen des öffentlichen Lebens recht fortschrittlich engagierten.

Doch machte die **starke Ausrichtung auf das gelebte Bekenntnis** einige Theologen auch elitär und einseitig. Manche gingen den Überzeugungskampf für eine lutherische Bekenntniskirche so scharf an, dass sie das zarte Pflänzchen der protestantischen Volkskirche, die in der bayerischen Monarchie eben erblüht war, in die Gefahr brachten, überfordert und gespalten zu werden. Sie drängten auf einen radikalen Bruch mit allem Bestehenden einschließlich des königlichen Summepiskopats und auf Lossagung von jedem reformierten oder rationalistischen Gedankengut und forderten eine strenge Kirchenzucht gegenüber Abweichlern.

Federführend bei diesen **jungen Radikalen** wurde Harleß' Freund WILHELM LÖHE. Er fand die kirchlichen Zustände als so „faul", dass er die Kirche am liebsten verlassen und eine eigene Kirche gegründet hätte, und er verkündete seine Kritik auch in der kirchlichen Synode ganz offen.

Ein <u>SECHSTES WUNDER</u> mit Zeitverzögerung:

Carepakete und Diakonissen in der Löhe-Nachfolge

Den Impulsen dieses rebellischen jungen Mannes WILHELM LÖHE verdankt die Bayerische Landeskirche für ihre Identitätsfindung in der folgenden Zeit und bis heute sehr viel. Aber LÖHE war auch ein sehr widersprüchlicher und hochfahrender Mann und stieß mit seiner Art manchen ab, sodass das Urteil über ihn uneinheitlich ist.

So führt die Frage, ob man auch Löhes Wirken zu den **Wundern** für diese Kirche rechnen kann, stets zu ganz widersprüchlichen Antworten:

Einerseits war er ein Mann des Dorfes (NEUENDETTELSAU), erlangte aber andererseits doch weltweite missionarische Ausstrahlung.

Einerseits war er ein Mann, der im anfänglichen Frust seine Kirche verlassen wollte, der aber dann doch das bayerische Luthertum bis ins 20. Jh. hinein prägte.

Den einen war er zu „katholisch", den anderen zu konfessionell-lutherisch.

Den einen war er zu fanatisch und borniert, den anderen eine „durch Gnade verklärte Natur".[32]

Einerseits gehörte er zu denen, welche die **demokratische Revolution** von 1848 freudig begrüßten; andererseits hatte er aber für das gleichzeitige Problem der **industriellen Revolution** kein Gespür.

Ihm hat anfangs auch alles andere als die Begründung von diakonischen Anstalten vorgeschwebt, und doch wurde er zum „Vater der Diakonissen".

Wenn die heutige Bayerische Landeskirche in ihrer Liturgie auf „Nordlichter" fast katholisch wirkt und in ihrem Luthertum von draußen bisweilen als „penetrant"[33] empfunden wird, so ist sie in ihrem geistlichen Wesen und diakonisch-missionarischen Wirken ohne diese Auseinandersetzung mit dem zwiespältigen Glaubenszeugen WILHELM LÖHE kaum zu verstehen. So ist es sinnvoll, auch auf seinen Lebensweg

---

[32] HERMANN BEZZEL.

[33] ROEPKE, aaO. S. 374.

und sein Wirken an dieser Stelle einzugehen, wenn man die spätere Position dieser Kirche in Nationalsozialismus und Kirchenkampf verstehen will.

Wilhelm Löhe findet seine Berufung

Der gebürtige Franke und Kaufmannssohn WILHELM LÖHE, der aus der Arbeiterstadt FÜRTH kam, fühlte sich Zeit seines Lebens sowohl an diese Stadt, als auch an den hier erlebten, eher strenggläubigen Gottesdienst gebunden. Wer diese Frömmigkeit nicht teilte, den verachtete LÖHE schon als Kind.

Von jeher anscheinend war es sein Wunsch, Theologie zu studieren. Ihn faszinierte als junger Student dann die frühe Erweckung der Universität ERLANGEN. Sie war letztlich durch Einflüsse der katholischen Priester des oben beschriebenen Allgäuer Gesprächskreises geprägt und wurde vor allem durch den ebenfalls schon genannten reformierten Theologen CHRISTIAN KRAFFT aufs Erlanger Katheder gebracht.

KRAFFT machte den wissenschaftlichen Lehrstuhl zur Kanzel. Hier saugten viele vom öden Rationalismus ermüdete Studenten das neu aufstrahlende Gotteswortes gierig auf. Der Dozent pflegte einen sehr emotionalen Vortragsstil, der von Selbstbekenntnissen gewürzt war, wie er heute von vielen Evangelisationen her vertraut ist. Solche lebendige Redeweise wirkte damals beflügelnd und ließ eher nüchtern dozierende Kollegen als armselig und glaubenslos erscheinen. Eine ganze bayerische Theologengeneration ließ sich damals so erwecklich formen, unter ihnen WILHELM LÖHE.

Um aber seinen Horizont zu erweitern, ging LÖHE im Jahr 1828 auch für ein Studiensemester nach BERLIN und schrieb sich an Preußens renommiertester Hochschule, der späteren Humboldt-Universität, ein. Der preußische König hatte diese Lehranstalt bewusst zu einem universellen wissenschaftlichen Zentrum seiner Zeit machen wollen. Diese Berliner Universität war auch Plattform für zahlreiche neue naturwissenschaftliche Disziplinen, die neben den klassischen Fakultäten aufschossen.

Gefragte Geistesgrößen lehrten an dieser Berliner Hochschule. Als Hauptanziehungspunkt für viele erwies sich die wirkungsmächtige Philosophie von GEORG FRIEDRICH WILHELM HEGEL (1770-1831). Mit seinem unverhohlenen Anspruch, die gesamte Lebenswirklichkeit und Geschichte in der Vielfalt ihrer Erscheinungsformen methodisch zu deuten, zog HEGEL eine gewaltige Hörerschaft an.

Obwohl der Philosoph aus einem pietistischen württembergischen Elternhaus stammte, fand aber LÖHE keinen Draht zu Hegels Denken, er verstand ihn nach eigenem Bekunden nicht. Prediger wie der damals immer noch viel gehörte FRIEDRICH SCHLEIERMACHER (1768-1834) berührten ihn stärker.

Ein Prediger wollte auch LÖHE selber werden. Für Predigthörer in reformierten Gemeinden war er anfangs ebenso offen, wie für lutherische. Aber zunehmend hatte

ihn schwärmerische Begeisterung für das Wesen des Lutherischen erfasst. Über das Studium der lutherischen Bekenntnisse drang er allmählich auch zum eigenen Lesen der Bibel vor, entdeckte andererseits aber auch neu das Wesen von Kirche als Gemeinschaft der Glaubenden. Er nannte die konkrete, geschichtliche gewachsene Kirche mit seinem poetisch-enthusiastischem Ton *„das Werk Gottes in der letzten Stunde der Welt“.*[34] Die Kirche sei *„der schönste Lieblingsgedanke des Herrn, in welchem sich seine eigene Menschenliebe und die Liebe zu seinem Sohn mit enthülltem Angesicht zeigt.“*

Dem Rückzug der Pietisten in die Innerlichkeit erteilte LÖHE eine Absage. Er forderte das Ja des Christen zur sichtbaren Gestalt der Kirche: *„Wie einer zur Kirche steht, so steht er zu Gott.“* Dabei war ihm diese lutherische Kirche *„die Brunnstube der Wahrheit“*, denn sie habe die rechte Lehre bewahrt und könne so als einigende Mitte der Konfessionen betrachtet werden.

Freilich sieht LÖHE die Lutherische Kirche seiner Zeit zwar *„vollendet in der Lehre“*, aber noch *„unvollendet in den Folgen der Lehre.“* Der junge Theologe erwartet, dass die Verkündigung der christlichen Nächstenliebe einmünden müsse in praktische Nächstenhilfe in Diakonie und Mission.

Doch fällt LÖHE mit seinen eigenen Aktivitäten zunächst einmal manchem in der noch biedermeierlichen Beamtenkirche unangenehm auf, weil er den damals vorherrschenden angepassten Zeitgeist stört.

Ein impulsiver Mann fordert die Kirche heraus

So bewirkt LÖHE als junger Vikar in KIRCHENLAMITZ am Nordrand des Fichtelgebirges mit seinen erwecklichen Predigten zwar eine aufsehenerregende Aktivierung der Gemeinde. Aber seine gutbesuchten Erbauungs- und Bibellesestunden für die Jugend erregen auch das Misstrauen örtlicher Honoratioren. Sie beklagen, dass er damit die Jugend von allen weltlichen Vergnügungen abhalte! LÖHE wird sogar angezeigt. Die Folge ist, dass das Bayreuther Konsistorium ihn abberuft; man ist damals auf Ruhe in den Gemeinden erpicht.

Nicht besser ergeht es LÖHE dann in NÜRNBERG. Als Pfarrverweser an St. Egidien erzielt er mit seinen Predigten geradezu „elektrisierende Wirkung“. Hier ist es der Magistrat der Stadt, der sich um das Wohlbefinden seiner Bürger sorgt; er beschwert sich beim Ansbacher Konsistorium.

Der Konflikt mit der Kirche eskaliert dann weiter mit Löhes Einsatz im mittelfränkischen MERKENDORF. LÖHE verweigert einem Geschiedenen aus religiös-sittlichen

---

[34] So WILHELM LÖHE in *„Drei Bücher von der Kirche“*, die 1844 entstanden.

Gründen die kirchliche Wiederverheiratung und zieht damit den Tadel des Oberkonsistoriums auf sich; er sei der staatlichen Obrigkeit ungehorsam geworden. Ein Nachbarpfarrer muss einspringen.

Leidenschaftlicher Prediger: WILHELM LÖHE

Für LÖHE ging es dabei um das Grundsätzliche im Verhältnis von Kirche und Staat. Um der ganz eigenen geistlichen Aufgabe der Kirche willen müsse diese vom Staat völlig getrennt sein und eine eigene Ordnung haben. **Die landeskirchlich verfasste Volkskirche war für ihn eine Fehlentwicklung**, die zur Beschädigung des biblisch fundierten Christentums führe. Seine Vision war eine intensiv gelebte „Freiwilligkeitskirche", auch wenn sie eine Minderheit und politisch betrachtet ohnmächtig wäre. *„Was nicht intensiv ist, ist nicht extensiv."* LÖHE hoffte dabei auch auf eine politische Revolution in Deutschland. Eine solche Umwälzung werde *„die Fessel zerschlagen, in welche die Kirche von den Fürsten geschlagen ist."*

Das Gegenteil freilich geschieht in dieser Zeit, die Bindungen von Thron und Altar wurden nur noch stärker. LÖHE suchte sich resigniert ein eigenes Wirkungsfeld, wo er seine Ideen verwirklichen konnte, um von dort aus die Kirche vielleicht neu zu inspirieren. Er findet im Jahr 1837 sein ideales Betätigungsfeld in dem bäuerlichen Dörfchen NEUENDETTELSAU, umgangssprachlich: „Deddls-aa". Es liegt mit seinen damals gerade 400 Einwohnern im Gebiet des ehemaligen Markgrafentums Ansbach.

Die Kirchenleitung lässt ihn gewähren. Sie hofft, diesen jungen Radikalen hier ruhiggestellt zu haben. So ignoriert sie auch alle seine späteren Versuche, sich hier wieder wegzumelden.

Ein Gemeindeaufbaukonzept nach dem Vorbild der Urgemeinde aus der Apostelgeschichte

Löhes pastorales Wirken beschert dem Ort einen tiefgreifenden Wandel. Aus Löhes sozialem Engagement erwächst neben anderem die „DIAKONIE NEUENDETTELSAU", die heute der größte Arbeitgeber Westmittelfrankens ist.

Freilich war Löhes Vision von Gemeinde von Anfang an sehr breit angelegt. Er ließ sich dabei von seiner Bibel inspirieren. Wer ernsthaft in diesem Buch liest, stößt ja in der Apostelgeschichte auf das Bild der urchristlichen Idealgemeinde, die sich nach dem Pfingstfest formiert.

Sie ist zunächst eine betende Gemeinde, die die **Lehre der Apostel** aufnimmt. Sie ist in Gottesdienst und Abendmahl beieinander und **teilt ihr materielles Leben** konsequent (ApG 2,42ff,4,32ff). Angesichts der wachsenden Zahl der Gemeindeglieder sieht sie sich aber schon bald mit der Notwendigkeit konfrontiert, eine eigenständige **Diakonie** zu begründen. Die Urgemeinde muss sich um die Versorgung der Benachteiligten kümmern (ApG 6), damit der Verkündigungsdienst nicht leidet. Als die Gemeinde dann verfolgt wird, erwächst aus dieser Not die **Mission**. Die Gemeindeglieder sollen überall dort Christus verkündigen, wohin sie als Christen zerstreut werden (ApG 8, 1bff).

Damit waren auch für LÖHE die vier wesentlichen Ziele vorgezeichnet: **Gottesdienst und Verkündigung, Diakonie und Mission**, alles dies muss Sache jeder Gemeinde sein und ineinander übergehen.

Aufgrund dieses Bildes einer **integrierten Gemeindediakonie** war LÖHE auch nicht von dem Konzept der gesonderten „Inneren Mission“ begeistert, das JOHANN HINRICH WICHERN (1808-1881)[35] im September 1848 auf dem ersten Evangelischen Kirchentag 1848 in WITTENBERG vorgestellt hatte[36] und das er im darauffolgenden Jahr auch in Bayern bekanntmachte. LÖHE wollte keinen Dienstverein *neben* der Kirche, sondern einen „**Dienst der Kirche für die Kirche**“. Deshalb gründete er unmittelbar nach Wicherns Besuch in NEUENDETTELSAU die „GESELLSCHAFT FÜR INNERE UND ÄUßERE MISSION IM SINNE DER LUTHERISCHEN KIRCHE E. V.“ Sie sollte die Gemeinden befähigen, als lutherische Christen ihr Christsein bewusst zu bekennen, gottesdienstlich zu feiern und in den Herausforderungen der Zeit tätig zu werden.

Die Herausforderungen waren evident. Fast explosionsartig war ja im Revolutionsjahr 1848 wie aus einer übergärigen Flasche ein aufschäumendes Gemisch bisher verschlossener Gedanken, widerstreitender Gefühle und politischer Initiativen heraus-

---

[35] Der Gründer des „Rauhen Hauses“ 1833 zur Rettung verwahrloster und schwer erziehbarer Kinder.

[36] WICHERN rief in einer programmatischen Rede zur Gründung eines „Centralausschusses für die Innere Mission der deutschen evangelischen Kirche“ auf. Dieser konstituierte sich tatsächlich bereits zwei Monate später und ist die Vorläuferorganisation des heutigen „Diakonischen Werkes“. Damals entstanden auf diesen Impuls hin in allen deutschen evangelischen Kirchen „Vereine für Innere Mission“.

geschossen. Ein glaubensschädliches Gebräu ergoss sich in eine Zeit, wo wirtschaftliche Not ganze Bevölkerungsteile erfasst hatte und viele zur Auswanderung drängte.

Hier mengte sich, was bisher die Köpfe und Herzen vieler Menschen bestimmt hatte: aufklärerischer Rationalismus und Individualismus, Sehnsucht nach Meinungsfreiheit und nationaler Identität, verbunden mit einem Zurückweichen des volkskirchlichen Christentums, mit einem grassierenden Schwinden von Bibelkenntnis und Glaubenswissen, mit einer Verarmung des liturgischen Lebens der Kirche.

In diesen wildschäumenden Strudel der Zeit sieht LÖHE auch alle Gemeinden seiner lutherischen Kirche gestellt. Sie sollen sich hier gegenseitig stärken und geistliche und soziale Verantwortung übernehmen.

Mission als geistliche Begleitung von Auswanderungswilligen

Die konkreten Aufgabenfelder ergeben sich bei einer solchen Gemeindekonzeption von ganz alleine. An der Äußeren Mission wird das damals zuerst deutlich. Die Pflicht zur Mission hat LÖHE schon als Vikar in NÜRNBERG seine Gemeinde St. Egidien eingeschärft.

Über die Zielrichtung und Methoden der Mission kam es damals aber zunehmend zu einem Perspektivenwechsel. Landläufig hat man ja auch heute noch die unreflektierte Vorstellung, Mission diene in erster Linie dazu, „das ferne kleine Negerlein" zu bekehren oder den „Menschenfresser in Übersee" von seinem grausigen Tun abzubringen. Geleitet von solchen Voreinstellungen haben ja Eroberer in der frühen Neuzeit ganze Kulturen ausgelöscht und die „Bekehrten" dem weißen Mann untertan gemacht. – Ganz anders nun die neu durchdachte Vorstellung von einer Mission „im Sinne der lutherischen Kirche": Ihr geht es zuerst einmal nicht darum, *andere* zu missionieren, sondern vielmehr die *eigenen*, nach Übersee ausgewanderten bzw. dort lebenden Glaubensgeschwister zu stärken.

Ein „Notruf", den der in USA wirkende deutsche Pastor FRIEDRICH KONRAD DIETRICH WYNEKEN (1810-1876)[37] in Deutschland im Februar 1843 veröffentlichte, erregte Löhes spontane Aufmerksamkeit. WYNEKEN beklagte darin den akuten Pfarrermangel der deutschen Lutheraner im Mittleren Westen der USA, der zu einer Verwahrlosung des Glaubens führe. Oft kämen die Auswanderer einzeln in das fremde, weite Land und fänden hier weder Lehrer noch Pfarrer ihrer Kirche vor. Etliche wanderten zu Sekten ab, verfielen dem Unglauben oder verkämen sittlich.

---

[37] WYNEKEN war ein lutherischer Missionar aus Verden an der Aller, der mit 28 Jahren nach Amerika ging, um unter den lutherischen Auswanderern, die schon lange keine lutherische Predigt gehört hatten, seelsorgerlich zu wirken. Er wurde 1850 Präses der Lutherischen Missourisynode der USA.

Der Aufruf wird an vielen Orten verfolgt und im Nachhinein als Meilenstein der Kirchengeschichte betrachtet. Unter denen, die sich auf Wynekens Aufruf melden, war auch der neulutherisch geprägte sächsische Pfarrer WILHELM SIHLER. Er lässt sich mit 10 weiteren jungen Theologen als Pfarrer und Lehrer nach den USA aussenden. Dort begründet er später auch ein Predigerseminar zur Ausbildung von einheimischen Geistlichen. Er wird der „Vater des Luthertums in Nordamerika."

LÖHE ist von der Klage von WYNEKEN sehr betroffen. Er erreicht, dass der Text auch im damaligen Sonntagsblatt[38] abgedruckt wird. Zwei junge Männer melden sich daraufhin. Sie lassen sich von LÖHE ausbilden und entsenden.

Das ist der Startschuss für ein eigenes Missionswerk in Bayern, zu dem LÖHE seine Kirche aufruft und zu dem sich in den folgenden Jahren eine wachsende Zahl von Menschen aus dem nahen Franken, aber auch aus ganz Deutschland und Osteuropa in NEUENDETTELSAU einfinden. – Die von WYNEKEN geschilderte Problemlage inspiriert LÖHE aber auch zu ganz neuen Überlegungen hinsichtlich der Auswanderungsfrage, sowohl was die Person der Auswanderungswilligen, als auch ihre geistliche Betreuung betraf. Wenn man bedenkt, wie sehr die Industrialisierung die Menschen daheim entwurzelte; wenn man den sozialen Druck durch die steigenden Geburtenraten betrachtete, dann könnte der Auswanderung eine sinnvolle und entlastende Ventilfunktion zukommen. Die Emigration könnte viele Tausende Deutsche davor bewahren, daheim dem Proletariat zu verfallen.

Man müsste aber versuchen, sie in ihrem Ankunftsland in geschlossenen Siedlergruppen zusammenzufassen und ihnen von vornherein Pfarrer und Lehrer beigeben. LÖHE verfasste deshalb als Handreichung Gebets- und Andachtsbücher und eine Gottesdienst-Agende für christliche Gemeinden lutherischen Bekenntnisses. Zur materiellen Unterstützung ließ er ein Darlehensfond für Auswanderer gründen.

Das Experiment gelingt. Tatsächlich gründen sich im Staat Michigan lutherische Auswanderergemeinden. Sie geben sich Namen, die an die alte Heimat Franken und an Motive des Glaubens erinnern, wie: FRANKENHILF[39] oder FRANKENLUST[40].

---

[38] Der oben bereits genannte WILHELM REDENBACHER, der Großvater des Weidenberger Geistlichen GEORG REDENBACHER, war der Schöpfer und erste Herausgeber dieser frühen evangelischen Kirchenzeitung gewesen. Sie sollte mithelfen, im Königreich Bayern das evangelisch-lutherische Profil zu stärken.

[39] Heute Richville-Tuscola.

[40] Von Pastor FERDINAND SIEVERS mit 14 Immigranten aus Franken gegründet, heute 3.500 Einwohner.

Andere nennen sich FRANKENMUTH[41] und FRANKENTROST[42]. Sie treten seinerzeit der lutherischen Missouri- bzw. der Iowa-Synode bei. Allen diesen Kirchen war und ist ein erweckliches Element zu eigen, bei gleichzeitig klarer Bindung an die Bibel und das lutherische Bekenntnis.

Von ihren unterschiedlichen Gründern her sind aber die Zugänge zur Bibel und die daraus gezogenen Folgerungen für das heutige Leben unterschiedlich; sie reichen von fundamentalistisch über konservativ bis liberal. Diese Verschiedenartigkeit hat immer wieder zu Abspaltungen und zu neuen kirchlichen Zusammenschlüssen geführt.

Schon LÖHE hat sich vergeblich um eine Einigung der lutherischen USA-Kirchen bemüht. In der Neuzeit sind es die die Fragen der historisch-kritischen Bibelauslegung, der Frauenordination und neuerdings der Eheschließung von Homosexuellen, die das Miteinander der Kirchen belasten.

'Social ministry' als Teil eines geistlichen Gemeindeaufbaukonzeptes

Andererseits haben die deutschen Einwanderer schon damals, als eine Frucht der Löheschen Bemühungen, das 'social ministry'[43] in ihren Gemeinden eingerichtet, längst bevor es den Wohlfahrtsstaat gab. Die sozialen Hilfseinrichtungen der lutherischen Kirchen zählen zu den ganz großen Wohlfahrtsakteuren. Es waren vor allem die Gemeinden dieser Kirchen, die „Care-Pakete" in das vom Zweiten Weltkrieg zerstörte Deutschland schickten und damit nach dem Zusammenbruch Erste Hilfe leisteten. Insofern darf man vielleicht doch mit der Arbeit Wilhelm Löhes von einem unverhofften und späten **Wunder, dem sechsten** für die Bayerische Landeskirche, sprechen.

In Löhes Sichtweise ist Mission immer an konkrete Gemeinden und ihre Ausstrahlung gebunden, nicht an das einsame Wirken einzelner Missionare. Gemeinde lebt ihrem Umfeld das Christsein zeichenhaft vor und sagt es dort auch weiter. Die Indianer sollten „mit Augen schauen, wie schön und gut es bei Jesus ist," das war dann auch bei der beabsichtigten **Indianermission** die idealistische Vorstellung, die sich

[41] Von Siedlern aus Roßtal gegründet, heute 5.000 Einwohner.

[42] Saginaw County, heute 8.000 Einwohner.

[43] Wörtlich übersetzt: „Sozialer Gottesdienst", vergl. Römerbrief 12 *„Das Leben als Gottesdienst".* Gottesdienst und praktische Nächstenliebe werden als gleichgewichtige Aspekte des Glaubens betrachtet. Seelsorge ist immer auch soziale Arbeit, die sich an konkreten lokalen sozialen Umständen orientiert und Menschen so akzeptiert wie sie sind. Die Besonderheit des 'social ministry' besteht darin, dass es sich um einen sozialen Dienst an der Gemeinschaft handelt, der religiös motiviert und solidarisch ist.

DIETRICH BONHOEFFER hat dafür eine vielbeachtete Formulierung gefunden: *„Die Kirche ist nur dann ihr wahres Selbst, wenn sie für andere existiert."* Dies führt in vielen Situationen zum interkulturellen, interreligiösen und ökumenischen Dialog.

an den Erzählungen der Apostelgeschichte von der Ausbreitung der Mission bei der Urgemeinde orientierte.

LÖHE hatte aber wohl zu wenig bedacht, wie unsicher und sittlich bedroht eine aus dem fränkisch-volkskirchlichen Milieu kommende Kolonistengemeinde war, die im „Wilden Westen" fast täglich um ihre Existenz kämpfen musste. So war es kein Wunder, dass diese Versuche der „Indianermission" mit dem Beginn der Indianerkriege 1864 endgültig zusammenbrachen.

Lutherische Tochterkirchen in Papua-Neuguinea und Brasilien

In **Neuguinea** verlief das missionarische Vorhaben später, nach Löhes Tod, erfolgreicher. Auch hier führte die Betreuung von lutherischen Auswanderern weiter zur Heidenmission. Allerdings stellte sich der Erfolg nicht im britisch geprägten Inland von Australien ein, wie eigentlich beabsichtigt, sondern auf der vorgelagerten Insel Neuguinea. Deren Nordostecke kam im Jahr 1884 als Kolonialgebiet in deutsche Hand, das „Kaiser-Wilhelm-Land".

Der Einstieg bei der indigenen Bevölkerung der Papua verlief freilich für den lutherischen Missionar JOHANN FLIERL (1858-1947) zäh. 13 Jahre dauerte es bis zum ersten Tauferfolg. Erst als den Missionaren bei ihrem Zusammenleben mit den Einheimischen aufgegangen war, welche Bedeutung das Gemeinschaftsleben in Großfamilie, Stamm und Ethnien für den Einzelnen hat, gelang ein Durchbruch bei der indigenen Volksgruppe. Es gelang die Gründung einer bayerischen Tochterkirche bei den Papua, die zwar klein ist, aber heute noch existiert.

Eine weitere lutherische Auslandskirche bildete sich um die letzte Jahrhundertwende unter den deutschen Auswanderern in den brasilianischen Urwäldern. Sie ist aber bis heute auf die Unterstützung des Bayerischen Missionswerkes angewiesen.

Berufsausbildung von Frauen für eine „diakonische Kirche"

Der andere Wirkungsteil von Löhes Wunder für die Bayerische Landeskirche war der ebenfalls unverhoffte Erfolg mit der Gründung des Neuendettelsauer **Diakonissenmutterhauses**, welches für Heime, Krankenhäuser und Schulen Verantwortung trägt. „Unverhofft" deshalb, weil LÖHE wie die Mission so auch die Diakonie nach dem Vorbild der christlichen Urgemeinde eigentlich als genuine Angelegenheit der Kirchengemeinden betrachtete und nicht als Sache externer Vereine. Als aufmerksamer Beobachter seiner Zeit waren ihm die sozialen Nöte bewusst, die vor allem durch die ländliche Massenarmut ausgelöst wurden. Vereinzelt gab es damals in ERLANGEN und

NÜRNBERG schon „Rettungsanstalten". Doch LÖHE wollte mehr erreichen, er strebte eine „diakonische Kirche" an, die auf der Basis diakonischer Gemeinden aufbaut.

Seine 1849 gegründete „GESELLSCHAFT FÜR INNERE MISSION IM SINN DER LUTHERISCHEN KIRCHE" war sein wichtigstes Instrument. Sie sollte eigentlich *in den Gemeinden* den Sinn für das Dienen von Frauen wecken. Bei den Töchtern aus den damals sehr kinderreichen Familien sah LÖHE viele schlummernde Gaben, die aber mangels Ausbildung und entsprechender Berufe bislang ungenutzt blieben. Es bedurfte einer zentralen Ausbildungsstätte, die beides betreiben musste: eine christliche Bildung dieser weiblichen Zielgruppe und eine Weckung des Sinnes für die diakonische Arbeit in den Gemeinden.

Am 9. Mai 1854 rief Pfarrer WILHELM LÖHE in NEUENDETTELSAU die erste bayerische **Diakonissenanstalt**[44] ins Leben. *„Die Diaconissenanstalt zu Neuendettelsau ist ihrem Zwecke nach eine Bildungsanstalt des weiblichen Geschlechts zum Dienste der Unmündigen und Leidenden"*, so erklärte er die Ziele. Mit seinem Bildungskonzept ging LÖHE einen Schritt weiter als die bisher bestehenden Mutterhausgründungen in Deutschland. Diese bildeten vor allem Krankenpflegerinnen aus. In NEUENDETTELSAU wurden Bildungsmöglichkeiten auch für Frauen eröffnet, welche nicht das Berufsziel der Diakonisse verfolgten.

Nachdem man zuerst im örtlichen Gasthaus „Zur Sonne" untergekommen war, konnte noch im Jahr 1854 im Oktober im neuerbauten Diakonissenhaus der zweite Ausbildungskurs abgehalten werden.

Hier beginnt auch die **„institutionelle Diakonie"** in Neuendettelsau. Denn LÖHE sah ein, dass sein Konzept der „Gemeindediakonie" unrealistisch war. *„Solange die Kirche einen Schlaf der Sünde schläft oder krankt, finden christliche Vereine in diesem Zustand der Kirche eine gewisse Berechtigung,"* formulierte er sarkastisch. Im Diakonissenhaus, später „Mutterhaus" genannt, fanden die Arbeitsgebiete, welche bis heute die Arbeit der Diakonie NEUENDETTELSAU kennzeichnen, ihren Beginn. Die Nachfrage bei jungen Frauen war damals gewaltig.

---

[44] Eine weitere Diakonissenanstalt gründete in Augsburg ein Jahr später, 1855, der evangelische Zweig des „St. Johannisvereins für freiwillige Armenpflege in Bayern", der zu Weihnachten 1853 auf Wunsch von König MAXIMILIAN II. ins Leben gerufen worden war. Dieser heute nur noch wenig bekannte Johannisverein erscheint auch in der Weidenberger Geschichte. Er trägt dort seinerzeit zur Errichtung des Armenhauses bei, indem er eine namhafte Summe zum Erwerb und Umbau des Anwesens in der Au an der Steinach zur Verfügung stellt, vergl. das Kapitel *„Arbeit, Wohlstand und Armut bei den ‚Gaasla' – Soziales Leben, Beruf und Gewerbe in Weidenberg bis 1919"* in der 2. Folge des Projektes „MYRTEN FÜR DORNEN – Licht und Schatten der neuen Zeit ...", S. 270ff.

Unter Löhes patriarchalischer Leitung entwickelte sich eine streng organisierte Schwesternschaft. Sie entwickelte immer mehr die Züge einer Lebens-, Glaubens- und Dienstgemeinschaft. Diese **Kommunität** praktizierte die Form von gemeinschaftlich-geistlichem Leben, das LÖHE in den konkreten Gemeinden seiner Kirche vergeblich gesucht hatte. Seine Diakonissen lebten zölibatär, im Gehorsam gegen die Leitung und in einem einfachen Lebensstil.

Es entstanden Ausbildungs- und Schulungsräume für das Schulwesen, Krankenzimmer für die Krankenpflegeausbildung. Alte, Sieche, Behinderte und Waisen wurden aufgenommen und entsprechende Heime errichtet. Ein regelrechtes diakonisches Zentrum entstand so in NEUENDETTELSAU. In seiner Blütezeit zählte das Mutterhaus mehr als 1.800 eingesegnete Diakonissen!

Vor allem aber waren diese Diakonissen nun in Gemeinden und Einrichtungen in ganz Bayern und darüber hinaus anzutreffen. Sie prägten mit ihren steifen weißen Hauben, ihrer dunkelblauen bäuerlichen Tracht, ihrem altmodischen Kreuz und ihrem manchmal strengen Auftreten das diakonische Bild vieler Orte als lebendiges, ansprechbares Signal für Hilfesuchende.[45] Bei Löhes Tod im Jahre 1872 war die Diakonissenanstalt Neuendettelsau bereits die viertgrößte Einrichtung ihrer Art in Deutschland. – Die Diakonie Neuendettelsau ist heute in der Region einer der größten Arbeitgeber. Im Jahr 2017 arbeiteten ca. 7.300 Mitarbeiter in den fünf Krankenhäusern sowie den 15 Kindertagesstätten und in Einrichtungen für alte und behinderte Menschen.

Wiederentdecktes Abendmahl

LÖHE sah in seinem Konzept vom geistlichen Gemeindeaufbau das urchristliche **Kleeblatt des vierfachen Auftrages von Kirche** verwirklicht, nämlich **Martyria** (Bekenntnis), **Leiturgia** (Gotteslob), **Diakonia** (Dienst am Nächsten) und **Koinonia** (Gemeinschaft der Glaubenden). Die Feier des Gottesdienstes zum Lob Gottes mit Emp-

---

[45] Auch in Weidenberg prägten von 1926-1978 Diakonissen das Bild der örtlichen Gemeinde- und Diakonie-Arbeit. Sie gehörten allerdings einem eigenen, erst 1909 gegründeten Mutterhaus des Gemeinschaftsverbandes auf der Hensoltshöhe bei Gunzenhausen an. Dieses Mutterhaus verwickelte sich selbst durch seine deutsch-christliche Führung zur Zeit des Dritten Reiches in starke ideologische Abhängigkeit vom Nationalsozialismus. Nach dem Zweiten Weltkrieg erreichte die Zahl der Diakonissen dieses Hauses in den 60-er Jahren einen nie wieder erreichten Höhepunkt.

Die letzte Diakonisse in Weidenberg war Schw. EMMA WIEDMANN, die hier 26 Jahre lang, von 1953-79, wirkte. Sie wohnte in einem kleinen Häuschen an der Au im Untermarkt zur Miete. Damals gab es noch keine Sozialstation. Solange sie es kräftemäßig tun konnte, widmete sich Schwester EMMA im „Ein-Mann-Betrieb" auch der Gemeindekrankenpflege.

fang des Abendmahls, das soziale und missionarische Engagement und das gemeinsame Leben einer Gemeinde sollen sich miteinander verzahnen und in einer lebendigen wechselseitigen Beziehung stehen, das sind bleibende Prüfsteine für das Gemeindeleben.

In der Mitte stand für LÖHE aber der liturgisch gestaltete Gottesdienst. Hier erklang die Botschaft von der Rechtfertigung des Sünders aus der Gnade Gottes, hier versammelte sich die Gemeinde zur intensiven Feier des Abendmahls. Vieles an Ausstrahlung verdankte LÖHE seiner wirkungsmächtigen Predigtweise. Eindruck machte aber auch die Selbstverständlichkeit, mit der er die Abendmahlsfeier als etwas Regelmäßiges seiner Gemeinde zumutete, was bislang in der Lutherischen Kirche wenig gebräuchlich war.

Zwiespältig wirkte freilich sein zwingendes Gehabe als „Pfarrherr" und seine Selbstdarstellung als patriarchalischer Kirchenfürst. Unsichere empfanden sein Gehabe als hilfreich. Andere fühlten sich in seiner Gegenwart unfrei und abgestoßen.

Während Löhes warmherzige Abendmahlsfrömmigkeit der katholischen Sakramentspraxis nahesteht und noch heute für die Bayerische Landeskirche typisch ist, zeigte er gegenüber jeder anderen nicht-lutherischen Praxis kühle und scharfe Ablehnung. Besonders den **Calvinismus** geißelte LÖHE als „Mutter aller Sekten" und blieb darin Vorbild auch für die Kirchenleitung bis in die Zeit des Kirchenkampfes hinein. Mit beißendem Spott übergoss er auch die preußische Kirchenunion mit ihrer Vielzahl an Bekenntnissen; für ihn war sie eine „Allerweltskirche".

Die scharfen Urteile Löhes über den Calvinismus einstige wirkten im Kirchenkampf 1934 nach in dem reservierten Umgang der Bayerischen Landeskirche mit dem **Barmer Bekenntnis**. Der Denkanstoß zu dieser gemeinsamen theologischen Erklärung war ja ausgerechnet aus der Kirche der Altpreußischen Union gekommen, in der Reformierte und Lutheraner „zwangsverheiratet" worden waren! Und der Text wurde unter Federführung des calvinisch geprägten Dogmatikers KARL BARTH geformt!

So sehr war den bayerischen Lutheranern die Abgrenzung gegenüber den Calvinisten in Fleisch und Blut übergegangen, dass die gewaltigen Hürden nur sehr pragmatisch umgangen werden konnten, nämlich der gemeinsamen Not im Kirchenkampf gehorchend. So hallte Löhes Radikalismus lange und intensiv nach.

Wobei nicht verschwiegen werden darf, dass hinter diesen Abgrenzung auch zwei ganz unterschiedliche Theologien stehen: die oben schon erwähnte lutherische Lehre von den zwei Herrschaftsweisen Gottes auf der einen Seite, welche scharf zwischen Kirche und Politik *trennt*, und die „Reich-Gottes-Theologie" bzw. die reformierte Tradition von der „Königsherrschaft Christi", auf der anderen Seite, welche Gottes bzw. Christi absoluten Anspruch auf *alle* Lebensbereiche bekennt.

Solche Polarisierung hatte bei LÖHE aber Methode und Wirkung. Sehr konsequent und mit viel Druck hatte LÖHE in Bayern eine strikte Trennung von Lutheranern und Reformierten gefordert.[46] Als damals die Bayerische Kirchenleitung nicht gleich auf seine Eingabe reagierte, erwog er sogar erneut seinen Kirchenaustritt und die Gründung einer eigenen Kirche. Dem kam man in MÜNCHEN aber zuvor, indem man eilig bekräftigte, dass die protestantische Landeskirche in ihrer jetzigen Form, nämlich nach Abtrennung der linksrheinischen reformierten Gebiete, doch **eindeutig lutherisch** sei.

Und dieses Luthertum war seit dem anerkannten Wirken Löhes in der Bayerischen Landeskirche auch kein Lippenbekenntnis mehr. Diese Kirche hatte durch LÖHE ihre Verwurzelung im Lutherischen Bekenntnis neu entdeckt und bekräftigt.

Lernen kann die Kirche von LÖHE vor allem, dass sie sich **über ihre eigene Identität klar sein muss**, wenn sie in den geistigen Auseinandersetzungen mit den Weltanschauungen der Zeit bestehen will. Sie darf nicht Kirche einer erstarrten Lehre, sondern muss Kirche eines erweckten, lebendigen, lutherischen Glaubens sein. – Aber sie hatte nun neue Probleme vor sich.

Probleme und Konflikte einer Konfessionskirche

Die Bayerische Landeskirche hat lange Zeit das Problem gehabt, Löhes engen Konfessionalismus zu überwinden. Das erschwerte ihr immer wieder, auf geschichtliche Herausforderungen und Zeittrends zu reagieren.

---

[46] Eine solche Trennung kam auch dem Interesse der Reformierten links und rechts des Rheins entgegen. Sie hatten ja seit 1806 bis dahin mit den Lutherischen zusammen durch staatliche Verfügung in einer Protestantischen Gesamtgemeinde, also *Verwaltungsunion*, leben müssen. Durch die Konfessionalisierung im Königreich Bayern sahen sie ihr eigenes Anliegen einer *Bekenntnisunion* von Reformierten und Lutheranern gefährdet und drängten nun auf Eigenständigkeit. So durften die Pfälzer *links* des Rheins ab 1849 aus dem gemeinsamen Oberkonsistorium ausscheiden; ihr Konsistorium in Speyer wurde nun dem Bayerischen Innenministerium direkt unterstellt.

Die wenigen Reformierten *rechts* des Rheins – großenteils einstige Hugenotten und heute mit etwa 12.000 Gemeindegliedern auf zehn Einzelgemeinden in Bayreuth, Erlangen, Bad Grönenbach, Herbishofen, Marienheim, München, Nürnberg und Schwabach verteilt – erhielten ab 1852 eine eigene Leitung („Moderamen") und ihre eigene Synode. Sie unterstanden aber, wie die Lutherischen, bis 1918 dem Bayerischen König als „Summus Episcopus". Mit Ende des Königtums traten sie formal aus der Bayerischen Landeskirche aus und wurden eine selbständige Evangelisch-reformierte Kirche in Bayern. 1989 schlossen sie sich der Evangelisch-reformierten Kirche in Nordwestdeutschland mit Sitz in Leer (Ostfriesland) an. Diese gehört als eine von 20 Gliedkirchen zur Evangelischen Kirche in Deutschland (EKD).

Zum Beispiel war diese Kirche zunächst mal eine „Männerkirche“. FRAUEN waren lange Zeit nur in dienender Funktion geduldet. Die Kirche tat sich bis weit ins 20. Jh. hinein schwer mit der vollen Akzeptanz der Frauen am Altar und in Leitungsämtern.

Weiter tat sich diese Kirche, wie schon LÖHE, schwer mit der Welt der Industriearbeiter und ihrer zunehmenden Entkirchlichung.[47] Sie hatte kein ausgeprägtes Gespür für die „soziale Frage“.

Auch in den entscheidenden Jahren des Dritten Reichs mangelte es an Gesprächsfähigkeit nach innen, insbesondere gegenüber den Reformierten[48] und dem linken

---

[47] Erst im 20. Jh. setzte die Evangelische Kirche hier erste enstzunehmende Zeichen. Im Jahr 1954 wurde der erste Sozialpfarrer in Bayern, HANS SIEBERT, vom Landeskirchenrat berufen. Im darauffolgenden Jahr wurden die Geschäftsstelle des Sozialpfarrers und das Arbeiterinnenwerk in Nürnberg zusammengeführt. Fünf Jahre später wurden Außenstellen in den Industrieregionen Bayerns errichtet und mit Sozialsekretären besetzt.

Aber erst im Jahr 1975 führte die Bayerische Landeskirche als eine der letzten evangelischen Kirchen in Deutschland gegen erhebliche innerkirchliche Widerstände die Frauenordination ein. Immerhin spaltete sie sich nicht über dieser Frage, wie etwa die amerikanischen Lutheraner.

[48] Einen Riesenschritt tat die Bayerische Landeskirche im Jahr 1975 mit ihrem Beitritt zur Konkordie reformatorischer Kirchen in Europa, kurz „Leuenberger Konkordie“. Mit ihr erklären lutherische, reformierte, unierte und die vorreformatorischen Kirchen der Waldenser und Böhmischen Brüder einander die Kirchengemeinschaft. Die methodistischen Kirchen Europas traten 1997 bei. Bis heute gehören 107 Kirchen aus praktisch allen Ländern Europas zur Kirchengemeinschaft.

Die Signatarkirchen der Leuenberger Konkordie bilden theologisch gesehen eine gemeinsame Kirche, weil sie im Kernbestand ihrer Lehre, ihrer Amtshandlungen und ihres Zeugnisses übereinstimmen und die Unterschiede keinen kirchentrennenden Charakter mehr haben. Das bedeutet, „dass verschiedene Kirchen bleiben und doch eine Kirche werden“, wie es die Vereinigte Evangelisch-Lutherische Kirche in Deutschland einmal in schöner Hegelscher Dialektik festgestellt hat, also Einheit in „versöhnter Verschiedenheit“.

Diese Übereinkunft entstand nach zwischenkirchlichen Lehrgesprächen 1973 im Schweizer Tagungshaus Leuenberg in Hölstein bei Basel und beendete die Kirchenspaltung zwischen den reformierten und den lutherischen Kirchen. Sie stellte unter den evangelischen Kirchen lutherischer und reformierter Prägung in ganz Europa eine Kirchengemeinschaft her. Das theologisch Neue der Konkordie ist, dass Kirchen mit unterschiedlichem Bekenntnis und jeweils eigener Organisationsform miteinander eine Kirchengemeinschaft eingehen. Dabei erkennen die Kirchen die Ordinationen ihrer Geistlichen gegenseitig an, erklären Kanzel- und Abendmahlsgemeinschaft und verpflichten sich zur Verwirklichung der Kirchengemeinschaft in Zeugnis und Dienst. Entscheidend war, dass die beteiligten lutherischen, reformierten und unierten Kirchen zu einer grundsätzlich gemeinsamen Auffassung in den wichtigsten Bereichen ihres bisherigen Dissenses gelangten, nämlich bei Taufe, Abendmahl und im Verständnis des Evangeliums, indem sie die gegenseitigen Verwerfungen aus der Reformationszeit als heute nicht mehr zutreffend erklärten.

Flügel der Bekennenden Kirche, und an Sensibilität nach außen, insbesondere angesichts der Judenverfolgung oder in der Abgrenzung gegenüber dem Staat.

Zu Löhes Zeit war aber das größte Problem die Akzeptanz seiner Ideen in der eigenen Kirche. Weil sein Ansatz so kompromisslos war, kam es in der Landeskirche erst einmal zu einem Riesenkrach, und der ließ auch den damaligen König MAXIMILIAN II. nicht kalt.

Denn nachdem in Deutschland die demokratische Revolution von 1848/49 niedergeschlagen war und die alten Mächte sich neu formiert hatten, hatte der junge König die politische Idee, Bayern als Dritte große Macht neben Preußen und Österreich zu etablieren. Alle Kleinstaaten, die nicht den großen Blöcken Preußen oder Österreich angehörten, sollten sich seinem Land freiwillig anschließen.

Das hätte aber für Bayern bedeutet, dass man mit überwiegend protestantischen Territorien verbunden gewesen wäre, z.B. Hannover, Kurhessen, Mecklenburg oder Sachsen. Wenn sich der innerkirchliche Streit in Bayern aber weiter ausgedehnt hätte, oder wenn LÖHE, der über Bayern hinaus hohes Angesehen genoss, gar aus seiner Kirche ausgetreten wäre und eine Freikirche gegründet hätte, dann wäre das für das Projekt eines politisch ausgreifenden, konfessionell vielfältigen Bayern kontraproduktiv gewesen.

Zudem hatten die geistigen Unruhen des Revolutionsjahres 1848 auch die Kirche selbst erreicht. Rationalistisch geprägte Nürnberger Kreise, denen z.B. das Gesangbuch zu rückständig erschien, forderten vom amtierenden Präsidenten des Oberkonsistoriums FRIEDRICH VON ROTH eine „zeitgemäße religiöse Fortentwicklung".

Dieser Jurist ROTH war der erste Organisator des Protestantischen Kirchenwesens in Bayern und ein Überwinder des Kniefallstreits gewesen. Er war einst auch für die Berufung von ADOLF HARLEß seit 1828 und anderen bedeutsamen Theologen an die Universität ERLANGEN verantwortlich gewesen und somit ein Wegbereiter der „Erlanger Schule". Diese an der Universität dominierende theologische Gruppe hatte aber mit ihrem antirationalistischen Ansatz viele Anhänger. Für sie stand die Erfahrung der Wiedergeburt des Gläubigen im Vordergrund; sie verkündete die Selbsterniedrigung Gottes in der Heilsgeschichte; und vor allem: Sie erklärte das lutherische Bekenntnis zur alleinigen Messlatte. Für all das stand auch der Name des Oberkonsistorialpräsidenten ROTH.

Doch nun rührten sich Kritiker des konfessionellen Luthertums und drängten diesen Mann an der Spitze der Kirche durch eine zweifelhafte Unterschriftenaktion aus

---

Die Leuenberger Konkordie ist das einzige Einheitskonzept in der Ökumene, das tatsächlich zur Vereinigung von Kirchen geführt hat und insofern das einzig realistische Modell für die weltweite Einheit der Kirchen!

dem Amt. Der eben inthronisierte MAXIMILIAN II. musste ihn entlassen. Es war ein ungeheuerlicher Vorgang. Er offenbarte die ganze Ohnmacht der damaligen Evangelischen Kirche unter dem königlichen Summepiskopat. Es war wie in den schlimmsten Zeiten des Absolutismus, den man längst überwunden wähnte. Der junge König brauchte aber den innerkirchlichen Frieden, um sein ausgreifendes politisches Konzept weiter verfolgen zu können.

MAXIMILIAN suchte jemanden, der in der Lage war, den schwelenden Kirchenstreit beizulegen und gleichzeitig den sperrigen LÖHE in die Strukturen der Landeskirche einzubinden. Nachdem zwei Fehlbesetzungen fiel seine Wahl auf den oben schon mehrfach genannten ADOLF HARLEß.

Auch HARLEß war nicht unumstritten. Er war ein scharfer Kritiker der Jesuiten. Und manche erinnerten sich noch, dass er als unbeugsamer Streiter im Kniebeugekonflikt drei Jahre selbst in die Schusslinie des Innenministeriums unter ABEL geraten war. Einer drohenden Strafversetzung zum Konsistorium BAYREUTH hatte er sich damals entzogen, indem er an die Universität LEIPZIG ausgewichen war. Auch hier hatte er die „Erlanger Theologie" etabliert und Impulse für die Mission gegeben. Nun folgte HARLEß aber ohne großes Aufheben der unerwarteten Berufung durch den König und übernahm die Kirchenleitung.

DAS SIEBENTE WUNDER:

Fruchtbare gesamtkirchliche Kooperation und nachhaltige Gottesdienstreform unter Harleß

Damit kam nun erstmals ein evangelischer Fachtheologe an die Spitze der Protestantischen Kirche in Bayern. Er besaß auch die geistliche Führungskraft, die die Pfarrer und Glieder dieser Kirche bislang schmerzlich vermisst hatten. So wurde HARLEß praktisch **der erste heimliche Bischof** dieser Kirche.

In der nun folgenden „Ära Harleß" trat das **Neuluthertum** in Bayern seinen Siegeszug an, und die Konfessionalisierung gelangte zu einem gewissen Abschluss. Die innerkirchlichen Streitigkeiten konnten fast auf einen Schlag beruhigt werden.

Obwohl mit LÖHE befreundet, zeigte HARLEß als Dienstherr und Leiter der Kirche diesem streitbaren Pfarrer von Anfang an die Grenzen für sein radikales, kirchenveränderndes Konzept auf:

„Ich halte diese ganze Art von prickelnder Unruhe, eine neue Kirche machen zu wollen, für ein Fieberprodukt der Zeit, nicht für eine Geburt aus Gott."

LÖHE gab nach, zumal ihn von seiner Missionskirche in den USA gerade verletzende Nachrichten erreichten: Die lutherische Missourisynode stieß ihn als zu rationalistisch und zu wenig gläubig (!) aus; und seine älteren Gemeinden dort brandmarkten ihn als Irrlehrer.

Dafür setzte aber nun unter Harleß' klarer und gewinnender Federführung eine Zeit breiter, begeisterter und fruchtbarer Kooperation in dieser bislang so zerstrittenen und zerfaserten Bayerischen Landeskirche ein, sodass man hier getrost von einem weiteren, **siebten Wunder** für die Protestantische Kirche in Bayern sprechen kann. Seitdem nannte sie sich auch stolz: „Evangelisch-Lutherische Kirche", mit unterschiedlicher Betonung: Die ganz Strammen setzten das Gewicht auf die zweite Wortsilbe; sie betonten nun „luthérisch", statt wie bisher „lútherisch". Das klare Bekenntnis zu dieser Kirche fiel umso leichter, weil ja die Reformierten auf eigenen Wunsch aussortiert waren.

Ein Gesangbuch für 27 Kreuzer, das noch heute nachwirkt

Eine Wirkung dieses Wunders zeigte sich darin, dass die jahrelang verschleppte Reform von Gesangbuch und Gottesdienst nun schwungvoll in Gang kam. Um das alte moralinsaure und recht banale Gesangbuch von 1815 zu ersetzen, das die Gemeinde nur ungern in die Hand nahm und in dem viele lutherische Kernlieder fehlten, wurde nun die gesamte hymnologische Forschung der Zeit bemüht. Ein Ehrgeiz war, auch die alten reformatorischen Lieder in ihrer besonderen Rhythmik und Textgestalt wiederherzustellen, ebenso die Lieder eines PAUL GERHARDT oder JOHANNES HERRMANN.

Die erste von ADOLF HARLEẞ[49] geleitete Generalsynode 1853 in BAYREUTH stimmte dem Entwurf begeistert zu und traf damit eine gute Wahl. Denn dieses **1854 eingeführte** neue „GESANGBUCH FÜR DIE EVANGELISCH-LUTHERISCHE KIRCHE IN BAYERN" bewährte sich erstaunlich lange, nämlich fast 75 Jahre lang, bis zur Einführung des Gesangbuches von 1928. Und noch länger bewährte sich die hier erstmals abgedruckte neue Gottesdienstordnung, nämlich praktisch über 100 Jahre lang. Erst im Jahr 1957 wurde als Nachfolger das gemeinsame Kirchengesangbuch der deutschen evangelischen Landeskirchen auch in Bayern eingeführt. – Das kompakte Büchlein[50]

---

[49] Zu der Zeit war HARLEẞ noch ohne „von". Im folgenden Jahr 1854 ehrte ihn der König für seine Verdienste mit dem Ritterkreuz des Verdienstordens der Bayerischen Krone und erhob ihn als „RITTER VON HARLEẞ" in den Adelsstand.

[50] Mit nur 9x14 cm Umfang, 2 cm Dicke und 220 gr Gewicht ist die ledergebundene Version um ein Drittel kleiner, um mehr als die Hälfte dünner und mehr als dreimal leichter als die heutige Normalversion des Evangelischen Gesangbuches, also auch für den zu Fuß gehenden Normalbürger keine Last!

kostete in der ungebundenen Version anfangs immerhin 19 Kreuzer, ein Jahr später schon 27 Kreuzer[51]. Aber es wurde rasch beliebt.

Ja, seine schlichten und auch für Laien begreifbaren Psalmengesänge und Gottesdienstvorlagen retteten sich als „Hauptgottesdienst II" zunächst sogar in den bayerischen Teil des EKG von 1957 hinüber.

Die Grundstruktur dieses Gottesdienstes ist bis in die Melodien hinein aber auch in der aktuellen Gottesdienst-Agende „G 1" lebendig, mit dem großen Unterschied, dass der Psalmengesang heute noch reichhaltiger, aber damit auch komplizierter geworden ist. Als „Alte Form G 4" kann der Gottesdienst von 1854 aber auch heute noch so wie damals gefeiert werden. Solche liturgische Treue macht den Protestanten nicht einmal die konservativer erscheinende Römisch-katholische Kirche nach!

„Glaube - Liebe - Hoffnung": Das nachhaltigste Gesangbuch der „evangelisch-lutherischen Kirche in Bayern" in Erstausgabe von 1854

Kein Wunder, der Psalmengesang und überhaupt die liturgisch reichere Ausgestaltung des Gottesdienstes war ein Ertrag der gleichzeitig mit der Gesangbuchherausgabe verknüpften **Revision der Gottesdienstordnung**. Dabei griff man damals auf alte Lutherische Gottesdienstformen, wie die Brandenburgisch-Nürnbergerische Kirchenordnung von 1533 zurück.

Interessanterweise zeigte sich nach der Einführung der Agende bei vielen Pfarrern und Gemeinden anfänglich noch eine starke Abneigung gegen die vermehrte Liturgie; man empfand sie als „katholisch".

Als dann die Kirchenleitung auch noch mit einer Fülle weiterer Maßnahmen das kirchliche Profil zu schärfen suchte, brach ein wütender „**Agendensturm**" los.

Dieser damalige Protest machte sich an drei Punkten fest: 1. Einführung von „Kirchenzuchtmaßnahmen" bei Mischehen und bei der Heirat Geschiedener nach katho-

[51] Der Sammlerwert dieses Kreuzers beträgt heute pro Stück 5 €, seine Zahlungskraft lag damals vergleichsweise bei etwa 1,50 €, sodass dieses Gesangbuch ungebunden doch über 40 € gekostet hätte, in ledergebundener Version noch weitaus mehr. Der Preis für die derzeitige Ausgabe liegt etwa 20 €.

lischem Vorbild, 2. Wiedereinführung der Einzelbeichte und eben 3. der liturgisch gestaltete Gottesdienst. Der Vorwurf lautete: *„Harleß will uns katholisch machen"*.

Dieses Argument speiste sich noch aus der Zeit, als die protestantische Kirche in Bayern sich ausschließlich über ihr Anderssein gegenüber dem Katholizismus definierte und auch mit dem entsprechenden Tonfall brüstete: *„Evangelisch sein heißt nichtkatholisch sein."* Tatsächlich hatte man aber mit der Gottesdienst-Agende nicht an die katholische Kirche angeknüpft, sondern an ein wiederentdecktes Luthertum.

Schwerer wog, dass der Protest vor allem von solchen schwankenden Leuten kam, die innerlich längst dabei waren, ihre Kirche zu verlassen. Dieser manchmal laute, viel öfter aber stille **Auszug aus der Kirche** hatte sich schon länger angebahnt.

Ein in Bayern verpasstes ACHTES WUNDER: Die Wiederentdeckung des Jesus der Evangelien

Wenn der Glaube den Anschluss ans tägliche Leben verliert …

Zur Beschädigung, die der christliche Glauben durch die Parolen der Aufklärung erfahren hatte, war die Forderung des Liberalismus nach Emanzipation, also Befreiung von Vormundschaft, gekommen.

So verlor die Kirche als erstes ihre Lehrerschaft. Durch Jahrhunderte hatte die Kirche Volksschulen unterhalten, Lehrer in ihren Dienst gestellt und das Schulwesen beaufsichtigt. Nun wurde das Schulwesen staatlich. Und viele drängten auch auf ein Ende der geistlichen Schulaufsicht und der Bekenntnisschulen. Und vor allem verschaffte sich nun auch ein wachsendes kirchenkritisches Freidenkertum seit etwa 1840 immer mehr Gehör.

Im Philosophen LUDWIG FEUERBACH und seiner Religionskritik („Gott ist das offenbare Innere, das ausgesprochene Selbst des Menschen") hatten Freidenker und Atheisten einen wirkungsvollen Exponenten. Vom ihm übernahm KARL MARX direkt die Kritik an der Religion, die er ins Politische radikalisierte, sowie den anthropologischen Materialismus, den er zum dialektischen Materialismus weiterentwickelte.

Mit diesen philosophisch fundierten, antireligiösen Bewegungen begannen sich nun auch große Gruppen des Bürgertums und der Arbeiterschaft zu identifizieren. Sie entfremdeten sich damit unwiederbringlich von der Kirche, ohne dass die Kirchenleitung und die Gemeinden diesen Prozess in seiner Tragweite wahrnahmen und gegensteuerten.

Die dumpfe Kritik einer immer breiteren Gesellschaft am christlichen Schöpfungs- und Gottesglauben verstärkte sich, seit der britische Naturforscher CHARLES DARWIN

(1809-1882) mit der Beagle 1831-36 seine ertragreichen, weltumspannenden Forschungsreisen durchgeführt hatte. Seit 1859 war sein revolutionäres Hauptwerk „Die Entstehung der Arten" im Handel. Die fünf darin behandelten, jeweils eigenständigen Theorien – die Veränderlichkeit der Arten (die „Evolution" als solche), die gemeinsame Abstammung aller Lebewesen, die Änderung durch kleinste Schritte, die Artbildung in Populationen und die natürliche Selektion – wurden seitdem in der wissenschaftlich geprägten Welt zum weitgehend unwidersprochenen Gemeingut. Weder damals noch heute nahmen und nehmen die Kirchen die Sprengkraft dieser bahnbrechenden Theorien für den Glauben einer Volkskirche wirklich ernst; sie tun zu wenig für eine überzeugende Apologetik und überlassen so die Gemeinden der zersetzenden Überzeugung, Glaube und Wissenschaft befänden sich hier im Gegensatz und der Glaube sei überholt.

So hatte also schon damals der Protestantismus in Bayern unter ADOLF VON HARLEß die Gnade der besonderen geschichtlichen Stunde und des Wunders nur zum Teil genutzt. Die Kirche hatte zwar ihr geistliches lutherisches Profil und ihre Einheitlichkeit gewonnen, aber sie hatte die Verbindung mit dem Denken und Leben vieler Menschen verloren. Sie gaukelte sich zwar noch vor, „Volkskirche" zu sein und auf einem soliden Frömmigkeitsfundament in den Gemeinden zu stehen. Aber tatsächlich war ihr Einfluss spürbar rückläufig. So konnte sie die zukünftigen inner- und außerkirchlichen Konflikte auch nur mit starken Blessuren überstehen.

Eine religiöse Kunst, die sich neben der Kirche entfaltet

Immer öfter suchten sich Frömmigkeit und Religion ihre Räume nun neben und außerhalb der Kirche. Ein eindrückliches Beispiel von Kunst *neben* der Kirche können wir in den naturalistischen religiösen Bildern des evangelischen Malers FRITZ VON UHDE (1848-1911) betrachten.

Während in den Kirchenräumen der damaligen Neugotik immer noch die rückwärtsgewandten künstlerischen Vorstellungen und Bildwerke der „Nazarener" triumphierten, wollte UHDE die tief und schlicht empfundenen Geschichten des Neuen Testaments bewusst in enge Beziehungen zur Gegenwart setzen. Seine monumentalen Gemälde, beginnend im Jahr 1884 mit „LASSET DIE KINDLEIN ZU MIR KOMMEN" und 1885 „DAS TISCHGEBET" *(Bild S. 74)*, zeigen einen *Arme-Leute-Jesus*, der nicht im Palästina des Neuen Testamentes wirkt, sondern in zeitgenössisch-moderner Umgebung der Epoche von Kaiser WILHELM II., inmitten der Armen dieser Zeit.

Uhdes Bilder heben die unmittelbare Begegnung der unteren Volksklassen mit Jesus besonders hervor: Er ist einer von ihnen! Ganz anders als der geschönte und wirklichkeitsfremde Gottessohn der Nazarener erscheint dieser Christus von UHDE: Der

Jesus, der Mann aus dem Volk: FRITZ VON UHDE „Das Tischgebet"

sanftmütige, ärmlich-schlichte Mann ist schmächtig und einfach gekleidet. Ohne jede hoheitsvolle Distanz verkehrt er unmittelbar mit den Menschen, ein unscheinbarer Wanderprediger in verschossenem Gewand, Güte und Milde ausstrahlend, still und bescheiden, ein Mann aus dem Volk.

Er wird umrahmt von barfüßigen, zerlumpten Kindern des Arbeiterproletariats. Er ist **der soziale Jesus**, der Mitleidende, der dem armen, aber gottvertrauenden Menschen als seinesgleichen begegnet. Er wendet sich bewusst den Bedürftigen und Geringen, den Ausgebeuteten und Entrechteten zu, um ihnen das Licht der Hoffnung zu bringen.

Dieser Jesus ist der Vorläufer des Jesusbildes der wirkungsstarken „Theologie der Befreiung" seit den 1960-er Jahren. Sie interpretiert die Bibeltexte aus der Sicht der Armen und Bedrückten; sie gibt ihrem Klagen und Danken eine Stimme und macht die Befreiung von menschenunwürdiger Behandlung und Ausbeutung zu einem öffentlichen Anliegen.

Auch die weiteren Bilder Uhdes damals waren revolutionär und kritisch hinsichtlich der Lehre der Kirche und ihrer damaligen Kunstvorstellung. Sie verlegen die Kernelemente des Glaubens – die Begegnung mit Jesus, das Gebet, das Abendmahl, die Geburt Jesu – aus der gottesdienstlichen Liturgie der Anbetung in den Lebensalltag der einfachen Menschen.

Erstmals in Bildern eingeklagt: Die Parteinahme für die Armen

So ist es Uhdes Leistung, den zur Formel erstarrten Christus des Bekenntnisses für die Gegenwart durch einen realistisches Bild von Jesus in seiner **Parteinahme für die Armen** zu ersetzen – eine Vorwegnahme des Anliegens, das erst heute allmählich auch als weltweites Anliegen der Kirchen anerkannt wird.[52]

Zugleich konfrontierte UHDE die religiösen Gefühle des Bürgertums mit der harten Alltagswirklichkeit im Kaiserreich. Für die religiöse Malerei seiner Zeit bedeutete seine Darstellungsweise geradezu ein Umsturz. Sie wurde zur Vorläuferin der modernen Kirchenkunst des 20. Jh. Die Bilder fragten eine beschwichtigende, verbürgerlichte Kirche nach ihrer sozialen Mitverantwortung. Zugleich waren sie Mahnung gegen die Verflachung des Lebens durch einen materiellen Lebensstil.

Die Gemälde brachten UHDE aber auch viel Kritik ein. Lange Zeit blieb diese naturalistische Kunstrichtung in der Kirche verpönt. Es erschien nicht tragbar, „heilige Geschichten und Personen" profaniert darzustellen und ihrer Heiligkeit zu berauben. In Uhdes bleichem Jesusantlitz, das von dünnem schlichtem Haar und Bart umgeben war, und in seiner matten, hinfälligen und schwindsüchtigen Gestalt vermisste man den „kleinsten Zug von Hoheit und Seelenadel". *„Warum ist die Gottheit in der Christusfigur so gar nicht betont?"*, fragte eine christliche Rezension im Jahr 1886.

Uhdes Abendmahlsbild empfanden sie als ein „Abendessen im Zuchthause", die Jünger hier als „Strolche". Auch vermochten die Kritiker in Uhdes Bild von der Ge-

---

52 Es hat lange gedauert, bis die Kirchen sich die „Option für die Armen" wenigstens ansatzweise zueigen machten. Erst 1997 griffen die EKD und die katholische Deutsche Bischofskonferenz diese Herausforderung auf und formulierten in ihrer gemeinsamen Denkschrift „Für eine Zukunft in Solidarität und Gerechtigkeit": *„Die christliche Nächstenliebe wendet sich vorrangig den Armen, Schwachen und Benachteiligten zu. So wird die Option für die Armen zum verpflichtenden Kriterium des Handelns."* Damit wird die soziale Gerechtigkeit zwar zum Zentralbegriff christlicher Sozialethik erklärt. Es werden jedoch keine strukturellen Veränderungen angemahnt, weder im Produktionsbereich, noch bei der Umverteilung von Kapital und Macht. Es werden lediglich „Chancengleichheit" und „gleichwertige Lebensbedingungen" gefordert, also nichts, was einem Konsens der Kirche mit der gegenwärtigen Politik fast aller Parteien entgegenstehen würde.

burt Christi nicht, ihr vertrautes Bild einer „Heiligen Nacht" wiederzuerkennen. Vielmehr sahen sie nur das ekelauslösende soziale Elend einer Vagabundenfamilie.

Für den preußischen Kronprinzen WILHELM waren die Bilder „Anarchisten-Fraß". Auch die offizielle katholische Kritik rührte sich. Sie kritisierte das Milieu der Bilder als unruhestiftende und blasphemische Herabwürdigung und Verunglimpfung des Heiligen.

Solche Kritik beeinträchtigte aber Uhdes Beliebtheit nicht. In Zehntausenden von Reproduktionen vervielfältig, beeinflussten seine Bilder die Frömmigkeit weiter Kreise, schmückten lange Zeit viele Häuser und bezeugten den wachsenden Riss, der sich zwischen der Theologenkirche und den Erwartungen der Gemeindeglieder auftat.

Ein neues Beben erschüttert die Kirche

Die Bayerische Landeskirche selbst blieb lange Zeit blind für diesen sich immer weiter öffnenden Riss. Sie meinte in ihrer Erlanger Theologie und mit den Harleß'schen Kirchenreformen von Gesangbuch, Gottesdienst und verstärkter Kirchenzucht schon am Ziel für dieses „lange Jahrhundert" angekommen zu sein. Die **kirchliche Entfremdung weiter Kreise des Bürgertums und der Arbeiterschaft**, die sich vor allem in den großen Städten anbahnte, nahm sie weiterhin nicht zur Kenntnis.

Die Frage, wie sich der Glaube zu den immer tiefer bohrenden Fragen der forschenden **Rationalisten** und der immer weiter fortschreitenden **Naturwissenschaft** einerseits, zur wachsenden **Religionskritik der Marxisten** und der hieraus resultierenden Kirchenfeindlichkeit der Sozialdemokratie und der von ihr beeinflussten Arbeiterschaft andererseits stellen sollte, blieben ungelöst.

Neue innerkirchliche Beben überdeckten diese Blindheit. Bisher hatten die Universität ERLANGEN und die Bayerische Landeskirche die großen geistesgeschichtlichen Strömungen ignoriert, die inzwischen auch in der Theologie des deutschsprachigen Raumes ihre tiefen Spuren eingegraben hatten. Es war eine Frage der Zeit, wann die Ausläufer dieser Strömungen auch die Katheder und Kanzeln Bayerns erreichen würden. Besonders die Stadt NÜRNBERG und ihr Bildungsbürgertum hungerten nach neuer geistlicher Kost. Ihnen war das, was die Kirche in ihrem erwecklichen Neuluthertum und ihrer Bekenntnisgebundenheit anzubieten hatte, zu eng für den nach **Emanzipation des Individuums** strebenden Zeitgeist.

Es war aber dann vor allem der in Preußen erwachsene **Kulturprotestantismus** in seinen vielfältigen Ausprägungen, der auch im bayerischen evangelischen Bürgertum eine wachsende Anhängerschaft gewann. Dieser Begriff des „Kulturprotestantismus" selbst bildete sich erst aus, seitdem das stark protestantisch geprägte Deutsche

Kaiserreich im Jahr 1870 gebildet worden war. Er blieb über den Ersten Weltkrieg hinaus bis in die 1920er Jahre des 20. Jahrhunderts hinein ein Leitbegriff innerhalb der protestantischen Theologie. Es war ein Fortschrittsglaube, der dem kraftstrotzenden Optimismus des Zweiten Reichs angepasst war und der hoffte, Religion und wissenschaftliches Denken aussöhnen zu können.

Ein aufsehenerregendes Buch zu diesem Thema war seit der Jahrhundertwende in aller Munde: *„Das Wesen des Christentums“*. Der Berliner Theologieprofessor ADOLF VON HARNACK (1851 – 1930) hat es im Anschluss an eine Vorlesungsreihe herausgegeben. Dieses lesenswerte Büchlein gilt bis heute als Grundschrift liberaler kulturprotestantischer Theologie. Es war unvermeidlich, dass die Wellen der hier entfachten Diskussionen auch bis nach Bayern schwappten.

Harnacks „Wesen des Christentums“ weckt die Neugier der Gebildeten

Vereinfacht ausgedrückt glaubt HARNACK der Religionskritik seiner Zeit dadurch begegnen zu können, dass er hier, wie schon der Maler CHRISTIAN UHDE es tut, ein, wie er meint, **undogmatisches Jesusbild** präsentiert. Es soll befreit sein von jeglichem Goldgrund, Weichzeichnung und Heiligenschein. HARNACK will durch die kirchlichen Lehren, Dogmen und Traditionen hindurchstoßen zu einem realistischen Jesusbild. Er meint, einen „historischen Jesus“ aus den Erzählungen des Neuen Testaments herausdestillieren können.

Diesen menschlichen Jesus möchte HARNACK zum **Subjekt einer dogmenfreien individuellen Jesus-Frömmigkeit** machen; dessen Botschaft solle man folgen. In den Kapiteln seiner Vorlesung bzw. seines Buches will HARNACK dafür werben und zeigen, wie einfach die Jesus-Frömmigkeit ursprünglich war, die erst im Verlauf der Kirchengeschichte immer komplizierter und mit immer neuen Dogmen eingeengt worden sei.

Im ersten Hauptteil will HARNACK zunächst die Grundzüge der Verkündigung Jesu nach den Erzählungen der Evangelien nachbuchstabieren. Diese „Predigt Jesu“ hat für ihn drei Schwerpunkte:

1. Das Reich Gottes und sein Kommen;
2. Gott der Vater und der unendliche Wert der Menschenseele;
3. Die bessere Gerechtigkeit und das Gebot der Liebe.

Jesus habe keinen anderen Glauben an seine Person gewollt als den, der im Halten seiner Gebote besteht. Diese Gebote kämen z.B. in der Bergpredigt zur Sprache. Die Seele des Menschen sei der einzige Gesprächspartner für Gott. Durch diesen Jesus begreife die Seele, dass es ihr Wesen sei, von Gott geliebt zu sein. In der Mitte der Botschaft des Evangeliums leuchte die Liebe des Vater-Gottes. Jesus sei „nur“ der

Bote. Die Gläubigen bräuchten sich nicht an das Konstrukt eines „Christus" zu halten, der eine ferne Himmelsperson sei.

Dann fragt der Autor, als schriebe er einen Katechismus, nach der Beziehung, die das Evangelium zu Grundfragen des menschlichen Lebens, der jeweiligen Zeit und des Glaubens hat:

1. Welches Verhältnis hat der Christ zur Welt?
2. Welche Bedeutung haben die sozialen Fragen?
3. Wie steht das Evangelium zu Recht und Ordnung in der Gesellschaft?
4. Wie steht das Evangelium zu Arbeit und Kultur des Menschen?
5. Wie wird der irdische Jesus zum Christus der Verkündigung?
6. Welche Beziehung besteht zwischen Evangelium und dem kirchlichen Bekenntnis?

HARNACK sagt, wir müssten **lernen, wer Jesus sei**. Er meint also, den historischen Jesus vom Christus der kirchlichen Verkündigung und Lehre trennen und als einziges Subjekt des Glaubens proklamieren zu können. Von diesem historischen Jesus habe der Glaube auszugehen. Harnacks ganzes Buch wird zum eindeutigen Plädoyer: **Wir glauben den historischen Jesus** – den Jesus, den wir aus den Evangelien erlesen können. **Dieser irdische Jesus weist jeden von uns an den liebenden Vater**.

Aus diesem Wissen, als Einzelner geliebt zu sein, ergeben sich nun **Konsequenzen für das Handeln** des Christen: Der Christ muss sich **einsetzen für die Verwirklichung des Reiches Gottes** auch in einem sozialen Miteinander im Staat. **Christliches Bekennen hieße also, den Willen Gottes *tun*.** Es ist eine schlichte Religion, die HARNACK auch allen Religionskritikern seiner Zeit ans Herz legen will.

Grundsatzkritik an der römischen Kirche

Um einen Standpunkt in der Frage der kirchlichen Dogmen und Lehren zu gewinnen, unternimmt HARNACK im zweiten Hauptteil seines Textes einen Überblick über die **Entwicklung der christlichen Religion in der Geschichte**.

Er betrachtet die Ausbreitung und Interpretation des Glaubens vom apostolischen Zeitalter an, über die Entwicklung in Katholizismus und in der griechisch-östlichen Orthodoxie bis hin zum Protestantismus. HARNACK ist der Meinung, dass das alte Christentum eine stetige Verengung aufgrund der Dogmen-Bildung erlitten hat. Schon als es aus dem Urchristentum auf das Gebiet der hellenistischen Kultur und Philosophie übergegangen sei, habe es sich philosophisch-antik neu formulieren müssen. In dieser Welt des antiken Denkens hätten die alten Dogmen auch ihren Sinn und ihre Heimat. Sobald man diese antike Welt aber verließe, müsse man anders denken.

Hier habe die römische Kirche ihre Bedeutung. Sie habe die romanischen und germanischen Völker zu Christen gemacht und sie lange gut geleitet. Vor allem habe sie die Selbständigkeit von Religion und Kirche gegenüber Staat und Volkstum gesichert.

Der **Schwachpunkt der römischen Kirche** sei, dass sie sich zu einer **Rechtsanstalt und Machtinstitution** gewandelt habe, die sich an die Stelle des römischen Weltreichs geschoben habe. Nun sei es ihr wesentlich, Regierungsgewalt auszuüben und auf diese eher zwanghafte Weise das Evangelium zu verkünden. Im Dogma von der päpstlichen Unfehlbarkeit, das im Jahr 1870 verkündet wurde, drücke sich nichts anderes aus, als der Machtanspruch des römischen Papstkönigs über alle Seelen.

Zwar sei die römische Kirche auch vom Geist des bedeutenden Kirchenvaters AUGUSTINUS geprägt. Dieser habe die paulinische Erfahrung von Sünde und Gnade selbst erlebt und wirksam formuliert; seine Erkenntnis bleibe für die Gegenwart aktuell: *„Gott und die Seele – nichts sonst"*. Aber mit ihrer Praxis des Beichtens und des Sündenablass habe die Kirche **Augustinus' Gnadenlehre fast völlig verdreht**. Dem römischen Christentum mit seinem Anspruch göttlicher Bedeutung fehle jeder Zusammenhang mit dem Evangelium, es sei wesentlich Reich von dieser Welt, das die Seelen in Fesseln lege.

Die fundamentale Bedeutung der Reformation und ihre Probleme

Die Reformation dagegen sei **die größte Bewegung in Europa** seit dem 2. Jh. gewesen. Der Protestantismus sei eine geistige Religion, die zurückgehe auf das Wort Gottes und den Glauben als religiöses Erleben. Dabei gehe es allein um das zuversichtliche Vertrauen, einen gnädigen Gott zu haben. Auch der Gottesdienst sei nichts anderes als „Betätigung des Glaubens". Dieser protestantische Glaube rechne damit, *„dass das Evangelium etwas so Einfaches, Göttliches und darum wahrhaft Menschliches ist, dass es am sichersten erkannt wird, wenn man ihm Freiheit lässt, und dass es auch in den einzelnen Seelen wesentlich dieselben Erfahrungen und Überzeugungen schaffen wird"*.

Der Protestantismus sei aber nicht nur **religiöses Erleben**, sondern auch **Revolution**: Bruch mit dem bislang als „göttlich" geltenden alten römischen Kirchenrecht und Protest gegen alle selbst ernannten Autoritäten in der Religion, Protest auch gegen selbstgerechten Ritualismus und Sakramentalismus, gegen doppelte Sittlichkeit, gegen eine religiöse Sonderexistenz der Priester.

Ist also beim Glauben der Reformation alles im Licht? HARNACK benennt auch die Probleme. Das durch die Reformation geförderte **Staatskirchentum** habe die eigenverantwortliche Aktivität der evangelischen Gemeinden geschwächt. Man habe die

Menschen vor allem in **Moral** unterwiesen und sie **Gehorsam und Arbeitsfreudigkeit** als christliche Tugenden gelehrt, aber man habe ihnen in nur geringerem Maß auch **Bildung und Kultur** vermittelt. Erst der Pietismus habe die Bedeutung des christlichen Tuns wieder mehr gewürdigt. Auch habe die Beseitigung des Mönchtums eine Lücke gerissen, die erst jetzt durch Diakonissen wieder gefüllt werde. Problematisch sei auch die **Verfestigung und Dogmatisierung des Luthertums** zu einer „wahren Lehre", was den Protestantismus zu einer Doublette des Katholizismus mache.

Größte Gefahr drohe dem Protestantismus aber durch die Gleichgültigkeit der Massen und die Unmündigkeit mancher Christen. Auch sei der Staat begierig nach staatstragenden, konservierenden Kräften. Doch das Evangelium hat bisher immer noch Bestand gehabt. Seit der Reformation habe das Christentum noch keine neue Stufe erlebt; nun in der Gegenwart müsse sich aber in der sozialen Frage der christliche Brudersinn erst noch bewähren.

Mit seinem Buchtitel „Das Wesen des Christentums" nahm HARNACK bewusst Bezug auf das gleichnamige, knapp 60 Jahre zuvor erschienene religionskritische Werk von LUDWIG FEUERBACH, in dem Gott zur Projektion des menschlichen Denkens erklärt wurde. Diesem kritisch-nihilistischen Ansatz setzt HARNACK die ungemeine Zugänglichkeit, werbende Kraft und unüberbietbare Bedeutsamkeit der schlichten Person Jesu entgegen. Er weist der Botschaft Jesu eine solche religiöse Bedeutung zu, dass sie für ihn gänzlich den Begriff der Religion an sich ausmacht.

Harnacks liberale Theologie als bleibende Herausforderung an Glauben und Unglauben

Damit ist für HARNACK das Christentum auch die Gestalt des Religiösen schlechthin, der Inbegriff von Religion überhaupt. Überall da, wo Menschen diese Botschaft Jesu begreifen, dass Gott der liebende Vater ist, und wo sie ihr Folge leisten, dort beginne das Reich Gottes zu wachsen.

HARNACK besaß eine eminente geistige Freiheit und Ausstrahlung, mit der er gleichermaßen in die Wissenschaft seiner Zeit, in die aufkommende Frauenbewegung, in die Innen- und Außenpolitik und in die Theologie seiner Zeit hineinwirkte. Sein Credo war ein neuer „Augustinismus", in dem *„die Ehrfurcht vor Gott als der Quelle aller hohen Güter die Erkenntnis und die Gesinnungen der Menschen durchdringt, die wahre Freiheit begründet und einen Bund der Gerechtigkeit und des Friedens schafft"*.

Harnacks Buch mit seiner einfachen Jesusbotschaft und seinen klaren christlichen Handlungsanweisungen appelliert an die Freiheit eines Christenmenschen und gilt noch heute als Grundschrift kulturprotestantischer Theologie und Frömmigkeit. Seine Hochschätzung zeigt sich auch darin, dass der renommierte, 2016 verstorbene Münchner evangelische Theologe TRUTZ RENDTORFF zum 100. Jahrestag der seinerzeitigen Berliner Vorlesung im Jahr 1999 die Druckauflage von 1929 neu herausgab. Freilich muss solche Herausgabe heute kommentiert werden, weil ja die Entwicklung der Theologie weitergegangen ist.

Bei der Einweihung des Kaiser-Wilhelm-Instituts:
ADOLF V. HARNACK (links) mit KAISER WILHELM in Dahlem 1913

Insbesondere lässt sich Harnacks Idee einer schlichten Jesusreligion, die bloß auf die Anfänge in der Bibel zurückgehen muss, nicht so einfach verwirklichen. Vielmehr zeigt sich, dass auch die biblischen Evangelien in ihrer Erzählweise bereits Christuspredigt und damit reflektierte „Lehre von Jesus als dem gekreuzigten und auferstandenen Christus" sind.

Die Evangelien wollen aber zeigen, *wie man zum Glauben kommt.*

Demgegenüber darf auch die **Verkündigung des Apostels Paulus** nicht vernachlässigt werden. Sie will **zeigen, was es nun heißt, *als zum Glauben gekommener in dieser Welt zu leben.***

Viele neue theologische Erkenntnisse haben seit Harnacks Zeiten zu einem reicheren Textverständnis der Bibel beigetragen:

1. Die „historisch-kritische Forschung", die von der „liberalen Theologie" herkommt und die seit dem zweiten Weltkrieg die deutschen Katheder dominiert, erlaubt es, den historischen Kontext besser zu verstehen, in welchem die Bibeltexte und ihre Vorformen zu ihrer Zeit entstanden sind.

2. Die „sozialgeschichtliche Forschung" hat seit den 70-er Jahren des 20. Jahrhundert wertvolle Beiträge geleistet, um die Verbindung von Glauben und Lebenswelt klarer herauszuarbeiten.

3. Die „kontextuale" oder auch „engagierte Exegese" seit den 80-er und 90-er Jahren will bewusst Partei nehmen für bestimmte diskriminierte Zielgruppen der Gesellschaft, wie Arme, Frauen, Kinder, sexuell anders Orientierte; sie will aber auch weltweite Probleme in Blick nehmen, wie die Erhaltung der Schöpfung. So soll die besondere Sichtweise der Bibel für die Rechte des Menschen und das Überleben der Menschheit zur Sprache kommen.

Mit einem Wort: Das Christentum will sich als **ernstzunehmender, kompetenter Gesprächspartner** in der heutigen pluralen und globalisierten Welt erweisen. Dafür lieferte HARNACK bleibende Ausgangsimpulse. Und die heutige Kirche stimmt seinen Anliegen im Allgemeinen zu, wenn auch leider meist ohne großen Enthusiasmus.

In der Evang. Kirche in Bayern blieb das Ja für ein befreites Bibelverständnisses aus

Ganz anders und leider noch viel defensiver lief dieses bewusste Gespräch der Kirche mit der Zeit seinerzeit in Bayern. Hier entfachte Harnacks Werk einen Sturm der Entrüstung. Die massive Abwehr reichte vom Katheder der Erlanger Universität bis hin zu ländlichen Geistlichen, die HARNACK nie gelesen hatten.

Kein Wunder, fehlten doch der Erlanger Theologie damals etwa 150 Jahre der kritischen Erforschung der Bibel, die inzwischen anderenorts geleistet worden war. Diese Forschung hätte auch den bayerischen Protestanten viele neue gewinnbringende Erkenntnisse über die Auslegung der Bibel und die Entstehung des Christentums bringen können.

Es **fehlte also eine qualifizierte Bibelforschung**. Dazu **fehlten rd. 50 Jahre Erforschung der Dogmengeschichte**. In diesem wissenschaftlichen Bereich war inzwischen klar geworden, wie zufällig manche kirchlichen Dogmen durch Einwirkungen von Politik und Zeitläuften entstanden waren. Die Bayerische Evangelische Kirchenleitung entzog sich aber dieser notwendigen Diskussion. Sie erklärte trotzig, sie stünde weiterhin auf dem Grund der Heiligen Schrift und des Evangelisch-lutherischen Bekenntnisses. Damit ließ sie die Suchenden und Kritischen in der protestantischen Gesellschaft allein. Der Konflikt war unvermeidlich, denn die Auswirkungen der „liberalen Theologie" waren ja mit Trotz und Vorurteilen nicht aufzuhalten.

Welchen Konflikt die liberale Theologie damals in Bayern auslöste

Das aufgeklärte Bürgertum wollte sich aber keine Denkverbote erteilen lassen. Es erwartete sich für seine Fragen weder von der Erlangener Theologie, noch von der Münchner Kirchenleitung zukünftig irgendetwas Zukunftsweisendes. Es begann gleichwohl die Ohren zu spitzen. Denn im schon stark entkirchlichten NÜRNBERG fanden sich gleich zwei begabte Prediger, die in Harnacks Horn stießen. Sie bewirkten binnen kurzem einen religiösen Umschwung.

Der eine, Dr. CHRISTIAN GEYER (1862-1929), war Hauptprediger an der großen Innenstadtkirche St. Sebald; der andere, Dr. FRIEDRICH RITTELMEYER (1872-1938), hatte die Pfarrstelle an der ehrwürdigen Heilig-Geist-Kirche inne.[53]

Nachdem sich vorher mancher Protestant über Jahrzehnte nicht mehr mit einem Gesangbuch auf die Straße getraut hatte, strömten damals plötzlich die geistig-geistlich ausgehungerten Bildungsbürger zu Tausenden unter die Kanzeln. Diese Bürger waren die altertümlich scheinende lutherische Gottesdienstliturgie, die formelhaften Gebete und die dogmatisch verengte Verkündigung leid und begeisterten sich nun an den zündenden Predigten der liberalen Geistlichen, die an Themen des Alltags anknüpften.

Den Einwänden des Verstandes gegen den massiven Wunderglauben der Bibel, ja, auch einer allzu wörtlich verstandene Auferstehung Jesu begegneten diese Prediger mit einer symbolischen Deutung als Ereignissen in der Seele: Gott lebe und wirke in der Seele des Einzelnen, sodass die Gläubigen **in der Auseinandersetzung mit dem Materialismus der Zeit gewappnet** seien.

Das Christentum erschien für die Menschen plötzlich wieder interessant. Die Freidenker ließen sich in die Schranken weisen. Auch die Arbeiterschaft wurde neugierig. Aber da erhoben sich die Wächter der bisherigen Rechtgläubigkeit und bliesen zum Gegenangriff.

Besonders das Korrespondenzblatt der Pfarrerschaft wurde zu einer umkämpften Walstatt für massive Fehden. Bald schieden sich auch unter den Geistlichen Freund und Feind. Mit den härteren Bandagen kämpften freilich die Pietisten der Gemeinschaftsbewegung und die vermeintlichen Wahrer des alten Bekenntnisses. Sie warfen den Liberalen die grundsätzliche Leugnung des lutherischen Bekenntnisses vor und bliesen, Gift und Galle spritzend, zum Sturm auf die „falschen Profeten“.

---

[53] Diese wichtige Innenstadtkirche am Heilig-Geist-Spital ist leider im Zweiten Weltkrieg zerstört und nicht wieder aufgebaut worden. Es existieren aber noch Mauerreste, die in neue Gebäude integriert wurden.

Das verpasste Wunder einer Konfliktlösung zwischen Bewahrung und Bewährung

Die Kirchenleitung war beeinflusst von den Neuendettelsauer Theologen und anderen orthodox-lutherischen Kreisen. Sie knickte gegenüber den Fundamentalisten ein und zwang GEYER, seine leitenden Ämter in der sozialen Arbeit der Kirche niederzulegen. Es folgte ein geistliches Ringen zwischen den andrängenden Liberalen und den konservativen Kräften der Kirche.

Als Prinzregent LUITPOLD nach dem Tod des zuletzt amtierenden Präsidenten des Oberkonsistoriums, ALEXANDER V. SCHNEIDER, im Jahr 1909 einen neuen Amtsinhaber einsetzen musste, suchte er keinen Vermittler für die beiden widerstreitenden Richtungen. Vielmehr entschied er sich – eine der vielen seltsamen Wendungen der Bayerischen Kirchengeschichte – für den Neuendettelsauer Rektor HERMANN VON BEZZEL. Damit wählte er einen profilierten Mann aus, welcher das einst mühsam errungene lutherische Bekenntnis klar vertrat, wohl wissend, dass nun weiterer Streit ins Haus stand. Der Monarch erwartete aber, dass sich der neue Mann bei den evangelischen Pfarrern qua Autorität und ohne königliche oder ministerielle Zwangsmaßnahmen durchsetze, nicht anders als er es auch von den katholischen Bischöfen in ihrer Kirchenhierarchie erwartete.

GEYER und BEZZEL kannten sich aus der Schulzeit und waren einander in ihrer Leidenschaft für Jesus verbunden. Aber während GEYER die Entdeckung der Freiheit, die ein Christenmensch gegenüber überkommenden Lehren und Dogmen hat, selbst wie eine neue Erweckung erlebt hatte und eine unmittelbare mystische Beziehung des Glaubenden zu Jesus verkündigte, liebte BEZZEL die geschlossene kirchliche Welt des biblizistischen, mittelfränkischen Protestantismus Löhe'scher Provenienz und repräsentierte sie auch ungeniert.

Noch unterkühlter war Bezzels Verhältnis zu RITTELMEYER. Dieser versuchte, für ein verinnerlichtes Verständnis der biblischen Glaubenserfahrungen zu werben, doch BEZZEL bekannte freimütig, die neue Theologie nicht zu verstehen, und beharrte auf seinem fundamentalen Buchstabenglauben. In einem ungewöhnlichen Hirtenbrief an alle bayerischen Pfarrer distanzierte sich BEZZEL von jeglichem liberalen Gedankengut. Er forderte die beiden Geistlichen auf, alles kritische Umgehen mit der Überlieferung zu unterlassen.

Die Standpunkte schienen damals unvereinbar. Die Werbung der beiden Nürnberger Geistlichen für einen Jesus, der in der *„menschlichen Seele lebendig ist als der, in dem* ***Gott seine menschliche Wirklichkeit gefunden*** *hat und* ***der Mensch seine göttliche Wahrheit,*** *“* verhallte bei BEZZEL unverstanden. Er behauptete, diese Pfarrer weigerten sich, vor dem erhöhten Herrn die Knie zu beugen und Christus als Herrn anzubeten. Kraft seiner leitenden Funktion drohte er ihnen Konsequenzen an.

Das **Wunder**, dem sich die Kirche in dieser Situation verweigerte, hätte darin bestanden, diese beiden widerstreitenden Seiten versöhnen. Man hätte sich zu einer „versöhnten Verschiedenheit" zusammenfinden müssen. Denn beides gehört ja für den Glauben eigentlich zusammen: **Die *Bewahrung* des überkommenen Christseins und seine *Bewährung* in den Proben der Zeit**. Damals stand man sich aber in unversöhnlichen Positionen gegenüber.

Es war der Erste Weltkrieg, der eine Vertagung des Konfliktes erzwang. Diese mit letzter Erbitterung geführten militärischen Kampfhandlungen zeitigten geradezu apokalyptische Folgen für alle Lebensbereiche und produzierten dann auch, wie weiter unten zu zeigen sein wird, unerwartete Lösungen. Doch bleiben wir noch einen Moment bei den damaligen Protagonisten.

Der Erste Weltkrieg zertrümmert die alten Werte und Weltbilder

RITTELMEYER resignierte, nachdem man seine Berufung zum Hauptprediger an der Nürnberger Lorenzkirche ablehnte. Er ließ sich im Kriegsjahr 1916 als Prediger an die Simultankirche des 1882 neu gebauten Deutschen Doms in BERLIN rufen, war aber innerlich bereits auf dem Weg zur Philosophie von RUDOLF STEINER (1861-1925).

Mit dessen Person und Gedankengut war RITTELMEYER bereits seit 1910 in Berührung gekommen. Bei STEINER war die Faszination für die Naturphilosophie Goethes und für Nietzsches Freiheitsphilosophie allmählich in ein eigenes wirkungsstarkes Weltbild eingemündet, wie seine Vorträge in der esoterischen ANTHROPOSOPHISCHEN GESELLSCHAFT seit der Jahrhundertwende zeigen. RITTELMEYER formte daraus nach diesem Krieg, im Jahr 1922, in DORNACH zusammen mit 44 weiteren, meist evangelischen Theologen, Pfarrern und Studierenden, die neue mystisch-religiöse Richtung der „CHRISTENGEMEINSCHAFT". Er wurde auch ihr erster „Erzoberlenker". Diese religiöse Gemeinschaft, die vieles vom Denken und Reden Steiners bis in den Wortlaut übernommen hat, versteht sich heute als Teil der einen Kirche Jesu Christi und erkennt die Evangelische Kirche und den Ökumenischen Rat der Kirchen an; sie hat weltweit aber nur 35.000 Mitglieder und ist ihrerseits als Kirche noch nicht anerkannt.

Pfarrer GEYER dagegen blieb in seiner Bayerischen Landeskirche. Er erlebte mit, wie im bestürzenden Wertewandel durch den Ersten Weltkrieg auch viele von ihm vertretene Positionen des „Kulturprotestantismus" und der liberalen Theologie für lange Zeit infrage gestellt wurden.

Dieser Kulturprotestantismus hatte ja die Offenheit der christlichen Religion für die Gedanken und Werte der modernen Kultur in einer von Kaiser, König und Adel geführten christlichen Gesellschaft signalisieren wollen. Doch die Grausamkeiten des Ersten Weltkrieges hatten alle Vorstellungen von menschlicher Kultur erst einmal zertrümmert. Mit dem Ende der Monarchie erlebten die Menschen den **totalen Umbruch aller vertrauten Normen, Traditionen und Werte**.

Auch das theologische Denken geriet in eine grundsätzliche Krise. Es waren dann hellsichtige Theologen wie insbesondere der Schweizer KARL BARTH, die sich zu völligen Neuansätzen inspirieren ließen. Seine **„dialektische Theologie**“ wollte, nach dem Schock des großen gegenseitigen Menschenschlachtens, den **unendlichen Abstand und die Spannung** betonen, die zwischen Gott und den Menschen bestand. Dieser Abstand von Gott und Mensch war im schlafwandlerischen Weg in den Abgrund dieses Krieges offensichtlich geworden. Die Theologie wollte bewusst machen, dass **„Gott im Himmel, der Mensch aber auf der Erde“** ist.

BARTH war jene „Theologie der Bindestriche“ zuwider, die nach seiner Meinung den Weg in die Katastrophe mit bereitet hatte, indem sie zu verbinden versucht hatte, was wesensmäßig nicht zusammengehörte: Heilige Schrift und Tradition, Thron und Altar, Vernunft und Glaube, Gott und das Weltreich. Es sei falsch zu meinen, dass man ein ewiges Anliegen mit einem bloß zeitlichen bequem verbinden könne. In Barths Sichtweise gibt es keinen unmittelbaren Zugang der menschlichen Vernunft zu Gott. Der Mensch bleibt vielmehr **angewiesen auf die Offenbarung durch Jesus Christus als dem Einen Wort Gottes, dem man zu vertrauen und zu gehorchen habe**. *„Jesus als der Christus ist die uns unbekannte Ebene, die die uns bekannte senkrecht von oben durchschneidet.“*

So entdeckte BARTH in der Bibel neu den **„unendlichen qualitativen Unterschied“ von Gott und Welt**, den bereits der Philosoph KIERKEGAARD angemahnt hatte. Damit rief BARTH die Kirche energisch zu ihrer „Sache“, zu Gottes Wort allein: *„Wir sollen als Theologen von Gott reden. Wir sind aber Menschen und können als solche nicht von Gott reden. Wir sollen beides, unser Sollen und unser Nicht-können, wissen und eben damit Gott die Ehre geben.“*

Mit solchen Einsichten zum Glauben und Wissen gab BARTH den Christen auch das wirkungsvolle Rüstzeug in die Hand, das ihnen dann half, den Kampf gegen den dreisten religiösen Anspruch des Nationalsozialismus aufzunehmen. In seinem **„Barmer Bekenntnis“** von 1934 sammelten sich dann die neuen Einsichten wie in einem Brennglas. Diese bahnbrechende theologische Erklärung und den damit einhergehenden geistlichen Aufbruch darf man deshalb getrost als **das zehnte Wunder auch für**

die Bayerische Landeskirche ansehen, das weiter unten zu besprechen ist. Dabei knabbert diese Kirche bis heute an der Frage, welchen Rang sie diesem Ereignis beimessen soll.

Doch zuvor muss man auch noch das neunte unerwartete Ereignis betrachten, das der Kirche erst den notwendigen Spielraum gab, sich dann so engagiert und frei zu äußern: die Auflösung des landesherrlichen Kirchenregimentes im Gefolge des Ersten Weltkrieges und die damit ermöglichte strukturelle und theologische Neubesinnung.

DAS NEUNTE WUNDER:

Die Befreiung der Kirche von weltlicher Bevormundung als Chance zu struktureller und theologischer Neubesinnung

Deutung und Ende des landesherrlichen Kirchenregimentes

Bis zum Ersten Weltkrieg war die protestantische Kirche neben der Römisch-katholischen Kirche de facto **Staatskirche** gewesen. Die antike Idee der Staatsgewalt als einer göttlichen Stiftung, die auch für die Religion im Staat verantwortlich ist, war so der Form nach bis ins 20. Jh. in Kraft geblieben.

Andererseits hatten die fast 400 Jahre Reformationsgeschichte in Deutschland, in der die jeweiligen Landesherren das oberste Bischofsamt wahrnahmen, dem Christentum zwar eine finanzielle Förderung und kulturelle und pädagogische Bedeutung gebracht, aber zugleich auch seine Lebendigkeit unerhört eingeschnürt und domestiziert.

Auch juristisch war es stets schwierig geblieben, das landesherrliche Kirchenregiment zu rechtfertigen. Er sei nur ein „hervorgehobenes Kirchenglied“, so hatten die Reformatoren über das kirchliche Amt des Landesherrn gesagt, er amtiere allenfalls als „Notbischof“.

Dagegen hatten die staatlichen Episkopalisten verkündet, mit dem Augsburger Religionsfrieden seien die alten bischöflichen Rechte voll auf die evangelischen Landesherren übergegangen.

Wieder anders hatten die Theoretiker des „Territorialismus“ die Religion und die Kirche gesehen. Sie hatten sie als Teil der öffentlichen Ordnung ihres Territoriums betrachtet und sie insoweit der Staatsgewalt unterstellt.

In der Zeit der Bayerischen Monarchie hatten sich zunehmend diese Begründungen verändert. Mit der „Kollegialtheorie“ hatte sich der königliche Landesherr freiwillig in seinen umfassenden Herrschaftsansprüchen über die Religion beschränkt. Er behandelte die Kirche nunmehr als „collegium", das an der allgemeinen Vereins- bzw. Korporationsautonomie teilhatte.

Während das Amt des obersten Bischofs der protestantischen Kirche bis zuletzt den katholischen Wittelsbachern übertragen blieb und die Protestantische Kirche mit deren Amtsführung, abgesehen vom Kniefallstreit und einzelnen anderen Gravamina, durchaus zufrieden war, hatte es aber mit der darunter liegenden staatlichen Ebene immer wieder Konflikte gegeben. Zunehmend war deshalb zwischen „äußerer Kirchenaufsicht" durch das Innenministerium, bzw. seit 1848 durch das Kultusministerium, und „innerer Kirchenleitung" durch das geistliche Oberkonsistorium unterschieden worden.

Die deutsche November-Revolution von 1918 stellt die Kirche vor eine völlig neue Situation

Mit der Revolution in MÜNCHEN in der Nacht vom 7./8. November 1918 dankte aber der letzte Bayerische König LUDWIG III. ab. Dieser langjährige „Prinzregent" hatte nur ein Jahr lang, seit 5. Nov. 1913, regiert. Mit dem Wegfall der Monarchie war dem alten Konstrukt des Staatskirchentums von Gottes Gnaden die Grundlage entzogen.

Damit stand die Kirche unverhofft vor der Aufgabe, ihre Belange selbst zu ordnen. Sie musste sich äußerlich neu strukturieren und dabei zu einer überzeugenden und zeitgemäßen Form der Selbstverwaltung finden. Sie musste aber auch ihre Theologie und Verkündigung reflektieren und neu ausrichten, nachdem die bisherige Verbindung von Thron und Altar so krachend an die Wand gefahren war. Eine ehrliche Bilanz über das Christsein in dieser Zeit war erforderlich, und die fiel in den Augen mancher nachdenklicher Kirchenmänner bitter aus.

So spiegelt sich in der Kanzelabkündigung, die der seinerzeitige Präsident des königlichen protestantischen Oberkonsistoriums der Bayerischen Landeskirche FRIEDRICH VEIT (1861-1948) kurz vor Kriegsende in allen Kirchen verlesen lässt[54], eine tiefe Sorge um die Verwahrlosung der Menschen und das Gefühl einer Prüfung für das ganze Volk. Weite Kreise im Volk hätten auch in vier Jahren des furchtbaren Krieges den Ernst der Zeit nicht verstanden. Die bislang hoch geschätzten Tugenden Treue und Glauben, Redlichkeit und Rechtschaffenheit seien beschädigt. Verdrossenheit und Müdigkeit mache sich breit. Bewusste Buße sei erforderlich.

---

[54] Der Wortlaut ist teilweise abgedruckt auf S. 63 in der 2. Folge des Projektes „MYRTEN FÜR DORNEN – Licht und Schatten der neuen Zeit – Alltags-Erleben und Kirche in Weidenberg in der Vorahnung der Katastrophe".

Ob sich die Kirche auch eine allzu starke Verflechtung mit dem imperialistischen Gehabe des Kaisers und damit eine gewisse Mitschuld an diesem Krieg vorwerfen lassen muss, wie es heute immer wieder gern von Kirchenkritikern ins Gespräch gebracht wird, ist zumindest für die Bayerische Landeskirche eine eher zu verneinende Frage.

Die Bayerische Landeskirche muss sich ihre Haltung zum Ersten Weltkrieg nicht vorwerfen lassen

Zwar meint MATTIAS SIMON in seiner bekannten Arbeit über die Evang.-Luth. Kirche in Bayern im 19. und 20. Jh.:[55] *„Vor allem die Tatsache, dass die Geistlichen sich in die Werbung für die Zeichnung von Kriegsanleihen und in die vaterländische Aufklärungsarbeit hatten einschalten lassen, führte sie zu einer erheblichen Einbuße an allgemeinem Vertrauen."* Doch ist er mit dieser Einschätzung möglicherweise der starken antikirchlichen Propaganda aus marxistischen und kommunistischen Kreisen seit 1917 auf den Leim gegangen, die damals nicht nur einen politischen Umsturz, sondern auch einen totalen Bewusstseins- und Wertewandel auf Kosten der Kirche erreichen wollten.

Solche Zerrbilder von Gott und Kirche hinsichtlich des Ersten Weltkrieges werden ja immer wieder in die Welt gesetzt, um die Kirche zu diskriminieren. So versuchten z.B. Zeitungsschreiber zum 100. Jahrestag des Kriegsbeginns 2014 die schwarze Theater- und Filmkomödie „Der Gott des Gemetzels" in Beziehung zu setzen mit diesem damaligen Krieg und machten die bislang wenig beachtete Gruppe der evangelischen Pfarrer als die wahren Schuldigen aus.[56] „Ihren Anteil an der Mobilisierung des deutschen Volkes" könne man „nicht wichtig genug einschätzen".

Der Autor MICHAEL WEISE behauptete im Nordbayerischen Kurier, ohne Belege vorzulegen, dass die evangelischen Kirchenleute, ganz anders als der kriegskritische katholische Papst, diesen Waffengang damals „gefeiert" hätten. Damit verbreitet die Zeitung aber Fake-news über die angebliche Kriegstreiber-Rolle der Kirche. Dagegen ist die seriöse Forschung über die Ursachen des Ersten Weltkrieges nach 100 Jahre dauernder, kontroverser Diskussion mehrheitlich zu der Meinung gekommen, dass alle beteiligten Länder damals aus eigennützigen Motiven fast schlafwandlerisch den gemeinsamen Rutsch in die „Urkatastrophe des 20. Jh." in Kauf genommen haben.

---

[55] MATTHIAS SIMON, Die Evang.-Luth. Kirche in Bayern im 19. und 20. Jahrhundert, in der Reihe „Theologie und Gemeinde", Heft 5, Claudius München1961, S. 80.

[56] Vergl. den Bericht von MICHAEL WEISE im Nordbayerischen Kurier vom 22.10.14 und den von JÜRGEN TAEGERT am 19.11.14 verfassten Leserbrief dazu, dem die folgenden Partien entnommen sind.

Zudem dreht WEISE Veits besorgtes Kanzelwort einfach um und behauptet zynisch, die Kirche hätte wie ein Kriegsgewinnler Freude an diesem Krieg gehabt. Denn sie habe in ihm „eine Chance" gesehen, Menschen zur Läuterung und Umkehr zu rufen. Am Schluss seiner seltsamen Zeitungsseite lastet der Schreiber den Protestanten etwas kryptisch sogar den „Dschihad made in Germany" heute an.

Hat der Berichtsverfasser nichts davon gewusst, dass gerade die Evangelisch-Lutherische Landeskirche in Bayern klar *gegen* diesen Ersten Weltkrieg Stellung bezogen hat, und zwar schon, bevor – nach dem Attentat in Sarajewo – überhaupt ein weiterer Schuss gefallen war? Im Amtsblatt vom 3. August 1914, dem Tag, als Deutschland Frankreich den Krieg erklärt, warnt diese Kirche vor „Sünde", „Hochmut" und „Leichtsinn" und ordnet für alle ihre Gemeinden die Abhaltung eines *„allgemeinen außerordentlichen Buß- und Bettages in der ganzen Landeskirche anlässlich der Kriegserklärung des Dt. Kaisers"* an.

Das war ein außerordentlicher Affront *gegen* die damaligen Kriegstreiber. Zu einem Zeitpunkt, als jeder noch vom raschen bequemen Sieg träumte, wagte die Kirche an das Strafgericht zu erinnern, das Deutschland mit seinem Abfall von den christlichen Werten ereilen könnte. Also nichts von Begeisterung in der Kirche oder Zustimmung zu diesem Krieg, nichts von Heldenlob, Waffensegnen und einem Gott, der das Gemetzel von Schlachten liebt, sondern im Gegenteil: die Sorge, dass dieser Krieg auf die Menschen zurückfallen könnte, die nicht auf Gottes friedenstiftendes Wort hören wollen.

Zudem wussten wahrscheinlich weder der Kurierschreiber, noch die meisten Leser, dass die Evangelisch-Lutherische Kirche in Bayern ihren Pfarrern damals, 1914, sogar *verboten* hatte, sich aktiv am Krieg mit der Waffe zu beteiligen. Wer von den Geistlichen dennoch Soldat sein wollte, der musste – das zeigt im Projekt „MYRTEN FÜR DORNEN" im folgenden Kapitel die Lebensgeschichte von Pfarrer THEODOR HOFFMAN – seinen geistlichen Dienst ganz aufgeben, und der konnte auch nach dem Krieg nicht so einfach wieder anfangen. Als einzige Alternative erlaubte die Bayerische Landeskirche ihren Pfarrern damals den Dienst *ohne* Waffe, als Seelsorger im Feld oder in Lazaretten, wie ihn auch der Weidenberger Pfarrer GEORG REDENBACHER damals absolvierte.[57] Letzteres kritisiert der Kurierartikel beschämenderweise als „Sinnstiftung wo keiner ist"! Ist solcher Samariterdienst in Zeiten von Krieg und Unrecht nicht jedem geboten?

An einem Punkt verdient aber der Bericht des Kuriers ein intensiveres Nachdenken, nämlich beim anstößigen Titel „Der Gott des Gemetzels". Weder in der Bibel,

---

[57] Vergl. in der genannten 2. Folge des Projektes „MYRTEN FÜR DORNEN" S. 17ff den Abschnitt *„Redenbacher als kaiserlicher Militärseelsorger"*.

noch in den Predigten der Pfarrer war Gott jemals ein Gott des Gemetzels, sondern er ist ein Gott der Gnade, des Friedens und der Barmherzigkeit. Aber der Titel will ja auf die oben genannte schwarze Komödie von YASMINA REZA anspielen und auf den gleichnamigen Film von ROMAN POLANSKI, bei dem man aus Betroffenheit nicht weiß, ob man weinen oder lachen soll:

Da müssen zwei Familien bei der selbstgerechten Diskussion über die Verteilung von Gut und Böse unter den Menschen feststellen, wie hauchdünn die Kruste der Zivilisation über dem Abgrund von Hass ist, der in jedem Menschen lodert. Kirche und christlicher Glaube können diesen Hass nicht einfach auslöschen, den die Evolution dem Menschen in die Wiege gelegt hat; aber in Zeiten des Zusammenwachsens der Menschheit erweist solcher Hass sich tagtäglich als lebensfeindlich und muss überwunden werden. Christlicher Glaube kann durch Gewissensbildung dem Menschen helfen, an seinem eigenen Verhalten zu arbeiten.

Ein neuer Zugang zur Theologie

Der damalige Oberkonsistorialpräsident HERMANN (VON) BEZZEL[58] konnte den von ihm geführten harten Kampf in Bayern gegen den theologischen Liberalismus nicht mehr zuende führen. Er starb unerwartet im Alter von erst 56 Jahren am 8. Juni 1917 an den Folgen von Mangelernährung nach dem dramatischen „Steckrübenwinter" 1916/17. Für bestimmte Bevölkerungs- und Berufsgruppen waren seinerzeit Zusatz-Lebensmittelkarten ausgegeben wurden, um den Mangel an Grundnahrungsmitteln zu kompensieren. Doch um in seiner Lebensführung glaubwürdig zu sein, hatte BEZZEL die Karten für sich nicht in Anspruch nehmen wollen. Mit ihm starben während des Ersten Weltkriegs in Deutschland rund 750.000 Menschen allein an Unterernährung und an deren Folgen.

Vielleicht betrachtete die 1931 gegründete Michaelsbruderschaft[59] BEZZEL aus diesem Grund als Märtyrer, sicher aber als bedeutenden Zeugen seiner Kirche, als sie ihn in ihren „Evangelischen Namenskalender" aufnahm. Er erscheint dort mit seinem

---

[58] Seit 1910 in den Adelsstand erhoben.

[59] Die Michaelsbruderschaft gehört zur 1922 entstandenen Berneuchener Bewegung, die aus den kirchlichen Vorkriegs-Jugendbünden erwuchs. Ihre Nachkriegsgeneration nach dem Ersten Weltkrieg suchte religiöse Erfahrungen, fand aber eine Kirche vor, in der vieles nur als Fassade erschien. Sie wollte dieser Kirche aber nicht den Rücken zukehren, sondern suchte nach Wegen einer Erneuerung von innen her. Es sollte ein Aufbruch „aus gänzlich unverständlicher Lehre, verbürgerlichten Lebensformen und aus Gottesdiensten sein, deren Stil ... nichts Anziehendes haben konnte". Sie verstehen sich zwar nicht als Kommunität, wohl aber als verbindliche Gemeinschaft auf der Suche nach Spiritualität. Spuren ihres Projektes finden sich in vielen Gesangbüchern und Gottesdienst-Agenden.

Todestag am 8. Juni neben AUGUST HERMANN FRANCKE, dem Hauptvertreter des Halleschen Pietismus und der Franckeschen Stiftungen.[60]

Als Nachfolger Bezzels wurde der Münchner Dekan FRIEDRICH VEIT (1861–1948) an die Spitze der Kirche berufen. Er war bereits seit 1915 Mitglied der Kirchenleitung. VEIT hatte in ERLANGEN und LEIPZIG studiert und war für geistliche und organisatorische Herausforderungen gerüstet.

Die Pfarrerschaft war für Veränderungen bereit. Aller optimistischer Fortschrittsglaube, den der liberale Kulturprotestantismus im Kaiserreich der zurückliegenden Epoche verströmt hatte, war bei den meisten Pfarrern ohnehin verflogen. Gerade die jüngeren Pfarrer der Frontgeneration, die sich oft schon mit 17 Jahren nach dem Notabitur zum Militär gemeldet hatten, waren durch die Schrecken des Krieges erschüttert und ernüchtert. Sie fragten nun neu nach einem reformatorischen Glauben, wie ihn die Bibel begründet.

Für die organisatorische Neustrukturierung der Bayerischen Landeskirche wurde 1920 das entscheidende Jahr. In der neuen Weimarer Verfassung war nun die Trennung von Staat und Kirche klar geregelt. Die Landeskirche nannte sich jetzt „EVANG.-LUTH. KIRCHE IN BAYERN RECHTS DES RHEINS“. Nun konnte sie sich ihre erste eigene Verfassung geben.

Diese Kirchenordnung verband ausgewogen synodale und konsistoriale Elemente. Sie sah einen Kirchenpräsidenten an der Spitze der Kirche vor, sowie ein Gremium von Oberkirchenräten als Kirchenleitung. Ihnen gegenüber stand die Landessynode, in der Laien mit zwei Drittel der Stimmen bewusst das Übergewicht gegenüber der Geistlichkeit haben sollten; die Synodalen waren von den Bezirkssynoden und damit von der Gemeindebasis zu wählen.

Mit dem Beitritt der Coburger Landeskirche erlebt die Bayerische Landeskirche eine folgenreiche Erweiterung

In diesem wichtigen Jahre veränderte und vergrößerte sich aber auch der äußere Umfang dieser Kirche. Im ersten freien demokratischen Volksentscheid, den Deutschland am 30. November 1919 erlebte, hatten die Einwohner des „Freistaates Coburg“, der im Jahr 1918 aus dem Herzogtum Sachsen-Coburg hervorgegangen war, mit überwältigenden 88% gegen einen Anschluss an Thüringen und damit für einen Anschluss an Bayern votiert. Seit dem Sommer 1920 war das Coburger Land nun Teil

---

[60] Auch das seit 2004 als privates Internetprojekt begonnene „Ökumenische Heiligenlexikon“ benennt BEZZEL in einem kurzen Artikel, allerdings ohne eine Begründung für diese Auswahl zu geben.

des Freistaates Bayern.[61] Damit lag auch ein Anschluss der Coburger Evangelischen Landeskirche an Bayern nahe.

Diese Coburger Landeskirche hatte aber eine ganz eigene Entwicklung hinter sich. Sie war im Jahr 1586 bald nach der Errichtung des Herzogtums Coburg entstanden und arbeitete seitdem als Staatskirche unter straffer Führung durch das Herzoghaus, das für die geistigen Strömungen der Zeit offen war. Aufklärung und liberale Theologie hatten so die Pfarrerschaft seit dem ausgehenden 18. Jh. geprägt. Mit dem Ende der Adelsherrschaft im November 1918 war diese Kirche zunächst eigenständig geworden. Auch sie gab sich eine fortschrittliche Verfassung und eine eigene kirchliche Gemeindeordnung. Unter den 36 Mitgliedern der Synode und ihren Stellvertretern waren immerhin drei Frauen. Verglichen mit der Bayerischen Landeskirche war sie in dieser Hinsicht der Entwicklung um 40 Jahre voraus!

Der Anschluss an die Bayern war nicht selbstverständlich. Die Coburger Pfarrerschaft hätten sich lieber mit der nördlich angrenzenden thüringischen Landeskirche verbunden, weil sie sich dieser Kirche theologisch-geistlich mehr verwandt fühlte. Mit der bayerischen Erweckung und dem dortigen Neuluthertum konnte sie nicht viel anfangen. Umgekehrt galt aus bayerischer Sicht die Kirchlichkeit der Coburger als dürftig, ihre Gottesdienst- und Lehrordnung als chaotisch, der Unterricht als verweltlicht, ihr Gabenaufkommen als armselig und das Gemeindeleben dank Überfürsorge durch die Fürsten als tot. Andererseits war mit dem politischen Volksentscheid für Bayern eigentlich auch der Weg für einen Anschluss der Coburger an die Bayerische Landeskirche vorgezeichnet.

Nach manchem Hin und Her erfolgte also am 21. April 1921 die Vereinigung der 70.000 Coburger Gemeindeglieder mit den 1,47 Mio. Gliedern der Bayerischen Landeskirche. Eines brachten die „neuen Bayern" auf jeden Fall mit: Selbstbewusstsein. Sie verstanden sich weiterhin stolz als „Hort der Freiheit". Und sie ließen sich eine 50-jährige Übergangsfrist für Sonderregelungen und den „Coburger Ortsbrauch" garantieren. Immerhin hatten die Coburger mit ihrer Veste eine der bedeutsamsten Lutherstätten vorzuweisen, und der bayerische Kirchenpräsident FRIEDRICH VEIT zeigte Verständnis für die Coburger Eigenart, indem er Coburg respektvoll als „altlutherisches Gebiet" bezeichnete.

Nun gab es also gut 1,5 Mio. Lutheraner im neuen Bayern. Ihnen standen zu der Zeit etwa 4,8 Mio. Andersgläubige, in der Hauptsache Katholiken, gegenüber. Doch

---

[61] Über diese Entscheidung waren die Coburger dann nach dem Zweiten Weltkrieg erst richtig froh. Denn damit blieben sie von der Eingliederung Thüringens in die Sowjetische Besatzungszone verschont und ersparten sich den mühsamen Weg der DDR zur deutschen Einigung.

die Toleranzgesetze im Königreich hatten bewirkt, dass sich das Zusammenleben der Konfessionen längst eingespielt hatte. Die Frontlinien verliefen für viele inzwischen ganz woanders, nämlich dort, wo sich politische Einstellungen mit religiösen Einstellungen überschnitten, und da braute sich einiges zusammen.

Da gab es schon länger die religionsfeindlich eingestellten linken Internationalisten und ihnen gegenüber die monarchisch-christlich eingestellten Rechten. Während des Krieges hatte die Notwendigkeit, zusammenzuhalten, die bestehenden Spannungen mühsam kaschiert. Die tatsächliche Tiefe der Gräben wurde mit der deutschen Revolution vom November 1918 schockierend sichtbar. Die Revolutionäre hatten sich die russische Februarrevolution von 1917 zum Vorbild genommen, die zum Sturz des Zaren geführt und die Vormacht der orthodoxen Kirche beendet hatte.

Auf der einen Seite agitierten nun auch in Deutschland **linke Kommunisten mit Extrempositionen**. Sie erklärten die Religion zum Opium für das Volk und betrieben eine explizite **Gottlosenpropaganda**. Wie in Russland seit dem Novemberumsturz 1917 sollten auch in Deutschland die Vorrechte aller christlichen Bekenntnisse sowie der Religionsunterricht abgeschafft und alle Konfessionen und Religionsgemeinschaften massiv eingeschränkt und verfolgt werden.

Auf der anderen Seite standen die **völkischen Kräfte**. Sie waren nach der deutschen Niederlage zu neuer Kampfeslust erwacht. Sie trauerten der untergegangenen Verbindung von Thron und Altar im alten Reich nach und sahen ihren Hauptfeind in den linken Revolutionären, die sie als von jüdischer Hand gesteuert betrachteten. Sie waren für den rasch aufkommenden Nationalsozialismus Hitlers eine leichte Beute. In dieser angespannten Lage hatte sich Bayern mit dem Anschluss der Coburger freiwillig, aber ahnungslos eine tickende politische Zeitbombe ins Land geholt.

„Bloß keine Atheisten!"

Denn bei ihrem Kreuzchen für Bayern hatten die politisch eher konservativen Coburger nicht nur an ihre schwächelnden Finanzen gedacht. Sondern vor allem suchten sie eine Ausflucht aus dem politischen System der linken Arbeiter- und Soldatenräte, das seit Kriegsende in Thüringen und Sachsen herrschte. Die liberal eingestellten Coburger, die sich durchaus als überzeugte Protestanten verstanden, fürchteten und verachteten dieses System; sie schätzten es als totalitär, kommunistisch, atheistisch und chaotisch ein. Ihr Kreuzchen sollte bedeuten: **„Bloß keine Atheisten!"**

Diese Polarisierung bewirkte aber, dass nun umso reger andere Kräfte ins Coburger Land hineinströmten oder hier emporschossen: nationalistische, völkische, rassistische und antijüdische Gruppen. Besonders der antisemitische „Deutschvölkische

„Frontstadt des Nationalsozialismus“:
Coburger Marktplatz auf NS-Postkarten im mystischen Hakenkreuzglanz

Schutz- und Trutzbund“[62] – ein direkter geistiger Vorgänger der NSDAP – wirkte in COBURG propagandistisch sehr intensiv und erfolgreich. Er machte die Stadt binnen kurzem zur antijüdischen Hochburg. Die Spannungen entluden sich erstmals bereits am „Blutsonnabend von Coburg“ am 3. September 1921.[63]

So bildete sich im Coburger Land schon am frühesten in ganz Deutschland das Potential aus, das für die Ideen des Nationalsozialismus Raum bot. Die Lehrerschaft erwies sich als besonders anfällig. Froh, die lästige geistliche Schulaufsicht endlich los zu sein[64], warf sie sich den braunen Ideologen bald umso freudiger an den Hals.

Durch das Wirken des Lehrers HANS DIETRICH fand ADOLF HITLER in COBURG eine vorbereitete Bühne vor. Er konnte sie bereits am 14. Oktober 1922 für seine Sache wirkungsvoll nutzen. Mit einem großen Gefolge von 650 uniformierten SA-Leuten erschien HITLER beim „Dritten Deutschen Tag“. Seine provozierend auftretenden martialischen Begleiter, aber noch mehr seine glänzende Rhetorik hinterließen großen Eindruck bei der protestantischen Öffentlichkeit. Niemand wagte sich ihnen in den Weg zu stellen.

---

[62] In der Satzung des DVSuTb heißt es: *„Der Bund erstrebt die sittliche Widergeburt des deutschen Volkes durch die Erweckung und Förderung seiner gesunden Eigenart. Er erblickt in dem unterdrückenden und zersetzenden Einfluss des Judentums die Hauptursache des Zusammenbruchs, in der Beseitigung dieses Einflusses die Vorbedingung des staatlichen und wirtschaftlichen Wiederaufbaues und der Rettung deutscher Kultur ...“*

[63] Die eingreifende Bayerische Landespolizei verletzte viele Demonstranten, einen davon tödlich.

[64] Zum 1. Januar 1919 wurde die jahrhundertlange geistliche Schulaufsicht in Bayern unter dem neuen Kultusminister JOHANNES HOFFMANN abgeschafft. Sie wurzelte in der Tradition des kirchlichen Schulwesens seit der Reformationszeit. Es war eine der ersten Maßnahmen der sozialistischen Regierung EISNER, die sich damit ein Vorurteil der kirchlichen Kreise einhandelte.

Roter Teppich für Hitlers Aufstieg: HITLER (2. v. links) und SA-Leute beim „Deutschen Tag" in Coburg am 21.-22. Okt. 1922.

Auch der aus England gebürtige ehemalige Coburger Landesherr CARL EDUARD, Enkel der QUEEN VICTORIA, verfiel Hitlers Überzeugungskraft. Er wandte sich bereits bei der ersten Begegnung 1922 voller Sympathie HITLER zu, unterstützte seinen Aufstieg, wo er nur konnte, und warb für die NSDAP. Seit 1933 war der Adlige selbst Parteimitglied, SA-Führer und Fördermitglied der SS. Als Chef des Nazi-gesteuerten „Deutschen Roten Kreuzes" tat er später bei seinen weltweiten Kontakten alles, um Hitlers Wirken einen seriösen Anstrich zu verleihen.

Für die Nationalsozialisten wurde das protestantische Coburg zum Mythos. Sie zeichneten die Stadt mit dem Titel „Erste nationalsozialistische Stadt Deutschlands" aus und ließen auf ihren Bildpostkarten hinter dem Rathaus auf dem Coburger Marktplatz das Hakenkreuz aufblitzen.

HITLER zog aus dem Erfolg in Coburg wichtige Lehren: Gewalt wurde für ihn ein Mittel politischer Auseinandersetzungen. Und: Die SA wurde für die nächste Zeit seine wichtigste „Kampforganisation für die Errichtung eines neuen deutschen Staates".

Immer wieder traten seitdem auch Pfarrer der SA bei. Unter ihnen finden wir dann ab Herbst 1933 nicht zuletzt THEODOR HOFFMANN, der nach seinem Dienstbeginn in WEIDENBERG seine Mitgliedschaft bei der SA nutzte, um den Parteiaufnahmestopp für die NSDAP zu umgehen und seinen Landesbischof zu provozieren.[65]

Pfarrer und Kirche im übrigen Bayern waren anfangs sehr empfänglich für die braunen Schalmeientöne, die aus dem Coburger Land herüber schallten. Das hatte seinen Grund in der verbreitetem deutsch-nationalen Einstellung. Wie weite Teile des übrigen Bürgertums zeigte auch die Bayerische Pfarrerschaft, ebenso auch viele Theologen der Erlanger Universität, nach dem Ersten Weltkrieg neben dem Obrig-

[65] Vergl. in dieser Folge von „MYRTEN FÜR DORNEN" das Kapitel: *„Das Trojanische Pferd der Nazis – Pfr. Theodor Hoffmann und die Deutschen Christen"*, S. 215ff.

keitsdenken meist eine naive völkisch-nationale Gesinnung. Typisch war das naiv verkündete völkische Gedankengut. Es erklärte den Zusammenbruch Deutschlands im Ersten Weltkrieges mit dem „Dolchstoß“[66] und verklärte das alte Reich der mittelalterlichen Kaiser und Luthers; es beschwor Treu‘ und Redlichkeit, in einem Land das „von der Maas bis an die Memel“ reichte; es pries das Land der Dichter, Musiker und Denker, dessen Verbindung von Thron und Altar nur dem Ansturm von Neidern und Hassern erlegen sei.

Bloß keine Atheisten! – das war auch die besorgte Einstellung in der Bayerischen Kirchenleitung, seit sie die kurzfristige Herrschaft der Räte in Bayern wie ein schreckerregendes apokalyptisches Ereignis erlebt hatte. In der Ablehnung der kommunistischen Doktrin war man sich einig.[67] Die Kirche befürchtete ein Chaos. Wie die Verlautbarungen in den Amtsblättern dieser Zeit zeigen, hielt die Kirchenleitung die bürgerkriegsähnlichen Kämpfe und die zutage tretende Anarchie für widergöttliche Zeichen, für eine Vorahnung des Weltuntergangs, dem der Staat wehren müsse. So stand sie auch dem „linken“ Pazifismus, den einige ihrer Pfarrer zeigten, verständnislos gegenüber und ließ solche Pfarrer nur als Exoten gewähren[68].

Mit dem charismatischen Kirchenpräsidenten FRIEDRICH VEIT hatte man aber bis zum kritischen Jahr 1933 einen Fels in der Brandung. Er konnte seine Vorstellung von

---

[66] Deutschland sei nicht militärisch besiegt worden, sondern hätte durch revolutionäre Zivilisten, gesteuert von Marxisten und Juden, in der Heimat einen „Dolchstoß von hinten“ erhalten.

[67] Im Zuge der Novemberrevolution 1918 hatte der pazifistische Linkspolitiker KURT EISNER den Freistaat Bayern ausgerufen und war von den Arbeiter- und Soldatenräten zum ersten Ministerpräsidenten berufen worden. Deutsch-völkische antisemitische Kräfte hatten ihm nachgestellt und ihn ermordet. Mit Hilfe rechtsnationalistischer Freikorps- und Reichswehrverbände errangen diese rechten Kräfte nun die Übermacht, schlugen die Räterepublik blutig nieder und übten an den linken Anführern grausamste Rache.

In diesem Klima antikommunistischer und antisemitischer Stimmung begannen ADOLF HITLER und seine NSDAP ihren Aufstieg. Bereits im Februar 1920 verkündete sie ihr 25-Punkte-Parteiprogramm, in dem neben dem klar erklärten Antikommunismus und Antisemitismus besonders Punkt 24 die Aufmerksamkeit und das Vertrauen der Kirche weckte: *„Die Partei als solche vertritt den Standpunkt eines **positiven Christentums**, ohne sich konfessionell an ein bestimmtes Bekenntnis zu binden ...“*

[68] Ein solcher „Exot“ wirkte in der Gestalt des Pfarrers FRIEDRICH BUCKEL seit dem Jahr 1920 in der Kirchengemeinde Gesees im Dekanat Bayreuth. Dieser Pazifist und Menschenfreund korrespondierte mit Friedensfreunden in der ganzen Welt, einschließlich der Gattin des amerikanischen Präsidenten, ELEONORE ROOSEVELT. BUCKEL entwickelte mit der UNA eine eigene Weltsprache zur Förderung des weltweiten Friedens, die er in seinen comic-artigen Zeichnungen auch den Kindern seiner Gemeinde zu vermitteln versuchte. Er war ein erklärter Warner und Gegner des zeitgleichen Nationalsozialismus und verweigerte öffentlich den Hitlergruß. Seine Kirche versetzte ihn 1944 in den Wartestand (vergl. im neuen „Heimatbuch Gesees“ 2021 das Kapitel „Friedrich Buckel – ein verkannter Prophet und Eiferer für den Frieden“, S. 413ff).

Kirchenoberhaupt in umkämpfter Zeit: Kirchenpräsident FRIEDR. VEIT

einer bekenntnistreuen Volkskirche auch bis ins Coburger Land hinein durchsetzen. Mit der neuen Kirchenverfassung von 1920 und mit dem Staat-Kirche-Vertrag von 1924, den er mit der Weimarer Regierung schloss, schuf er die noch heute relevanten Grundpfeiler der Bayerischen Landeskirche. Vor allem aber erkannte er die Gefahren, die durch die völkische Bewegung auch der christlichen Substanz der Kirche drohten. Er warnte rechtzeitig und eindringlich davor. Diese kritische Einstellung zum völkischen Denken war VEIT nicht in die Wiege gelegt. Er hatte selbst einen politischen Wandel durchgemacht, der nachdenklich macht.

Einer, der den kommenden politischen Sündenfall der Kirche nicht mitmachen will

VEIT war ja noch von der lutherischen Zwei-Reiche-Lehre geprägt. Die Kirche in der Monarchie war dem Staat gegenüber loyal und jedem Aufruhr gegen die Obrigkeit abhold. So hatte VEIT auch die deutsche Revolution von 1918 mit größter Sorge betrachtet und als einen selbstmörderischen Wahnsinn empfunden, der gegen die Ordnung Gottes gerichtet sei. Jedoch entwickelte er sich in der folgenden Zeit, wie auch andere einsichtsvolle Monarchisten, rasch zu einem liberalen, nationalkonservativen „Vernunftrepublikaner“[69]und stellte sich voll in den Dienst der Republik. Er wollte mithelfen, die fundamentalen politischen, sozialen und religiösen Zerwürfnisse zu heilen.

VEIT betrachtete auch den aufkommenden Nationalsozialismus mit wachsender Sorge. In einem Schreiben an den Landeskirchenrat drei Tage nach dem gescheiterten HITLER-LUDENDORFF-Putsch vom 9. November 1923 warnte er vor den Auswüchsen eines überhitzten Nationalismus. Auch bemühte

[69] Als Prototyp eines „Vernunft-Republikaners“ wird in dieser Zeit der Politiker GUSTAV STRESEMANN gesehen. Wie VEIT lehnte er den revolutionären Umsturz zwar ab, suchte aber als Außenminister die Aussöhnung mit Frankreich und traf als Kanzler einer Großen Koalition für gut 100 Tage wesentliche Entscheidungen zur Rettung der Demokratie. Er konnte die Ruhrkrise entschärfen, die Inflation beenden und den Aufständen von links und rechts den Boden entziehen. Auch Hitlers Putschversuch vom 9. November 1923 prallte letztlich an der Entschlossenheit dieser Vernunft-Politik ab.

er sich, den antisemitischen Gauerstadter Pfarrer HELMUTH JOHNSEN (1891–1947) in die Schranken zu weisen.[70]

JOHNSEN, Sohn des Oberpfarrers von NEUSTADT/Coburg, hatte in COBURG den paramilitärischen „Jungdeutschen Orden" gegründet. Zu dessen Zielen gehörten die „Reinhaltung der Rasse", die Vernichtung des „jüdischen Einflusses" und der Aufbau einer deutsch-christlichen und sozialen „Volksgemeinschaft". Er war an den Vorbereitungen von Hitlers geplantem Marsch zum Sturz der Berliner Regierung beteiligt. Auch war er Schriftleiter der stark antisemitischen „Coburger Warte".

VEIT reagierte unmissverständlich und für die Kirche vorbildlich. Er erklärte die Haltung Johnsens als mit dem Amt eines Pfarrers unvereinbar, im Gegensatz zum Evangelium stehend und schädlich für das Ansehen der Kirche: Der Rassenantisemitismus, der in der „Coburger Warte" in blutrünstiger Weise vertreten werde, sei widerchristlich und eine Versündigung am Geist des Herrn.

Doch konnte VEIT ein Disziplinarverfahren gegen JOHNSEN nicht durchsetzen. Denn die meisten Pfarrer im Coburger Pfarrkapitel standen hinter ihrem Amtskollegen, und einige einflussreiche Gemeindeglieder drohten sogar mit dem Kirchenaustritt. *„Die Sympathien der Gemeindeglieder lagen mehrheitlich auf der Seite Johnsens und seinem antijüdischen Kurs".*[71] So konnte er mit Billigung seiner Kirche sogar den extrem rechten und stark antisemitischen „VÖLKISCHEN BLOCK" als Wahlplattform für bürgerlich-konservative Nazianhänger errichten. Als einer von 28 Abgeordneten dieses Völkischen Blocks wirkte JOHNSEN bis 1928 im Bayerischen Landtag. Die Kirche bezahlte ihm zur Entlastung sogar einen Vikar!

Inzwischen erlangte die NSDAP, die nach dem Münchner Putsch vom 8. Nov. 1923 verboten worden war, wieder neue Aufmerksamkeit. HITLER war zwar zu fünf Jahren Festungshaft in der Strafanstalt LANDSBERG verurteilt worden, war aber bereits nach einem Jahr, Ende 1924, auf Bewährung freigekommen. Nur gut ein Jahr später, im Februar 1926, wurde auch seine NSDAP wieder zugelassen. Als hätten alle schon darauf gewartet, lief diese Partei sofort allen anderen völkischen Gruppierungen den Rang ab. Wiederum erreichte sie in COBURG und von dort ausstrahlend dann auch im übrigen Franken die besten Ergebnisse von ganz Bayern.

Pfarrer JOHNSEN wurde politisch jetzt nicht mehr gebraucht. Er ging als Geistlicher nach Norddeutschland. Als bekennender Nationalsozialist ließ er sich schließlich im Jahr 1934 zum Landesbischof der Braunschweigischen Landeskirche wählen. Diese

---

[70] Hier und im Folgenden werden Einsichten mit verwendet, die der Verfasser seiner Korrekturarbeit an der Promotionsarbeit von LIESA WEBER verdankt, die 2019 im Verlag Vandenhoek erschienen ist, siehe Literaturverzeichnis.

[71] So LIESA WEBER aaO.

Lutherische Kirche galt und gilt als eine der zahlreichen „zerstörten Kirchen", denn sie war seit den Kirchenwahlen des Jahres 1933 fest in der Hand der hitlertreuen „Deutschen Christen".

Auch in Bayern engagierten sich in der Endphase der Weimarer Republik immer mehr Pfarrer öffentlich für die NSDAP. VEIT mahnte zwar wiederholt zu parteipolitischer Zurückhaltung, erreichte aber mit diesem zu schwachen Veto wenig.

Dafür geriet er nun selbst in die Schusslinie der Nationalsozialisten. So musste er sich im Jahr 1931 vom antisemitischen Hetzblatt „Der Stürmer" diffamieren lassen, nachdem er in einem profetisch vorausschauenden Vortrag beim Evangelischen Handwerkerverein in MÜNCHEN seine Sorge über die völkische Bewegung zum Ausdruck gebracht hatte. VEIT hatte öffentlich kritisiert, man wolle den christlichen Glauben an die Offenbarung nicht mehr ernst nehmen und nicht demütig auf die Botschaft des Evangeliums hören, sondern aus den Tiefen des eigenen Selbst eine neue Religion formen, die man zwar noch Christentum nenne, die aber nicht mehr Christentum sei.

Noch klarer argumentierte VEIT im Frühjahr 1932 gegen eine völkisch verstandene Religion: Hier tue sich die furchtbare Gefahr auf, dass man Volk, Volkstum und Rasse verabsolutiere und zum einziggültigen Wert mache. Dem stelle Jesus die Erkenntnis gegenüber, dass Gott sich allen Völkern offenbare und dass sein Evangelium allen Völkern gelte. Veits Ablehnung des Nationalsozialismus war unüberhörbar.

Als VEIT es nach der Machtübernahme durch die Nationalsozialisten im Januar 1933 unterließ, als Kirchenpräsident die neuen politischen Verhältnisse „freudig zu begrüßen", ließ ihn seine Kirche fallen. Breite Kreise der Bayerischen Landeskirche waren inzwischen von Begeisterung für HITLER erfasst und trauten seinen Beteuerungen. Als Gegner der Marxisten und Kommunisten und als Befürworter eines „positiven Christentums" schien HITLER der geeignete Beschützer der Kirche sein, ein würdiger Nachfolger des alten Summepiskopats.

Nur wenige hatten im Parteiprogramm die einschränkende Einleitung beim diffusen Punkt über das „positive Christentum" gelesen, nach welchem die NSDAP *„Freiheit aller religiösen Bekenntnisse im Staat"* forderte, *„soweit sie nicht dessen Bestand gefährden oder gegen das Sittlichkeits- und Moralgefühl der germanischen Rasse verstoßen."* Dieser Definition bot viel Raum für unbiblische und unchristliche Auslegungen, von denen die Nationalsozialisten ja dann auch bald reichlich Gebrauch machten.

VEIT war inzwischen 72 Jahre alt. Ihn belastete weniger sein Alter, als das irritierende Gefühl, dass viele Pfarrer und Synodale seinen nazikritischen Kurs nicht teilten. So ließ er sich von seinen Kollegen in der Kirchenleitung zum Rücktritt drängen. Die eilig zusammengerufene Generalsynode der Landeskirche ersetzte ihn am 4. Mai 1933 durch HANS MEISER als dem ersten Bischof der Bayerischen Landeskirche.

Dieser mit 52 Jahren eine Generation jüngere Theologe ließ gegenüber den Nazis eine wesentlich kooperativere Einstellung erwarten.

Persönlich wurzelte MEISER in jener erwecklichen und streng kirchlichen lutherischen Theologie, wie sie oben ausführlich dargelegt wurde und wie sie ADOLF VON HARLEß oder HERMANN BEZZEL und die alte Erlanger Theologie verkörpert hatten. Das gab seinen Standpunkten eine feste und auch glaubensüberzeugte Basis und ließ ihn das Ruder der Kirchenleitung fest in der Hand halten. Er hat sich aber von den Engführungen und Fallstricken dieser Theologie nie ganz befreit. Nur so ist letztlich seine schwankende Haltung zum Nationalsozialismus und der mangelnde Blick auf viele Opfergruppen zu erklären.

Diese Kirche handelte 1933 eilfertig und unkritisch. In Analogie zu dem weit reichenden Ermächtigungsgesetz, das HITLER gleich nach der Reichstagswahl[72] dem Reichstag in

Im Gleichschritt mit den Nazis: Der erste Landesbischof der ELKiB HANS MEISER bei seiner Amtseinführung am 11. Juni 1933 (hinter ihm im Braunhemd Oberfrankens wirkungsvoller Gauleiter HANS SCHEMM)

---

[72] Aus der Reichstagswahl vom 5. März 1933 war die NSDAP mit 43,9% der Stimmen zwar als stärkste Partei hervorgegangen, blieb aber auf eine Koalition mit der rechtsnationalen DNVP angewiesen. Bereits zu diesem Zeitpunkt plante HITLER das „Ermächtigungsgesetz", um so auf legalem Weg die Errichtung einer Diktatur herbeizuführen. Um für dieses Projekt breitere Zustimmung im Volk zu erlangen, nutzte die NSDAP den „Tag von Potsdam" zur Imagekampagne. Weil der Reichstag nach dem Brand vom 27. Februar 1933 nicht mehr benutzbar war, hatte HITLER die feierliche Vorstellung der neuen Reichstagsabgeordneten von Berlin in die Potsdamer Garnisonkirche verlegen lassen. Der festliche Staatsakt sollte die Verbindung des Reichskanzlers zur Gestalt Friedrichs des Großen und zur preußischen Geschichte dokumentieren und in der Bevölkerung patriotische Gefühle auslösen. Schwarz-weiß-rote Flaggen des Kaiserreichs sollten Erinnerungen an die „rühmlichen alten Zeiten" wecken.

Die kommunistischen Abgeordneten des Reichstages wurden zu diesem Zeitpunkt bereits verfolgt und verhaftet. Die Sozialdemokraten hielten sich aus Protest fern. Legendär wurde das der Berliner Krolloper am 23. März 1933 abgetrotzt hatte, erließ auch die Synode der Bayerischen Landeskirche ein kirchliches Ermächtigungsgesetz und stattete MEISER im Sinne von Hitlers „Führerprinzip" mit umfassenden Vollmachten aus.

Mit dieser Nachahmung der Parteistruktur waren die Bayern Vorreiter aller deutschen Landeskirchen. Der junge kirchliche Parlamentarismus hatte sich also in kürzester Zeit selbst entmannt und seine Privilegien mit einem autoritären Bischofsamt getauscht. Ab jetzt lag es am Amtsinhaber, was er aus seinen Vorrechten machte.

So hatte also die Kirche ihr neuntes Wunder, die Befreiung von weltlicher Bevormundung und die Chance zu struktureller Neubesinnung nur bedingt nutzen können. Sie hatte zwar nun eine breit angelegte Volkskirche und an der Spitze einen Landesbischof mit einer starken innerkirchlichen Stellung. Sie hatte den notwendigen Spielraum, sich engagiert und frei zu äußern.

Aber mit ihrem offenen Kurs für die Nationalsozialisten hatte sie sich selbst in neue Abhängigkeiten manövriert. Bei der theologischen Neubesinnung musste es sich nun zeigen, ob sie ihr bibelbezogenes lutherisches Profil behaupten konnte oder ob sie dem Antisemitismus und der nationalistischen und rassistischen Verengung des völkischen Denkens Tribut zahlen musste, das so düstere Konsequenzen für die Menschen und ihr Menschenrecht erwarten ließ.

DAS ZEHNTE WUNDER:

Die Kraft eines hitlerkritischen Christus-Bekenntnisses erweckt im Dritten Reich die Gemeinden

Anfangs schienen Kirche und Nationalsozialismus an einem Strang zu ziehen

Meisers Dienstbeginn als Bischof schien zunächst seinen Förderern Recht zu geben. Der junge nationalsozialistisch gelenkte Staat zeigte sich ehrerbietig. Die Amtseinführung des Landesbischofs am 11. Juni 1933 in der Nürnberger Lorenzkirche geriet zu einem medienwirksamen Ereignis mit Fahnen und viel politischer Prominenz. Im Gotteshaus wogten braune, schwarze und feldgraue Uniformen. Die Freundschaft zwischen Partei und Kirche schien eng und ungetrübt.

---

symbolträchtige Foto, das HITLER bei seiner devoten Verneigung vor Reichspräsident V. HINDENBURG zeigt. Damit wollte er einerseits die Kontinuität zur preußischen Geschichte ins Bild setzen und andererseits den Anschein erwecken, dass er die rechtlichen Staatsorgane des Reichspräsidenten und Reichstags weiterhin respektieren werde.

Die Kirche wähnte sich auf sicherem Boden. Bereits in seiner Regierungserklärung vom 23. März 1933 hatte HITLER den Kirchen ihre Rechte garantiert und das Christentum als „unerschütterliches Fundament des sittlichen und moralischen Lebens unseres Volkes" bezeichnet. Damit hatte HITLER den Kirchen scheinbar ein Friedensangebot gemacht. Das nahm man ihm ab. Jeder Widerstand, besonders auf katholischer Seite, erstickte im Keim.

Auch in der folgenden Zeit gab sich die Staatsebene zunächst kirchlich. Die Gottesdienstteilnahme von ganzen SA- oder HJ-Gruppen gehörte für diese Anfangszeit zum Partei-Image. Im Jahr 1934 machte die Regierung den in Norddeutschland beheimateten Buß- und Bettag gar zum staatlichen Feiertag im ganzen Reich.[73] Für die Wehrmacht, die 1935 aus der Reichswehr erwuchs, errichtete man eigene Wehrmachtskirchengemeinden und stattete sie mit einer genügenden Anzahl von Pfarrern evangelischer und katholischer Konfession aus. Die Bekenntnisschulen blieben zunächst unangetastet. Auch an der finanziellen Unterstützung der Kirchen rüttelte man lange nicht.

Die Nazi-Partei positionierte sich anfangs also scheinbar eindeutig *für* das Christentum. Das hatte für die Kirchenmitgliedschaft unvorhergesehene Auswirkungen. Die Zahl der **Kirchenaustritte** sank seit Hitlers Regierungsantritt drastisch auf ein niederes Niveau „wie zu Kaisers Zeiten". In der Weimarer Zeit war sie recht hoch gewesen waren. In den Anfangsjahren des „Dritten Reichs" traten kaum noch Christen aus ihren Kirchen aus, aber viele wieder ein. Ja, die Zahl der Eintrittswilligen überstieg erstmals die Zahl der Austretenden ganz erheblich. Das blieb auch im folgenden Jahr 1934 so. Die Bevölkerungsmehrheit begrüßte den „Nationalen Aufbruch" und dankte dafür auch den Kirchen, die mit dem Staat anscheinend im Einklang waren.

So ging also die Zustimmung der Deutschen zu HITLER verblüffenderweise Hand in Hand mit der Zustimmung der evangelisch Getauften aller Schichten zu ihrer protestantischen Kirche. Die Gemeindeglieder honorierten gleichsam das gute Verhältnis von Politik und Religion, wie sie es aus Kaisers Zeiten aus der Verbindung von Thron und Altar gewohnt waren.

Dabei spielte die Gestalt Hitlers eine besondere Rolle. Viele, auch kirchlich Gesinnte, sahen in ihm schon bald die „Offenbarung Gottes". Er erfüllte die Sehnsucht nach einem Heilsbringer für sein Volk. Wenn er den Atheismus, den linken Bolschewismus und die jüdischen Einflüsse bekämpfte, erschien er den einen wie Dürers

---

[73] Allerdings wurde der Bußtag im Krieg insofern wieder abgeschafft, als man ihn auf einen Sonntag legte.

„Der Bannerträger": Gemälde von HUBERT LANZINGER für das „Braune Haus" 1934

„gewappneter Reiter",[74] andere sahen in ihm gar den starken Erzengel Michael, der den Teufel bekämpft. Die religiöse Hitlerverehrung nahm zunehmend groteske Formen an.

Die Kirchen wagten da nicht drein zu reden. Sie beteten vielmehr fleißig für den „Führer" und praktizierten eifrig den Hitlergruß. Und HITLER gefiel sich in dieser Rolle als protestantischer Kirchenpatron und verehrtes Glaubens- und Liebesobjekt.

So wähnte sich HITLER auch einem wichtigen Ziel seines völkischen Denkens ganz nahe: der Überwindung des konfessionellen und kirchlichen Pluralismus, hin zu einer gemeinsamen weltanschaulichen Front.

Das war aber kein Idealismus, sondern ein strategischer Plan: Die Kirchen sollten mit ihm zusammen gegen das Judentum und den Kommunismus kämpfen. Denn im „Weltjudentum" und im „atheistischen Marxismus" sah HITLER die Hauptgegner. Diese hätten es in einer „satanischen Weltverschwörung" darauf abgesehen, das deutsche Volk und seine Wertgrundlagen zu zerstören.

Hitlers Vision einer Nationalkirche, die seinen Antisemitismus teilen sollte

Zu diesen bedrohten Werten zählte HITLER insbesondere auch die kirchlich vermittelten christlichen Werte. Er bezeichnete die beiden religiösen Bekenntnisse von Protestantismus und Katholizismus als gleich wertvolle Stützen für den Bestand des deutschen Volkes und als Fundament der sittlich-religiösen und moralischen Festigung der Deutschen. Gemeinsam ginge es in Staat und Kirchen um die Schaffung des neuen nationalsozialistischen Menschen.
Mancher hält die anfänglich sichtbare prokirchliche Einstellung Hitlers für bloße Fassade. Doch muss man wohl die persönliche Einstellung Hitlers von der mancher

---

[74] Nach dem Vorbild von ALBRECHT DÜRER entwarf HUBERT LANZINGER um 1934 sein blasphemisches Hitlergemälde „Der Bannerträger". Mehr dazu im Abschnitt *„Der gewappnete Reiter – Denkmal für die vermeintliche Lichtgestalt"* im Supplementband des Projektes „MYRTEN FÜR DORNEN - Als Hitlers Gottheit infrage stand ...", S. 53ff.

Parteiideologen wie BORMANN oder ROSENBERG unterscheiden. Wer HITLER unterstellt, gegen das Christentum eingestellt gewesen zu sein, missversteht ihn an einem wesentlichen Punkt. Anders als einige seiner Paladine sah er sich stets als Kämpfer *für* das Christentum, was aber die Kirchen in ihrem kleinmütigen Denken nicht verstanden hätten.

Man muss auch Hitlers Behauptung nicht infrage stellen, er habe stets Respekt vor der kulturellen Leistung der Kirchen und vor allem vor ihrer Überzeugungskraft gehabt. Er selbst übernahm ja vieles vom Katholizismus in Denken und Methodik und blieb auch zeitlebens Katholik und Kirchenmitglied. Während er dem Staat gegenüber Steuern insbesondere aus den Erlösen von „Mein Kampf" in umgerechnet Millionenhöhe hinterzog, zahlte er offenbar immer seinen Kirchenbeitrag!

Dabei darf man Hitlers kindliche Prägung durch seine Kirche nicht unterschätzen. Hatte er sich nicht schon als 9-jähriger Klosterschüler im Benediktinerstift LAMBACH als Messbub und musikalischer Chorknabe von der liturgischen Welt und Machtstruktur des Katholizismus schwer beeindrucken lassen? Viele um Deutung bemühte ernsthafte Forscher sagen: Hier, also bereits in früher Kindheit, erhielt HITLER seine Anregungen zur Ausgestaltung des Nationalsozialismus als einer „politische Religion". Das Hakenkreuz war keine Erfindung der Nazis, sondern HITLER sah diese „Swastika", die auch aus dem Gebrauch in anderen Religionen und Kulten bekannt ist, regelmäßig vor sich im Epitaph für den verstorbenen Klosterabt; er wandelte es für die NSDAP dann später nur geringfügig um.

Das hierarchische Prinzip der röm.-kath. Kirche kopierte HITLER in seinem „Führerprinzip". Die kirchliche Liturgie floss ein in seine weihevollen Aufmärsche und Reden. Den Kadavergehorsam der Jesuiten übernahm Hitlers SS. Insbesondere den fanatischen Dogmatismus der katholischen Kirche betrachtete HITLER als regelrechtes Vorbild für seine Partei und übernahm dieses Prinzip.

Auch bei der evangelischen Kirche machte HITLER ungeniert seine Anleihen. HITLER zeigte sich als Lutherverehrer. Er betrachtete MARTIN LUTHER als „das größte deutsche Genie", als einen „Riesen". Ein Hauptmotiv war freilich, wenig schmeichelhaft, die Judenfeindschaft, die in den letzten Lebensjahren des Reformators so erschreckend hervorgetreten war. LUTHER habe „den Juden" bereits so gesehen, „wie wir ihn erst heute zu sehen beginnen". HITLER übernahm diesen starren Antisemitismus Luthers bewusst und zitierte LUTHER in dieser Hinsicht auch gern.[75]

---

[75] MARTIN LUTHER *„Von den Juden und ihren Lügen"*, Jena 1543.

Luthers bösartige Handlungsanweisungen trachtete HITLER eines Tages minutiös durchzuführen und zu vollenden.[76]

Zur Vorbereitung eines entsprechend judenfeindlichen Klimas in der Bevölkerung versuchte HITLER die Kirchen mit ins Boot zu holen. In der Kirchengeschichte sah er für solchen kirchlichen Antisemitismus genügend Anknüpfungspunkte.

Es gibt für HITLER aber einen klaren Scheidungspunkt, insbesondere gegenüber der evangelischen Kirche: HITLER hätte sich am liebsten *eine einzige* nationale, konfessionsübergreifende und romfreie Kirche gewünscht, die sich voll in den Dienst des nationalsozialistischen Staates stellt: *Ein* Volk, *ein* Reich, *ein* Führer, *ein* Glaube, *eine* gemeinsame antisemitische und rassistische Praxis – das war wohl seine Vision.

Diese Vision hatte freilich von Anfang an ihre provozierenden Fehler und Grenzen: Sie neigte – wie schon ihre antiken Vorbilder – zur Selbstvergottung des Staates und zur Aufteilung des Staatsvolkes in Würdige und Minderwertige. Damit war sie für die Kirchen weder vom Gottesbild, noch vom christlichen Menschenbild her annehmbar. Dieser Vision fehlte einfach die christliche Basis.

So war der fast einzige gemeinsame Nenner der Partei mit den Kirchen der Kampf gegen den Atheismus, den die Nationalsozialisten zu führen versprochen hatten. Damit ließen sich die protestantischen und katholischen Kirchenführer bereitwillig locken. Die Angst um ihre Kirchen saß tief, seit sie gesehen hatten, wie die russischen Revolutionäre seit 1917 mit den Christen umgegangen waren und seit sie in den chaotischen Tagen der deutschen Revolution von 1918/19 selbst in den Abgrund der Glaubenslosigkeit geblickt hatten. In dieser Angst waren sie bereit, sich auch mit Diktatoren wie MUSSOLINI, HITLER und später auch FRANCO zu verbünden.

Und dieser gemeinsamen Linie blieben die Kirchen auch dann noch treu, als HITLER im Juni 1941 Russland überfiel. Die Kirchen, ob evangelisch oder katholisch, priesen diesen Feldzug als Kreuzzug gegen den Atheismus und als Kampf gegen den Satan und unterstützten HITLER dabei moralisch.

---

[76] SALOMON KORN, Ehrensenator der Universität Heidelberg und Vorsitzender der Jüdischen Gemeinde Frankfurt/Main schreibt in der Frankfurter Allgemeinen Sonntagszeitung am 12.11.2017:

„Im Wissen um den Holocaust erscheinen Luthers hasserfüllte Schmähungen wie eine Handlungsanleitung für die Endlösung der Judenfrage. Von der Inbrandsetzung der Synagogen oder die Zerstörung der jüdischen Wohnhäuser und den Zwang zu harter körperlicher Arbeit bis hin zur Empfehlung, den Juden alle Bücher und Wertsachen zu entziehen, um nur einige Beispiele zu nennen, findet sich hier das gesamte Sammelsurium der 400 Jahre später in den antisemitischen Rassegesetzen der Nationalsozialisten formulierten Grausamkeiten ... Das Ausmaß der Dämonisierung ist beispiellos. Es wiegt umso schwerer, als Luther so gut wie keine persönlichen Begegnungen mit Juden hatte."

Weitere gemeinsame Positionen aber gab es kaum. Dazu war das religiöse Konzept der NSDAP von einem „positiven Christentum" viel zu verwaschen und Hitlers Idee einer Nationalkirche zu geschichtsfremd. Insbesondere konnte HITLER an eine Vereinigung von Katholiken und Protestanten selbst im Traum nicht denken, zu tief saßen die in vielen Jahrhunderten gewachsenen oder erlittenen gegenseitigen Abgrenzungen und Verletzungen.

HITLER appellierte zwar auf seine Weise an die Verständigungsbereitschaft der Kirchen: *„Katholiken und Protestanten führen miteinander einen fröhlichen Krieg, und der Todfeind der arischen Menschheit und des gesamten Christentums lacht sich ins Fäustchen ...",* er meinte aber mit diesem Todfeind die Juden. Für diesen gemeinsamen Kampf wollte er die Kirchen instrumentalisieren.

Weichenstellungen für die Kirchen mit dem Reichskonkordat

Außerdem hatte HITLER der Römisch-katholischen Kirche mit dem weit reichenden Reichskonkordat vom Juli 1933 bereits sein Wort verpfändet. Er gab vor, diese Kirche nicht antasten zu wollen, denn er brauchte die gute Beziehung zur Kirche im Inneren und Äußeren. Im Inneren sollten die katholischen deutschen Bischöfe ihr Misstrauen gegenüber der übergriffigen NSDAP überwinden und das bisherige Verbot des Parteibeitritts für ihre Gemeindeglieder aufheben. Und außenpolitisch erhoffte sich das Deutsche Reich zu der Zeit auf internationalem Parkett politische Anerkennung. Denn viele Länder misstrauten der neuen Regierung unter HITLER. Der Nazi-Terror hatte ja schon einige grundlegende Facetten seines zukünftigen Waltens gezeigt.

So hatte HITLER ja in seinem ersten Schritt zum Totalitarismus bereits nach wenigen Monaten das verhasste demokratische Mehrparteiensystems ausgehebelt, denn politische Meinungsvielfalt erschien den Nazis als Haupthindernis für die angestrebte „Volksgemeinschaft". Der gewaltsame Terror gegen politische Gegner hatte sogar noch früher sein Haupt erhoben. Bereits seit dem Reichstagsbrand am 28. Februar waren die Kommunisten blutig verfolgt und ihre Organisation zerschlagen worden. Das Parlament war knapp einen Monat später mit Hilfe des Ermächtigungsgesetzes entmachtet worden. In denselben Tagen war zur Abschreckung politisch Andersdenkender in Dachau das erste KZ errichtet und seitdem Menschen aus allen Richtungen eingekerkert worden. Etliche verloren ihr Leben.

In raschem Takt hatte diese Gewalt weitergewütet. Die Gewerkschaften waren gleichgeschaltet; die SPD war verboten worden und ihre Exponenten ins Exil gegangen. Auch die Kirchen erlitten nun vermehrt Nachstellungen. Vor allem die Katholiken reagierten inzwischen mit höchster Alarmbereitschaft. Im Juli 1933 saßen schon fast 100 katholische Priester im Gefängnis. Viele Büros christlicher Organisationen waren durchsucht und deren Eigentum beschlagnahmt worden.

Da traf es sich für HITLER gut, dass der Vatikan mit den Lateranverträgen von 1929 gerade erst seine politische Eigenständigkeit wiedererlangt hatte[77] und seinerseits auf internationale Anerkennung aus war. Mit dem von beiden Seiten angestrebten Konkordat gewährten sich der Papst und das Deutsche Reich eine gegenseitige Bestätigung auf Botschafterebene. Die Beziehungen von Kirche und Staat waren nun geklärt, viele in der Weimarer Zeit umstrittene Fragen waren im Sinn der Kirche geregelt, so etwa die staatlichen Subventionen an die Kirche, der Status der Geistlichkeit, die Ernennung von Bischöfen, die Beibehaltung von konfessionellen Schulen, der Religionsunterricht an staatlichen Schulen oder die Arbeit der kirchlichen Organisationen.

Weitsichtige Konkordats-Karikatur: HITLER als heimtückischer Wolf im Schafspelz

Die Kirche rechnete mit Frieden. Aber dafür zahlte sie ihren Preis. Die Bischöfe mussten sich eidlich auf den Staat verpflichten lassen. Die Parteiarbeit des katholischen Zentrums war zu beenden und der Klerus musste weitgehend entpolitisiert werden. Die Kirche musste sich aus der Vereinsarbeit zurückziehen.

Alle diese durch HITLER geforderten Gegenleistungen schienen ihr aber seltsam leicht zu fallen. Der Vatikan billigte die Selbstauflösung des „Zentrums“, das einst der Träger des politischen Katholizismus gewesen war, ja er fördert sogar diese Selbstentmannung. Dieser Auflösung schlossen sich dann im selben Jahr 1933 auch alle anderen Parteien an. Die NSDAP herrschte jetzt allein.

Das Reichskonkordat fand tatsächlich damals starke Beachtung, auch international. Es hat zu jener Zeit wesentlich dazu beigetragen, das Prestige des Hitler-Regimes in der Welt zu stärken. HITLER bezeichnete seinen Abschluss als seinen „größten außenpolitischen Erfolg“ und sah seine Regierung

---

[77] In den sogenannten Lateranverträgen vom 11. Februar 1929 hatte der italienische „Duce“ Mussolini die weltliche Souveränität des Papstes über die Vatikanstadt Rom anerkannt. Dazu gehörte auch ein Konkordat, das der Katholischen Kirche Italiens die Rolle einer Staatsreligion einräumte.

moralisch gestärkt. Er brüstete sich damit, dass der Vatikan überhaupt verhandelt habe, obwohl doch die Gegner seiner Politik damit operiert hätten, dass der deutsche Nationalsozialismus unchristlich und kirchenfeindlich wäre. Durch die Unterzeichnung des Konkordats sei „der Nationalsozialismus feierlich von der katholischen Kirche anerkannt!"

Auch auf katholischer Seite bezeichnete man das Konkordat als „etwas ganz Großes", ja geradezu als „Meisterwerk". Die deutschen Erzbischöfe richteten Dankschreiben an HITLER und bekräftigten ihre *„aufrichtige und freudige Bereitwilligkeit ..., nach dem besten Können zusammenzuarbeiten mit der jetzt waltenden Regierung, die die Förderung der christlichen Volkserziehung, die Abwehr von Gottlosigkeit und Unsittlichkeit, den Opfersinn für das Gemeinwohl und den Schutz der Rechte der Kirche als Leitstern ihres Wirkens aufgestellt hat."*

Papst PIUS IX., der dem Nationalsozialismus bisher kritisch gegenübergestanden hatte, war dankbar und stellte seine Bedenken zurück. Er zeigte sich beglückt, in HITLER *„eine Persönlichkeit an der Spitze der deutschen Regierung zu sehen, die den kompromisslosen Kampf gegen Kommunismus und Nihilismus auf ihre Fahne geschrieben"* habe. Beide Kirchen teilten also diese Maxime: **„Bloß keine Atheisten"** und zahlten HITLER dafür fast jeden Preis.

Auch die offizielle Parteilinie gab sich lange Zeit als „christlich", aber mit eigenen Hintergedanken

Dieses Konkordat war nun Vorbild und Richtschnur für die offizielle Linie von Regierung und Partei gegenüber den Kirchen und sozusagen die höchstmögliche Erfüllung dessen, was HITLER unter dem „positiven Christentum" seines Parteiprogramms verstand. Zwar waberte in der NSDAP aus der Weimarer Zeit auch manches Neuheidentum, das sich am Altgermanischen orientierte, sowie einiges esoterisches Gedankengut. Doch HITLER machte bei Tisch darüber nur Witze und lehnte solche Rückgriffe auf mythische Kulte ab. Seine Vorstellungen waren mehr an der mittelalterlichen Universaltherrschaft der deutschen Kaiser als Schutzherren einer christlichen Bevölkerung orientiert.[78]

[78] Hitlers Leitbild war insbesondere Kaiser OTTO d. Gr. (912-973), der mit seinem Sieg im Jahr 955 auf dem Lechfeld über die Ungarn zum „Retter der abendländischen Christenheit" avancierte und im gleichen Jahr die heidnischen Slawen schlug. Dessen Reichsidee sah HITLER mit seinem Handstreich zur Vereinigung von Deutschland und Österreich im Jahr 1938 ein Stück weit verwirklicht. Vergl. das Kapitel *„Österreich 1938 – Siedepunkt der Hitler-Manie"* im Supplementband des Projektes „MYRTEN FÜR DORNEN - Als Hitlers Gottheit infrage stand ...".

Bereits seit seiner Programmschrift „Mein Kampf" sah HITLER in beiden christlichen Konfessionen eine wichtige Basis für die sittlich-moralische Werteordnung des Volkes, erwartete aber im Sinn der „Zwei-Reiche-Lehre", dass die Kirchen sich von jeder politischen Einflussnahme enthielten und nur ihre Sache trieben. Außerdem beabsichtigte er ja, die Kirchen in sein rassistisches antisemitisches Programm einzuspannen.

Es gab aber auch einflussreiche antiklerikale Parteigrößen, die aus ihrer scharfen Abneigung gegen diesen Kirchenvertrag kein Hehl machten. Schon ERICH LUDENDORFF, der Miterfinder der Dolchstoßlegende und einstige Kampfgenosse Hitlers beim Marsch auf die Feldherrnhalle, hatte im Jahr 1931 in einer Broschüre vor „Hitlers Verrat der Deutschen an den römischen Papst" gewarnt, er hatte aber inzwischen seinen Einfluss verloren.

Anders dagegen Hitlers scharfzüngiger Propagandaverantwortlicher GOEBBELS: Dieser hatte sich vom frommen Augustiner-Seminaristen zum Agnostiker entwickelt. Und spätestens seitdem seine katholische Kirche 1931 ihm die kirchliche Heirat mit der geschiedenen Protestantin MAGDA QUANDT verweigert und ihn öffentlich zu exkommunizieren (!) gewagt hatte, gehörte GOEBBELS zum einflussreichen Kreis der Katholikenhasser in der Partei, ebenso wie auch Polizeigeneral REINHARD HEYDRICH oder Hitlers Chefideologe ALFRED ROSENBERG. Bis zum letzten Augenblick hatten sie auch versucht, das Abkommen mit dem Hl. Stuhl durch Gewaltakte gegen den Klerus und die katholischen Organisationen zu sabotieren. Diese Parteigrößen setzten sich mit ihrer Meinung zwar nie durch. Ihre unverhohlene kirchenkritische Einstellung beeinflusst aber das Bild vom angeblich „unchristlichen" oder „neuheidnischen" Nationalsozialismus bis heute.

Mitschuldig an diesem Bild sind auch Leute wie HEINRICH HIMMLER. Dieser damalige Polizeichef von München, der es dann als SS-Reichsführer zunehmend zum mächtigsten Mann nach HITLER brachte, kochte mit der intensiven Suche nach der „altgermanische Kultur" und der historischen Untersuchung der Hexenverfolgungen sein ganz eigenes religiöses Süppchen. Argwöhnisch bezichtigte er die katholische Kirche der Verschwörung gegen das Germanentum. Er betrachtete sie nämlich als Urheber eines Komplotts, das in seinem Kampf gegen die Hexen die Reste der noch vorhandenen germanischen Kultur ausrotten wollte.

Seit Anfang der 40-er Jahre war es dann der fanatischste Kirchenfeind MARTIN BORMANN, der als Reichsleiter der Partei und persönlicher Sekretär Hitlers immer mehr Einfluss auf Hitlers Entscheidungen gewann und ihn zu seinem privaten Kampf gegen die Kirchen nutzte. So gab BORMANN im Juni 1941 einen **Geheimerlass an alle Gauleiter heraus, in dem er die nationalsozialistische und die christliche An-**

schauung für unvereinbar erklärte. Damit war für die eingefleischten Nazis das Thema Kirche endgültig erledigt. Nur der Krieg, der die Anspannung aller Kräfte forderte, verhinderte damals Schlimmeres.

Man muss also konstatieren, dass es eine einheitliche Einstellung der NSDAP gegenüber den Kirchen nie gab. Wie es überhaupt falsch ist, sich diese Partei als monolithische, straff geführte Körperschaft vorzustellen; sie glich eher einem chaotischen wilden Wolfsrudel, das sich untereinander biss und balgte. Umso mehr versuchte jeder Amtswalter und Parteifunktionär, sich auf seiner Ebene Anerkennung zu verschaffen. Allenfalls die Gauleiter hatten gewisse herausgehobene Sonderrechte.

Über dem allen aber thronte ADOLF HITLER als Leitwolf dieses Rudels und genoss als einziger die ungeteilte Anerkennung und den Gehorsam aller anderen.[79]

Keinesfalls also lässt sich diese Partei im Ganzen als „atheistisch“ oder „nihilistisch“ beschreiben. Insbesondere auch ihr Spitzenpersonal, der Katholik HITLER und der Protestant GÖRING, sahen sich bis an ihr Lebensende als Christen, und das wohl nicht nur aus Berechnung. Auch ohne herausragende Frömmigkeit blieben sie doch stets Angehörige ihrer jeweiligen Kirche und nahmen deren Dienste, wie etwa bei Edda Görings Kindertaufe am 4. Nov. 1938 in Carinhall, gern in Anspruch. HITLER fungierte hier wie auch in etlichen anderen Fällen als kirchlich anerkannter christlicher Pate.[80]

Hitlers Unterstützer kamen aus den Kirchen

Auch viele andere Katholiken und Protestanten saßen stets bei den Nationalsozialisten und ihren Gliederungen in Führungspositionen. Alle diese Christen sahen in der Partei weiterhin ein willkommenes **Kampforgan gegen Kommunismus, Atheismus und Nihilismus**. Es hing also eigentlich alles von Hitlers Einstellung zu den Kirchen

---

[79] Nicht zufällig verwendete HITLER für sich den Spitznamen „Wolf“ – bzw. den Wagner-Enkeln WOLFGANG und WIELAND WAGNER gegenüber auch „Onkel Wolf“ – und bezeichnete im Krieg auch einige seiner Hauptquartiere so: Wolfsschanze, Wolfsschlucht, Werwolf. Mit dem wilden Kampf im Rudel hatte er kein Problem; es entsprach seinen sozialdarwinschen Vorstellungen. Vergl. dazu auch das Kapitel über den Aufstieg der Nazis in Weidenberg in der 3. Folge des Projektes „MYRTEN FÜR DORNEN – Der Anstreicher und seine Lehrjungen ...“, insbesondere ab S. 134ff.

[80] So finden sich z.B. auch gleich zwei entsprechende Einträge im Geseeser Kirchenbuch von 1934 über religiöse „Ehrenpatenschaften“ Hitlers für je einen Jungen und ein Mädchen „Adolphine“ aus kinderreichen Familien, vergl. dazu auch den Artikel desselben Verfassers im neuen HEIMATBUCH GESEES 2021 *„Der Glaube stärkt die Widerstandskräfte“*, im Kapitel: **„EINE HERDE UND EIN HIRTE –** Das Kirchspiel Gesees in der Zeit von Nationalsozialismus und Kirchenkampf“.

ab, wie sich das gegenseitige Verhältnis gestaltete. Unabhängig von seiner persönlichen inneren Beziehung hatte er als Drohpotential ja seine aggressiven kirchenfeindlichen Bluthunde, die er jederzeit von der Leine lassen konnte.

Dieser gerissene Diktator, der sein eigenes Programm verfolgte, unterließ es natürlich nicht, sofort zu versuchen, die Kirchen ideologisch gleichzuschalten und seinen Plänen gefügig zu machen. Wie einst den Griechen vor Troja, so sollte auch den Nationalsozialisten ein **trojanisches Pferd** helfen, die angeschlagene Festung der Kirchen einzunehmen. Wenn es gelingen würde, die Kanzeln der christlichen Kirchen zu erobern, hätte die Partei ein Medium im Besitz, mit dem sie ganze Bevölkerungsschichten ansprechen und gewinnen konnte.

Solchen Bestrebungen von Machtergreifung in den Kirchen stand aber die selbsterklärte Neutralitätspflicht der NSDAP entgegen. Die Kooperationsangebote mussten also aus den Kirchen selbst kommen. Darauf konnte HITLER vertrauen. Denn von Anfang an beteiligten sich Christen, insbesondere protestantische Theologen, an der Missionierung Deutschlands für den Nationalsozialismus.

Interessanterweise läuft diese braune Wegbereitung in Deutschland, geographisch betrachtet, von Süden und Norden her genau aufeinander zu: Während der *politische* Nationalsozialismus im Süden Deutschlands im katholischen München seinen Quellort hat und von dort ausstrahlend in Oberfranken seine ersten großen Triumphe feierte,[81] waren vom protestantischen Preußen im Norden her Geistliche am Werk, dem Nationalsozialismus auch *theologisch* den Weg zu bereiten. Hier im protestantischen Norden war der Boden für das Zusammengehen von Christen und Nationalsozialisten auch schon lange vorbereitet.

In Deutsch-völkischen Bewegungen arbeiteten Protestanten den Nationalsozialisten zu

Vier miteinander korrespondierende Grundbegriffe markieren diesen weit in die Geistesgeschichte zurückweisenden **protestantischen Beitrag zum Nationalsozialismus**: Volkstum, Rassismus, Antisemitismus und arisches Germanentum. Dazu kamen nach dem Ersten Weltkrieg insbesondere noch der Kampf gegen den atheistischen Kommunismus und gegen die „Schmach von Versailles".

---

[81] Die Stadt Coburg hob im entscheidenden Jahr 1929, in dem auch in Weidenberg der Aufstieg der Nazis begann, den ersten nationalsozialistischen Bürgermeister in den Sattel und bekam deshalb 1939 den oben schon genannten „Ehrentitel" verliehen: »Erste nationalsozialistische Stadt Deutschlands«, vergl. auch die 5. Folge des Projektes »MYRTEN FÜR DORNEN«, S. 49.

Bereits in der Aufklärungszeit hatte der evangelische Pfarrer, Weimarer Generalsuperintendent und Mitglied des „poetischen Viergestirns von Weimar" JOHANN GOTTFRIED HERDER (1744-1803) den für die Nationalsozialisten wichtigen Grundbegriff „**Volkstum**" ins philosophisch-politische Gespräch gebracht und ideologisch aufgeladen. Er hatte Volkstum als ursprüngliche geistige Wesensart beschrieben, der das unveräußerliche Recht auf Selbstbestimmung und eines eigenen religiösen Glaubens zustehe.

Befeuert wurde die Diskussion durch den 1853 erschienen Essay des französischen Botschaftsministers im Königreich Hannover ARTHUR DE GOBINEAU *„Über die Ungleichheit der Menschenrassen."* Seine Arbeit entstand praktisch parallel zur Vorbereitung von Darwins *„Die Entstehung der Arten"*.

GOBINEAU teilte die Menschheit nach der Hautfarbe in drei Rassen ein, die „weiße, gelbe und schwarze Rasse". Er war es auch, der für Erstere den Begriff der „**arischen Urrasse**" einführte; diese sei zum Herrschen über die anderen bestimmt. Zugleich warnte er vor einer Rassenmischung.

Der streitbare Berliner Pfarrersohn PAUL ANTON BÖTTICHER (1827-1891), der sich nach seiner späteren Adoptivmutter DE LAGARDE nannte, trat als Dozent der Theologie mit seinem erklärten **Antisemitismus** hervor. Er propagierte eine völkische deutsche **Nationalreligion**. DE LAGARDE gehörte zu den Ersten, die auch einen „Lebensraum im Osten" und die völlige Vertreibung der Juden aus Europa forderten. Nebenbei war er ein entschiedener Gegner der Frauenemanzipation. Seine Schriften hatten in ihren verschiedenen Aspekten enorme Nachwirkung bis hin zu CHAMBERLAIN und HITLER selbst, einschließlich der offensichtlichen Frauenfeindlichkeit der Nazis.

HOUSTON STEWART CHAMBERLAIN (1855-1927), Ehemann von Richard Wagners Tochter EVA, und einflussreicher, populärwissenschaftlicher, englisch und deutsch schreibender Schriftsteller, ließ sich durch seine Schwiegermutter COSIMA WAGNER anregen, Gobineaus Essay über die Ungleichheit der Rassen zu lesen. In seinem Hauptwerk *„Grundlagen des neunzehnten Jahrhunderts"* baute er es zu einer Verherrlichung des arischen Geistes aus. Dieses dickleibige Buch erschien seit 1899 in unzähligen Auflagen und bereitete dem Nationalsozialismus in breiten Schichten des Bürgertums den Weg. Das Buch machte den Begriff der „Rasse" für die Deutung von Ge-

Erfinder des „kulturellen" Rassismus:
HOUSTON STEWART CHAMBERLAIN

schichte und Kulturentwicklung salonfähig, denn es definierte „Rasse" nicht mehr biologisch, sondern als Kulturquelle. **Rasse** war für den Autor der Schlüssel zum Verständnis des Geschichtsverlaufs, in Konkurrenz zum Marxismus, der ja die „Klasse" als geschichtsmächtige Kraft herausgestellt hatte.

CHAMBERLAIN beschrieb die Germanen auch als die einzigen legitimen Erben der Verehrung Christi und bezeichnete die Reformation als „Empörung der germanischen Seele gegen ungermanische Seelentyrannei". Seine Forderung nach einer **Germanisierung des Christentums** nahm ARTUR BONUS schon 1911 auf und verlangte ein undogmatisches „deutsches Christentum".

Nach dem Ersten Weltkrieg schwollen die Strömungen für ein arteigenes, völkisches Christentum immer mehr an. Mit dem gesteigerten Antisemitismus mehrten sich die Stimmen zur Abschaffung des Alten Testaments. Nur solches wollte man vom Gehalt des Christentums übernehmen, was zum „deutschen, arisch-germanischen Wesen" passte. In der **„Deutschchristlichen Arbeitsgemeinschaft"** vereinigten sich 1925 erstmals viele Verbände ähnlicher Denkungsart.

Die NSDAP legte sich jedoch fest, die 1930 gegründete **„Christlich-Deutsche Bewegung"** zu unterstützen. Ihr traute man die größte Schlagkraft zu. Denn sie hatte etliche renommierte Theologen in ihren Reihen.[82] Sie verachteten den nach dem Ersten Weltkrieg aufgekommenen Pazifismus[83], verweigerten sich der Weimarer Demokratie, forderten eine bewusste Pflege der vaterländischen Geschichte und propagierten eine gemeinsame Reichskirche. In diesem Kontext gründete sich erstmals auch ein nationalsozialistischer Pfarrerbund.

Die parteipolitisch gelenkte Sekte der „Deutschen Christen" sollte die Kirchenwahlen gewinnen

Die Ziele der deutsch-völkischen, protestantischen Bewegungen strebten zunächst noch auseinander: Manche meinten, eine **Synthese zwischen Nationalsozialismus**

---

[82] Zu ihnen gehörten damals z.B. HEINRICH BORNKAMM, PAUL ALTHAUS und EMANUEL HIRSCH, welche auch die Zeitschrift „Glaube und Volk" herausgaben. Sie konnten trotz ihrer heftigen Verstrickungen in den Nationalsozialismus nach dem Krieg weiter ungebrochen lehren. HIRSCH, einer der Wortführer bei den Deutschen Christen, betätigte sich z.B. als Denunziant von hitlerkritischen Studenten und Kollegen. Er hatte auch entscheidenden Anteil daran, dass sein reformierter Kollege KARL BARTH aus dessen Bonner Lehramt entlassen wurde.

[83] Vergl. dazu auch das Kapitel von JÜRGEN TAEGERT über den Geseeser Pfarrer FRIEDRICH BUCKEL „Ein verkannter Profet und Eiferer für den Frieden" im neuen „HEIMATBUCH GESEES" 2021.

und Christentum herstellen zu können, um auf diesem Wege die Massen, die zu der Zeit den völkischen Verbänden zustrebten, in einer Art „Volksmission“ zu erreichen.

Anderen ging es umgekehrt darum, den Einfluss der Nationalsozialisten bei den Kirchen zu verstärken. Sie hatten schon die kommenden **Kirchenwahlen** der Jahre 1932 und 1933 im Auge. Diesen Wahlakten maßen sie große Bedeutung bei. Mit ihnen könne der Nationalsozialismus im kommenden „Dritten Reich“ seinen Durchbruch erzielen. Die Wahlen wären der geeignete Pfad, um das Trojanische Pferd des nationalsozialistisch ausgerichteten Christentums in die Landeskirchen einzuschleusen.

Dieses **Trojanische Pferd einer Nazi-Kirche** wurde im Jahr 1932 tatsächlich endgültig fertiggestellt. Der brandenburgische NS-Gauleiter und Antisemit Wilhelm Kube (1887-1943) nahm die Sache in die Hand. Er rief „kirchlich interessierte Nationalsozialisten“, vornehmlich NS-Gaufachberater aus ganz Deutschland, am 11. Februar 1932 in Berlin zusammen. Die Anliegen des NS-Pfarrerbundes und der bisherigen christlich-deutschen Bewegung wurden hier in einer gemeinsamen Organisation zusammengeführt.

Um aber der NSDAP den Vorwurf konfessioneller Parteinahme zu ersparen, schlug **Hitler persönlich** vor, die zunächst beabsichtigte offene Bezeichnung „Evangelische Nationalsozialisten“ in das schönfärberische **„Deutsche Christen“** [84] abzuändern. Auch wollte man verschleiern, dass es sich de facto um eine „Reichsorgani-

Unverhüllte Parteilichkeit für den Nationalsozialismus: Kirchen- und DC-Fahnen neben Hakenkreuzfahnen beim Luthertag in Berlin 1933

[84] Diesen Namen „Deutsche Christen“ hatte sich bereits im Jahr 1931 in Thüringen eine radikale rassistisch-antisemitische Gruppierung um die aus Bayern kommenden Pfarrer Siegfried Leffler und Julius Leutheuser anlässlich einer Kirchenvertreterwahl gegeben. Diese Kirchenpartei umfasste Anfang 1933 fast eine Million Mitglieder, darunter ein Drittel der Thüringer Pfarrerschaft! Sie übernahm die Führung dieser Landeskirche mit einem aus Parteigenossen bestehenden Landeskirchenrat und einem NS-Landesbischof an der Spitze.

sation der NSDAP für kirchliche Fragen", also um eine **Parteiorganisation**, handelte.[85] Also wählte man als vernebelnde Zusatzbezeichnung bewusst den Ausdruck „Glaubensbewegung". Diese Bezeichnung „Glaubensbewegung Deutsche Christen" hat es bis heute in die Geschichtsbücher und Lexika geschafft und gaukelt Unkundigen vor, dass es sich um eine kirchliche Gruppe, vergleichbar wie Lefflers und Leuthäusers Kirchenpartei in Thüringen, und nicht um eine NS-Parteiorganisation handelt. Damit wollte man seinerzeit auch solche Kirchenchristen anlocken, die sich nicht an die NSDAP binden wollten.

Wie die Thüringer, so sollten auch die anderen Landeskirchen ihre Tore bereitwillig für dieses ideologiegeladene Trojanische Pferd der Nazis öffnen. Um die Übergabe zu erleichtern, versprach man, die Glaubensgrundlagen und den Kultus der anfangs 30 evangelischen Landeskirchen nicht anzutasten. Es sollte lediglich eine starke gemeinsame Reichskirche geschaffen werden, die alle „evangelischen Christen deutscher Art" nach außen vertreten sollte.

In Wahrheit ging es um den Sieg der nationalsozialistischen Bewegung auch in der Kirche und um eine Etablierung des blasphemischen **NS-Weltbildes als Religion**. Vorsehung – Führer – Volk hieß die neue Glaubens-Trinität bei den radikalen Thüringern: Entsprechend Hitlers Sprachgebrauch wurde aus „Gott-Vater" nun die **„Vorsehung"**. Neben das Bekenntnis zu Christus trat das **Bekenntnis zu HITLER** als dem von Gott gesandten Führer des deutschen Volkes; er war der „Erlöser" aus der Knechtschaft von Judentum und Marxismus. Und die weltweite Gemeinschaft der Heiligen, die sich dem Wirken des Hl. Geistes verdankt, wich der **Volksgemeinschaft** der rasserein-arischen Deutschen; in der Neugeburt der Deutschen Nation erlebten diese rassereinen Deutschen schon jetzt ihre persönliche **Auferstehung** mit.

Damit hatte aber diese angebliche „Glaubensbewegung Deutsche Christen" das grundlegende Bekenntnis des Christentums verlassen; sie hatte sich in eine **Sekte** verwandelt. Es besteht deshalb auch überhaupt kein Anlass, sie in rückschauenden historischen Betrachtungen anders als eine „Sekte" zu bezeichnen. Wer also heute noch unkommentiert von der „Glaubensbewegung Deutsche Christen" spricht und sie nur

---

[85] Ohnehin gab HITLER weder dem kirchlichen Konfessionalismus noch überhaupt dem Kirchenchristentum in Deutschland eine längerfristige Zukunftsperspektive, obwohl er in seiner viel beachteten Rede vor dem Reichstag im März 1933 den Bestand der Kirchen noch zur Staatsaufgabe erklärt hatte. Vor seinen engsten Gefolgsleuten soll er angegeben haben, für jetzt seinen Frieden mit der Kirche zu machen. Das werde ihn aber nicht davon abhalten, „mit Stumpf und Stiel, mit allen seinen Wurzeln das Christentum aus Deutschland auszurotten. Man ist entweder Christ oder Deutscher; beides kann man nicht sein." (Zitiert nach Helmut Baier, „Die Deutschen Christen Bayerns ...", S. 13, Anm. 63).

als eine „innerkirchliche Gruppe" betrachtet, der lässt gedankenlos den heimtückischen Sprachgebrauch Hitlers und der Nazis triumphieren. In solcher Betrachtungsweise ist dann auch der folgende **Kirchenkampf** nur eine gleichsam harmlose Auseinandersetzung unter Theologen innerhalb der Kirche, oder wie Hitler auch ironisch sagte: ein „Theologengezänk", aber nicht die genuine Form des Widerstandes der Kirchen gegen die Weltanschauung des Hitlerregimes.

Ludwig Müller – ein von Hitler als Berater und zukünftiger Kirchenführer eingesetzter D.C.-Mann

Der Regierungsantritt Hitlers im Jahr 1933 und sein anfänglicher „Feldzug des Vertrauens" gegenüber den Kirchen bescherten den Kirchen unverhoffte Aufmerksamkeit und Zulauf. Am Ende dieses ereignisreichen Jahres **gehörten 95 % der deutschen Bevölkerung der evangelischen oder katholischen Kirche an.** Es war ein seither fast nie mehr erreichter **Höchststand**, der auch bis in die Kirchenkampfzeit hinein anhielt. Das heißt: In Deutschland waren 41 Millionen ProtestantInnen und 21 Millionen KatholikInnen in irgendeiner Weise durch christliche Werte beeinflusst. Sie waren aber auch bereit, bei Hitlers Projekt der „Volksgemeinschaft" auf ihre Weise mitzumachen.

Die **Katholiken** erstrebten und erhielten mit ihrem Konkordat einen scheinbar umfriedeten Bereich innerhalb der Naziherrschaft. Doch dieser Friede täuschte. Die Nazi-Herrschaft bezeichnete sich ja von Anfang an ungeniert und öffentlich als bewusste Diktatur, und sie praktizierte diese Tyrannei auch offen. Die Illusion der Gläubigen war, dass sich das Unrechtshandeln dieser Diktatur nur auf solche Menschen beschränken würde, welche die „roten Linien" der neuen Gesetze überschritten. Es dauerte aber nicht lange, bis die Katholiken die grenzenlose Willkür dieser Machthaberclique vielfach am eigenen Leibe erleiden mussten. Es war eine neue **Märtyrerzeit** für die Kirche angebrochen.

Innerhalb der **evangelischen** Kirchen gab es keinen einheitlichen Umgang mit dem Nationalsozialismus und seiner Ideologie. Neben hohen Erwartungen standen auch krasse Befürchtungen. Manche warnten: Werden wir das nicht alles einmal auf Heller und Pfennig bezahlen müssen?

So zeichnete sich bald in beiden Kirchen eine Vielfalt an Reaktionen ab: Kollaboration, aber auch Resistenz; Anpassung, aber auch offener Widerstand.

Die protestantischen Kirchen neigten stärker zum **Mitmachen.** Ihre Erfahrungen mit dem „landesherrlichen Kirchenregiment" der Vergangenheit stimmten sie überwiegend positiv. Und sie erwarteten nun, dass sie auch den NS-Staat und die Partei

Mit SA und Hitlergruß: Reichsbischof LUDWIG MÜLLER bei der Nationalsynode in Wittenberg 27. Sept. 1933

christlich „durchtränken" könnten. So war für viele der bestehenden 30 evangelischen Landeskirchen [86] auch der Gedanke einer gemeinsamen Reichskirche kein Schreckgespenst, solange die geschichtlich gewachsenen kirchlichen Bekenntnisse unangetastet blieben.

Andere, die dem braunen Gedankengut näherstanden, erwarteten umgekehrt, mit dem Nationalsozialismus den christlichen Glauben durchtränken und eine Revision und radikale Neugestaltung des christlichen Lebens vornehmen zu können. Immer wieder erhoben diese Befürworter Hitlers den Vorwurf an die Kirche, dass die steife Predigt der Pfarrer zu wenig am gegenwärtigen Erleben der Menschen orientiert sei.

Dabei vertraten die meisten „Deutschen Christen" (D.C.) die Meinung, dass der kirchliche Pluralismus der Protestanten, obwohl er geschichtlich gewachsen war, ein

---

[86] Die Zahl der Landeskirchen in der Deutschen Evangelischen Kirche des Dritten Reichs wird unterschiedlich angegeben. Bei der Gründung der DEK im Juli 1933 als Nachfolgeorganisation des Deutschen Evangelischen Kirchenbundes von 1922 war die Zahl der beteiligten Landeskirchen 30. Ihr Zuschnitt stammte noch aus der Zeit des Kaiserreiches bzw. des Absolutismus. Zu diesem frühen Zeitpunkt 1933 hatte die Sekte der Deutschen Christen bereits die Kirchenleitungen der meisten Landeskirchen inne. Diese Kirchen galten deshalb im kirchlichen Sprachgebrauch als „zerstört". Durch Fusionierungen sank die Zahl der Landeskirchen bis Ende 1934 auf 23.

Als „intakte Kirchen" innerhalb der DEK galten im Kirchenkampf nur die fünf Landeskirchen, bei denen das NS-Reichs- bzw. preußische Kulturministerium keine dauerhaften Änderungen in der Kirchenleitung verfügen konnte: die Evangelische Landeskirche in Württemberg, die Evang.-Luth. Kirche in Bayern rechts des Rheins, die beiden Landeskirchen in Hannover (die Evang.-Luth. Landeskirche Hannovers und die Evangelisch-reformierte Landeskirche der Provinz Hannover), sowie die altpreußische Kirchenprovinz Westfalen. Alle anderen Landeskirchen der Deutschen Evangelischen Kirche galten in diesem Sinn als „zerstört".

Anachronismus sei. Für ein modernes zentralistisches System unter der Losung „Ein Volk – ein Reich – ein Führer" sei eine Vielfalt im Glauben Gift. Erst die Gleichschaltung auch der Kirche könne „die unerhörte Kraftsteigerung hervorbringen, deren die Nation zur Erreichung ihrer Ziele bedarf," wie die D.C. erklärten.

Diese Parteigruppierung D.C. sollte zum alleinigen Träger der geplanten zukünftigen **„Reichskirche"** werden. Die Ideologie der nationalsozialistisch ausgerichteten, sich christlich gebende Sekte der D.C. sollte die gemeinsame Basis der Kirche werden. In dieser führertreuen Reichskirche sollten sich alle bestehenden 30 evangelischen Landeskirchen gleichgeschalten lassen.

HITLER nahm an diesem Prozess persönlich Anteil. Da der Diktator als Katholik wenig Ahnung vom protestantischen Denken hatte, präsentierte er als seinen Berater und zukünftigen Mann an der Spitze der Kirche einen persönlichen Vertrauten, den ostpreußischen Wehrkreispfarrer LUDWIG MÜLLER; landsmannschaftlich stammte er aus Westfalen.

Kirchenführer von Hitlers Gnaden: Der evangelische Reichsbischof LUDWIG MÜLLER (rechts) mit HITLER beim Reichsparteitag 1934 in Nürnberg (in der Bildmitte der von seiner Kirche suspendierte röm.-kath. Abt ALBANUS SCHACHLEITER)

MÜLLER war wohl der einzige evangelische Pfarrer, den HITLER bis dahin jemals näher kennengelernt hatte: MÜLLER hatte ihm bei einer Propagandareise im Jahr 1927 in KÖNIGSBERG ein Quartier gewährt. Damals hatte der kommende Diktator bei MÜLLER einen so bleibenden Eindruck hinterlassen, dass er sein ganzes weiteres Leben davon bestimmen ließ. Bereits seit dem Jahr 1931 war er ein begeistertes Mitglied der NSDAP. In Ostpreußen agierte er seitdem als Mitgründer und Landesleiter der Deutschen Christen.

MÜLLER war ein devoter eleganter Mann und kernig-schlichter Prediger, er galt als gemäßigter D.C.-Mann ohne besonderen geistlich-theologischen Tiefgang. Als im Mai 1933 drei Beauftragte aus den Zusammenschlüssen der protestantischen Kirchen im Kloster LOCCUM zum Dreiergespräch über die neue Kirchenverfassung zusammenkamen, stellte MÜLLER sich selbst als der geeignetste Kandidat für das Amt des Reichsbischofs vor. Doch hatte die Mehrzahl der evangelischen Kirchenführer schon einen anderen Kandidaten für die Wahl des zukünftigen Reichsbischofs ins Auge gefasst: den beliebten und untadeligen Leiter der Bodelschwinghschen Anstalten

FRIEDRICH V. BODELSCHWINGH d. J. (1877-1946).[87] Ihn machten sie zu ihrem offiziellen Favoriten für die Wahl des zukünftigen Reichsbischofs, ein Affront für Hitlers Kandidaten.

EIN VON BISCHOF HANS MEISER PERSÖNLICH VEREITELTES WUNDER:

Reichsbischofskandidat Friedrich v. Bodelschwingh d. J.

Verraten: Der designierte evang. Reichsbischof FRIEDR. V. BODELSCHWINGH

Die Wahl Bodelschwinghs zum zukünftigen Reichsbischofs hätte eine Sternstunde der Deutschen Evang. Kirche werden können, ein verheißungsvolles Wunder in der vom Nationalsozialismus kontaminierten Zeit, wenn sich die Kirche dabei einig gewesen wäre. Doch nicht nur die scharfe Gegnerschaft der Parteigruppierung „Deutschen Christen" gegen BODELSCHWINGH vereitelte letztlich diese Wahl. Sondern auch andere nationalkonservativ-kirchliche Kräfte waren an Bodelschwinghs Verhinderung beteiligt. Unter ihnen war merkwürdigerweise HANS MEISER federführend.

MEISER war gerade erst, am 4. MAI 1933, zum Bayerischen Landesbischof gewählt worden. Am 11. Juni dieses Jahres sollte er in sein Amt eingeführt werden.[88] Dieses frisch inthronisierte und mit viel Macht und Prestige ausgestattete Bayerische Kirchenoberhaupt verweigerte BODELSCHWINGH sowohl bei der Kandidatenwahl im Mai 1933 in EISENACH, als dann auch bei der eigentlichen Wahl durch die neu gegründete Nationalsynode in WITTENBERG im September 1933 die Stimme!

---

[87] Sein Vater FRIEDRICH V. BODELSCHWINGH der Ältere (1831-1910) hatte im Jahr 1872 die Leitung der fünf Jahre zuvor gegründeten „Evangelischen Heil- und Pflegeanstalt für Epileptische" bei Bielefeld übernommen. Er benannte sie 1874 um in „Bethel" (hebräisch: Haus Gottes) und machte sie zum Herzstück einer bis heute bestehenden, bedeutenden Einrichtung der Inneren Mission. Der gleichnamige Sohn hatte die Leitung seit 1910 inne.

[88] Auch die bayerische Kirchenleitung hatte im April 1933 den neuen nationalsozialistischen Staat als einen Staat willkommen geheißen, *„der wieder anfängt, nach Gottes Gebot zu regieren"*. Damals versicherte sie ihn *„nicht nur des Beifalls, sondern auch der freudigen und tätigen Mitarbeit der Kirche"*.

Die Gründe für diese Ablehnung Bodelschwinghs sind bis heute ungeklärt. Angeblich fühlte sich die Bayerische Landeskirche vom Wahlvorschlag überrumpelt.

Man darf aber annehmen, dass in Wahrheit MEISER sich an das Kooperationsversprechen der Kirchenleitung gegenüber HITLER zu jeder Zeit gebunden gefühlt und dass er in seiner Verbundenheit für den Nationalsozialismus anfangs auch kein Problem gesehen hat. MEISER gehörte ja zu denen, die den Kommunismus für die eigentliche Gefahr hielten und die von Hitler Abhilfe erwarteten. Hier wirkte Meisers persönliches Trauma von 1919 nach; da hatten ihn radikale Anhänger des kommunistischen Rätesystems festgesetzt und mit dem Tode bedroht.[89]

Auch betrachtete MEISER den Nationalsozialismus anfangs als eine religiös interessierte Partei, mit deren Unterstützung sich die entkirchlichten Kreise des Volkes für die Kirche wiedergewinnen ließen. Zudem hatte ihn ja die Synode bewusst an Stelle seines kritischer eingestellten Vorgängers FRIEDRICH VEIT gewählt, weil sie von ihm mehr Aufgeschlossenheit gegenüber den Nationalsozialisten erwartete. Die Synode hegte dieselbe anfängliche Fehleinschätzung gegenüber der braunen Ideologie, wie MEISER.

MEISER hat seine Haltung in der Reichsbischofsfrage zwar noch vor Kriegsende als einen seiner größten kirchenpolitischen „Missgriffe" eingestanden; das befreit ihn aber nicht von dem schwerwiegenden Vorwurf, damit selbst zum Steigbügelhalter für die Nazisekte der Deutschen Christen in Deutschland geworden zu sein, auch wenn er den D.C. dann in der eigenen Bayerischen Landeskirche vehement die Machtübernahme verweigerte.

So hat MEISER bei der Frage nach dem zukünftigen Reichsbischof wohl zu taktieren versucht. Das kann man auch sonst des Öfteren bei ihm beobachten. Er wollte sich anscheinend bei HITLER in ein günstiges Licht setzen, um so Vorteile für seine Kirche herauszuholen.

Dass diese Erwartung von Vergünstigungen auf Kosten von anderen nachdenklicheren Kirchenleuten geschah und der ganzen Sache der Kirche außerordentlichen Schaden zufügte, berührte MEISER zu diesem Zeitpunkt und auch später wenig.[90] Durch ihr prononciert vorgetragenes lutherisches Bekenntnis hatten die bayerischen Protestanten ja stets das Gefühl, gegenüber den anderen Landeskirchen, insbeson-

---

[89] Vergl. dazu auch das Eingangskapitel „Was alles hätte passieren können ...".

[90] Auch bei der Umsetzung des „BARMER BEKENNTNISSES" im Kirchenkampf ein Jahr später fiel MEISER, wie weiter unten zu zeigen sein wird, den gegenüber HITLER kritischer eingestellt Kirchenleuten in den Rücken. MEISER war es, der auf diese Weise die Bekennende Kirche spaltete und nachhaltig schwächte.

dere, wenn sie calvinisch geprägt oder uniert waren, durch ihr lutherisches Bekenntnis eine gewisse Überlegenheit zu besitzen, die solche Alleingänge rechtfertigte.

Die D.C. wurden dann auch umgehend in der Bayerischen Landeskirche aktiv. Das musste dann auch die Kirchengemeinde WEIDENBERG erleben. Denn hierhin entsandte der gedankenlose Landeskirchenrat noch im selben Jahr 1933 den in Augsburg aus anderen nichtigen Gründen auffällig gewordenen Pfarrer THEODOR HOFFMANN, die Hauptperson des folgenden Kapitels in diesem Projektband von „MYRTEN FÜR DORNEN". Dieser entwickelte sich rasch aus persönlichen Rachegelüsten vom unpolitischen, lebensreformerisch und pietistisch geprägten Arbeiterpfarrer zum umtriebigen D.C.-Mann und kämpferischen Nationalsozialisten.[91]

BODELSCHWINGH konnte zwar trotzdem in EISENACH die meisten Stimmen der übrigen Landeskirchen hinter sich vereinigen, er war **„der Reichsbischof der Herzen"**, zog aber dann, als er den Widerstand von solchen kirchlichen Schwergewichten wie der Bayerischen Landeskirche spürte, resigniert seine Kandidatur zurück. So verlief entsetzlicherweise die Wahl von Hitlers D.C.-Kandidaten LUDWIG MÜLLER zum Reichsbischof schließlich einstimmig! Die Nazis hatten ein wesentliches Etappenziel bei der Gleichschaltung von Kirche und Staat erreicht.

Mit den Kirchenwahlen vom 23. Juli 1933 erreichen die Nationalsozialisten ihren Einzug in die Kirchenvorstände

Der Verlauf der Auseinandersetzungen um die Kirchenwahlen im Sommer 1933 zeigte dann, wie brüchig das geistliche Fundament der Kirche gegenüber der selbstbewussten Weltanschauung der Nationalsozialisten war. Ohne jede rechtliche Grundlage hatte HITLER die alten Rechte eines „Summus Episcopus" aus der Zeit des Absolutismus für sich in Anspruch genommen und diese Wahlen für den 23. Juli 1933 angeordnet. In allen jetzt noch 28 Landeskirchen waren die Presbyter bzw. Kirchenvorstände zu wählen und damit die bewährten demokratischen „Parlamente" der einzelnen Kirchengemeinden neu zu besetzen. Diese Basisgremien hatten wiederum die Vertreter zu den Kreissynoden zu küren und diese die Vertreter für die Provinz- bzw. Landessynoden.

Die Durchführung dieser Wahlen war in der eben fertiggestellten Verfassung für die Reichskirche verankert. Die Nazis gedachten, auf diese Weise legal die Auslieferung der Landeskirchen an den Nationalsozialismus bewerkstelligen zu können, ge-

[91] Vergl. dazu das folgende Kapitel in dieser Folge des Projektes »MYRTEN FÜR DORNEN«: „Das Trojanische Pferd der Nazis – Pfarrer Theodor Hoffmann und die Deutschen Christen".

Parteiwerbung durch SA und HJ für die Deutschen Christen:
Kirchenwahl Juli 1933 in Berlin

nauso wie sie vorher schon die parlamentarische Demokratie mit ihren eigenen Mitteln ausgehebelt und umfunktioniert hatten.

Um den Erfolg sicherzustellen, ordneten sie einen vierwöchigen Wahlkampf an, der einseitig im Stil großer NS-Propagandaaktionen geführt wurde. Diese Wahlvorbereitung wurde unter Einschaltung der Gau- und Ortsgruppenleiter und ihres trojanischen Pferdes, der D.C., mit aller Energie geführt. Allen Akteuren wurde der Wunsch des Führers eingeschärft, dass die Deutschen Christen „die Reaktion aus ihrer letzten Stellung herausdrängen“ sollte. Alle Ortsgruppenleiter mussten öffentliche Umzüge der D.C. unter geschlossener Mitwirkung der NSDAP organisieren.

Dagegen hatte die Kirche nur sechs Tage Zeit zur Wahlwerbung. Aus angeblicher Sorge vor Protesten hatte der damalige Chef der politischen Polizei in Bayern, Reinhard Heydrich, alle Versammlungen von Nicht-D.C.-Gruppen in gedeckten Räumen und im Freien ausdrücklich verboten.

Die gleichgeschaltete Presse und die Rundfunksender mussten für das Programm der D.C. werben. Alle kirchliche Sozialarbeit wurde den D.C. unterstellt. Die Vereinigung der Reichskirche sollte als Verdienst von Ludwig Müller gepriesen werden. Sie sollte *„dem deutschen Volk den unentwegten Glauben an die Mithilfe Gottes am großen Aufbauwerk des genialen Führers Adolf Hitler geben.“*[92] Die Einwohner sollten ihre Fenster illuminieren und Fahnen heraushängen. Nach volksfestartigen Feiern und hochemotionalen Ansprachen erklang überall das Horst-Wessel-Lied.

Viele Gemeindeglieder und Pfarrer waren so hingerissen, dass vielerorts, so besonders in Nürnberg, aber auch im übrigen Franken, starke D.C.-Bastionen neu entstanden. Andere Hochburgen hatten sich längst vorher an Brennpunkten des National-

[92] Nürnberger Zeitung vom 17.7.1933.

sozialismus gebildet, so auch in GUNZENHAUSEN. Hier entzündete sich dann am Palmsonntag 1934 der reichsweit erste mörderischen **Judenpogrom**. Auch das dortige Diakonissen-Mutterhaus des pietistischen Gemeinschaftsverbandes auf der HENSOLTSHÖHE wurde zur D.C.-Hochburg. Es entsandte seine nunmehr „braunen" Schwestern ungeniert in Gemeinden, so auch nahtlos nach WEIDENBERG.[93]

Trotz offizieller Stillhalteabkommen griffen Nazi-Gauleiter auch in das örtliche Wahlgeschehen ein. Sie wiesen die Ortsgruppenleiter an, selbst die Vorschlagslisten für die örtlichen Kirchenvorstandswahlen auszuarbeiten und dafür Sorge zu tragen, dass mindestens zwei Drittel (!) der Kandidaten Nationalsozialisten waren. Eine Verstärkung ihrer Position erhofften sich die Nazis, indem der Vorsitzende der Politischen Zentralkommission der NSDAP, RUDOLF HEß, der „Stellvertreter des Führers", allen evangelischen Parteimitgliedern per Anordnung zur Pflicht machte, sich an der Wahl zu beteiligen. Immerhin blieb es den Kirchengemeinden in der Regel erlaubt, solche Nationalsozialisten aufzustellen, die sich kirchlich bewährt hatten.

HITLER selbst mischte sich massiv persönlich ein und gab damit zu erkennen, wie wichtig ihm diese Wahl war. Er gab seine bislang zur Schau getragene Neutralität kurz vor der Wahl auf und bekannte sich öffentlich zu den D.C. In Zeitungen sprach er ihnen sein Vertrauen aus. Sie seien eine geschichtswirksame Kraft bei der *„religiösen Gestaltung des Lebens unseres Volkes"*.

Nur seinen Paladinen gegenüber verriet HITLER seine wahren Ziele: Er brauche die Deutschen Christen nur als Stoßtrupp, um die Konfessionen von innen her zu zerstören; sie sollten die kirchliche Autorität beseitigen und die christliche Botschaft zu einem „blassen unverbindlichen Phrasenwesen machen." Wie immer weiß man bei HITLER auch hier nicht, ob er mit dieser Blasphemie die innerparteilichen Kirchenhasser ruhigstellen oder seine tatsächliche Meinung kundtun wollte.
Außerdem bestellte HITLER, der wie gewohnt gerade bei den Bayreuther Wagnerfestspielen weilte, die drei „unzuverlässigsten" Kirchenführer aus HANNOVER, OLDENBURG und MÜNCHEN zu sich. Eindringlich warnte er sie vor jeglicher Opposition.

Und schließlich der unüberhörbare Höhepunkt der Einmischung: In der Nacht vor der Wahl verliest HITLER einen persönlichen Aufruf und lässt ihn über alle deutschen

---

[93] In dieser Zeit wirkten in Weidenberg: von 1931-38 Sr. MARGARETE ZAGEL, von 1938-42 Sr. BABETTE HIRSCHMANN, von 1942-45 Sr. MARGARETE KLEIN. – Vergl. in dieser Folge von »MYRTEN FÜR DORNEN« im Kapitel: *„Zwischen den Zeilen zu lesen - Die geheime Bekenntnisgemeinde Weidenberg"* den Abschnitt: *„Wie Pfarrer Redenbacher eine braune Missionierung Weidenbergs vereiteln kann"*, S. 311.

Rundfunksender verbreiten.[94] Unmissverständlich und mit drohendem Unterton fordert er zur Wahl der Kandidaten der D.C. auf. Die D.C. trügen die Nationale Erhebung mit und unterstützten seine Volks- und Staatspolitik; ihnen stünde mit Recht der Schutz des Staates zu.

Überraschend offen beschreibt HITLER in dieser Ansprache auch, dass es nicht nur vereinzelt deutlichen kirchlichen Widerstand gibt gegen seine Kirchenpolitik. Er gibt zu, dass *„wie in der römischen Kirche zahlreiche [evangelische] Pastoren und Superintendenten in schärfster, ja oft fanatischer Weise gegen die nationale Erhebung ... Stellung genommen haben."*

Die Rechnung der Nationalsozialisten geht weitgehend auf. Sie verbuchen bei der Kirchenwahl einen eindeutigen Erfolg und erringen reichsweit mit 70% den Löwenanteil der Stimmen. Sie bestimmen nun in den meisten Landeskirchen das Geschehen. Um die Kirchen, wie schon den Staat vorher, sturmreif zu machen, hatten sie alle Mittel außer bloße Gewalt aufgeboten.

Doch diesmal würde die Machtergreifung nicht so ungehindert möglich sein. HITLER hatte ja selbst wahrgenommen und bestätigt, dass es innerhalb der Kirchen deutlichen Widerstand gab. Diese Renitenz kam auffallenderweise vor allem aus den vermeintlich „zerstörten" Landeskirchen. Sie führte über die Gründung des „Pfarrernotbundes" direkt zur „Bekennenden Kirche".

Solcher Widerstand bewegte aber zu diesem Zeitpunkt die Bayerische Landeskirche noch wenig. Praktisch widerstandslos folgte man dort zunächst den von HITLER angemahnten Forderungen und beteiligte sich wiederholt mit zustimmenden Aussagen an der „nationalen Erhebung".

Ein kleines Wunder an Klarheit festigt den kirchlichen Widerstand auch in Bayern

Es gab aber in Bayern von Anfang an zumindest einen Kampfplatz des Widerstandes, das war die Verteidigung des lutherischen Bekenntnisses gegenüber dem missionarischen Eifer der D.C.

In Bayern ist diese Kirchenwahl vom Juli 1933 relativ glimpflich verlaufen. Inwieweit die D.C. hier Erfolg hatten, war hier nicht ohne weiteres erkennbar. Das lag

[94] Dieses interessante, knapp drei Minuten dauernde Tondokument des Deutschen Rundfunkarchivs ist abhörbar z.B. unter folgendem Link: https://de.evangelischer-widerstand.de/html/view.php?id=16&type=dokument. Der Text ist nachzulesen z.B. bei HELMUT BAIER, Die Deutschen Christen Bayerns, auf S. 56.

mit daran, dass man in vielen Gemeinden Einheitslisten verwendete und dafür sorgte, dass bewährte Gemeindeglieder aufgestellt wurden, die dann auch gewählt wurden.

Diese Rechnung ging meist auf; die Gemeindeinteressen blieben im Vordergrund. In großer Zahl konnten bisherige Kirchenvorsteher ihr Amt weiterführen; die Frage, ob einer parteizugehörig war, blieb zumeist zweitrangig. Der Druck der NSDAP wirkte sich allerdings in zwei Richtungen aus: Die Kirchenvorstände verjüngten sich deutlich. Und Frauen verschwanden praktisch völlig aus den Gremien.

Die scheinbare Stabilität seiner Kirche machte Landesbischof HANS MEISER Mut. Er hatte einen eigenen Plan zum Umgang mit den „Deutschen Christen". Er wollte sie bewusst nicht „exkommunizieren" oder disziplinieren, sondern er bemühte sich, sie theologisch von der Fragwürdigkeit ihrer Einstellung zu überzeugen und damit eine Spaltung seiner Landeskirchen zu vermeiden.

So konfrontierte MEISER die D.C. bei der ersten Zusammenkunft der neu gewählten Synode im Herbst 1933[95] mit drei Festlegungen:

- Erstens schärfte er allen ein, dass die Messlatte für die Tätigkeit der D.C. das **Bekenntnis der Kirche** sei. Nachdem man in Bayern so lange um die Gewinnung und Erhaltung dieses Bekenntnisses gerungen hatte, wollte man es gegenüber den ätzenden neuen Lehren des radikalen Flügels der Deutschen Christen nicht preisgeben.

- Zweitens wandte sich MEISER **gegen jede politische Umklammerung** der Kirche durch den Staat.

- Und drittens verlangte er die **Unterstellung der D.C. unter seine Führung**. Damit verbunden war die Loslösung von den radikalen Richtungen in Thüringen und Berlin, was ihm von den bayerischen D.C.-Leuten auch zugesichert wurde.

Diese Forderung nach einem Bekenntnis der D.C. zur Landeskirche war ein geschickter Schachzug, machte den Kampf in der Praxis freilich nicht einfacher. Denn,

---

[95] Diese bedeutsame, außerordentliche Bayerische Synode tagte vom 12.-14. Sept.1933 in München, eine Woche, nachdem die jetzt D.C.-gelenkte Synode der Altpreußischen Union den Arierparagraphen dort zum Gesetz gemacht hatte.

In Berlin hatte die Entscheidung der dortigen Synode gleich anderentags, am 7. September, zur Gründung des „**Pfarrernotbundes**" geführt. Ihm hatten sich auch die bekannten Pfarrer MARTIN NIEMÖLLER und DIETRICH BONHOEFFER anschlossen. Sie hatten sogleich ein Protestschreiben an die neue Kirchenregierung verfasst. Es enthielt bereits die Aufnahmebedingungen dieses rasch konstituierten Bündnisses, das nunmehr die Basis für den künftigen Widerstand der Kirche im Dritten Reich bildete und war sehr pragmatisch formuliert: Der Arierparagraph sei Unrecht und verletze das kirchliche Bekenntnis. Alle ordinierten Pfarrer, auch judenchristliche, hätten weiterhin das Recht zu freier Wortverkündigung und Sakramentsverwaltung. Das Gesetz sei sofort aufzuheben. Die Mitglieder des Notbundes müssten versprechen, allen vom Gesetz oder anderen Gewaltmaßnahmen Betroffenen in der Kirche zu helfen.

wie dann auch das provozierende Verhalten des D.C.-Pfarrers THEODOR HOFFMANN in WEIDENBERG im folgenden Kapitel dieser 4. Folge von „MYRTEN FÜR DORNEN“ zeigt, bestimmten oft auch persönliche Motive des Einzelnen jenseits von Glauben und Kirchenpolitik den aggressiven Kurs dieser Sekte. Meisers klare Haltung gab aber der Sache nun Rahmen und Ziel.

Über diese eindeutige Positionierung gegenüber den D.C. wurden in den folgenden Jahren zwar leider die meisten anderen neu entstehenden Kampfplätze und Herausforderungen von der Kirche mehr oder minder ignoriert, wie Rassenhygiene, Euthanasie, Judenverfolgung, Kriegsvorbereitung, die Zukunft des Christentums in einem immer totalitäreren System usw. Aber in der Klarheit des Bischofs in dieser Situation zeigten sich doch Konturen eines **Wunders**, das auch in anderen Beteiligten Kräfte freisetzte und letztlich zur Kräftigung der Gesamtkirche führte.

Entsprechend positiv war das Echo bei den Gemeindegliedern. Nie mehr, außer nach dem Stalingrad-Desaster der Deutschen Armee, waren die Kirchenaustrittszahlen auch in Bayern so niedrig, wie in dieser Phase zwischen Hitlers Machtergreifung und dem Höhepunkt des Kirchenkampfes 1937 (vergl. die folgende statistische Grafik).

GRAFIK DER KIRCHENAUSTRITTE ZWISCHEN 1900 UND 2010:
(Die senkrechte Achse bezeichnet die Prozentzahl der Austritte im jeweiligen Jahr).

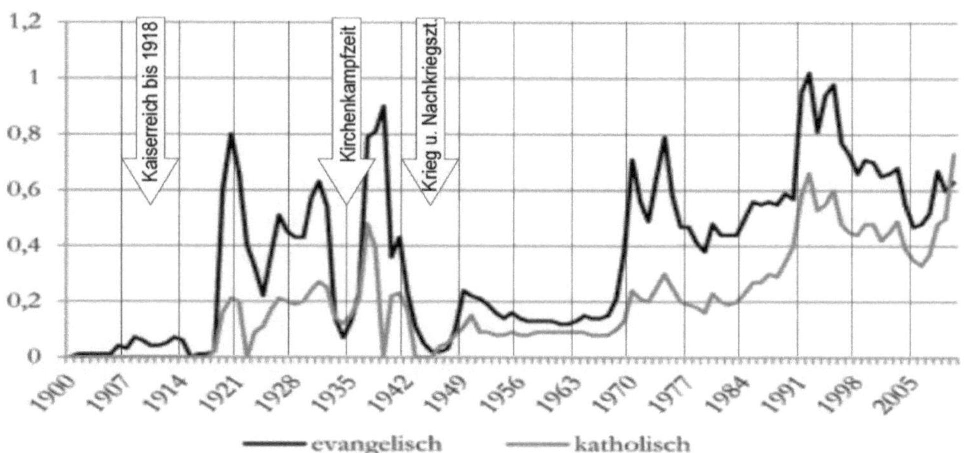

Zeiten auffallend geringer Kirchenaustritte (Pfeile): 1) Kaiserzeit bis 1918; 2) NS-Machtergreifung und Kirchenkampf 1933-1937; 3) Krieg (insbesondere nach Stalingrad) und frühe Nachkriegszeit (Tabelle nach der Internetseite des Pfarrerverbandes)

Auffallend sind die starken Anstiege der Austrittszahlen zur Zeit der Inflation und der Weltwirtschaftskrise in der Weimarer Republik, sowie im weiteren Verlauf des Kirchenkampfes nach 1935 bis Kriegsbeginn, und in der Bundesrepublik seit der 68-

er Revolte. Demgegenüber erleben die Kirchen in der Kirchenkampfzeit und im Verlauf des II. Weltkrieges und der ersten Nachkriegszeit eine hohe Stabilität und viel Zuspruch.

Die Gemeinden waren vorerst froh, dass sie ihre geistliche Arbeit einigermaßen ungestört weitertun konnten. Auch wenn die Mitglieder in den Kirchenvorständen in ihrer Mehrzahl jetzt der NSDAP angehörten, so ließen sie sich doch nicht so ohne weiteres vor den Karren der Parteiarbeit spannen.

Leider war der Widerstand der Bayern gegen die Zumutungen der D.C.-Ideologie nicht einheitlich. Insbesondere die Erlanger theologische Fakultät mit PAUL ALTHAUS und WERNER ELERT fiel immer wieder durch ihre Anbiederung an den Nationalsozialismus auf, so bereits bei der Einführung des „Arierparagraphen".[96]

Der „Arierparagraph" markiert die Trennungslinie

Dieses von acht Landeskirchen beschlossene Gesetz interpretierte die erklärte Bereitschaft der DEK, die „deutsche Art zu wahren", so, dass alle Geistlichen, die ihre arische Abstammung nicht nachweisen konnten, aus dem Dienst zu entfernen seien. Während z.B. andere Universitäten wie MARBURG mit RUDOLF BULTMANN empört ein solches Gesetz mit dem christlichen Glauben für unvereinbar erklärten, empfahlen die Erlanger den Vollzug. Im Ganzen wurden im Bereich der DEK etwa 100 Pfarrer in den Ruhestand geschickt. Die Bayerische Kirchenleitung widersetzte sich.

Ein aufsehenerregendes Großereignis stärkte der Bayerischen Landeskirche den Rücken. Die D.C. nutzten unter dem Motto, „den Kampfgeist der Bewegung" wieder zu entzünden, Luthers 450. Geburtstag und starteten am 13. November 1933 im Berliner Sportpalast einen ideologiegetränkten Großangriff auf die Grundfesten der christlichen Kirchen. Vor den 20.000 erschienenen D.C.-Würdenträgern forderte der Vorredner, Gauobmann Dr. REINHOLD KRAUSE, nicht weniger als die Gründung einer *„gewaltigen, neuen, alles umfassenden, deutschen Volkskirche"*, die alle Bekenntnisse und bisherigen Grundlagen über Bord werfen sollte. So stellte KRAUSE das Alte Testament mit seinen *„Viehhändler und Zuhältergeschichten"* grundsätzlich infrage und forderte, die *„Minderwertigkeitstheologie des Rabbiners Paulus"* aus dem Neuen Testament zu tilgen.

---

[96] Bereits am 7. April 1933 hatten die nationalsozialistischen Machthaber das „Gesetz zur Wiederherstellung des Berufsbeamtentums" erlassen. Es ordnete an, Beamte „nichtarischer Abstammung" zu entlassen oder in den vorzeitigen Ruhestand zu versetzen. Die Deutschen Christen hatten eine entsprechende Regelung auch für Pfarrer und Kirchenbeamte gefordert. Die Professoren ALTHAUS und ELERT hatten sich am 25.9.1933 in einem gewundenen Gutachten im Wesentlichen diesem Ausschluss „von Judenchristen von den Ämtern" angeschlossen.

Der Rundfunk übertrug diese Hetzrede. Sie wurde für die D.C. zum Desaster. Im ganzen Reich erlebte diese nationalsozialistische Kirchenpartei in den folgenden Wochen eine Austrittswelle von empörten Mitgliedern.

Der „Sportpalastskandal" läutet den Kirchenkampf ein: Großkundgebung der Deutschen Christen im November 1933 in Berlin (Foto: Archiv Preuß. Kulturbesitz)

In MÜNCHEN forderte gleich anderentags Landesbischof MEISER bei einer Lutherfeier alle lutherisch Gesinnten in der DEK zu einem flammenden Protest auf. Der Bayerische Ministerpräsident LUDWIG SIEBERT war anwesend. Meisers Aufruf verbreitete sich in Windeseile und erregte viel Echo.

Der Pfarrerverein reagierte umgehend. Er regte an, dass alle bayerischen Pfarrer freiwillig und schriftlich ihre „Gehorsamsverpflichtung" gegenüber dem „rechtmäßig berufenen Landesbischof" erklärten. Diese Selbstverpflichtung wurde von den allermeisten Geistlichen auch tatsächlich abgegeben.

Vielerorts wurden Kundgebungen abgehalten. Dabei erklärten überraschenderweise auch die bayerischen D.C. ostentativ ihre Bekenntnistreue und ihren Gehorsam gegenüber dem Bischof und betonten, dass das Evangelium weder rassisch noch politisch verwässert werden dürfe.

Der Friedenskurs des Landesbischofs, der Versöhnung suchte und das Bekenntnis in die Mitte rückte, war also auf fruchtbaren Boden gefallen. Das hatte für die D.C.-Bewegung nachhaltige Folgen. Nachdem die Reichsleitung der „Glaubensbewegung" in der darauffolgenden Woche auf ihrer Herbsttagung in WEIMAR nicht von ihrer Forderung lassen wollte, dass sich alle dem D.C.-Reichsleiter zu unterstellen hätten, löste die bayerische Delegation, die sich ja bereitwillig dem Bayerischen Landesbischof unterstellt hatte, ihren Gewissenskonflikt, indem sie sich von der reichsweiten D.C.-Arbeit verabschiedete. Sie erwog sogar die eigene Selbstauflösung und beschloss sie offiziell auch.

Seitdem zerfiel die „Glaubensbewegung Deutsche Christen“ zusehends. Die Fronten waren jetzt klar. Den Mitgliedern waren die Augen aufgegangen. Die radikalen Thüringer machten sich unter der Bezeichnung „KIRCHENBEWEGUNG DEUTSCHE CHRISTEN“ K.D.C. selbstständig. Allenthalben zogen sich Professoren, Geistliche und Gemeindeglieder von den D.C. zurück; viele Pfarrer schlossen sich dem Pfarrernotbund[97] an. Sogar Reichsbischof MÜLLER zog unter dem Druck, den die Bischöfe der „intakt“ gebliebenen Kirchen nun gegen ihn ausübten, seine Schirmherrschaft über die radikalen Richtungen der D.C. zurück.

Allerdings nahm MÜLLER gleich ein anderes „Schurkenstück“ in Angriff. Um seine eigene Position bei HITLER zu stärken, machte er endlich seinen länger gehegten Plan zur Gleichschaltung der kirchlichen Jugend wahr: Er präsentierte die evangelischen Jugendverbände, die sich im Juli 1933 zu einem „Evangelischen Jugendwerk Deutschlands“ zusammengeschlossen hatten, „dem Führer als Weihnachtsgeschenk“.

„Schuld“ war ihr etwas naiver Vertrauensvorschuss, mit dem sie dem Reichsbischof die oberste Führungsgewalt über ihre Vereinigung übertragen hatten. Bis dahin waren die konfessionellen Jugendverbände die einzigen Jugendzusammenschlüsse, die noch nicht gleichgeschaltet oder aufgelöst worden waren. MÜLLER hatte diese unverhoffte Position genutzt, um hinterrücks mit dem Reichsjugendführer die Eingliederung in die Hitlerjugend perfekt zu machen. Sie schlossen darüber am 19. Dezember 1933 einen Vertrag.

Mit den bündischen und konfessionellen Jugendverbänden gewann „Reichsjugendführer“ V. SCHIRACH ein enormes Potential an tüchtigen Jugendleitern, welche ihr gesamtes bewährtes Know-how in die bislang völlig unattraktive HJ-Arbeit einbrachten. Die HJ übernahm nun alles, was bei der Jugend in der Vergangenheit Begeisterung ausgelöst hatte, Fahrt, Lager, Geländespiel, Musik ... Das Echo bei den Jugendlichen, die nun HJ und BdM durchliefen, war entsprechend ihr Leben lang positiv.[98] Der scharfe Protest der Bischöfe verhallte ungehört.

HITLER selbst distanzierte sich in dieser Phase enttäuscht vom Kapitel möglicher Kooperation mit der Evangelischen Kirche. Für seine Verhältnisse hatte er sich für die Interessen der Kirchen sehr weit aus dem Fenster gelehnt. Dadurch hatte er sich auch bei den Kirchengegnern in der Parteiführung angreifbar gemacht. Nun ließ er einen der schon oben genannten lauernden Bluthunde los. Er ernannte ostentativ seinen Reichsleiter ALFRED ROSENBERG, der zur Front der Kirchenfeinde zählte, zum

---

[97] S.o. Anmerkung 94.

[98] Vergl. die Zeitzeugenberichte *„BdM-Mädchen Marianne“* und *„Hitlerjunge Hans“* in der 6. Folge des Projektes „MYRTEN FÜR DORNEN – Untergehen und Aufstehen“, S. 22 bzw. 53.

„Beauftragten des Führers für die Überwachung der gesamten geistigen und weltanschaulichen Schulung und Erziehung der NSDAP“. Die Nazis wollten die umfassende Erziehung des Volkes in ihrem Sinne nun endgültig in die eigenen Hände nehmen.

Aber damit gaben die D.C. ihren Kampf um die Vorherrschaft in der Kirche in Deutschland und auch in Bayern noch nicht verloren. Sie verlagerten den Kampf in die Gemeinden.

Und auch der Reichsbischof meinte zunächst, HITLER noch hinter sich zu haben, und trat entsprechend selbstherrlich auf.

Wie Hitler persönlich die Bischöfe über den Tisch zog

Der Pfarrernotbund [99] wurde aber stärker. Und trotz des eindeutigen Wahlerfolges, welchen die von HITLER unterstützte Kirchenpartei D.C. 1933 errungen hatten, zeigten auch die Bischöfe der „intakten Kirchen“ wachsenden Widerstandsgeist.

Dieses kirchliche Aufbegehren kränkte HITLER in hohem Maße. Er sann auf eine Gelegenheit zur Rache. Er wollte es den geistlichen Herren heimzahlen und sie düpieren. Einer seiner bisherigen Unter-

Dekorierter U-Boot-Kapitän 1917 und junger Pfarrer in Westfalen, seit 1931 in Berlin-Dahlem: MARTIN NIEMÖLLER (1892-1984)

[99] Dieser **Pfarrernotbund** unter Niemöllers Leitung (vergl. auch die Anmerkung dazu weiter oben) war die Vorstufe der **Bekennenden Kirche**. Er umfasste Anfang 1934 bereits 34% der gesamten deutschen Pfarrerschaft und versuchte besonders in den „zerstörten“ Landeskirchen zu wirken. Mit seiner Hilfe trachtete NIEMÖLLER danach, eine Gegenkirche gegen die D.C. aufzubauen. Sie wurde mit dem hohen Anspruch versehen, die allein rechtmäßige protestantische Kirche zu sein.

stützer, der Dahlemer Pfarrer MARTIN NIEMÖLLER[100] gab ihm dazu ungewollt Gelegenheit.

Äußerer Anlass war ein Gesprächstermin am 25. Januar 1934 bei HITLER, den die nicht zu den D.C. gehörenden Kirchenführer an höchster Stelle beim Reichspräsidenten und beim Reichskanzler erbeten hatten. Dort wollten sie sich über das rücksichtslose Vorgehen der Reichsbischofs beschweren. Dieser hatte im Januar 1934 einen „Maulkorberlass" für die Kirchen erlassen. Darin hatte er untersagt, den Kirchenkampf in den Zeitungsorganen und Gebäuden der Kirche zu erörtern. Unfolgsamen Geistlichen drohte er mit Amtsenthebung. Außerdem hatte er eigenmächtig den mehrheitlich abgelehnten „Arierparagraphen" wieder eingeführt.

An diesem 25. Januar 1934 hatten sich 14 hochrangige Kirchenführer, unter ihnen NIEMÖLLER, über die bestehenden ideologischen Grenzen hinweg in die Alte Reichskanzlei im Palais Schulenburg in der Berliner Wilhelmstraße einladen lassen: Hier wohnte zu der Zeit auch der greise Reichspräsident V. HINDENBURG. Es wurde eines der berühmten destruktiven Gespräche, mit denen HITLER Kritiker zu demütigen und

---

[100] Der westfälische Pfarrersohn MARTIN NIEMÖLLER (1892-1984) hat einen verstörend wechselhaften Lebenslauf. Nach dem Abitur 1910 bewirbt er sich bei der kaiserlichen Marine und wird im Ersten Weltkrieg U-Boot-Offizier und -kommandant, der zahlreiche Minen verlegt und viele Schiffe versenkt. Der berühmte „Urwaldarzt" Dr. ALBERT SCHWEITZER entgeht bei seiner Internierung auf einem französischen Schiff im Hafen von Dakar, vor dem NIEMÖLLER mit seinem Boot lauert, glücklich einer möglichen Katastrophe.

Während seines anschließenden Theologiestudiums beteiligt sich NIEMÖLLER als Freikorps-Kommandant bei der Niederschlagung von Arbeiterunruhen im Ruhrgebiet. Für die nachfolgende Weimarer Demokratie hat NIEMÖLLER nichts übrig. Nach seiner Ordination wird er Geschäftsführer der Inneren Mission in Westfalen. Seit diesem Jahr 1924 wählt er stets die wieder zugelassene NSDAP (!). Wahrscheinlich wird er sogar Parteimitglied.

Seit 1931 ist er Pfarrer der APU in Berlin-Dahlem und begrüßt (!) Hitlers Machtergreifung. Erst als die Sekte der „Deutschen Christen" ihr radikales Gesicht zeigt, löst sich NIEMÖLLER zunehmend von der NS-Ideologie und gründet den **Pfarrernotbund** (s.o.). Im nun beginnenden Kirchenkampf ist er eine tragende Säule.

Dabei gerät er zunehmend in Widerspruch zu HITLER. 1935 wird er erstmals verhaftet, seit 1937 sitzt er entgegen dem Gerichtsurteil, aber auf persönliche Weisung Hitlers, durchgehend bis Kriegsende als Gefangener in den KZs Sachsenhausen und Dachau.

Nach dem Krieg übernimmt der zum Pazifismus Bekehrte verschiedene hohe kirchliche Ämter und kämpft gegen die deutsche Wiederbewaffnung und die atomare Aufrüstung.

Bekannt geworden ist Niemöllers bewegendes „Bekenntnis", das aber in verschiedenen Fassungen existiert: *„Als sie kamen, um die Juden zu holen, schwieg ich, weil ich kein Jude war. Als sie kamen, um die Kommunisten zu holen, schwieg ich, weil ich kein Kommunist war. Als sie kamen, um die Gewerkschafter zu holen, schwieg ich, weil ich kein Gewerkschafter war. Dann, als sie kamen, um mich zu holen, gab es keinen mehr, der für mich seine Stimme hätte erheben können."*

mundtot zu machen pflegte[101]. Als Gastgeber fungierten neben HITLER noch der zweite Mann im NS-Staat, HERMANN GÖRING, sowie Reichsinnenminister WILHELM FRICK, der maßgeblich für die gesamte Unrecht-Gesetzgebung im Dritten Reich verantwortlich war. Sie verwickelten die Kirchenführer spontan in ein infames Spiel.

Den Anlass gab NIEMÖLLER. Er hatte, während die Delegation draußen warten musste, rasch noch ein Telefonat geführt, um seiner Zuversicht über die Verhandlung Ausdruck zu geben. Dabei hatte er seinem Gesprächspartner das Warten etwas flapsig beschrieben: *„Der Reichspräsident empfängt Hitler in seinem Arbeitszimmer. Die letzte Ölung vor der Besprechung…“*. NIEMÖLLER hatte etwas naiv darauf vertraut, dass der Protestant V. HINDENBURG im Sinn der Kirche auf den Kanzler einwirken und sich gegen die D.C. und den Reichsbischof wenden würde. Er hatte nicht bemerkt, dass das Gespräch von Spitzeln mitgehört und aufgeschrieben wurde.

Beim Gespräch zog GÖRING triumphierend das eben gefertigte Blatt heraus und brachte die despektierliche Botschaft zu Gehör: HITLER wird hier ja als todgeweihter Befehlsempfänger des Reichspräsidenten abqualifiziert! Mit dieser Beleidigung des „Führers“ waren die Kirchenmänner von vornherein in der Defensive. NIEMÖLLER durfte zwar das Anliegen vortragen und seiner Sorge Ausdruck geben, dass es ihm um Volk und Staat ginge. Doch HITLER wies ihn scharf zurecht: *„Die Sorge für das Dritte Reich überlassen Sie mir, sorgen Sie sich um die Kirche.“*

GÖRING zitierte daraufhin Belege, welche die subversive und staatsfeindliche Tätigkeit des Pfarrernotbundes zeigen sollten. HITLER drohte mit Entzug der kirchlichen Mittel und kündigte vielsagend an, dass es auch sein könne, dass „der Vorhang falle.“

Den Bischöfen blieb bei der lautstarken Philippika nur noch die devote Bekundung ihrer Staatstreue. Keiner wagte Hitlers Autorität infrage zu stellen. Dabei hatte er sich doch mit der Kirchenwahl gravierende Kompetenzüberschreitungen in kirchlichen Dingen angemaßt. Keiner kritisierte Görings Bruch des Fernmeldegeheimnisses. Offenbar hatten die Geistlichen die Regeln der Diktatur schon verinnerlicht. Keiner wagte, auch irgendetwas gegen den Reichsbischof zu sagen, wie man es ursprünglich so siegessicher geplant hatte. Im Gegenteil, per Presse und Rundfunk durfte MÜLLER zwei Tage später der Öffentlichkeit sogar verkünden, dass alle Bischöfe nun angeblich geschlossen hinter ihm stünden.

Noch oft in den folgenden Jahren brüstete sich HITLER seinen Vasallen gegenüber mit seinem großen Triumph über die feigen Kirchenmänner, die vor Schreck völlig „zusammengeknickt“ gewesen seien. In seinen Augen hatten sie ihr Gesicht verloren.

---

[101] Vergl. dazu insbesondere die Schilderung bei KARL-GÜNTER ZELLE *„Mit Hitler im Gespräch: Blenden – überzeugen – wüten“*, S. 130ff.

Lustvoll ahmte er immer wieder die als salbungsvoll empfundenen Redensarten Niemöllers nach.

Die Kirchenführer ihrerseits waren tief beschämt. Ihre Demütigung bei der Audienz war der **Tiefpunkt der gesamten Kirchenkampfzeit**, und ihre Gehorsamserklärung für den Reichsbischof wurde als ein **Treuebruch** an der Sache des Pfarrernotbundes und eine **Preisgabe** der gefährdeten Brüder gewertet.

Im Widerstand unterstützt von seiner Frau:
KARL STEINBAUER 1934 mit EUGENIE, geb. BECKH

Insbesondere in dem jungen Vikar KARL STEINBAUER hatte der Landesbischof nun einen scharfen Gegner. Vor über 700 in NÜRNBERG versammelten Pfarrern brandmarkte er Meisers Verhalten als erbärmlichen Verrat und gemeinschaftszerstörende Häresie. Auch sonst demonstriert Steinbauer seinen Widerstand: An nationalsozialistischen Feiertagen beflaggt er die Kirche nicht und verweigert bei der Hitlerwahl 1936 das angeordnete Läuten der Glocken. Sein Verhalten machte auch andere Geistliche nachdenklich.[102]

[102] Die Kirchenleitung freilich reagierte autoritär. Sie veranlasste Steinbauers Strafversetzung. – STEINBAUER ließ sich aber nicht ruhigstellen. Er empfand den angepasst-taktierenden Kurs der Landeskirche weiterhin als glaubensfeindlichen Skandal. Wegen seiner Kritik am NS-System erteilten ihm die Nazis Kanzelverbot und inhaftierten ihn zeitweilig im KZ. Er durfte sich dort trösten, Zellennachbar Niemöllers zu sein.

Im Krieg ließ die Kirche STEINBAUER, wie auch viele andere ihrer kritischen Pfarrer, ganz fallen und gab ihn zum Kriegsdienst in Russland frei, obwohl nach dem Geheimbefehl von Reichsleiter MARTIN BORMANN vom 7. Mai 1941 überhaupt keine evangelischen Pfarrer zum Kriegsdienst eingezogen werden sollten. (n.b. An diesem Punkt irrt HELMUT BAIER aaO S. 590, wenn er diese bedeutsame und heute noch weitgehend unbekannte Weisung zwar erwähnt, aber erst auf den 4. Sept. 1944 datiert. Das dem Autor von „MYRTEN FÜR DORNEN" vorliegende Originaldokument aus dem Bundesarchiv datiert diese Anweisung über drei Jahre früher, war aber wohl BAIER im Jahr seiner Arbeit 1968 noch nicht bekannt. Das skandalöse Handeln der Kirche gegenüber diesen widerständigen Pfarrern ist bis heute nicht aufgearbeitet). STEINBAUER hatte Glück, er wurde als Soldat zwar verwundet, konnte jedoch heimkehren. Er wurde aber auch nach dem Krieg noch lange Zeit wie ein Aussätziger behandelt.

BARMEN 1934:

Wie sich Hitlers scheinbarer Triumph zu einem neuen Wunder für die Kirche wandelt

In dieser tiefen Erniedrigung der Kirche begann aber plötzlich die Kraft des Wunders weiter zu wirken, die sich schon angedeutet hatte, als sich der Landesbischof mit großer Klarheit und Entschiedenheit gegenüber den D.C. positionierte. Das weitere Jahr 1934 wurde dafür entscheidend. Das unplanbare Geschehen entzündete seine Dynamik an der Maßlosigkeit, mit der sich Hitlers Reichsbischof nach seinem Triumph anschickte, nun aufs Ganze zu gehen.

MÜLLER sandte nämlich seinen „Mann fürs Grobe" aus, den „Rechtswalter" AUGUST JÄGER (1887-1945). Er war ihm von der Partei als strenger Vollstrecker der Gleichschaltung der Landeskirchen beigegeben worden. Er sollte den Widerstand der süddeutschen Kirchen endgültig brechen, notfalls auch mit Gewalt und so die „Reichsbischofsdiktatur" vorantreiben.

Der „Kirchenjäger" im Einsatz: AUGUST JÄGER mit Pfarrern

Der studierte Jurist JÄGER war Pfarrersohn aus dem rheinpfälzischen Lahnkreis. Er hatte seit 1921 als Landgerichtsrat in WIESBADEN gearbeitet. Anfang März 1933 war er der NSDAP und der SA beigetreten. Er war Mitglied der D.C. und hatte im Kirchenkreis GROß-WIESBADEN deren Leitung. Seit Juni 1933 war er Staatskommissar mit unbeschränkten Vollmachten und leitete die Kirchenabteilung im preußischen Kultusministerium. Er saß auch in der Reichsleitung der NSDAP und war dort Amtswalter für evangelische Kirchenangelegenheiten. Als „Rechtswalter" war JÄGER zudem juristisches Mitglied in der Reichskirchenverwaltung.

Durch sein rigides Vorgehen hatte er sich schon bald den wenig schmeichelhaften Ruhm als „Kirchenjäger" erworben. So hatte JÄGER mit seiner ersten Verordnung in Preußen bereits im Juni 1933 **diktatorisch und rigoros alle dortigen Landeskirchen gleichgeschaltet,** einen Monat, bevor HITLER die Kirchenwahlen durchführen ließ, die eigentlich den gleichen Zweck hatten.

Andere, wie der ebenfalls widerständige Emtmannsberger Pfarrer WALTER SEILER, den die Kirche gleichfalls fallen gelassen hatte, kehrten nicht aus dem Feld zurück.

III. Vom 26. Juni 1933.

1. **Für die Abwendung des bolschewistischen Chaos schulden wir Gott und seinem Werkzeug Adolf Hitler Dank.** Nur das Bestehen der Nation ermöglicht das Bestehen einer Kirche.
2. Die heute bei mir versammelten gestern ernannten Bevollmächtigten der evangelischen Kirchenprovinzen und Landeskirchen in Preußen sind beauftragt, die Neubildung der aufgelösten gewählten kirchlichen Vertretungen im Hinblick auf das Ziel — einer — deutschen evangelischen Kirche durchzuführen. Gleichzeitig übertrage ich auf diese Bevollmächtigten sämtliche Befugnisse aller aus den gewählten kirchlichen Vertretungen hervorgegangenen Ausschüsse. In Zweifelsfällen entscheidet mein Bevollmächtigter.
3. **Mit sofortiger Wirkung beurlaube ich den Generalsuperintendenten der Kurmark D. Dibelius.**
4. Weitere Anordnungen folgen.

Berlin, den 26. Juni 1933.

Der Kommissar.

Jäger.

Gleichschaltung zur Abwendung des „bolschewistischen Chaos": Erlass von AUGUST JÄGER 1933

Um freie Hand zu haben, hatte JÄGER sämtliche gewählten kirchlichen Organe aufgelöst und jeweils einen neuen Oberkirchenrat ausschließlich aus D.C.-Mitgliedern eingesetzt. Den Pfarrern hatte er Strafverfolgung und Amtsenthebung angedroht, wenn sie sich kirchenpolitisch betätigten oder Kritik an staatlichen Maßnahmen zu üben wagten. Auch hatte er alle Gemeinden zynisch genötigt, Dankgottesdienste für diese von ihm durchgeführte „Neuordnung der Kirche" abzuhalten. Alle kirchlichen Gebäude und Pfarrhäuser sollten aus diesem Anlass mit Hakenkreuzfahnen beflaggt werden. Denn: *„Für die Abwendung des bolschewistischen Chaos schulden wir Gott und seinem Werkzeug Adolf Hitler Dank. Nur das Bestehen einer Nation ermöglicht das Bestehen einer Kirche ..."*

Doch trotz der Strafandrohungen hatten Jägers rigide Maßnahmen in einigen Gemeinden deutliche Proteste hervorgerufen. Es waren die ersten spürbaren Regungen der zukünftigen „Bekennenden Kirche". An Stelle der befohlenen Dankgottesdienste hielt man mancherorts ostentativ Bußfeiern ab. Dabei wurde das vertraute kirchliche Glaubensbekenntnis betont von der ganzen Gemeinde mitgesprochen.

Noch deutlicher wurden die Pfarrer von Berlin-Dahlem, unter ihnen MARTIN NIEMÖLLER. Sie wiesen von der Kanzel aus die Eingriffe des Staates in die inneren Angelegenheiten der Kirche mit klaren Worten zurück. Es kündigte sich an, dass im sich anbahnenden Kirchenkampf das **Bekenntnis** die Hauptwaffe sein würde. Diese Waffe musste nur noch schärfer geschliffen und auf die angefochtene Gegenwart bezogen werden.

Die vier „intakten" Kirchen empfanden Jägers Vorgehen auch für ihre Kirchen als existenzielle Bedrohung und rückten ostentativ auf Tuchfühlung zusammen. Inzwischen hatten sich überall Bekenntnissynoden und -gemeinden und oppositionelle Gemeindekreise gebildet. Sie reihten sich in die Kirchenfront mit sein.

Es war dann Bischof MEISER, der persönliche Wiedergutmachung gegenüber den Brüdern betrieb, die er bei der Wahl des Reichsbischofs so im Stich gelassenen hatte. Anlässlich einer großen **Kundgebung im Ulmer Münster** am 22. April 1934 steckte

er öffentlich die Kampflinie zwischen der Bekenntnisfront und der Reichskirchenregierung MÜLLER-JÄGER ab. Erstmals sprach der Bischof von der ***„Bekenntnisgemeinschaft** der DEK"* als der *„rechtmäßigen evangelische Kirche Deutschlands"*.
Seit der entlarvenden Kundgebung der D.C. im Berliner Sportpalast im November 1933 hatte sich also der Eindruck erhärtet, dass ein **Bekenntnisnotstand** (status confessionis) eingetreten sei, der alle Christen zum Handeln zwinge. Das Trojanische Pferd von Hitlers sektiererischer Parteikirche war durchschaut und hatte damit seine bannende Macht verloren, die innerliche Trennung von den D.C. war vollzogen.

Dieser neue Stern eines mutigen und bekennenden Glaubens ging vollends auf, als bereits einen Monat später, am 29. Mai 1934, in BARMEN die erste und entscheidende **Bekenntnissynode** zusammentrat. 139 Delegierte aus 25 Landeskirchen fanden sich zu einem einmütigen leidenschaftlichen Zeugnis zusammen.[103] Diese 139 Vertreter kamen aus lutherischen, reformierten und unierten Kirchen.

---

[103] Die Barmer Bekenntnissynode fand vom 29. bis 31. Mai 1934 in der Gemarker Kirche in Wuppertal-Barmen statt. Mit der Selbstbezeichnung als „**Bekenntnissynode**" war direkt der Anspruch verbunden, die rechtmäßige Leitung der Kirche zu sein.

Bereits knapp fünf Monate vorher, am 3.-4. Januar 1934, hatten 167 Vertreter reformierter Gemeinden bei der „Freien reformierten Synode" in Wuppertal-Barmen eine deutliche Antwort auf die Gleichschaltung gegeben. Sie beanspruchten eine bekenntnisgemäße Neuordnung der Kirche; sie müsse sich von den Verzerrungen durch die NS-Ideologie befreien. Dieser Synode war am 18.-19. Februar 1934 ebenfalls in Barmen die „Freie Evangelische Synode" der Kirchenprovinz Rheinland mit gleicher Zielsetzung gefolgt. – Den Begriff „Bekenntnissynode" benutzte zum ersten Mal die Synode der westfälischen Provinzialkirche in Dortmund am 16. März 1934.

Die zweite der insgesamt vier Bekenntnissynoden mit Vertretern aller Landeskirchen tagte dann vom 19.-20. Oktober 1934 in Berlin-Dahlem. Sie verabschiedete das „**kirchliche Notrecht von Dahlem**", das den „**Reichsbruderrat**" zur legitimen Kirchenleitung der DEK bestimmte. Er bestand aus je einem Vertreter aller Kirchen, den bei den „intakten" Kirchen die Kirchenleitung, bei den „zerstörten Kirchen" die „Landesbruderräte" bestimmten.

Die dritte Bekenntnissynode vom 4.-6. Juni 1935 in Augsburg bestätigte die im November 1934 gebildete Kirchenleitung der Bekennenden Kirche.

Eine Spaltung der Bekennenden Kirche deutete sich dann in der vierten und letzten Reichsbekenntnissynode vom 18.-22. Februar 1936 in Bad Oeynhausen an. Sie konnte keine Einigung über eine Beteiligung der Bekennenden Kirche an den von HITLER veranlassten **Reichskirchenausschüssen** erzielen und war schwer belastet vom Dissens zwischen Lutherrat und Mitgliedern aus den „zerstörten" Landeskirchen.

Die Altpreußische Union hat in dieser Zeit auf eigenen Bekenntnissynoden Schritte zur **Abendmahlsgemeinschaft** zwischen Lutheranern und Reformierten vorbereitet. Sie mündeten dann 1957 in die „Arnoldshainer Abendmahlsthesen" und schließlich in die oben schon genannte „LEUENBERGER KONKORDIE" ein. Auf ihrer letzten Synode am 16.-17. Oktober 1943 in Breslau verabschiedete sie eine Auslegung des Gebots *„Du sollst nicht töten"* aus den Zehn Geboten, mit dem sie sich gegen die mörderische staatliche **Euthanasiepolitik** wandte. Diese

Sonderdruck der

Barmer Zeitung

und Handelsblatt

Die Deutsche Bekenntnis-Synode

Ein kirchengeschichtliches Ereignis / Massenversammlungen / Wichtige Entschließungen

Von der Gestapo konfisziert: Sonderausgabe der Barmer Zeitung zur Barmer Bekenntnissynode Mai 1934

Man muss sich klar machen: Diese unterschiedlichen evangelischen Konfessionen standen sich damals ja theologisch noch fern, sie hatten **keine Abendmahlsgemeinschaft**. Doch die Krise **„prügelte sie zusammen"**, wie ein Zeitzeuge es damals formulierte. Gottes Wunder brauchen eben manchmal einen gewissen Nachdruck.

Die war die erste von insgesamt vier Bekenntnissynoden der Bekennenden Kirche zur Zeit des Nationalsozialismus und zugleich die **konstituierende Synode der Bekennenden Kirche**. Sie gilt als eines der bedeutsamsten Ereignisse der neueren Kirchengeschichte.

Mittagpause am Gardinengeschäft: Bischof MEISER mit dem Entwurf des Barmer Bekenntnisses gegenüber der Gemarker Kirche

Ihre Krönung fand sie in der Verabschiedung der „Theologischen Erklärung zur gegenwärtigen Lage der Deutschen Evangelischen Kirche (DEK)", kurz auch als „BARMER THEOLOGISCHE ERKLÄRUNG" bezeichnet.[104] Dieses meist als „Barmer Bekenntnis" apostrophierte geistliche Zeugnis wurde zum theologischen Fundament der Bekennenden Kirche in der Zeit des Nationalsozialismus. Damit gab der Hauptinitiator, der evangelisch-reformierte schweizerische Theologe KARL BARTH[105] den Christen ein

Verlautbarung kam aber um vier Jahre zu spät, die Mörder waren inzwischen zur industriellen Judenvernichtung übergegangen (vergl. dazu die 5. Folge des Projektes „MYRTEN FÜR DORNEN – Spuren der Opfer", insbesondere S. 66ff.)

[104] Die BARMER ERKLÄRUNG ist im Anhang Evangelischen Gesangbuches, Ausgabe für Bayern und Thüringen, unter der Nummer 907 auf den Seiten 1577ff abgedruckt.

[105] Als Verfasser der „Barmer Erklärung" gelten gemeinhin der reformierte Bonner Theologieprofessor KARL BARTH, der Lutheraner und bayerische Oberkirchenrat THOMAS BREIT und

Rüstzeug in die Hand, das ihnen dann half, den Kampf gegen den dreisten religiösen Anspruch des Nationalsozialismus aufzunehmen.

Diese bahnbrechende theologische Erklärung und den damit einhergehenden geistlichen Aufbruch auch in den Gemeinden darf man getrost als **das zehnte Wunder für die Bayerische Landeskirche** ansehen. Gleichwohl hat diese Kirche noch lange an der Frage geknabberte, welchen Rang sie diesem Ereignis beimessen sollte.[106]

Denn Theologie, Politik und Kirchenpolitik waren zu der Zeit „vermintes Gebiet". Zu allen drei Feldern nimmt das Wort Stellung. Es war ein theologisches Wort des Glaubens mit politischer Bedeutung in einer kirchenpolitisch schwierigen Lage. Von daher ist es überhaupt ein Wunder, dass die Erklärung zustande kam.

Die „Königsherrschaft Christi" gibt dem Reden und Handeln der Bekennenden Kirche eine klare Perspektive

Dreh- und Angelpunkt der Barmer Erklärung ist die von KARL BARTH und den Reformierten vertretene Idee der **„Königsherrschaft Christi"**. Danach erstreckt sich der Anspruch Christi auf alle Gebiete des Lebens, also auch auf Politik und Wirtschaft.

Damit grenzt sich die Bekennende Kirche ab gegen alle einschränkenden „Lehren" der „Deutschen Christen", aber auch gegenüber dem totalitären Staat und seiner hierarchischen Führerstruktur. Es kann für Christen in allen (!) Bereichen des Lebens nur einen Herrn als Führer geben: JESUS CHRISTUS. Nur dem Wort und Vorbild Jesu soll der Christ konsequent folgen und dadurch[107] missionarisch wirken, indem er seinen Mitmenschen und dem Staat zeigt, **was Gott eigentlich von uns will**.

---

der Altonaer Pfarrer in HANS ASMUSSEN. Die „Urschrift" ist aber das Ergebnis von Barths Redaktionsarbeit bei der Zusammenkunft mit diesen beiden anderen Theologen in den frühen Nachmittagsstunden des 16. Mai 1934 in FRANKFURT am Main.

[106] Nach jahrelanger intensiver Diskussion hat die Evangelisch-Lutherische Kirche in Bayern mit Kirchengesetz vom 1. Dezember 2019 die „Barmer Erklärung" in den Grundartikel ihrer Verfassung aufgenommen. Die entscheidenden Sätze dort lauten:

„Die Evangelisch-Lutherische Kirche in Bayern lebt ... aus dem Worte Gottes, das in Jesus Christus Mensch geworden ist und in der Heiligen Schrift Alten und Neuen Testamentes bezeugt wird ... Mit den christlichen Kirchen in der Welt bekennt sie ihren ***Glauben an den Dreieinigen Gott*** *in den altkirchlichen Glaubensbekenntnissen. Sie hält sich in* ***Lehre und Leben an das evangelisch-lutherische Bekenntnis****, wie es insbesondere in der Augsburgischen Konfession von 1530 und im Kleinen Katechismus D. Martin Luthers ausgesprochen worden ist. Damit bezeugt sie die Rechtfertigung des sündigen Menschen durch den Glauben um Christi willen als die Mitte des Evangeliums.* ***In der Barmer Theologischen Erklärung von 1934 weiß sie die befreiende und verbindliche Kraft des Evangeliums Jesu Christi aufs Neue bekannt****."*

[107] So präzisiert BARTH diese These in „THEOLOGISCHE EXISTENZ HEUTE" 1934.

Der „Störenfried Gottes": KARL BARTH um 1934

Damit widerspricht die Erklärung in ihrer *ersten These* bewusst der damals um sich greifenden braunen, „natürlichen" Theologie, welche Hitlers Machtübernahme als „Offenbarung Gottes" und als geschichtliches Heilsereignis für das deutsche Volk deutete.[108]

Die *zweite These* stellt die **lutherische Zwei-Reiche-Lehre** infrage, die damals in der Gefahr stand, den **Staat als „gute Ordnung Gottes"** absolut zu setzen und ihn unkritisch gewähren zu lassen.

In *These drei* geht es um die vom Staat unabhängige Ordnung der Kirche.

These vier wendet sich gegen das **Führerprinzip in der Kirche**.

These fünf widerspricht allen staatlichen Versuchen, seine **Weltanschauung absolut** zu setzen.

Und *These sechs* fordert schließlich das **kirchliche Selbstbestimmungsrecht**.

WAS HEUTE DRAN IST

Der Holocaust lässt die Kirche neu nach ihrer theologischen und ethischen Ausrichtung fragen

Der große Theologe der Bekenntniszeit KARL BARTH bemängelte später selbstkritisch, dass die Erklärung das Schicksal der Juden nicht in den Blick genommen hätte. Sein empfindsamerer theologische Bruder DIETRICH BONHOEFFER hatte dieses Thema ahnungsvoll bereits 1933 mit seiner Schrift „DIE KIRCHE VOR DER JUDENFRAGE" auf den Tisch gebracht.

Bereits kurz vor der Barmer Synode hatte sich beim blutigen „Palmsonntags-Pogrom" 1934 in Gunzenhausen gezeigt, wie grenzenlos der Hass der Fanatiker auf die Juden war. Doch hat die Kirchenleitung wohl gemeint, dass Ermahnungen zum liebevollen Umgang auch mit nicht der Kirche angehörenden Juden, wie sie HANS MEISER schon in seinem Gutachten von 1926 ausgesprochen hatte, genügten, um die anti-

---

[108] Gemeint waren die Erlanger Professoren WERNER ELERT und PAUL ALTHAUS, aber natürlich auch die „Deutschen Christen".

semitische Hetze der Nazis zu besänftigen. So hat man den Blick lediglich auf die Judenchristen in der Kirche gerichtet und ein Ereignis wie den Holocaust wohl lange für undenkbar gehalten. Man hat auch nicht nach einer Mitverantwortung der Kirchen und ihrer Leitungen für das Geschick der Juden gefragt.

Erst am Ende des 20. Jahrhunderts kam diese Frage nach dem Verhältnis der Kirche zu den Juden zur Diskussion, als Straßenbezeichnungen nach Bischof HANS MEISER in Bayern oder AUGUST MARAHRENS in Hannover in die Kritik gerieten und die Rolle dieser kirchenleitenden Personen in der Nazizeit kritischer hinterfragt wurde. Bis dahin galten diese Bischöfe, nicht anders als Bischof THEOPHIL WURM in Württemberg, als mutige Bekenner, die HITLER die Stirn gezeigt und ihre Kirche intakt gehalten hatten. Nun aber wurden die Stimmen lauter, die ihnen eine zu große Nähe zum NS-Staat attestierten und vor allem ihr Schweigen bei der Judenverfolgung vorhielten. **„Bloß keine Atheisten!"** – eine solche Einstellung, wie sie für die Kirchen damals bezeichnend war, erscheint eben aus heutiger Sicht als zu wenig.

So ist Kritik aus der Sicht der Nachgeborenen sicher berechtigt. Wir verfügen in der Rückschau über ein anderes Wissen vom Wesen dieser Diktatur und von ihrem gnadenlosen Vernichtungskampf auch gegen das eigene Volk. Aber ist es nicht doch eine Illusion zu meinen, mit ein paar öffentlichen Worten der Kirchen damals oder mit mehr kirchlichem Martyrium der Christen wäre dieses Unrecht abzuwenden gewesen?

Das sündige Tun an den Juden hat ja seine Wurzeln tief in der Geschichte des christlich-jüdischen Verhältnisses. Der Weg, wie diese blutigen Übergriffe unter den Bedingungen einer gnadenlos agierenden Diktatur des 20. Jh. wirkungsvoll hätte verhindert werden können, ist noch von niemandem überzeugend dargelegt worden. Der Mensch kann anscheinend nur innerhalb seiner Grenzen agieren.

So kann auch ein gerechtes Urteil über das Verhalten der Kirche damals nur fällen, wer die Geschichte der Evangelisch-lutherischen Kirche in Bayern und ihre besondere Prägung kennt. Auf diese Prägung und die besonderen Fügungen dabei aufmerksam zu machen und so die handlungsleitenden Motive kennenzulernen, war die Aufgabe dieses zurückliegenden Kapitels.

In den folgenden Kapiteln geht es nun darum, am Einzelbeispiel der Gemeinde Weidenberg und ihrer Geistlichen exemplarisch sichtbar zu machen, wie die Herausforderungen des damaligen Kirchenkampfs das Handeln der Pfarrer bestimmten und wie sie sich auch auf den Alltag der Gemeinden auswirkten.

Evang.-Luth. Kirche St. Michael Weidenberg mit Wolfskehle und Marketenderin:
Von Hans Rabenstein 1971 nach einer Postkarte gezeichnet

CHRISTSEIN AM SCHEIDEWEG
– Weidenberg im Kirchenkampf –

2. Buch: „DAS TROJANISCHE PFERD DER NAZIS“

Der Weidenberger Pfarrer Theodor Hoffmann und die Deutschen Christen

Hitlers Wehrmacht als Fluchtpunkt:
D.C.-Pfarrer THEODOR HOFFMANN um 1940

ZWEITES BUCH:

„DAS TROJANISCHE PFERD DER NAZIS“

DER WEIDENBERGER PFARRER THEODOR HOFFMANN UND DIE DEUTSCHEN CHRISTEN

Inhalt:

VORWORT

Nationalsozialist und D.C.-Agitator aus Trotz gegen den Landesbischof

So banal der Grund ist, warum Pfarrer THEODOR HOFFMANN im Jahr 1933 nach seiner achtjährigen Amtszeit im bayerischen Schwaben im lebhaften Arbeiterort Augsburg-Haunstetten ausgerechnet in den ruhigen oberfränkischen Bauern- und Handwerkermarkt Weidenberg gekommen ist, so banal sind auch die Gründe, warum er dann im Jahr 1942 den Dienst in der Evang.-Luth. Landeskirche in Bayern quittiert und im folgenden Jahr 1943 schließlich seine lutherische Kirche ganz verlässt.

Wir werden Zeugen einer Kriminalgroteske. Und die geht kurz gesagt so:

Ein zwar kommunikationsfreudiger, aber in seiner Berufung unsicherer Pfarrer, schwankend zwischen Pietismus und religiösem Sozialismus, sieht sich bei seinem lebensreformerischen Hobby Nacktbaden mit Freunden an den Ufern des Lech ertappt, erpresst und diskriminiert. Um einen Eklat zu vermeiden, will die Kirchenleitung dem Erpresser Schweigegeld zahlen und versetzt zugleich den Geistlichen gegen seinen Willen in die Gemeinde Weidenberg. Dieser möchte sich aber „auf Teufel komm raus“ beweisen und wirft sich, wohl auch um seinen Landesbischof zu ärgern, umso freudiger den Nationalsozialisten und den aufkommenden hitlerfanatischen „Deutschen Christen“ an den Hals.

Der Erpresser wird wegen angeblichen Mordes an seiner Ehefrau angezeigt und schweigt seitdem; der Geistliche atmet auf und setzt neben seinem Gemeindeamt seine übergemeindliche D.C.-Agitation in Oberfranken fort. Erst der Widerstand der Bayreuther Bekenntnisgemeinden bringt das Treiben zum Erliegen und diesen D.C.-Künder zur Resignation. In Hitlers Armee sucht er Trost und Halt und kehrt seiner Kirche den Rücken. Bei den Katholiken kommt er am Ende innerlich zur Ruhe.

So bestätigt sich einmal mehr die These Hannah Arendts von der Banalität des Bösen. Gedankenlosigkeit (in diesem Fall des Beschuldigten) und Realitätsferne (in diesem Fall der Kirchenleitung) können mehr Unheil anrichten, als alle im Menschen innewohnenden bösen Triebe zusammengenommen. Der Ausgang mag von niemandem gewollt sein, das einzelne Detail mag geringfügig, ja manchmal skurril erscheinen, aber in der Summe bedeutet es eben doch Teilhabe am Nationalsozialismus und aktive Teilnahme an einem der größten Verbrechen der Menschheit.

In den bislang schmalen literarischen Verweisen auf die Person und Tätigkeit des D.C.-Pfarrers THEODOR HOFFMANN im Dritten Reich ist von dem oben angedeuteten

Vorfall und dem weiteren Tun und Ergehen dieses Geistlichen nirgends die Rede; dort erscheint HOFFMANN zumeist als ein „fanatischer D.C.-Funktionär“ und „radikaler Deutscher Christ“[109], der bis 1939 im Bayreuther Land die Fäden der D.C. knüpft. Ist dieses Urteil berechtigt?

Wir haben hier einen theologisch nicht besonders begabten, aber zu leidenschaftlichem Handeln bereiten Mitarbeiter der Kirche, der das Laue nicht liebte. Welche Rolle spielt in seiner Entwicklung das spannungsreiche Wechselspiel zwischen ihm und seiner lutherischen Landeskirche? Seine Dienstherren waren zwar auf die Unversehrtheit ihres Bekenntnisses gegenüber dem weltanschaulichen Nationalsozialismus bedacht, zahlten aber weiter sein Gehalt. Zugleich schlingerten sie bei ihrer grundsätzlichen Einstellung gegenüber den braunen Machthabern.

Wie zeigt sich HOFFMANN als Pfarrer in der ungeliebten Gemeinde Weidenberg, in der er während der ganzen Zeit des „Kirchenkampfes“ die I. Pfarrstelle innehat, die er aber als willkürlich verordnete „Strafgemeinde“ empfindet? Wie kommt er dort mit einem Kollegen zurecht, der in dieser Zeit bekenntnismäßig sichtlich und hörbar „auf der anderen Seite steht“, nämlich bei den Bekenntnis-Christen, und der auch in den meisten anderen Belangen sonst einen totalen Gegentyp zu ihm darstellt?

---

[109] BAIER, Die deutschen Christen, S. 197 u.ö.

ANNÄHERUNGEN

Kurze Dienstzeit in Weidenberg und bei den „Deutschen Christen“

Genau neun Jahre währt die Zeit, in der Pfarrer THEODOR HOFFMANN Inhaber der Ersten Pfarrstelle in Weidenberg ist. Davon verbringt er aber nur die ersten sechs Jahre von 1933-1939 im aktiven Dienst vor Ort als Gemeindepfarrer. In dieser Zeit fallen seine heranerwachsenen beiden Buben im Ort eher durch spektakuläre Streiche in der Nachfolge von Max und Moritz auf.

Für die restlichen drei Jahre von 1939 - 1942, beginnend noch im letzten Friedensmonat, lässt HOFFMANN sich auf eigenen Wunsch zum Heeresdienst in Hitlers Wehrmacht beurlauben. Während dieses Kriegsdienstes nimmt er weiterhin alle Privilegien seines geistlichen Dienstes in Anspruch: Besoldung, Wohnsitz mit seiner vierköpfigen Familie im Pfarrhaus am Gurtstein in Weidenberg usw. In dieser Zeit taucht er auch sporadisch im Kirchenvorstand auf und pocht dann auf die Leitung.

Die von den Pfarrern eigenhändig fortgeführte Zählung in der Pfarrbeschreibung benennt HOFFMANN als den 35. Pfarrer an der Evang-Luth. Kirche St. Michael in Weidenberg; sie zählt dabei freilich auch die namentlich bekannten katholischen Pfarrer seit 1501 und einige Verweser mit. Nach der allgemein in der Evang. Kirche üblichen Zählung, die mit der Reformation beginnt, in Weidenberg also seit 1528, ist HOFFMANN aber erst der 27. Inhaber der hiesigen Ersten Pfarrstelle.

Im Sommer 1934 tritt er offiziell der innerkirchlichen Sekte der „Deutschen Christen“ bei. Sie hat sich seit 1931 aufgemacht, das Christentum mit dem Nationalsozialismus zu verschmelzen und wird dabei von HITLER seit 1933 persönlich und auch mit offiziellen Maßnahmen massiv unterstützt, so mit der speziellen Anordnung einer propagandaintensiven Kirchenwahl 1933. Die Wahl soll dazu beitragen, das vielfältige, in der Geschichte gewachsene evangelische Kirchenwesen in Deutschland auszuhebeln und in einer „Reichskirche“ gefügig zu machen. Diese Kirche soll in den Nationalsozialismus integriert und unter die theologische und praktische Führung eines von HITLER persönlich ausgewählten, linientreuen „Reichsbischofs“ gestellt werden.

Bereits im Jahr zuvor, 1933, war HOFFMANN dem „Nationalsozialistischen Evangelischen Pfarrerbund“ (NSEP) beigetreten. Diese Vereinigung verdankte sich der Initiative des Lehrers und NS-Gauleiters HANS SCHEMM. SCHEMM hatte bereits im Jahr 1925 die NSDAP-Ortsgruppe Bayreuth und im gleichen Jahr den Gau Oberfranken der NSDAP gegründet. In der Folge hatte er dann unermüdlich und instinktsicher die Weltwirtschaftskrise genutzt, um den Nationalsozialismus wirkungsvoll auch aufs

Geschickter Kommunikator und Weidenberger Nazi-„Pate":
Gauleiter HANS SCHEMM mit Sportflugzeug

Land zu tragen. Überall waren mit seiner unmittelbaren Einwirkung kleine und größere NSDAP-Ortsgruppen entstanden, so auch im Februar 1929 in Weidenberg.

Auch auf gesamtbayerischer Ebene hatte SCHEMM seine überragende Kommunikationsfähigkeit genutzt: Geschickt hatte er die Zielgruppen der Lehrer und Pfarrer erschlossen, die als Multiplikatoren besonders geeignet schienen, das braune Gedankengut zu verbreiten: Im intensiven Jahr 1929 hatte er den Nationalsozialistischen Lehrerbund (NSLB) gegründet sowie eine Arbeitsgemeinschaft für Geistliche beider Konfessionen aus der Taufe gehoben. Letztere hatte sich im Jahr 1931 NSEP genannt und in der folgenden Zeit in Bayern zu einem direkten Konkurrenten der Deutschen Christen (D.C.) entwickelt.

Theodor Hoffmann als Gründer der D.C.-Ortsgruppe Bayreuth

HOFFMANN war bereits zu Ende seiner Amtszeit in Haunstetten mit Vertretern der Deutschen Christen in deren damaliger Hochburg Augsburg in Berührung gekommen. Hier hatte er wohl eine Art „Grundausbildung" durchlaufen. Über drei Jahre lang zeigt sich HOFFMANN dann im Raum Bayreuth und Oberfranken als namhaftester und erfolgreichster Agitator dieser kirchenpolitischen Partei-Gruppierung. Bereits am 6. April 1935 kann er die starke D.C.-Ortsgruppe Bayreuth gründen, die seitdem massiv in der Öffentlichkeit auftritt und bald mit eigenen Amtshandlungen auffällt.

In diesem Jahr 1935 kann HOFFMANN endlich auch seine persönliche Aufnahme in die NSDAP durchsetzen. Diese Partei hatte ja auf Betreiben der „Alten Kämpfer" seit Mai 1933 einen absoluten Aufnahmestopp verhängt, der seitdem nie mehr ganz gelockert wurde. Er war als Schutzwall gegen Opportunisten gedacht. Nur wer sich erfolgreich in Parteigruppierungen wie SA, SS, HJ oder D.C. „bewährt" hatte, konnte auf Zulassung als Parteimitglied hoffen. – HOFFMAN war seit Herbst 1933 in zwei Gruppierungen sichtbar engagiert: in der örtlichen SA und bei den gesamtbayerischen D.C.; so konnte er sich nun am besonderen Parteifeiertag für solche Anlässe, dem 1. Mai 1935, mit dem „braunen“, tatsächlich ja roten Parteibuch adeln lassen.

Gleichzeitig mit der D.C.-Gründung in Bayreuth flammt hier auch der „Kirchenkampf“ auf. Es zeigt sich rasch, wie begrenzt die Ausstrahlung der D.C. auch in ihrer „Hoch-Zeit“ ist: HOFFMANN ist im Bayreuther Pfarrkapitel völlig isoliert. Es gibt zwar sieben weitere Kollegen unter den Pfarrern dieses Dekanatsbezirks, die zu jener Zeit Mitglieder der Nazi-Partei sind. Aber kein weiteres Mitglied der Bayreuther Pfarrerschaft ist zugleich Mitglied bei den D.C. Vielmehr sammeln sich im Bayreuther Raum in diesem Jahr 1935, seit HOFFMAN hier seine örtliche D.C.-Gemeinde gegründet hat, Pfarrer und Kirchengemeinden bewusst in Bekenntnisgruppen und -gemeinden. Sie protestieren und wollen alles daransetzen, dem Spuk rasch ein Ende zu bereiten.

Unterstützt von der Leitung der Landeskirche mit dem unermüdlichen Bischof HANS MEISER an der Spitze nehmen sie unter dem engagierten ersten Kreisdekan KARL PRIESER den weltanschaulichen Kampf gegen die Gleichschaltung der Kirche auf. So entschieden wie möglich grenzen sie sich ab vom sektiererischen und antisemitischen Gedankengut der D.C. Mit einem klaren biblischen Glaubenszeugnis, mit Bekenntnisgottesdiensten, Vorträgen und aufklärendem Schrifttum streiten sie gegen die zunehmende Vergötzung Hitlers und den immer klarer hervortretenden Totalitarismus der braunen Ideenwelt. Sie kämpfen für die Autonomie der Kirche gegenüber staatlicher Bevormundung, für die Freiheit eines christlichen Pressewesens, für christlich-konfessionelle Schulen und für die kirchliche Jugendarbeit.

Engagierter Bekenner:
Kreisdekan Dr. KARL PRIESER

Trotz dieses spürbaren Gegenwinds von bekennenden Christen will Pfarrer HOFFMANN demonstrativ örtliche und regionale Zeichen für das hitlerverherrlichende antisemitische Deutschchristentum setzen, weil er sich auf der „richtigen Seite“ wähnt. Vor allem aber will er der Kirchenleitung gegenüber, von der er sich durch seine Wegversetzung von Haunstetten düpiert fühlt, die Muskeln spielen lassen, zumal sie auf seine neuerlichen wiederholten Versetzungsgesuche nicht eingeht. Am Palmsonntag 1936 kann HOFFMANN öffentlichkeitswirksam die erste D.C.-Konfirmation in der in kommunalem Eigentum befindlichen Spitalkirche in der Bayreuther Innenstadt vornehmen. Überzeugte D.C.-Eltern haben dafür sechs Knaben und zwölf Mädchen angemeldet; die Mehrzahl von ihnen sind in Bayreuth ansässig.

Die Väter kommen überwiegend aus gehobener oder Mittelschicht: der Braumeister von Oberkonnersreuth, drei Kaufleute, zwei Studienprofessoren, drei Bauräte, ein Fabrikdirektor aus Münchberg, Buchhalter, Verwaltungsinspektoren und -sekretäre, Krankenpfleger, der NS-Gaukassenverwalter aus Hof, und ein Pastor aus einer anderen Kirche. Die D.C. scheinen also mitten in der Gesellschaft angekommen zu sein. Die Bessergestellten im Bürgertum sind also neugierig und erweisen dem Hitler-System auch religiös ihre Referenz. Stolz verkündet HOFFMANN, in dem „eine merkwürdige Mischung von leidenschaftlicher Heftigkeit und pietistischer Weichheit" (H. BAYER) war, über seine Konfirmanden: „Im braunen Ehrenkleid traten sie an den Altar!"

Seine Amtshandlungen trägt HOFFMANN mit den örtlichen Kasualien zusammen in die Weidenberger Kirchenbücher ein. Einen wirklichen Widerspruch oder ein Verbot vonseiten der Kirchenleitung gegen sein überparochiales Agieren erlebt er nicht, lediglich Protestbekundungen. Doch jede Kritik perlt von ihm ab. Das lässt ihn noch provokanter auftreten. Er setzt sich von nun an über alle Bestimmungen des kirchlichen Parochie-Rechtes und alle schriftlichen und mündlichen Weisungen der Kirchenleitung hinweg. In ganz Oberfranken kommt HOFFMANN persönlich mit seinem privaten Opel-PKW zu Haus- und Kliniktaufen vorgefahren, nimmt Trauungen und Bestattungen vor und hält Gottesdienste in Gemeinden, die den D.C. anheimgefallen sind, bis hinunter in den Nürnberger Raum. Die Landeskirche mahnt ihn zwar immer mal wieder, verfolgt ihn aber zu keiner Zeit disziplinär. Diese wenig konsequente Haltung interpretiert HOFFMANN forsch als Lauheit der Kirche und Zustimmung.

Eine weitere Konfirmation feiert die D.C.-Gemeinde Bayreuth dann am Palmsonntag, dem 21. März 1937, mit 11 Jungen und 11 Mädchen. Hier zeigt sich, dass HOFFMANN und seine Deutschen Christen inzwischen ihre Mission auch auf die Katholiken ausrichten, die zu der Zeit in Oberfranken eine kleine Minderheit darstellen; unter den Konfirmandeneltern finden sich zahlreiche Übergetretene.

D.C.-Anhänger, aber keine D.C.-Gemeinde in Weidenberg

Nun könnte man ja erwarten, dass sich auch protestantische Gemeindeglieder aus Weidenberg damals von solchen D.C.-Amtshandlungen beeindrucken ließen. Schließlich hatte HOFFMAN ja vor Ort die Möglichkeit, Menschen in der Schule und im öffentlichen Leben anzusprechen. So attestiert Hoffmanns Amtsnachfolger HANS FÖRSTER ihm in Weidenberg sogar eine „beträchtliche Anhängerschaft". Nur darf man diese Bemerkung wohl nicht überbewerten. Vor allem darf man sie nicht so deuten, als ob diese Anhänger auch alle D.C.-Mitglieder gewesen seien.

Über solche Mitgliedschaft gibt heute zwar keine Namensliste oder Kartei Auskunft. Aber indirekte Rückschlüsse lassen sich aus anderen Quellen ziehen. So bestätigt die Emtmannsberger Gemeindechronik von Pfarrer WILFERT – was auch Weidenberger Zeitzeugen bestätigen – , dass HOFFMANN eine D.C.-Gemeinde im nah gelegenen Seybothenreuth gründen konnte.[110] Dies war auch mit ein Anlass, dass sich im angrenzenden Emtmannsberg damals die meisten Gemeindeglieder von Hoffmanns D.C. abgrenzten. Bei der Konfirmation 1935 schlossen sie sich durch Unterschrift zu einer **Bekenntnisgemeinde** zusammen.

Eine weitere Quelle, um sich ein Bild vom Wirken der D.C. zu machen, sind die Spruchkammerakten der unmittelbaren Nachkriegszeit, die heute als Teil des Archivgutes des Staatsarchivs Bamberg in Coburg ausgelagert sind. Eine D.C.-Mitgliedschaft galt wegen ihrer weltanschaulichen Implikationen nach dem Krieg als Anklagegrund. In diesen Akten finden sich Klagevorwürfe gegen einzelne Söhne aus eingesessenen Weidenberger Familien, insbesondere aus einem Autohaus, mit dem HOFFMANN als Autobesitzer eine Kundenbeziehung pflegte.

Einer dieser Söhne, als glänzender Motorradfahrer zugleich Truppführer des örtlichen NSKK, lässt uns mit seiner Aussage einen gewissen Einblick in Hoffmanns Wirken und in die Geschichte der Bayreuther D.C. tun:

Von Hoffmann für die D.C. geworben:
NSKK-Führer CHRISTOPH K.

„In diesen Verein kam ich einfach dadurch, dass unser früherer Ortspfarrer Hoffmann, der häufig als unser Kunde in die Werkstatt kam, für diese Sache eintrat und selbst Mitglied war. Ich besuchte einige Zusammenkünfte der D.C. und muss sagen, dass dort nur von Christus, Luther, vom Zusammenschluss der beiden großen Kirchen, von der Trennung der Politik von der Kirche etc. gesprochen wurde. Es wurden Kirchenlieder gesungen und gebetet, sodass ich bestimmt nichts Arges dahinter vermuten konnte und ich schließlich Mitglied wurde. Kurz nach meinem Eintritt flaute mein Interesse schon ab, als ich erfuhr, dass sich die Herren der Leitung nicht einmal einig waren, was sie wollen und den Verein in einzelne Richtungen zerpflückten. Es wurde dann eine Zeitlang still um die D.C., später sollte man sich für eine der Richtungen erklären, was ich aber nicht tat. Ich glaubte, meine Mitgliedschaft wäre damit erloschen, erstaunte dann aber sehr, als man mir später eine Beitragsrechnung

[110] WILFERT, Emtmannsberg, S. 404.

über mehrjährige Rückstände ins Feld schickte, die ich ebenfalls unbezahlt und unbeantwortet ließ. Das Kapitel D.C. war für mich schon lange vor Kriegsbeginn abgetan. Ich erkläre hier nochmals, dass ich nie aus der Kirche ausgetreten war.“[111]

D.C. und Kirche wurden also von vielen Gemeindegliedern nicht als Widerspruch und Hoffmanns Agitation nicht als ideologisch empfunden. Diese Zurückhaltung Hoffmanns überrascht und legt die Frage nahe, ob die beiden so gegensätzlichen Pfarrer, die hier am selben Ort Dienst taten, um des Friedens in der Gemeinde willen vielleicht Absprachen getroffen haben. Diese Frage wird weiter unten noch ausführlicher zu besprechen sein.

Ebenfalls klingt in der Aussage eine Entwicklung bei Hoffmanns Bayreuther D.C.-Ortsgruppe an, die sich zu Ende des Jahres 1936 ergibt: Nachdem die D.C. in Bayern praktisch kapituliert und sich der Kirchenleitung weitgehend untergeordnet haben, schließt HOFFMANN sich an die radikalere Thüringer Richtung der D.C. an. Der Zeitzeuge hat dies als Richtungsstreit innerhalb der D.C. wahrgenommen und als ihr Ende interpretiert, um dann überrascht festzustellen, dass die D.C.-Strukturen noch bis in die Kriegszeit hinein weiter funktionierten. Dies bestätigt auch HOFFMANN selbst, der im Januar 1938 Leiter der „D.C.-Gaugemeinde Bayerische Ostmark“ wird. Damit ist er für nicht weniger als das gesamte riesige, bevölkerungsmäßig heterogene Gaugebiet verantwortlich, das seit 1933 über Oberfranken hinaus weit nach Südosten in die Oberpfalz und nach Niederbayern bis zur tschechischen Grenze verlief.[112]

Resignation nach dem Kirchenkampf

Doch bereits einige Monate später wirft HOFFMANN das Handtuch. Resigniert zieht er sich gänzlich aus der aktiven D.C.-Arbeit zurück. Er zeigt sich vom Widerstand der Bayreuther Kollegen und Gemeinden und vom Abwärtstrend der D.C., der nach dem Höhepunkt des Kirchenkampfes 1937 unverkennbar ist, zermürbt. Auch leidet er unter dem zunehmenden Richtungsstreit der bayerischen D.C.-Gemeinden und ihrer Zersplitterung und Marginalisierung.

Es ist dasselbe Jahr, in dem sein Kollege REDENBACHER die Lessauerin MARGARETE SCHILLING darin unterstützt, auf der Weidenberger Bocksleite ihr eindrückliches Bekenntnismarterl aufzustellen, welches das „Leitfossil“ des Geschichtsprojektes „MYRTEN FÜR DORNEN“ bildet; es verkündet mit starken Bildworten Gottes Triumph über Tyrannei und Unglauben.

---

[111] Aus dem Spruchkammerverfahren gegen KIEẞLING, HANS *26.4.05, Staatsarchiv Coburg K 46.

[112] 1942 in „Gau Bayreuth“ umbenannt.

HOFFMANN bleibt aber weiterhin D.C.-Mitglied. Bis in Jahr 1939 hinein übt er als D.C.-Verkünder und Pädagoge einen Nebenjob auf der Übungsschule für Lehrer in Bayreuth aus. Gemeinsam mit dem Coburger Pfarrer LOCHNER schließt HOFFMANN sich 1939 dann der „Gesamtgemeinde Franken" (Dr. BEER) an, welche die Loslösung von der Landeskirche betreibt. Am 23. August 1939 meldet er sich, obwohl er inzwischen schon 50 (!) Jahre alt ist, als Offizier zum Heeresdienst.

Das oben abgedruckte Foto mit Pfarrer HOFFMANN in Uniform ist das einzige Bilddokument, das die Gemeinde über diesen Pfarrer besitzt. Es löst bei den Betrachtern stets Fragen aus, insbesondere diese: Wieso lässt sich ein Pfarrer als Wehrmachtsoffizier abbilden? Für HOFFMAN war dieser Schritt zum Militär wie eine Erlösung aus einer Sackgasse, in die er sich in seinem Widerstandswillen gegen die Kirchenleitung selbst manövriert hatte; es ist die Wiederholung eines ähnlichen Schrittes, den er schon einmal im September 1914 fluchtartig vollzogen hat. Damals war das kaiserliche Militär Hoffmans Fluchtpunkt aus einer persönlichen Beziehungskrise; sie hatte seinerzeit zum Bruch seines Verlöbnisses geführt.

Trotzige Sturheit und wehleidige Resignation, gewinnende Kommunikation und beißende Abweisung, spontane Begeisterung und überhastete Flucht, – zwischen diesen Polen zeigt sich HOFFMANN in seinem Verhalten als Theologe und Mensch. Und so widersprüchlich bleibt er in seinem Verhalten auch nach dem Krieg, bis er Ruhe findet ausgerechnet im Dienst der bis dahin von ihm bekämpften katholischen (!) Kirche. Eine Ironie der Geschichte: Er wird bestattet von einem *katholischen* Geistlichen.

Schon der Kirchenhistoriker BAIER hatte ja oben bei HOFFMANN diese „merkwürdige Mischung" diagnostiziert und ihr versuchsweise die Gefühle von „leidenschaftlicher Heftigkeit und pietistischer Weichheit" zugeordnet. Das macht auch uns vielleicht neugierig und lässt uns fragen: Wer war THEODOR HOFFMANN wirklich, was war seine „Mitte", sein Personkern?

Lange Zeit verschlossene Personalakten

Erstaunlicherweise findet man trotz seiner erfolgreichen Tätigkeit *gegen* seinen Brötchengeber, die Bayer. Evang. Landeskirche, in Wikipedia und überhaupt im Internet fast nichts über die Person THEODOR HOFFMANN. Auch in gedruckten Untersuchungen begegnet man ihm meist nur in den Fußnoten, und diese sind zum Teil unkorrekt. Eine wissenschaftliche Arbeit über ihn existiert noch nicht.

Das hängt sicher auch damit zusammen, dass Hoffmanns Personalakten für frühere Untersuchungen lange Zeit nicht zugänglich waren, und das wiederum hatte seinen Grund darin, dass sein Todesdatum unbekannt war und in den Akten auch bis heute nicht vermerkt ist. Da HOFFMANN bereits 1943 ganz aus seiner Kirche ausgetreten ist und es nach dem Krieg nur noch zu einem kurzen Intermezzo für eine mögliche Wiedereinsetzung in den evangelischen Kirchendienst kam, hatte die Evangelische Landeskirche bislang nur wenige Erkenntnisse über seinen weiteren Weg und besaß keine Informationen über sein Lebensende. Seit Hoffmann zur Katholischen Kirche übergetreten war, ist sein Personalakt bei der Evang.-Luth. Landeskirche nicht weitergeführt worden. Aber auch in den Akten im katholischen Diözesanarchiv finden sich überraschenderweise keine Angaben über seinen Tod.

Bei unbekanntem Todesdatum erlischt aber die Schutzfrist für personenbezogene Daten erst 110 Jahre (!) nach Geburt der betreffenden Person, das war also im Jahr 1998; erst seitdem sind die HOFFMANN-Akten für historische Recherchen zugänglich.

Hätte man verbindlich sein tatsächliches Todesdatum (1967) gekannt, hätte man aber auch nur ein Jahr früher Einsicht erlangen können, denn diese primäre Schutzfrist erlischt erst 30 Jahre nach dem Tod. Das Datum des Todes ist durch „MYRTEN FÜR DORNEN“ jetzt bekannt. Zeugen, die HOFFMANN persönlich kannten, haben dem Autor schriftlich gemeldet, dass er am 1. Juni 1967 in Haunstetten im Alter von 79 Jahren verstorben und dort beigesetzt ist. Doch hat es seitdem anscheinend keine größeren wissenschaftlichen Anfragen zu seiner Person gegeben. So stellt dieses vorliegende Projekt wohl den ersten wissenschaftlichen Versuch dar, der bisher eher schemenhaften Erscheinung von THEODOR HOFFMANN klare Konturen zu verleihen.

Was existiert dafür an Quellen, nachdem das Pfarramt Weidenberg seinen Aktenbestand schon vor längerer Zeit an das Landeskirchliche Archiv in Nürnberg abgegeben hat? Vor Ort stehen für die Recherchen nur wenige relevante Zeugnisse zur Verfügung: die oben veröffentlichte Fotografie, die kurze Angaben in der Kirchenbeschreibung seines Nachfolgers, die Kirchenbücher über Hoffmanns Amtshandlungen und das Protokollbuch des Kirchenvorstandes. Dazu kommen einige vage Aussagen von Weidenberger Zeitzeugen.

Bisherigen Untersuchungen tragen in ihren Angaben über HOFFMANN nicht allzu viel aus, können aber jetzt überprüft werden. Dagegen offenbaren sich nun als aufschlussreichstes Quellenmaterial die umfangreichen Personalakten Hoffmanns im Landeskirchlichen Archiv[113]. Der bestürzende Hintergrund für Hoffmanns Zuwendung zum Nationalsozialismus und für seine Agitation für die D.C. offenbart sich in aller Klarheit und offenbart damit eine gänzlich unerwartete Facette des damaligen „Kirchenkampfes“ in Oberfranken.

---

[113] Insbesondere drei Bestände sind relevant: LKR 51202 (Akten des Königl. Prot. Oberkonsistoriums: Der Geistliche HOFFMANN, THEODOR, H num: 23), H 207 (Personalakt HOFFMANN, THEODOR *04.12.1888) und LKR 2452/2 (beige).

Daneben verrät auch die Einsicht in Hoffmanns Spruchkammerakt[114] vieles von seiner eigenen Sichtweise und Selbsteinschätzung. Wichtig sind darüber hinaus auch die Erinnerungen und Fotos von Zeitzeugen aus seiner Augsburger Zeit. Sie vermitteln uns teilweise völlig neue und unerwartete Einsichten über die Person Hoffmanns und lassen uns ein sehr differenziertes Bild seiner Persönlichkeit gewinnen. So ahnt man auch die geistlichen und menschlichen Beweggründe für seine damaligen Aktivitäten.

Als Hauptzeugin aus Hoffmans Augsburger Zeit ist dankenswerterweise die Familie DÜRR in Haunstetten auf den Verfasser zugekommen. Ihr rühriger Vorfahr JOHANN MATTHIAS KASTENHUBER hat als Mesner zur Zeit von Pfarrer HOFFMANN an der Haunstettener Kirche Dienst getan. Informationen und Fotos dieser Familie helfen auf sehr verblüffende Weise weiter zur Frage: Wer war THEODOR HOFFMANN? – Doch schauen und hören wir uns zunächst vor Ort in Weidenberg um.

Ein Foto, das viel verrät

Betrachtet man das oben auf S. 148 abgedruckte einzige Foto, das von THEODOR HOFFMANN in Weidenberg offiziell existiert und das in der Sakristei der St. Michaelskirche die Galerie der Pfarrer fortsetzt, so fällt jedem als erstes natürlich die Uniform auf. Sie hebt sein Portrait von den Bildern der anderen Pfarrkollegen ab und zeigt ihn als Offizier der Wehrmacht Hitlers im Leutnantsrang. Das Foto stammt aus der Zeit zwischen 1939 und 1942. Zu dieser Zeit stand HOFFMANN noch im Dienst der Bayerischen Landeskirche; er war noch der offizielle Inhaber der I. Pfarrstellen in Weidenberg. Aber er war bereits zum Kriegsdienst beurlaubt und im Heer aktiv.

Nachrichten über Pfarrer, die mit der Waffe gedient und vielleicht sogar gefallen sind, gibt es aus vielen Gemeinden; ihre Zahlen liegen für die Evang.-Luth. Landeskirche in Bayern im unteren dreistelligen Bereich, sind aber keineswegs so selbstverständlich, wie die meisten (auch Forscher!) annehmen. Denn es ist immer zu bedenken, dass katholische und evangelische Pfarrer zwar auch der allgemeinen Wehrpflicht unterlagen, aber aufgrund des Reichskonkordats Hitlers mit dem Heiligen Stuhl bzw. der konfessionellen Gleichbehandlung in der Regel nur dann eingezogen wurden, wenn sie selbst es wünschten und/oder wenn ihre Kirchenleitung sie freigab.

Dass die Kirche überhaupt Geistliche für den Kriegsdienst mit der Waffe freigab, war ohnehin ein Novum. Noch im I. Weltkrieg durften Pfarrer nur ohne Waffe als Feldgeistliche oder im Lazarett Dienst tun; anderenfalls mussten sie ihren Dienst quittieren, wie auch Pfarrer HOFFMANN leidvoll als Vikar zu spüren bekommen hatte. Doch war im II. Weltkrieg das Volk durch die permanente Propaganda so aufge-

[114] Spruchakt HOFFMANN, THEODOR *04.12.1888, Staatsarchiv Coburg H 204.

putscht, dass viele es kaum verstanden hätten, wenn sich Pfarrer dem Dienst mit der Waffe verweigert hätten.

So kam es fast zu einem makabren Wettbewerb zwischen Pfarrern der D.C. und solchen aus der Bekennenden Kirche, wer sich im Feld als der Tapferste erweist und damit für sein Volk aus moralischem Pflichtgefühl das überzeugendere Opfer bringt.

Pfarrer bei den Soldaten trotz Freistellung vom Wehrdienst

Dieser militaristische Eifer mutet im Rückblick seltsam an, denn die Geistlichen waren eigentlich durch eine wenig bekannte interne Entscheidung der NSDAP vom Dienst mit der Waffe freigestellt. Es handelt sich um das streng vertrauliche Rundschreiben von Reichsleiter MARTIN BORMANN vom 7. Mai 1941 an alle Gauleiter. Es spricht genau diesen neuralgischen Punkt an[115], indem es nämlich unter dem Betreff „Freistellung Geistlicher vom Wehrdienst" die Anweisung einschärft, dass *überhaupt keine evangelischen Pfarrer zum Kriegsdienst eingezogen werden* sollen. Diese Anweisung ist in der Forschung bislang nirgends diskutiert, hat aber weitreichende Implikationen. Denn BORMANN bestätigt in diesem Schreiben, dass damals **allein die Kirchen für die Freistellung ihrer Geistlichen zuständig** waren. Er unterstellt den Kirchen, sie verfolgten, indem sie ihre Geistlichen zum Kriegsdienst drängten, eine bewusste Taktik, um zu beweisen, *„dass die Geistlichen nicht Gegner des Nationalsozialismus sein könnten, weil eine so große Zahl von ihnen für das*

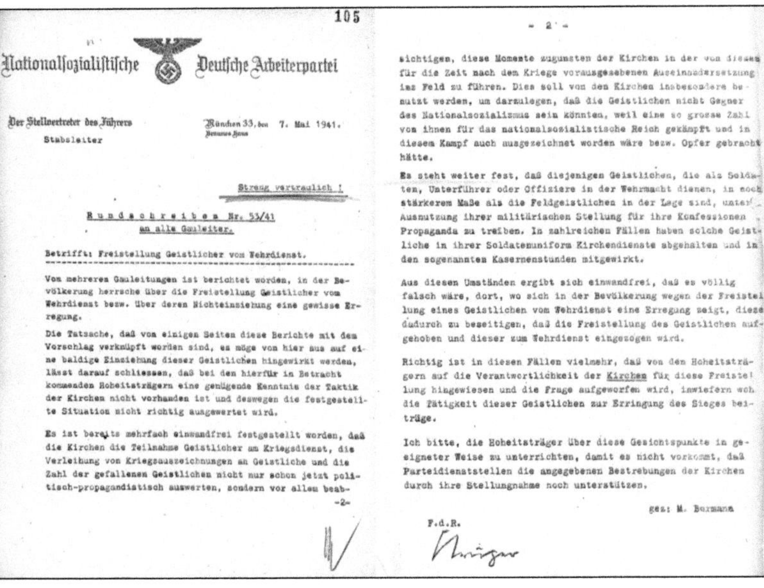

105

Nationalsozialistische Deutsche Arbeiterpartei

Der Stellvertreter des Führers
Stabsleiter

München 33, den 7. Mai 1941.
Braunes Haus

Streng vertraulich !

Rundschreiben Nr. 53/41
an alle Gauleiter.

Betrifft: Freistellung Geistlicher vom Wehrdienst.

Von mehreren Gauleitungen ist berichtet worden, in der Bevölkerung herrsche über die Freistellung Geistlicher vom Wehrdienst bezw. über deren Nichteinziehung eine gewisse Erregung.

Die Tatsache, daß von einigen Seiten diese Berichte mit dem Vorschlag verknüpft worden sind, es möge von hier aus auf eine baldige Einziehung dieser Geistlichen hingewirkt werden, lässt darauf schliessen, daß bei den hierfür in Betracht kommenden Hoheitsträgern eine genügende Kenntnis der Taktik der Kirchen nicht vorhanden ist und deswegen die festgestellte Situation nicht richtig ausgewertet wird.

Es ist bereits mehrfach einwandfrei festgestellt worden, daß die Kirchen die Teilnahme Geistlicher am Kriegsdienst, die Verleihung von Kriegsauszeichnungen an Geistliche und die Zahl der gefallenen Geistlichen nicht nur schon jetzt politisch-propagandistisch auswerten, sondern vor allem beab-

-2-

- 2 -

sichtigen, diese Momente zugunsten der Kirchen in der von diesen für die Zeit nach dem Kriege vorausgesehenen Auseinandersetzung ins Feld zu führen. Dies soll von den Kirchen insbesondere benutzt werden, um darzulegen, daß die Geistlichen nicht Gegner des Nationalsozialismus sein könnten, weil eine so grosse Zahl von ihnen für das nationalsozialistische Reich gekämpft und in diesem Kampf auch ausgezeichnet worden wäre bezw. Opfer gebracht hätte.

Es steht weiter fest, daß diejenigen Geistlichen, die als Soldaten, Unterführer oder Offiziere in der Wehrmacht dienen, in noch stärkerem Maße als die Feldgeistlichen in der Lage sind, unter Ausnutzung ihrer militärischen Stellung für ihre Konfessionen Propaganda zu treiben. In zahlreichen Fällen haben solche Geistliche in ihrer Soldatenuniform Kirchendienste abgehalten und in den sogenannten Kasernenstunden mitgewirkt.

Aus diesen Umständen ergibt sich einwandfrei, daß es völlig falsch wäre, dort, wo sich in der Bevölkerung wegen der Freistellung eines Geistlichen vom Wehrdienst eine Erregung zeigt, diese dadurch zu beseitigen, daß die Freistellung des Geistlichen aufgehoben und dieser zum Wehrdienst eingezogen wird.

Richtig ist in diesen Fällen vielmehr, daß von den Hoheitsträgern auf die Verantwortlichkeit der Kirchen für diese Freistellung hingewiesen und die Frage aufgeworfen wird, inwiefern noch die Tätigkeit dieser Geistlichen zur Erringung des Sieges beiträge.

Ich bitte, die Hoheitsträger über diese Gesichtspunkte in geeigneter Weise zu unterrichten, damit es nicht vorkommt, daß Parteidienststellen die angegebenen Bestrebungen der Kirchen durch ihre Stellungnahme noch unterstützen.

gez: M. Bormann

F.d.R.

Die Kirchen sind verantwortlich für die Freistellung der Geistlichen vom Wehrdienst: Geheimerlass von NSDAP-Reichsleiter BORMANN 1941

[115] Bundesarchiv Berlin: Rundschreiben Nr. 53/41 des Stellvertreters des Führers und Stabsleiters der NSDAP (Martin Bormann) vom 7. Mai 1941.

nationalsozialistische Reich gekämpft und in diesem Kampf auch ausgezeichnet worden wäre bzw. Opfer gebracht hätte."

Wenn also die NS-Parteiführung den Wehrdienst von Pfarrern damals klar ablehnt (!) und ihren Gauleitern und zuständigen Ortsgruppenleitern entsprechende Weisungen gibt, erhebt sich umso mehr die Frage, **warum die Kirche dennoch ihre Geistlichen zum Kriegsdienst freigab oder manchmal sogar dazu drängte.**[116] Hätte sie nicht grundsätzlich gegen die Einberufung von Pfarrern protestieren müssen?

Auch Pfarrer HOFFMANN hat für seinen Wiedereintritt ins Heer die Zustimmung seiner Kirche. Wir sehen in ihm also einen Militär „aus Überzeugung", dessen persönlicher Entscheidung die Kirche sicher aus Eigennutz nicht widersprechen wollte. Sie war im Gegenteil wohl froh, auf diese Weise einen wirkungsvollen D.C.-Strategen endlich los zu sein. Sein Vorgesetzter Dekan AMMON stellt ihm jedenfalls am 26. Februar 1940 in bewusster Übertreibung das dienstliche Zeugnis aus, HOFFMANN sei „mit Leib und Seele Soldat", „voll rastloser Hingabe für Führer und Volk". Fast entschuldigend vermutet der Dekan in dieser hingabebereiten, militärischen und Hitler-fixierten Einstellung Hoffmanns auch das Hauptmotiv, warum er zu den D.C. gekommen sei. Doch erweist sich diese Deutung durch unsere Recherchen als unsinnig.

AMMON war anscheinend das tatsächliche Geheimnis von Hoffmanns Zuwendung zum Nationalsozialismus und zu den D.C. unbekannt. Wie unsere Untersuchung zeigt, wurzelt Hoffmanns Engagement ja nicht in seinem ideologischen Fanatismus, wie man bisher annahm. sondern erwächst aus einer ganz anderen Ursache, nämlich aus seinem Trotz gegen Kirchenleitung und Landesbischof. HOFMANN will Rache üben, denn er betrachtet seine Versetzung nach Weidenberg als Strafe, und er wertet ihre Begründung mit dem „Sittlichkeitsempfinden der Gemeinde" als Fehlurteil des Landesbischofs gegenüber seiner untadeligen Person.

---

[116] Vergl. weiter unten die Bemerkungen zu den skandalösen Fällen KARL STEINBAUER und WALTER SEILER (Emtmannsberg). - In gleicher Weise muss für eine zukünftige Erinnerungskultur auch das Ergehen mindestens vier weiteren widerständigen Pfarrern im Dekanat Bayreuth untersucht werden: THEODOR DIEGRITZ (Gesees), PETER HUPFER (Heinersreuth), WOLFGANG NIEDERSTRAßER (Warmensteinach) und OTTO RENNER (Neudrossenfeld), die ein vergleichbares Schicksal erlitten. (vergl. auch LIESA WEBER, S. 170ff). Nach der Faktenlage in Bormanns Rundschreiben besteht der dringende Verdacht, dass die Kirchenleitung diese (und mit ihnen weitere Pfarrer aus anderen Dekanaten) bewusst fallen ließ, um sich ihrer kritischen Stimmen zu entledigen und dem Staat weniger Angriffsflächen zu bieten.

Beschönigend sprachen die Vorgesetzten damals davon, man habe die widerständigen Geistlichen „aus der Schusslinie bringen" wollen, doch wohin wollte man sie wirklich bringen und mit welchem Ergebnis? Im Fall NIEDERSTRAßER begrüßte die Kirchenleitung die Einberufungen sogar als „Erziehungsmittel", das helfen sollte, den Pfarrer von seinem „Privatkrieg", wie man seinen Widerstand nannte, abzubringen.

HOFFMANN weiß, dass er mit seinem D.C.-Engagement Bischof MEISER an einer empfindlichen Stelle treffen kann, nämlich seinem strategisch geführten Kampf gegen Hitlers trojanisches Pferd zur Kirchen-Gleichschaltung, die „Deutschen Christen". Dieser spannende Sachverhalt von Hoffmanns eigentlicher Motivation muss deshalb im Folgenden noch eingehend besprochen werden, denn er wirft ein ganz eigenes Licht auf die Kirchenkampfzeit.

Im Dienstverkehr sei HOFFMANN aber „einwandfrei geblieben", erklärt der Dekan ein wenig schmeichlerisch angesichts von Hoffmanns unverfrorener Dickköpfigkeit. Er bestätigt ihm die dienstliche Gesamtbenotung mit „III = gut".

Betrachten wir das oben abgedruckte Portraitfoto aber noch genauer: Wir schauen auf Hoffmanns ernstes Gesicht mit der hohen Stirn und dem kurzen militärischen Haarschnitt. Zweierlei fällt wohl jedem gleich auf: der „Schmiss" an der rechten Wange, und das typische „Hitlerbärtchen". Letzteres hat er aber, wie ältere Fotos verraten, schon vor 1933 getragen. Eine Verbindung zu HITLER wäre also konstruiert.

Die bewusst nur grob vernähte Narbe dagegen verrät den fechtenden Studenten, der auf diese Wunde stolz ist. Wir haben es also mit einer Person zu tun, die sich als Student auf dem „Paukboden" betätigt hat. Seit den freiheitlichen Aufbrüchen des 19. Jahrhunderts war diese eher sportliche Form des Duells bei den Burschenschaften und Korpsstudenten beliebt.

Tatsächlich erfahren wir aus Hoffmanns Biographie, dass er von 1908-1912 in Erlangen und Leipzig studiert hat und Mitglied der schlagenden Studentenverbindung „Bubenruthia" war. Studentisches Fechten war bei Theologiestudenten sonst eher die Ausnahme. Viele andere Theologen, wie etwa sein Weidenberger Kollege GEORG REDENBACHER, hatten sich bewusst nicht-schlagenden Verbindungen angeschlossen, weil sie das Blutvergießen bei der Mensur als unchristliche Handlung verurteilten.[117]

D.C.- und Bekenntnispfarrer am selben Ort – kann das gutgehen?

Obwohl REDENBACHER bei diesem Thema Mensur seinen eigenen Fanatismus hatte – er hatte sich sowohl in seinem früheren Pfarrkapitel in Schottenstein, als auch in Bayreuth mit seinen Kollegen immer wieder angelegt und die Mensurfreunde in den Reihen der Pfarrer heftigst angegriffen und hatte sich so auch manche Feinde gemacht; ferner stellte sich REDENBACHER bald deutlich auf die Seite der Bekennenden Kirche und setzte sich gegen den Druck der D.C. kräftigt zur Wehr – kam er doch mit

[117] Vergl. den „Mensurstreit" (1911) im Kapitel *„Ein Visionär, der den Gebrauch todbringender Waffen stigmatisiert"* in Folge 2 des Projektes „MYRTEN FÜR DORNEN – Licht und Schatten der neuen Zeit", S. 27-31.

seinem Kollegen HOFFMANN trotz seiner völligen wesensmäßigen Gegensätzlichkeit erstaunlich gut zurecht, ja, REDENBACHER galt sogar als der einzige Pfarrer im Kapitel, der mit HOFFMANN überhaupt redete und einen persönlichen Kontakt unterhielt.

Dass man mit HOFFMANN durchaus auskommen konnte, bestätigen auch manche Zeitzeugen. HOFFMANN galt in Weidenberg keineswegs als fanatisch, eher als leutselig und harmlos, ein „Blümchenprediger". Auch betrieb er die Verwaltung des Pfarramtes, die ihm oblag, umsichtig und ordentlich, sodass REDENBACHER, der die Verwaltungstätigkeit gar nicht schätzte, in den Zeiten von Hoffmanns Anwesenheit in dieser Hinsicht entlastet war.

Übrigens hatten die beiden Geistlichen auch sonst noch einige Gemeinsamkeiten: Sie waren z.B. beide recht musikalisch und übten dies auch praktisch aus. Nach einem Aktenvermerk konnte THEODOR HOFFMANN folgende Instrumente spielen: Klavier, Harmonium, Trompete, Waldhorn und Gitarre. Über Redenbachers musische Begabung informiert das Kapitel *„Geschichten vom Pfarrer Redenbacher"* weiter unten in der vorliegenden Folge des Projektes „MYRTEN FÜR DORNEN". Auch ihre Körpergröße war ähnlich, nämlich groß, allerdings in der Statur gegensätzlich: HOFFMANN war eher schlank, von den Ideen und Verhaltensweisen der Lebensreformbewegung geprägt: Er bevorzugte vegetarisches Essen und naturnahe Lebensformen. REDENBACHER dagegen zeigte auch äußerlich, dass er eine deftige Mahlzeit schätzte.

Beide benötigten auf der Kanzel kein Mikrofon, ihre Stimmen war recht kräftig. Und beide waren auch praktisch begabt, HOFFMANN mehr bei technischen Geräten – hier verrät er den Ingenieur, den er zunächst als Studium und Beruf ins Auge gefasst hatte - REDENBACHER mehr beim Gartenbau und im Umgang mit Pflanzen und Tieren und bei seinem Lieblingshobby, der Malerei.

Letztlich verband beide auch theologisch wohl mehr, als sie trennte, nämlich ihre eher schlichte Frömmigkeit: Während HOFFMANN nie seine pietistischen Wurzeln verleugnete, kam GEORG REDENBACHER, wie schon sein Großvater WILHELM, von der Praxis der volkskirchlichen Erbauung her und versuchte, von hier aus das Gemüt der Menschen anzusprechen. Beim Predigen machte der sprachgewaltige REDENBACHER mit seinen ausschweifenden, gefühlsbetonten und mit der Literatur und Geschichte vertrauten Reden allerdings mehr her, bei ihm war die Kirche meist auch voller als beim Kollegen, während HOFFMANN eher schlicht und praktisch predigte. Wegen seiner verkündigenden Erzählungen, die er zur Veranschaulichung gern eingestreute, wurde HOFFMANN in Weidenberg auch ein wenig abschätzig der „Geschichtlespfarrer" genannt.

Bleibt als optischer Hauptunterschied noch Hoffmanns „Hitlerbärtchen". REDENBACHER war zumindest in seiner Weidenberger Zeit bartlos. Als junger Erwachsener und als Feldgeistlicher im Ersten Weltkrieg trug allerdings auch er ein schmales Oberlippenbärtchen.

Es lässt sich natürlich nicht wirklich feststellen, ob es sich bei Hoffmanns Wahl der Gesichtszier nur um eine zufällige Ähnlichkeit zu HITLER handelt, oder ob es tatsächlich eine Verbeugung vor dem „Führer“ sein sollte; denn ihn, seinen „Führer“, pries HOFFMANN zumindest nach Hitlers Machtergreifung stets hoch. Und in einem Zeitungsartikel zur Reformation 1935 verglich er ihn wegen seiner Bedeutung für das „deutsche Herz“ sogar mit MARTIN LUTHER (s.u. S. 180 UND 237). Er setzte HITLER allerdings nie mit Gott oder Jesus gleich, wie es viele andere Deutsche auch aus pietistisch-kirchlichen Kreisen schon bald nach 1933 taten.

Würde man aber nun vermuten, dass sich hinter Hoffmanns hitlerbartgeschmücktem Soldatenbild eine zackige, autoritäre Krieger-Persönlichkeit verbirgt, würde man sich gewaltig täuschen. Tatsächlich war HOFFMANN, wie schon oben bereits erwähnt, geprägt von der Lebensreformbewegung der 1920-er Jahre, die auch unter der Jugend verbreitet war. Sie suchte im Umgang mit Mensch und Natur einen neuen Ansatz und distanzierte sich vom elitären und autoritären Gehabe der Kaiserzeit.

HOFFMANN war also entgegen dem Foto kein Militarist. Unter den Zeitzeugen, welche beide Pfarrer damals im Schulunterricht erlebten, behaupten zwar einzelne, HOFFMANN habe in militärischer Uniform unterrichtet, und er habe seinen Schülern einmal auch die Unterseite seiner Stiefel gezeigt, der Steg zwischen Sohle und Absatz sei sorgfältig schwarz eingecremt gewesen, will sagen: Er sei tatsächlich ein zackiger Krieger gewesen.

Anderseits bekennen andere, dass sie lieber bei HOFFMANN, als bei REDENBACHER im Unterricht waren. REDENBACHER sei ein sehr strenger Pfarrer gewesen, der auch Schläge ausgeteilt habe. HOFFMANN sei weniger streng gewesen, ja, in mancher Beziehung sogar bewusst antiautoritär, er habe die Kinder zu Selbstständigkeit und Mündigkeit erziehen wollen. Während REDENBACHER manchmal über die Köpfe der Kinder hinweg unterrichtete, wie Vorgesetzte und Zeitzeugen bekräftigen, wollte HOFFMANN mit seinem Unterricht lebensnah sein. Bei ihm mussten die Schüler und Konfirmanden auch weniger auswendig lernen. Auch scheint Pfarrer HOFFMANN im Unterschied zu manchen anderen als Nazis bekannten Lehrern in Weidenberg auf eine bewusste Indoktrination der Kinder im Sinn der nationalsozialistischen Weltanschauung ganz verzichtet zu haben.

Jedenfalls hört man über HOFFMANN als Pfarrer in der Gemeinde bis heute wenig Kritisches, außer der einen, aber vielleicht vielsagenden Bemerkung, er sei „kein richtiger Pfarrer“ gewesen. Demgegenüber wird von seinem Kollegen REDENBACHER bis heute gern und mit einer gewissen Betonung gesagt: „Das war noch ein richtiger Pfarrer."

Vielleicht hat Hoffmanns Art der Zuwendung die letzte überzeugende pastorale Präsenz und Verbindlichkeit gegenüber den Menschen gefehlt, die die Gemeindeglieder bei seinem Kollegen REDENBACHER stets zu spüren meinten. Vielleicht empfand HOFFMANN diese Defizite aber auch selber und er war deshalb seiner Kirchenleitung gegenüber so sensibel. Er beantragte ja mehrmals, wenn auch vergeblich, die Versetzung auf eine andere Stelle, u.a. auch als Religionslehrer. Vielleicht war ein Hintergrund nicht nur sein Ärger über die Kirchenleitung, sondern das Gefühl der eigenen Begrenztheit. Und vielleicht hat er auch aus diesem Gefühl heraus dann schließlich seinen Dienst in der Landeskirche gänzlich quittiert und mit seinem Kirchenaustritt gekrönt.

So bleibt es ein bisschen auch ein Geheimnis, wie HOFFMANN trotzdem zeitweilig so viele Menschen in seiner Bayreuther D.C.-Gemeinde sammeln und ansprechen konnte, wie es Historiker und Zeitzeugen berichten – es wird ja von 500 geworbenen Gemeindegliedern bereits nach einem Monat und von Gottesdiensten und Veranstaltungen mit mehreren Hundert Menschen gesprochen![118]

Die Literatur zeichnet ein negatives Hoffmann-Bild

So ist es nicht einfach, dem Theologen und Menschen THEODOR HOFFMANN gerecht zu werden. Liest man nur die Anmerkungen über ihn in den großen Werken über den Kirchenkampf in Bayern – z.B. beim oben schon genannten HELMUT BAIER, – so ist man schnell geneigt, HOFFMANN als „typischen D.C.-Pfarrer" einzuordnen und als „Störenfried" der Kirche abzuurteilen. Aber ebenso groß ist leider auch die Gefahr, Hoffmanns beredten Selbstdarstellungskünsten auf den Leim zu gehen, mit denen er sich stets als „missverstandenes und unbrüderlich behandeltes Opfer der Bayerischen Landeskirche" darzustellen weiß. Mit solchen Selbstfreisprüchen versuchte HOFFMANN gern, seine offen zur Schau getragene Begeisterung für den Nationalsozialismus und die D.C. nachträglich zu kaschieren.[119]

Hoffmanns Frontstellung gegenüber den Spitzen der Bayerischen Landeskirche fällt natürlich auf: Bereits am 9. April 1934 hatte er, wie BAIER im Anhang seines Buches zeigt, eine Erklärung von D.C.-Pfarrern mit unterschrieben, die nicht weniger

[118] Aas, Weltanschauungskampf, S. 19 u.ö.

[119] Vergl. dazu auch den oben bereits genannten Spruchakt HOFFMANN, THEODOR *04.12.1888, Staatsarchiv Coburg H 204.

als den Rücktritt des Landesbischofs und des gesamten Landeskirchenrates und die Durchsetzung der Reichskirche auch in Bayern forderte.

Deutlich wird aber auch, dass der Kirchenkreis Bayreuth der aggressiven Propagandatätigkeit der D.C., die sich bald über ganz Franken erstreckte und insbesondere die Gebiete um Bayreuth und Coburg als ihr besonderes „Missionsfeld" sah, von Anfang an großen Widerstand entgegensetzte. So lehnte man den von HITLER inthronisierten D.C.-Reichsbischof deutlich ab und versagte sich in Bayreuth konsequent seinen Auftritten. Jegliche Versammlungen kirchlich-konfessionellen Charakters waren ohnehin verboten. Darüber hinaus wies der mutige Bayreuther Kreisdekan, Oberkirchenrat KARL PRIESER, Ende 1934 seine Dekanate und Pfarrämter expressis verbis an, dem Reichsbischof auch die Kirchen verschlossen zu halten: „ *... Solche Gottesdienste sind ihm also, gegebenenfalls unter Anrufung des polizeilichen Schutzes unter Hinweis auf mögliche Störungen, zu untersagen ...“*

Kritisch hervorgehoben wird in der Literatur auch, dass D.C.-Pfarrer – und damit ist in erster Linie HOFFMANN gemeint – ohne Erlaubnis Amtshandlungen in anderen Gemeinden vornahmen. So hat HOFFMANN nicht nur die geschilderten Konfirmationen durchgeführt, sondern unter Missachtung der Zession auch andere Kasualhandlungen wie Taufen, Trauungen oder Bestattungen vorgenommen, z.B. am 8. Januar 1936 in Bayreuth die Beerdigung eines SA-Sturmführers. Weil durch diese Einbrüche in die Gemeindezuständigkeit Spannungen bis in die Familien getragen und in mehreren Fällen sogar Testamente zugunsten der D.C. widerrufen wurden, lehnte die Kirchenleitung das Amtieren der D.C.-Pfarrer in den Gemeinden der Landeskirche ab, wobei aber oben schon einschränkend darauf hingewiesen wurde, dass man versäumt hat, hier mit letzter Konsequenz durchzugreifen.

Wenn HELMUT BAIER, wie schon mehrfach angemerkt, den Theologen HOFFMANN als „fanatischen D.C.-Geistlichen“ bezeichnet,[120] bleibt er leider überzeugende Definitionen, Belege oder Begründungen schuldig. Vielleicht will er damit Hoffmanns abruptes oder trotziges Verhalten beschreiben, das manchmal kirchenfeindlich erscheint, dessen Hintergründe BAIER aber damals noch nicht kennt. Hoffmanns erste Konfirmationshandlung sei ein demonstratives Zeichen der Trennung der D.C. von der Landeskirche und vom Kreisdekan von Bayreuth gewesen. Dem habe Oberkirchenrat D. PRIESER eine deutliche Abfuhr für D.C. entgegengesetzt und den Nationalsozialismus als grundsätzlich christentumsfeindlich bezeichnet. Zu seiner Abwehr müsse die Kirche den Kampf mit allen ihr zu Gebote stehenden Mitteln führen, und der Staat werde am Ende an der Kirche zugrunde gehen.[121]

---

[120] BAIER, Die deutschen Christen, S. 197ff u.ö.

[121] Baier, S. 197, dazu Anm. 111.

BAIER weist dann auf die erwähnte Gründung der D.C.-Ortsgruppe Bayreuth im April 1935 hin, die HOFFMANN konspirativ in einem Gasthaus die Wege geleitet habe und erwähnt Versammlungen vor einer wachsenden Hörergemeinde unter seiner Leitung. Veranlasst durch dieses Treiben sei in Bayreuth die Bekenntnisbewegung in Gang gekommen. HOFFMANN sei für die weiter „verstärkte Agitation der D.C. verantwortlich" gewesen.

Nach dem Niedergang der D.C. sei Pfarrer HOFFMANN dem Landeskirchenrat zur Besetzung der von D.C. beherrschten Gemeinde Nürnberg-Eibach in der Nachfolge des abgesetzten Pfarrers Dr. BEER vorgeschlagen worden, was der Landeskirchenrat aber bedingungslos abgelehnt habe. Stattdessen habe die Kirchenleitung die verschlossenen Kirchentüren dort durch einen Gerichtsvollzieher öffnen lassen und die von D.C. besetzte Kirche dem rechtmäßigen Eibacher Pfarrer übergeben.

Kritisch geht auch CLEMENS VOLLNHALS in seinem Buch *„Evangelische Kirche und Entnazifizierung"* mit HOFFMANN um, wenn er ihn ohne Einsicht in dessen Personalakten als „radikalen Deutschen Christ bezeichnet"[122]. Er nutzt HOFFMANN auch als Beispiel für „fehlerhafte, beziehungsweise falsche Angaben", welche die Kirche nach dem Krieg den Amerikanern gegenüber gemacht habe, um sich selbst in ein besseres Licht zu setzen. Die Landeskirche habe behauptet, etliche hitlerhörige D.C.-Pfarrer, darunter auch HOFFMANN, aus dem Dienst „entlassen" zu haben.

Tatsächlich hatte die Landeskirche einen 1942 von HOFFMANN gestellten Antrag auf Entlassung genehmigt, wohl froh, ihn auf diese Weise als Pfarrer los zu sein. Von seinem gänzlichen Kirchenaustritt erfuhr die Kirchenleitung bereits im Kriegsjahr 1943, trug diesen Austritt aber erst 1948 im Personalakt nach.

Nach dem Krieg hätte HOFFMANN, der sich zwischenzeitlich in seinem neuen Wohnort Grossviehberg bei Hersbruck mit handwerklichen Arbeiten seinen Unterhalt verdiente, die Chance gehabt, wieder übernommen zu werden. Nicht nur der Landesbischof und der amtierende Dekan, sondern auch der Weidenberger Kirchenvorstand, bei dem sich HOFFMANN im Sommer 1950 entschuldigt und den Weg der Deutschen Christen als einen Irrweg bezeichnet hatte, hatten schon sichtlich gerührt zugestimmt. Die Kirchenleitung wünschte aber eine „Probezeit", das kränkte den Stolz des so tief Gefallenen. So folgte dieser stattdessen der Werbung durch die Katholiken, konvertierte, arbeitete für sie als Religionslehrer und legte sein weiteres Geschick bis zum Lebensende in ihre Hände.

In diesem Zusammenhang ist festzustellen, dass die Bayer. Landeskirche generell nachsichtig mit den D.C.-Pfarrern umgegangen ist, wohl um sie zurückzugewinnen.

---

[122] Vollnhals, Evangelische Kirche und Entnazifizierung S. 146.

Echte Disziplinarmaßnahmen hat sie lediglich gegenüber einem einzigen unternommen, dem oben genannten renitenten Eibacher Pfarrer Dr. LUDWIG BEER; ihm entzog sie die Pfarrstelle und damit seinen Lebensunterhalt. Er nahm aber gleichwohl ein Angebot der sächsischen Kirche für eine Dekansstelle in Wernigerode nicht an, meldete sich stattdessen zum Kriegsdienst, kam in Kriegsgefangenschaft und wurde nach dem Krieg in die westfälische Kirche übernommen.

Ausführlich geht auch STEFAN KURTH in der Broschüre über den Kirchenkampf in Bayreuth[123] auf Ideologie und Wirken der Deutschen Christen in Bayreuth ein. KURTH vermeidet Wertungen und arbeitet stattdessen die klaren Fronten und Ziele im Kirchenkampf heraus. Dabei stellt er recht sachlich auch die Rolle von THEODOR HOFFMANN dar. Bei ihm ist HOFFMANN weniger Initiator und Agitator, als vielmehr Koordinator einer Strömung, die „lange schon vorhandenen" gewesen sei.

Demgegenüber wird bei KURTH deutlich, welch geringen Rückhalt die D.C. im Bayreuther Dekanat und in den Gemeinden hatten: Von der Leitung des Dekanats gehörte damals niemand der D.C.-Ortsgruppe an und aus den Gemeinden seinerzeit nur „einige Kirchenvorsteher" und Gemeindeglieder, aber keine weiteren Pfarrer oder Religionslehrer. Der mit den D.C. konkurrierenden Vorläuferorganisation, dem NS-Evang. Pfarrerbund, den HANS SCHEMM gegründet hatte und aus der ja auch HOFFMANN kam, gehörte lediglich der Stadtkirchenpfarrer GOTTLIEB GLASER an. Allerdings gab es in Bayreuth manche weiteren Pfarrer, die der Idee einer einigenden Reichskirche positiv gegenüberstanden.

Aber die Gründung einer Bekenntnisgemeinschaft fünf Tage nach Gründung der D.C.-Ortsgruppe war eine klare und eindeutige Antwort auf den Vorstoß der D.C. und gab dem ganzen Dekanat eine klare Linie: *„Der Zustrom aus der Kirchengemeinde war groß ...".*

---

123 *„Zwischen Weltanschauungskampf und Endzeitstimmung"* (herausgegeben von Norbert Aas), S. 11 ff.

Theodor Hoffmanns Lebensgeschichte nach Quellen

Unsere neu erschlossen Quellen im landeskirchlichen Archiv, in den Spruchkammerakten und bei den Zeitzeugen versetzen uns in die Lage, der Person des Pfarrer THEODOR HOFFMANN klarere Konturen zu verleihen und sein damaliges Verhalten verständlich zu machen. Dadurch fällt auch manches neue und überraschende Licht auf die noch in Erforschung befindliche Geschichte der Bayerischen Landeskirche in dieser kontaminierten Zeit.

Vielleicht hilft es für eine gerechte Beurteilung Hoffmanns, einige tiefer gründende Tatsachen genauer zu beleuchten. Auffallend bei ihm sind ja:

1. Hoffmanns eigentümliche Hinneigung zum Militärdienst mit der Waffe, die an zwei Krisenpunkten seines Lebens hervortritt und die ihm jeweils einen Fluchtpunkt aus einem persönlichen Scherbenhaufen anbietet;

2. die starke Rolle der Mutter in seinem Leben, deren Zuwendung auch nach ihrem recht frühen Tod 1925 für HOFFMANN immer ein Sehnsuchtsort blieb; ihr Einfluss wird schon bei der ersten Partnerschaftssuche des jungen Mannes erkennbar, seine 5-jährige Verlobungszeit endet vor dem I. Weltkrieg mit einem Eklat; 1915 heiratet er eine andere, die seinen chamäleongleichen Weg dann bis ans Ende stets getreu mitgeht. Auch die latente Auseinandersetzung mit dem Vater bleibt ein Leben lang ungeklärt. Aber die Sehnsucht nach der Mutter dominiert; sie hat HOFFMANN zum „Muttersöhnchen“ gemacht, das sich als Mann beweisen will und sich doch immer nach mütterlicher Liebe und Verstehen sehnt;

3. die Affinität und Rolle der pietistischen „Gemeinschaftsbewegung“ in seinem Leben auch in der Weidenberger Zeit; diese Verbindung Hoffmanns zum Pietismus erweckt bei manchen Forschern Verwunderung, hängt aber mit seiner Verwurzelung im mittelfränkischen Raum zusammen. Dabei wird leicht eine der großen schuldbehafteten religiösen Tragödien dieser Zeit übersehen: die deutliche Hinneigung vieler Pietisten und Schwesternschaften zum Nationalsozialismus im Allgemeinen und zu Hitler als Messiasfigur im Besonderen. Sie trat in Hoffmanns Fall schon im Sommer 1933 in Augsburg beim dortigen Diakonissenmutterhaus und der Inneren Mission zutage und setzte sich dann in Weidenberg mit der Verbindung zu den Hensoltshöher Diakonissen fort;

4. der nie aufgelöste Dissens Hoffmanns mit der Leitung der Landeskirche, die in der Kriminalgroteske um die Frage des Nacktbadens im Lech in seiner Gemeinde Haunstetten gipfelt: Dieses Ereignis und seine unbefriedigende Bewältigung ist es, die ihm ja die als Strafe empfundene Versetzung nach Weidenberg einbringt, ihn zum Wutbürger gegen seine eigene Kirchenleitung macht und bei ihm ein umso eifrigeres

Bemühen um eine neue und ganz andere und verständnisvollere Kirche in der Gestalt der D.C. wachruft.

Die Enttäuschung über die Entsendung nach Weidenberg geht bei HOFFMANN bis in die Detailvorwürfe („leere Versprechungen in der Ausschreibung zum Pfarrhaus" etc.). Von da an ist sein Auftreten gegenüber der Landeskirche und auch gegenüber seinen in der Kirchenhierarchie gut positionierten Duzfreunden sehr abweisend und selbstbewusst bis hin zur Arroganz, am deutlichsten erkennbar in dem von nun an ostentativ und konsequent verwendeten Gruß „Heil Hitler" auch in seinen Schreiben an die Kirchenleitung.

I. Auf der Suche nach der eigentlichen Berufung

Vom winzigen Kirchdorf geprägt

JOHANN KARL THEODOR HOFFMANN, wie er mit vollem Namen hieß, ist am 4. Dez. 1888 geboren. Er ist damit knapp acht Jahre jünger, als sein 1933 inthronisierter Landesbischof HANS MEISER und gut fünf Monate älter als ADOLF HITLER.

Hoffmanns Geburtsort[124] ist das kleine, seit der Reformation protestantische Kirchdorf Forst 10 km nordwestlich von Ansbach in Mittelfranken. Der winzige Hauptort liegt gut sichtbar auf einem Hügel, wie die biblische „Stadt auf dem Berge". Im Zentrum erhebt sich das ehemalige Jagdschlösschen, welches das brandenburg-ansbachische Hofkastenamt Ansbach im Jahr 1755 errichtet hat. Die hübsche Markgrafenkirche St. Stephan mit dem ummauerten Kirchhof grenzt an. Der Ort ist eingerahmt von Wiesen, Feldern, Wald und Wasser. Er weist zur Zeit von Hoffmanns Geburt gerade einmal 38 Einwohner auf. Sie verteilten sich auf insgesamt neun historische Häuser, unter ihnen der zweigeschossige walmdachbedeckte Massivbau der ehemaligen Brauerei aus dem 18. Jh. und das ebenfalls zweigeschossige ehemalige Schul- und Mesnerhaus im gleichen Baustil mit seinem Krüppelwalmdach. Praktisch dieser gesamte Ort ist ein historisches Baudenkmal, beherbergt aber heute kaum noch mehr als 20 Einwohner.

Die örtliche Mittelpunktschule des Kirchspiels Forst mit den beiden Nachbarorten Weihenzell und Wernsbach bestand noch bis 1960 in einem eigenen, heute abgerissenen Schulgebäude. Hier hat damals der 24-jährige, aus Hersbruck im Nürnberger Land gebürtige evangelische Volksschullehrer CHRISTIAN HOFFMANN nach dem Exa-

---

[124] Abbildungen und Beschreibung nach: HECHT, *Die Kirche St. Stephanus Forst.*

men seine erste Stelle inne. Seine gleichaltrige Ehefrau MARGARETE, geb. NÄPFLEIN stammt aus dem 40 km weiter südlich gelegenen Unterschwaningen unweit des Hesselberges und bringt von dort den ausgeprägten Neupietismus löhescher Provenienz mit, der für diese ganze Gegend bezeichnend ist.

Forst Ortsmitte: Kirche, Pfarrhaus und Schule um 1950

CHRISTIAN HOFFMANN versieht neben dem Schuldienst auch das ihm auferlegte Kirchenamt noch in gleicher Weise, wie es WILHELM BUSCH in seiner Bildergeschichte von 1877 Julchens Verehrer andichtet: *„Da ist Klingebiel; was ist er? Sonntags Kanter, alltags Küster“.* Das heißt, er spielt sonntags die Orgel, kümmert sich um die Vor- und Nachbereitung der Gottesdienste und Kasualien und stellt aus den Schülern einen kleinen Chor zusammen, der insbesondere die Bestattungsfeiern auf dem kleinen Friedhof neben der Kirche mit seinen Liedern begleitet.

In dieser beschaulichen ländlichen Idylle wächst der Knabe THEODOR zusammen mit seinem wenig älteren Bruder auf. Die Mutter ist für THEODOR als Zweitgeborenen der Zufluchtsort. Den als Über-ich empfundenen Vater begleitet er sonntags in die stille Kirche zum Anzünden der Kerzen, hilft ihm beim Anstecken der Lieder und lauscht ihm beim Orgelspiel. Es ist selbstverständlich, dass er auch bald selbst an Klavier, Harmonium und Orgel in die Tasten greift. Beim Singen in der Kurrende kann er binnen kurzem viele Choräle auswendig mitsingen.

Im Alter von 10 Jahren erlebt der junge HOFFMANN die grundlegende Renovierung „seiner“ Stephanuskirche mit, die so auffallend den Ort bekrönt. Kirchen, die dem Patrozinium des Erzmärtyrers Stephanus geweiht sind, gehören zu den ältesten Kirchen im deutschen Raum und sind meist typische „Parochie-Kirchen“, d.h. als geistliches Zentrum eines Gebiets errichtet, das die Umwohnenden im Radius etwa eine Wegstunde umschloss. So ist die scheinbar einsame Lage der Forster Kirche auf dem Lande also kein Zufall, sondern gehörte zum Konzept der geistlichen Betreuung der verstreut auf dem Lande Lebenden.

Die ältesten noch heute erkennbaren Bauteile der Forster Kirche, das Turmuntergeschoss, entstanden in der Gotik. Sie dürften noch ältere Gebäudereste aus der Romanik ersetzt haben. Das nach dem 30-jährigen Krieg desolate, von Steinsäulen getragene Kirchenschiff wurde aber in der prosperierenden Markgrafenzeit durch den heutigen säulenlosen Saalbau mit dem charakteristischen Kanzelaltar ersetzt und besitzt die typischen Kennzeichen vieler „Markgrafenkirchen". Er wird von der Orgelempore bekrönt. Auch der Taufstein steht bezeichnenderweise im Zentrum.

Stolze 150 Jahre hat dieser Neubau überdauert, dann ist 1898 die erste durchgreifende Renovierung fällig. Dem Zeitgeist entsprechend halten nun neo-barocke Elemente Einzug. Die Flachdecke wird mit elegantem Stuck dekoriert, auf der Westwand prangen angedeutete Pfeiler aus Gips, schmucke Puttenköpfe tragen nun die Konsolen über der Orgelempore. Wie der Knabe THEODOR diese nachhaltige Veränderung seiner vertrauten Kirche beurteilt hat, ist unbekannt. Aus seiner Weidenberger Zeit sind jedenfalls keine Kirchbau- oder Renovierungsmaßnahmen bekannt.

Evang. Kirche St. Stephan / Forst
nach der Renovierung 1898

Wahrscheinlich erreicht um diese Zeit der Jahrhundertwende unmittelbar nach dieser nachhaltigen Kirchenveränderung die Posaunenchorarbeit auch den Ansbacher Raum, die damals deutschlandweit vom neupietistischen „Posaunengeneral" JOHANN KUHLO und dessen Vater EDUARD angestoßen wurde. Sie findet wahrscheinlich auch in Forst Eingang und in den Hoffmann-Kindern im Präparanden- und Konfirmandenalter eifrige Schüler; so lassen sich jedenfalls am einfachsten die oben schon erwähnten musikpraktischen Kenntnisse bei THEODOR HOFFMANN im Trompeten- und Hornspiel (wohl eher das berühmte „Kuhlo-Horn" und nicht das klassische Waldhorn des Orchesters) erklären.

Gegen seinen Willen auf dem ungeliebten humanistischen Gymnasium

Über Hoffmans Schulzeit bleiben die Personalakten stumm. Unter dem Vorbehalt der Nachprüfung wählen wir folgende Annahmen:

Seine Volksschulzeit erlebt HOFFMANN an der Volksschule in Forst, an der sein Vater unterrichtet. Es zeigt sich, dass der Junge sowohl praktisch, als auch musisch begabt ist. Nach eigenem Zeugnis[125] wünschte er sich von Jugend auf, den Beruf eines Ingenieurs zu ergreifen.

Ingenieur war damals der Traumberuf vieler Jungen im vergleichbaren Alter. Denn zur bisherigen Verwendung der Dampfkraft im innovativen 19. Jh. war in dieser Zeit als faszinierendes Zukunftsfeld die vielfältige Nutzung des Stroms hinzugekommen. Um 1866 hatte WERNER VON SIEMENS das dynamoelektrische Prinzip gefunden und in den folgenden Jahrzehnten den bahnbrechenden Generator als Stromerzeuger entwickelt. Dies half dem Antrieb mittels des schon länger bekannten Elektromotors zum Durchbruch. Bereits 1881 fuhr die erste Straßenbahn. Überall wurden Kraftwerke und Elektronetze aufgebaut. Die Kohlenfadenglühlampe begann ab etwa 1890 den Markt zu erobern und löste die Petroleumbeleuchtung ab. Fast jeden Tag gab es neue Erfindungen. Für viele Mädchen lagen die entsprechenden Berufsfelder noch weit weg. Aber welcher Junge ließ sich vom Wunder des Stroms nicht faszinieren?

Als gute Voraussetzung für einen technischen Beruf hätte es sich für den Schüler HOFFMANN damals angeboten, im nahgelegenen Ansbach in das Platengymnasium überzuwechseln, das zu der Zeit bereits eine 90-jährige Geschichte hinter sich hatte. Als zunächst kleiner Ableger des ehrwürdigen Karlsgymnasiums 1808 zur gezielten Beschäftigung mit den „Realien“ gegründet, wurde diese Einrichtung zunächst Bürger-, dann Landwirtschafts- und Gewerbeschule und zog in die namengebende Platenstraße um. Wegen steigender Schülerzahlen wurde 1851 das Stadtschloss am Bahnhofsplatz zum neuen Schulquartier und ist seitdem Standort dieser Schule bis heute geblieben.

Seit 1877 wurde sie zur sechsstufigen Realschule ausgeweitet, ging also bis zum Abschluss in der 10. Klasse, dem sg. „Einjährigen“. Damit waren die Bildungsvoraussetzungen für mittlere Laufbahnen erfüllt; ferner konnten die jungen Männer den fälligen dreijährigen Wehrdienst auf ein Jahr verkürzen. Erst seit 1929 war es bei der inzwischen zur Oberrealschule erklärten Platenschule möglich, das Abitur abzulegen. Dies wäre aber für die damalige Ingenieursausbildung nicht erforderlich gewesen.

Von den Irrungen und Wirrungen seines späteren Lebens her betrachtet, wäre diese Realschule und der Abschluss mit der 10. Klasse für den jungen HOFFMANN sicher die richtige Schulart gewesen, und er wäre wohl tatsächlich ein tüchtiger Elektroingenieur geworden.[126]

---

[125] Aus der Pfarrbeschreibung der Evang.-Luth. Kirchengemeinde Weidenberg (im Weiteren zitiert: „PB“).

[126] Ein Beispiel für diese damalige Berufswahl des Ingenieurs bringt der Autor mit der Beschreibung der Lebensgeschichte des Schneidersohns und Weidenberger Ortsgruppenleiters GEORG RUMLER in der dritten Folge das Projekt „Myrten für Dornen“: „Der Anstreicher“. Mit

Nun ergibt sich aber aus den Unterlagen zweifelsfrei, dass THEODOR HOFFMANN das Abitur abgelegt hat. Als schulischer Ort hierfür scheidet also sowohl die Platenschule, als auch das Theresiengymnasium aus, da letzteres zu der Zeit eine reine Mädchenschule war. So bleibt nur die Annahme, dass HOFFMANN seit 1898 in Ansbach das traditionsreiche humanistische Gymnasium Carolinum besucht und hier auch die zum Theologiestudium notwendigen Sprachen Latein und Griechisch, möglicherweise auch schon Hebräisch, gelernt hat.

Diese klassische Schulart bürgerlicher Bildung entsprach aber zweifellos nicht Hoffmanns persönlichen Wünschen. Er fügte sich hier vielmehr anderen. Dies stellt aber zugleich den ersten tiefen Bruch in Hoffmanns Lebensgeschichte dar, den er selbst auch stets tief empfunden hat. Der Grund dafür war, wie HOFFMANN rückblickend in der Weidenberger Pfarrbeschreibung selbst angibt, der **Wunsch der Eltern**, dass er Theologie studieren sollte. Auch sein vorzüglicher Religionslehrer, wohl dann bereits auf dem Gymnasium, habe ihn dazu ermuntert

Noch deutlicher wird der Senior des Bayreuther Pfarrkapitels, der Bindlacher Pfarrer LUDWIG LAMMEL, wenn er in seiner Gesamtwürdigung 1935 über HOFFMANN schreibt: *„Leidet jetzt schwer darunter, dass er nach dem Willen seines Vaters ohne eigene Neigung Theologe werden musste (sic !) Und dass er jetzt als Familienvater erkennen muss, dass er seinen Beruf verfehlt hat.“*[127] LAMMEL attestiert HOFFMANN Opportunismus gegenüber dem dominanten Vater und macht die verfehlte Berufswahl als Quelle für seine Abneigung gegen alle Theologie aus und für sein Versagen im Kirchenkampf. Bei aller Ehrlichkeit und Selbstlosigkeit habe es HOFFMANN an den einfachsten theologischen Erkenntnissen über Kirche und Bekenntnis gefehlt, was auch zu einer *„falsche[n], völlig unkirchliche[n] Haltung“* geführt habe.

An sich stand diese als Lateinschule von Markgraf GEORG DEM FROMMEN im Reformationsjahr 1528 in Ansbach gegründete Lehranstalt in gutem Ruf. Seit 1737 war sie zum „Gymnasium Illustre“ erhoben. In ihrem Namen „Carolinum“ verewigte sich ihr früh verstorbener Gönner Markgraf CARL WILHELM FRIEDRICH (1712-1757). Große, sehr gegensätzliche philosophische und theologische Köpfe hatte diese Schule hervorgebracht, so den Denker LUDWIG FEUERBACH (1804-†1872), der mit seiner Religionskritik eine bis heute wirksame Geschichte schrieb[128], aber auch HERMANN VON

---

diesem RUMLER war HOFFMANN durch die grotesken Wendungen seines Lebens vom Herbst 1933 an neun Jahre lang in einer unauffälligen und anscheinend störungsfreien Beziehung verbunden.

[127] Personalakten von THEODOR HOFFMANN H – 207.

[128] Sein 1930 von Freidenkern in Nürnberg auf dem Rechenberg errichtetes Denkmal trägt auf den Längsseiten zwei Zitate Feuerbachs: „Der Mensch schuf Gott nach seinem Bilde“ und

BEZZEL (1861-†1917), den tüchtigen, aber einseitig profilierten Rektor der Diakonissenanstalt Neuendettelsau, dessen Berufung zum Oberkonsistorialrat und Leiter der Evang.-Luth. Landeskirche HOFFMANN als junger Student selbst miterlebte.[129]

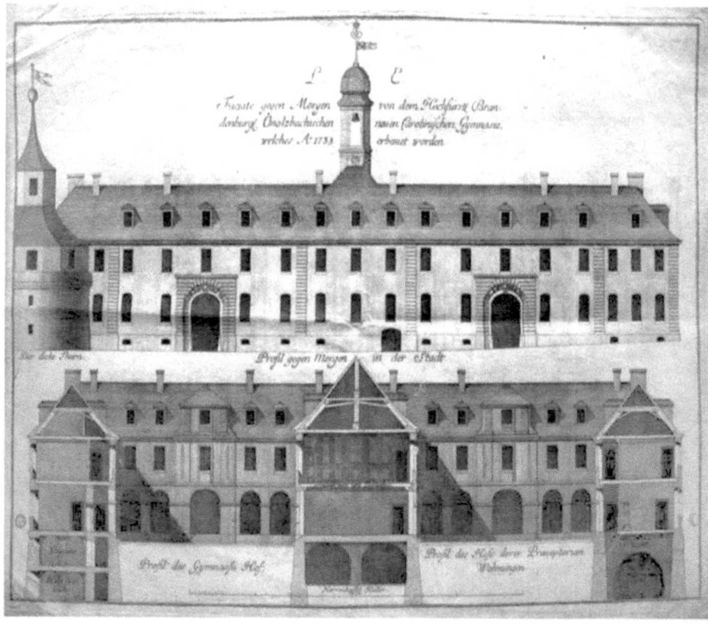

Ursprünglich als Gefängnis konzipiert: der erste Baukörper des zukünftigen Ansbacher Karlsgymnasiums

Das bis heute bestehende Schulgebäude war 1727 eigentlich als Zuchthaus konzipiert, aber schon neun Jahre später zum Zweck der schulischen Bildung umgewandelt worden. Pietät und Christentum galten hier lange als oberste Leitziele der Jugenderziehung. Im Zeitalter der Aufklärung kamen „Vernunft“ und „Nutzen“ als Leitbegriffe hinzu. Als Zweck des Gymnasiums wurde definiert: „eine nützliche Offizin zu allen Studiis, Wissenschaften und Lebens-Arten“ zu sein; die „teutsche Muttersprache soll daneben nicht verabsäumet“ werden. Mit dieser Zielrichtung war das Karlsgymnasium das Bildungszentrum des gesamten Ansbacher Unterlandes und strahlte auch bis Nürnberg aus.

Allzu motiviert scheint aber der junge THEODOR HOFFMANN dem Unterricht auf dem Karlsgymnasium nicht gefolgt zu sein, denn seine Personalakten bescheinigen ihm für sein folgendes Studium deutliche Bildungsdefizite. Die Kritik setzt sich durch seine gesamte Dienstzeit hindurch fort. HOFFMANN gleicht die Mängel trotz großer Versprechungen nie mehr aus.

„Tue das Gute um des Menschen Willen“. Es wurde 1933 von Nationalsozialisten unter kirchlichem Beifall zerbrochen, aber 1955 gegen den Widerstand von CSU und Kirchen wieder aufgestellt.

[129] Vergl. dazu auch in dieser vorliegenden Folge des Projektes „MYRTEN FÜR DORNEN“ den Abschnitt *„Das verpasste Wunder einer Konfliktlösung zwischen Bewahrung und Bewährung“* im Kapitel: *„Bloß keine Atheisten … – 10 Wunder bei der Entwicklung der Protestantischen Landeskirche in Bayern und im Kirchenkampf im Dritten Reich“.*

Auch scheint er schon ziemlich früh, noch in seiner Schulzeit, eine Beziehung eingegangen zu sein; denn bereits kurz nach dem Abitur verlobt er sich. Möglicherweise ist es der Druck der Eltern, die das Verhältnis aus moralischen Gründen geordnet sehen möchten. Doch leidet diese Verbindung in den Trennungszeiten des Studiums und durch Konflikte zwischen Mutter und zukünftiger Schwiegermutter und nimmt einen unglücklichen Ausgang mit weit reichenden Folgen.

Akademische Weiterbildung mit großen Lücken

Doch zunächst einmal will der inzwischen 20-Jährige nach dem mit Ach und Krach bestandenen Abitur seine eigentliche akademische Weiterbildung in die Hand nehmen. Er quartiert sich für die ersten Semester in der „Hausuniversität" der Bayerischen Landeskirche in Erlangen ein.

Jeder in Bayern amtierende Pfarrer muss diese Bildungseinrichtung irgendwann im Lauf seines Studiums durchlaufen. Ihr Paradepferd, die theologische Fakultät, verteidigt zu dieser Zeit immer noch den Ruf der „Erlanger Theologie". Ihre besondere Ausprägung wird in dieser vorliegenden Folge des Projektes „MYRTEN FÜR DORNEN" im ersten Hauptkapitel gewürdigt und als eines der *„10 Wunder bei der Entwicklung der Protestantischen Landeskirche im Bayerischen Königtum"* beschrieben. Diesen Charakter verdankt sie ihrerseits der dort als „drittes Wunder" bezeichneten Erweckung der jungen Bayerischen Kirche zu eigenem geistlichem Leben und einer neuen verinnerlichten Religiosität

Inmitten des zeittypischen Suchens nach Identität und Freiheit hatte die ökumenische Allgäuer „Erweckungsbewegung" und der katholische Bischof JOHANN MICHAEL SAILER einen in Bayern einen allgemeinen geistlichen Aufbruch angestoßen, der um 1830 auch die Erlanger Universität erreicht hatte. Seitdem waren die Studenten aller Fakultäten gern zu solchen Professoren geströmt, die, anstatt zu dozieren, ihren Vortrag mit persönlichen Bekenntnissen eröffneten.

Das eigentliche Erblühen der „Erlanger Theologie" zwischen 1840 und 1875 aber trug die geistige Handschrift des Professors für Theologie und Oberkonsistorialpräsidenten der Bayerischen Landeskirche ADOLF VON HARLEß (1806-1879). HARLEß war vom frommen, bibelbezogenen, aber auch weltoffenen und missionarischen Christentum im Geist AUGUST HERMANN FRANCKES geprägt, den er als junger Student an der lutherischen Universität Halle erlebt hatte und dem er sich in seiner eigenen Bekehrung geöffnet hatte. Mit großer Rührung hatte dieser überzeugungsstarke Theologe seine neuen Glaubenserfahrungen in den alten lutherischen Bekenntnisschriften der ausgehenden Reformationszeit bestätigt gesehen. Er hatte seitdem Sorge dafür getragen, dass der weitere Weg der Kirche von der bloßen Beamtenkirche in die Tiefe des Glaubens führte. Die Verbindung von Erwecklichkeit und lutherischem Glauben war seitdem die besondere Marke der Universität Erlangen und das Lernziel der Studenten.

Auch in THEODOR HOFFMANNS schlichtem Pietismus bricht diese Hochschätzung Luthers als persönliches Merkmal immer wieder durch. Er wechselt aber dann nach Leipzig.

Leipzig im Festrausch: 500. Universitäts-Gründungsfeier 1909

Die Universitäts- und Messestadt steht zu dieser Zeit immer noch im Nachglanz ihres 500. Universitäts-Jubiläums. Hier begegnet HOFFMANN auch dem angesehenen Neutestamentler GEORG HEINRICI, der ab 1911 auch als Rektor der Universität amtiert. Der Student lässt sich auch anziehen von der wohl interessantesten Persönlichkeit an der Universität, dem gebürtigen Amerikaner CASPAR RENÈ GREGORY. Dieser hatte beim berühmten Leipziger Gelehrten CONSTANTIN V. TISCHENDORF, dem glücklichen Entdecker der Bibelhandschrift „Codex sinaiticus", Textkritik studieren wollen, ihn aber nicht mehr lebend angetroffen und war auf dem speziellen Lehrstuhl für biblische Paläographie in seine Fußstapfen getreten. Nach ihm werden heute noch die aufgefundenen biblischen Handschriften gezählt. – In dieser Zeit beginnt auch die Laufbahn des gebürtigen Leipzigers HANS WINDISCH (1881 – 1935), der sich dann mit seinen wissenschaftlichen Untersuchungen zum Neuen Testament einen Namen macht.

Doch, wie es scheint, hat die Ausstrahlung dieser renommierten Gelehrten bei HOFFMANN nur wenige Eindrücke hinterlassen. Die Feierlaune in der traditionsreichen Messestadt mit ihrem internationalen Flair und das studentische Leben haben es ihm damals nach übereinstimmendem Zeugnis weitaus mehr angetan, als die akademische Arbeit. Er bleibt in biblischer Exegese und auch in anderen theologischen Fächern stets ein Dilettant mit durchwegs schlechten Examensnoten. Als Mitglied einer fakultativ schlagenden Burschenschaft steht er häufiger auf dem Paukboden als im Hörsaal, oder er sitzt, singt und trinkt auf Kneipen und Kommersen.

Durch die typischen Umgangsformen der Korporation erlangte er aber seitdem auch mit solchen Theologen das bundesbrüderliche Du, die dann im Bayer. Landeskirchenrat später höchste Posten bekleideten, so z.B. mit den Oberkirchenräten

SCHIEDER und BEZZEL. Das führte, wie die Personalakten immer wieder zeigen, bei Wiederbegegnungen zu manchen delikaten Gesprächs- oder Schreibsituationen.

Ein holpriger Start in den zweiten Lebensabschnitt

Gleichwohl schafft HOFFMANN im Jahr 1912 die Aufnahmeprüfung als Predigtamtskandidat, wenn auch als „der Letzte des Jahrgangs".[130] Er ist nun Vikar der Bayerischen Landeskirche und wird noch im November dieses Jahres als Verweser der Hilfsgeistlichenstelle nach Heidingsfeld bei Würzburg entsandt. Nach Hoffmanns eigenem Bekunden[131] war dies eine Arbeitergemeinde, die ihn nachhaltig für die Sache der deutschen Arbeiter einnahm und bleibendes Interesse für soziale Fragen weckte. Das zahlte sich später bei seinem Dienst in der Arbeitergemeinde Haunstetten aus.

Im Januar 2013 schreibt ihm sein Heidingsfelder Mentor, Senior Pfr. BOCK, ein sehr wohlwollendes Ordinationszeugnis. Er bescheinigt HOFFMANN „praktisches Geschick und eine unleugbare Begabung für Predigt und Unterricht", „sowie Liebe zu den Diasporakindern", Takt im Auftreten, gute Umgangsformen und ein „standesgemäßes würdiges Betragen."

Es fällt auf, dass in diesem Papier als Hoffmanns Wohnsitz Behringersdorf im Nürnberger Land genannt wird. Es ist der Wohnort seiner neuen Freundin IDA SCHIPPER. Mit der 22-Jährigen hat HOFFMANN eine Beziehung begonnen, obwohl zu der Zeit sein erstes Verlöbnis noch besteht. Sie ist die Tochter des am Ort amtierenden Königlichen Forstrates SCHIPPER und stammt aus dem kleinen Ort Raitenbuch im Hochstift Eichstätt. Dort hatte der katholische Vater zuvor als Forstbeamter im örtlichen Schlösschen residiert. Die junge Frau ist nach den Unterlagen ohne Beruf, die Konfession ist nicht angegeben; ihre Mutter ist evangelisch-reformiert. Wo sich die beiden kennengelernt haben, berichtet der Akt nicht.

HOFFMANN wird dies neue Freundin im Herbst 1915 in Behringersdorf heiraten. Dem geht aber eine tiefe Krise voraus, in der manches Belastende zusammenkommt: das familiäre Drama hinsichtlich des gebrochenen Verlobungsversprechens, Gedanken über einen Rücktritt vom kirchlichen Dienst und Überlegungen für eine berufliche Neuorientierung. Die Probleme werden überlagert vom Ausbruch des I. Weltkrieges. Bei HOFFMANN bahnt sich eine erste völlige Lebenswende an. Es wird nicht seine letzte sein.

---

130 Dekan HENN von Münchberg, dem Einsatzdekanat Hoffmanns seit Sommer 1913, verdanken wir die erste wirklich tiefer gehende Beurteilung des Predigtamtskandidaten THEODOR HOFFMANN. Sie datiert vom 28.8.1914 und findet sich im Personalakt; sie ist eine wichtige Quelle zu Hoffmanns Vita in dieser Zeit.

131 Vergl. Hoffmanns Beschreibung in der Pfarrbeschreibung für Weidenberg.

Vorgezogene Ordination und Vikarsdienst in Oberfranken

Zuvor ist aber für 25. Februar 1913 der Termin von Hoffmanns Ordination eingetragen. Als Ort ist überraschenderweise die Hospitalkirche in Bayreuth genannt, mit der HOFFMANN bislang eigentlich gar nichts zu tun hatte. Dies dürfte aber damit zusammenhängen, dass HOFFMANN im Lauf dieses Jahres dem Dekanat Münchberg in Oberfranken zugewiesen wird, das zum Bezirk des Konsistoriums Bayreuth gehört.

Auch existieren seltsamerweise zwei Ordinationstermine: 1913 und 1919. Nachdem das genannte Ordinationszeugnis von Pfarrer BOCK im Jahr 1913 abgefasst ist, ist es vorstellbar, dass die Ordination auch in diesem Jahr vorgenommen wurde. Dies widerspricht aber der Kirchenpraxis, die Ordination erst nach dem 2. Examen zu vollziehen, das wäre bei HOFFMANN der zweite angegebene Termin, also das Jahr 1919. Denkbar wäre, dass die erste Handlung nur die Befugnis zur Predigt und zur Sakramentsverwaltung verleihen sollte, während die Berechtigung zur Übernahme eines Pfarramtes ja erst mit der eigentlichen Ordination verknüpft ist.

Bleibt festzuhalten, dass diese geistliche Segenshandlung in der Bayreuther Hospitalkirche in Hoffmanns Erinnerung vielleicht besondere Bedeutung bekam. Denn mit dieser Kirche, die nicht in kirchlicher Hand, sondern im Besitz der Hospitalstiftung der Stadt Bayreuth ist, gewinnt HOFFMANN dann gut 20 Jahre später, mit Einwilligung der nun nationalsozialistisch regierten Stadt, einen „Heiligen Ort" für die oberfränkischen Deutschen Christen; hier feiern sie seitdem ihre eigenen Gottesdienste.

Am 10. Juli 1913 ist HOFFMANN aber Vikar in Zell. Diese Marktgemeinde, die sich seit einigen Jahren zur Unterscheidung von anderen gleichnamigen Gemeinden „Zell im Fichtelgebirge" nennt und am westlichen Fichtelgebirgsrand unterm Waldstein in der Nähe der Saalequelle liegt, ist zu der Zeit ein praktisch rein protestantischer 2.000-Seelen-Ort im Dekanat Münchberg mit einer Pfarrstelle und einem Pfarrvikariat. Wie ihre klassizistische, freundliche und mit zwei umlaufenden Emporen für die große Gemeinde und Kanzelaltar ausgestattete Kirche, so nennt sich auch die Evang.-Luth. Kirchengemeinde nach dem irischen Missionar des 6. Jh. „St. Gallus".

Doch HOFFMANN bleibt hier kaum drei Monate. Bereits im Oktober ist er Hilfsgeistlicher in der 600-Seelengemeinde Wüstenselbitz. Sie erstreckt sich im westlich gelegenen Ortsteil von Helmbrechts in Oberfranken und gehört gleichfalls zum Dekanat Münchberg. Nach Hoffmanns Beschreibung war auch dies eine Arbeitergemeinde. Die heute noch bestehende Kirche wurde 1901 eingeweiht, erhielt aber erst anlässlich ihres 50-jährigen Jubiläums den Namen Dr.-Martin-Luther-Kirche.

Erste Großkrise und ein väterlicher Dekan

Von diesem Vikariat Wüstenselbitz aus lässt HOFFMANN die Bombe platzen. Drei Wochen nach der Kriegserklärung Österreich-Ungarns an Serbien und gut zwei Wochen nach Eintritt der Großmächte in diesen nun zum Weltkrieg hochgeschaukelten Konflikt meldet sich HOFFMANN als einziger Geistlicher im Dekanat Münchberg als Kriegsfreiwilliger, um „seine nationale Gesinnung in die Tat umzusetzen".[132] Er bittet, ihm für die Zeit des Krieges Urlaub zu erteilen, unter dem Vorwand, „als Freiwilliger, wenn möglich zum Sanitätsdienst, in die Armee eintreten" zu wollen.

Was hat ihn zu diesem Schritt bewogen? Sein oben schon genannter Vorgesetzter Dekan HENN kommentiert den ganzen Vorgang, indem er hauptsächlich zwei Gründe als maßgeblich für Hoffmanns Entscheidung benennt: Examensängste und das gebrochene Heiratsversprechen. Zum einen hätte HOFFMANN wohl die Sorge gepeinigt, das anstehende Zweite Examen nicht zu bestehen. Er habe das Studium, das er „mit wenig innerer Neigung, mehr dem Wunsch der Eltern entsprechend" begonnen hatte, „mit halbem Herzen und halbem Fleiß betrieben". Dabei habe ihn mehr die Aussicht auf Besoldung getrieben, welche ihm die Gründung eines eigenen Hausstandes mit seiner jungen Verlobten in Aussicht stellte. Aber die „Lücken seiner Universitätsbildung zu füllen", hätten „ihm ernster Wille und Eifer" gefehlt.

Dass HOFFMANN dann dieses erste Verlöbnis „nach fünf Jahren dauerndem Brautstand" auflöst, sieht HENN mit einem hässlichen „Streit zwischen seiner Mutter und seiner künftigen Schwiegermutter" begründet. Möglicherweise hat HOFFMANN seinem Dekan nichts von seiner neuen Freundin und damit vom eigentlichen Grund für das Beziehungsende verraten. Aber HENN vertritt die grundsätzliche Meinung, dass der Bruch dieses Verlöbnisses auch aus kirchlicher Sicht so verwerflich ist, dass damit „sein Bleiben im geistlichen Stand" eigentlich nicht zu verbinden war. So sehe er sich auch nicht ermutigt, „nochmals Versuche zu machen, den Vicar Hoffmann von seinem Beschluss abzubringen". Außerdem hätte HOFFMANN wohl selbst schon länger „das Gerücht ... verbreitet, er wolle ein technisches Fach ergreifen, zu dem er besondere Anlagen habe".[133]

So einfach war aber in Kaisers Zeiten die Freistellung von Theologen für den Kriegsdienst nicht. Die Glaubwürdigkeit des geistlichen Standes stand ja auf dem Spiel. HOFFMANN wusste deshalb von vornherein, dass das Kirchenregiment eine

---

[132] Schreiben Hoffmanns vom 20.8.1914 an den Landeskirchenrat (im Personalakt).

[133] Diese Begabung Hoffmanns für das Technische bestätigt er selbst rückschauend in seiner Pfarrbeschreibung für Weidenberg. Sie wird auch in seinen guten Zeugnissen für seine praktischen Tätigkeiten nach dem Krieg in Hersbruck bescheinigt.

Meldung zum Waffendienst ablehnen würde; es war nur erlaubt, als Soldatenseelsorger oder bei den Sanitätern dienen, was HOFFMANN auch wohl ohne ehrliche Absicht so beantragt hatte; in Wahrheit wollte er aktiver Waffenoffizier werden.

Aber obwohl das königlich-prot. Konsistorium in Bayreuth von Hoffmanns tatsächlicher Absicht nichts ahnt, lehnt sie seinen Antrag dennoch ab. Als Grund nennt sie Hoffmanns „Umgehung des Dienstweges". Außerdem erscheint der Vikar angesichts der angespannten Situation der Kirche für den Kirchendienst nicht entbehrlich. So muss HOFFMANN die Karten offen auf den Tisch legen und die Folgen akzeptieren.

Am 27. August beantragt er beim Konsistorium in Bayreuth, nunmehr respektvoll in „Er-Form" schreibend, *„ihn aus der Liste der Predigtamtskandidaten [zu] streichen ... Der gehorsamst Unterzeichnete[hat] in Übereinstimmung mit seinen Eltern [!] nunmehr den Entschluss gefasst, die Offizierslaufbahn einzuschlagen."* Als Begründung gibt er seine Zweifel am theologischen Amt und das Vorbild seines älteren Bruders an, der *„in Kiautschou in erster Linie vor dem Feinde steht".*[134]

Bereits hier deutet sich der innere Bruch des jungen Theologen HOFFMANN mit seiner Kirche an, der sich auch zukünftig stets missverstanden fühlt. Das ist der erste Schritt Hoffmanns zum Dauerkonflikt mit seiner Kirche. Diesem ersten Konflikt werden im Lauf seines Lebens noch zahlreiche weitere Brüche und Irritationen folgen. Einen gewissen Höhepunkt wird sein Selbstmitleid dann in Hoffmanns Zeitungsartikel zum Reformationsfest erreichen, der am 2. Nov. 1935 am Höhepunkt des Kirchenkampfes in Bayreuth erscheint; hier stilisiert er sich als einen Verfolgten und Leidenden nach dem Bilde Jesu.[135]

Was mag HOFFMANN also bei seiner Kirche gesucht haben? Vielleicht eine verständige und liebevolle Mutter, nach der er immer Sehnsucht hatte? Es wird noch annähernd 40 Jahre dauern, also fast die Dauer einer „Wüstenwanderung", bis er mit seinem Übertritt zur katholischen Kirche diese Übermutter dann offenbar wirklich findet.

Über Hoffmanns weiteren Weg erfahren wir durch seinen teilnahmevollen Dekan: *„Ohne Urlaub sich vorher zu erbitten, trat er als Freiwilliger in ein Artillerie-Regiment ein, um mit der Waffe zu dienen. Ich rief ihn zwar wieder zurück, zu den ihm anvertrauten Seelen, und er folgte der Mahnung. Nun aber scheint sein Wille weiterer*

---

[134] Das Deutsche Kaiserreich hatte das Gebiet von Kiautschou auf der chinesischen Shandong-Halbinsel ab 1898 für 99 Jahre gepachtet, um seinen Einfluss in der asiatischen Region zu stärken und die deutschen Kolonien im Pazifischen Ozean zu schützen. In der seeseitigen Bucht von Tsingtau einstand ein Hafen als Hauptstützpunkt für das Ostasiengeschwader der Kaiserlichen Marine. Bereits vom zweiten Kriegsmonat an belagerten japanische und britische Truppen mit gleich gelagerten Interessen von der Landseite her den Hafen und nahmen ihn im November ein.

[135] Auf diesen Artikel wird weiter unten nochmals ausführlicher eingegangen.

Beeinflussung nicht mehr zugänglich zu sein, und ich fürchte, unrichtig zu handeln, wenn ich einen nochmaligen Versuch, ihn zu halten, mache."

Man spürt das ehrliche seelsorgerliche Bemühen eines väterlichen Vorgesetzten um seinen jungen zweifelnden Vikar: *„Ich habe ihn mit Nachsicht und Geduld getragen in der Hoffnung, es würde der Dienst am Heiligtum ihm doch noch die Augen und das Herz für die Größe und die Schönheit des Predigtamtes öffnen, habe ihn auch freundlich beraten und ihn innerlich zu fördern gesucht".*

Dekan HENN vermutet, dass im ersten Vikariatsabschnitt in Heidingsfeld „Quisslinge"[136] – damit meint er wohl linke Kirchengegner aus der damaligen Gottlosenbewegung – Hoffmanns Glaubenseinstellung „schwer ins Wanken gebracht" hätten. Immer wieder gelingt es ihm gleichwohl, den Schwankenden für kurze Zeit zu stabilisieren. Er verleitet ihn sogar zur Rückkehr aus dem Kriegsdienst in die Gemeinde, aber nur für Tage. Dann siegt das, was HENN als vaterländische Begeisterung wahrnimmt. Mit dieser unreifen Einstellung sind bekanntlich viele junge Männer zu Kriegsanfang ins Feld gezogen und leider auch zu Tausenden gefallen.

Tatsächlich sieht die „Kirchenbehörde", in diesem Fall der Landeskirchenrat, keinen Anlass, ihn weiter zu hindern. Ein Vermerk vom 2. Sept. 1914 im Personalakt Hoffmann hält fest: *„Auf Ansuchen (wg. Kriegsdienst) von der Kandidatenliste gestrichen."*

HOFFMANN hat diesen Dissens mit seiner Kirche persönlich empfunden. Rückschauend kommentiert er ihn in seinem Artikel vom November 1935. Unter dem Motto „Alles was ihr tut, das tut von Herzen" beschreibt er sich melodramatisch als ein von seinem protestantischen Gewissen Getriebener, wiederum in Er-Form:

„Im August 1914 meldete sich ein junger Vikar zum freiwilligen Eintritt in das Heer. Dem schrieb seine Kirchenbehörde: ‚Es ist gegen jedes göttliche und menschliche Recht, dass ein Geistlicher jetzt seine ihm anvertrauten Seelen verlassen will, noch dazu in solcher Notlage der Kirche. - Für einen ordinierten Geistlichen würde sich übrigens, wenn er ab abkömmlich wäre, nur Feldpredigerdienst oder Verwundetenpflege, nicht aber Blutvergießen schicken.' Aber Luther klagte von der Coburg: ‚Ich kann's nicht lassen, ich muss sorgen für das arme, elende, verlassene, verachtete, verratene und verkaufte Deutschland, als ich schuldig in meinem Leben Vaterland.'"

Und die Rückschau 1947 lässt ihn sagen: *„Schon im September 1914 bin ich erstmals aus dem Kirchendienst freiwillig ausgeschieden, weil ich schon damals aus christlichen Gewissensgründen die Einstellung der Kirchenleitung nicht verstehen konnte."*

---

[136] Der Ausdruck leitet sich vom späteren norwegischen Nazi-Führer VIDKUN QUISLING her und bezeichnet eigentlich einen Kollaborateur; er ist an dieser Stelle natürlich anachronistisch.

Kriegsteilnehmer im Ersten Weltkrieg

Der Vollständigkeit halber seien die Stationen genannt, die der Kriegsfreiwillige nach eigenem Zeugnis durchläuft und anscheinend völlig unverwundet und nie krank übersteht: Die Grundausbildung durchläuft HOFFMANN beim 19. Bayer. Infanterieregiment in Erlangen, dann absolviert er im Dezember 1914 ein Training am Gebirgsmaschinengewehr. Im Feld beginnt er im Dienstgrad eines Schützen, wird rasch Fahnenjunker und Gruppenführer, Fähnrich und Zugführer, und bekommt schließlich als Leutnant der Reserve sogar eine Kompanie übertragen. Er ist „stets an der Front", die meiste Zeit beim Jäger-Regiment 3, bei der Gebirgs-Maschinengewehr-Abteilung 229 und beim 3. Bayer. Infanterie-Regiment.

Als Gebiete aktiver Kämpfe benennt HOFFMANN die Karpaten 1915 gegen die Russen, den Vormarsch in Galizien im selben Jahr bei der heute westukrainischen Stadt Stryi, den Gebirgskampf gegen Italien in den Dolomiten 1915, Kämpfe in Mazedonien 1916 und 1917, vor allem den zähen Kampf im Cerna-Bogen bei Höhe 1050; dann die Verlegung an die Westfront mit Rückzugskämpfen in Flandern ab Sommer 1918, bei Ypern, Langemarck und weiteren Rückzugskämpfe bis zum Waffenstillstand. Stolz präsentiert er auch seine Auszeichnungen: 1915 empfängt er das EK II und 1918 „von S. M .d. Dt. Kaiser persönlich" das EK I. Er geht als Leutnant der Reserve ab.

Man mag bei Hoffmanns Aufzählungen seiner bestandenen Kampfereignisse an das Tagebuch von ERNST JÜNGER denken *„In Stahlgewittern"*. Es erschien nicht lange nach diesem Krieg im Jahr 1920. Seine Grundthesen wurden seither viel diskutiert und auch von vielen Männern angeeignet: Es seien diese Stahlgewitter, die den Mann erst zum Mann machen und ihn seiner Existenzberechtigung versichern. Hier wurzelt ja auch Hitlers erkennbare Emotion, die ihn dann als Staatsmann eigentlich stets Krieger bleiben und ihn in seinem Regierungshandeln stets nach Krieg und entgegen seiner Worte nie wirklich nach dauerhaftem Frieden trachten ließ.

Man mag solche Fixierung von Männern auf den Kampf für unreif halten, aber man wird leider zugeben müssen, dass die empfangenen Ränge und Auszeichnungen –von denen HOFFMANN am Ende mehr hatte als HITLER – damals für die Selbstbestätigung eines Mannes eine fundamentale Rolle spielen. So klingt es zwar grotesk, bestätigt aber diese These, wenn man liest, dass dann HITLER unmittelbar vor seinem Selbstmord innerlich ganz bewusst an die Stätten seiner Ehrung zurückkehrte: Er legte sich sein in diesem Ersten Weltkrieg empfangenes Eisernes Kreuz an; er betrachtet es als die einzige wirklich „verdiente" Auszeichnung seines Lebens.

HOFFMANN seinerseits, der dann nach dem missglückten „Kirchenkampf" und dem damit verbundenen zweiten beruflichen Desaster noch vor Ausbruch des Zweiten Weltkrieges zum „bewährten" Waffendienst zurückkehrt, dient sich dann noch bis zum Hauptmann empor. Das Portraitbild in Uniform in der Sakristei der Kirche legt die Vermutung nah, dass er im Militärischen seine eigentliche Identität sah.

Verblüffenderweise hat HOFFMANN aber bereits ein Jahr vor der Heimkehr aus dem Felde einen Antrag an die Landeskirche geschickt: Er will wieder bei den Theologen unter die Kandidaten aufgenommen werden! Er gibt an, in ihm sei die Überzeugung im Krieg gereift, doch für den Kirchendienst berufen zu sein. Ähnlich wird er auch nach dem Zweiten Weltkrieg argumentieren, wenn er erneut um Wiederaufnahme in den Kirchendienst bitten wird, nur mit dem Unterschied, dass er vor diesem zweiten Mal mit dem Kirchenaustritt seiner ganzen Familie eine vollständige Trennung von seiner Kirche vollzogen hatte. Beim ersten Mal war er ja nur von der Kandidatenliste gestrichen worden.

Wieder unter die Kandidaten aufgenommen

Dem Vermerk des Oberkonsistoriums in München vom 9. Dez. 1918 über Hoffmanns Rückmeldung aus dem Felde und seiner Bitte um Wiederverwendung sind die Angaben „ohne Verwundung, Abgang als Leutnant d. Res. und Auszeichnungen EK I und II“ beigefügt. Als Aufenthaltsort ist Behringersdorf „bei den Schwiegereltern“ angegeben. Der Hintergrund für diese Ortsangabe ergibt sich ebenfalls aus dem Personalakt. Danach ist HOFFMANN „seit Herbst 1915 mit der Tochter [s.o. „Ida“] des Königlichen Forstrates SCHIPPER in Behringersdorf bei Nürnberg verehelicht“. HOFFMANN hat also seine neue Beziehung mit einer Kriegstrauung legalisiert.
Am 1. Dez. 1918 erneuert HOFFMANN schriftlich seine Bitte um Wiederverwendung im kirchlichen Dienst, wobei der diesmal dienstlich korrekt das Konsistorium in Bayreuth von seiner Entlassung aus dem Heeresdienst informiert und „um Verleihung einer für mich einschlägigen Stelle“ bittet. Hintergrund dieses Aufnahmegesuchs dürfte weniger die theologische Neubesinnung, als vielmehr das wirtschaftliche Kalkül gewesen sein. Er hätte ja sonst nach dem Krieg mit einer ebenfalls mittellosen Ehefrau ohne Beruf und Einkommen dagestanden!

Bereits 11 Monate vorher, am 10. Januar 1918, hat die Kirchenleitung auf Hoffmanns ersten Antrag hin dem Konsistorium Ansbach mitgeteilt, dass es „dem Predigtamtskandidaten Th. H. vom Aufnahmejahr 1912, der auf Ansuchen 1914 aus der Kandidatenliste gestrichen wurde, ... die Wiederaufnahme unter die Kandidaten bewilligt“ habe. Der 30-jährige HOFFMANN stand zu dieser Zeit noch als Leutnant der Reserve bei der Gebirgs-Maschinen-Gewehr-Abteilung 231. Nach seiner Rückmeldung aus dem Felde steht also seiner Weiterbeschäftigung nichts mehr im Wege.

Im Juni/Juli 1919 kann er sich in Ansbach der theologischen Anstellungsprüfung stellen, die ihn fünf Jahre zuvor so in Panik versetzt hatte. Als gedienter Offizier auf allen relevanten Kriegsschauplätzen begegnet man ihm mit Respekt, und er darf sicher sein, dass man über seine mangelnde Allgemeinbildung und seine dürftigen theologischen Kenntnisse diesmal mit Großzügigkeit hinwegsehen wird.

Diese Nachsicht bestätigt auch der Auszug aus dem Generalurteilen. Die Gesamtnote lautet „IV hinlänglich". Im Einzelnen erhält er in Deutsch: III, Latein: IV, NT: IV¼, AT IV½, Dogmatik IV½, Ethik IV, Kirchengeschichte IV¼, Pastoraltheologie III¾, Pädagogik u. Didaktik III½, Kirchenrecht III¾, Predigt Abfassung IV, Predigt Vortrag II¾, Extemporale III¾, Katechese schriftlich III½, mündlich III, Methodik des Religionsunterrichts III. – Die besseren Noten im praktischen Bereich Predigtvortrag und Pädagogik fallen auf. Mit diesen Pfunden wird HOFFMANN dann auch in seiner Zeit bei den Deutschen Christen und im letzten Lebensviertel als Religionslehrer der Katholischen Kirche wuchern.

Nun aber, nach dem bestandenen Examen, kann HOFFMANN erst mal ungehindert als Pfarrer Dienst tun.

Gemeindepfarrer in Ay-Senden

Als erste Stelle überträgt man ihm am 16. Januar 1919 als Verweser das Pfarramt in Ay-Senden an der Iller bei Ulm. Ein Jahr später ist er daselbst Pfarrer. An die Administration der Allgemeinen Protestantischen Unterstützungsanstalten Nürnberg muss er eine „Anstellungsabgabe" von 120 Mark zu entrichten, nach heutigem Wert etwa ein halbes Monatsgehalt.

Die Gemeinde Senden an der Iller ist bezeichnenderweise eine Arbeitergemeinde. Wir dürfen annehmen, dass HOFFMANN der Kirche gegenüber sein Interesse an der Arbeiterseelsorge ausdrücklich bekundet hat. Hier fühlt er sich zu Hause.

Ay ist der größte Stadtteil der Stadt Senden im bayerischen Landkreis Neu-Ulm und liegt 12 km südlich von Ulm und 45 km nördlich von Memmingen, also im Grenzland der Bayerischen Landeskirche nach Schwaben hin. Es gehörte damals zum Dekanat Bergheim, heute zum Dekanat Neu-Ulm.

100. Jubiläum 2009:
Die Auferstehungskirche von Ay-Senden

Die Auferstehungskirche mit ihrem lebhaften Übergangsstil von der Neugotik zum Jugendstil, in der HOFFMANN zu predigen hat, ist 1909 erbaut und weist 350 Plätze auf. – Im Jahr 2004 brachte die Gemeinde übrigens in Eingangsnähe eine Gedenktafel der Sendener Künstlerin ROSWITHA GEYER an. Sie erinnert an Pfarrer KARL STEINBAUER (1906-1988), der im Kirchenkampf als mutiger Nazigegner hervorgetreten ist, aber auch keine Scheu hatte, seiner Kirche ins Gewissen zu reden (s.o. S. 134). Er wird in manchen Publikationen immer noch als der angeblich einzige evangelische Pfarrer der Bayerischen Landeskirche beschrieben, der in der Nazizeit im KZ inhaftiert war.[137] Er gilt heute als unbeugsamer und klarsichtiger Christuszeuge in verblendeter Zeit (B. HAMM). Ihm wies die Kirchenleitung 1938 in Ay-Senden die Stelle als Pfarrverweser dieser Kirchengemeinde zu, angeblich um ihn aus der Schusslinie zu bringen. Als einer, der wie HOFFMANN keine Scheu hatte, mit Arbeitern umzugehen, hatte STEINBAUER vorher in der kommunistisch geprägten Bergarbeiterstadt Penzberg gewirkt. –

Die Beurteilungen Hoffmanns in dieser Zeit zeigen, dass er sich innerlich gefangen hat. Er hat in die Aufgaben des Pfarramtes hineingefunden hat. Auch wenn seine theologischen Kenntnisse und die Allgemeinbildung immer noch „gering" bezeichnet werden,[138] so nimmt man ihm doch ab, dass er „auf Besserung bedacht" ist. Er punktet mit seinem sicheren Auftreten. Vor allem bestätigt man nachträglich seine Entscheidung zum Kriegsdienst: Der Krieg habe ihn reifen lassen, „und die Erfahrungen kommen seinen Dienst zugute." Auch tritt hier schon hervor, was sich dann auch in Weidenberg trotz seines D.C.-Engagements bestätigt: Äußere Geschäftsführung: pünktlich und sorgfältig. In seiner Hauptnote IV kann er sich aber nicht verbessern.

Die Charakterisierung durch Senior SEILER aus Dillingen im Dekanat Leipheim 1921 beschreibt HOFFMANN als typisch landeskirchlichen Pfarrer und weckt Zweifel, ob HOFFMANN später wirklich ein überzeugter oder gar „fanatischer" D.C.-Pfarrer wurde, wie ihm einzelne Autoren unterstellen: *„Pfr. Th. Hoffmann widmet sich seiner Gemeinde mit großem Eifer und hat sich offenbar die Wertschätzung seiner Gemeindeglieder erworben, was sich z.B. in den reichen Gaben der Gemeinde ... kundgibt. ... Er predigt textgemäß und anschaulich und steht auf dem Boden der Hl. Schrift und des Bekenntnisses. ... Mit der Gemeinschaft steht er auf gutem Fuß. Er ist bemüht, seine theologische Bildung zu vertiefen ..."*

Die Beurteilung durch den Kreisdekan vermerkt rückschauend, dass *„die Gemeinde Ay-Senden ... ihm in äußerer und innerer Beziehung viel Förderung"* verdanke.

---

[137] Dass dieses makabre Alleinstellungsmerkmal so nicht behauptet werden kann, stellt das Projekt „MYRTEN FÜR DORNEN" richtig, indem es darauf hinweist, dass z.B. auch Pfarrer NIEDERSTRAßER aus Warmensteinach ins KZ (Dachau) eingeliefert wurde.

[138] Evang. Kreisdekan in München 1921-25.

In Senden werden auch die beiden Söhne der Familie HOFFMANN geboren, OTTO am 20. Nov. 1919 – er erbt vom Vater die praktische Begabung – , sowie HERBERT am 4. August 1923. Sie teilen das Schicksal vieler Pfarrerskinder: Sie erleben durch Ortswechsel eine unstete Jugend und haben kaum Zeit, in einer Gegend zu verwurzeln. Durchschnittlich alle fünf bis zwölf Jahre wechselt ja ein Pfarrer seinen Dienstort. So bewirbt sich auch Theodor HOFFMANN nach über sechs durchaus zufriedenstellenden und anerkannten Dienstjahren in die Arbeitergemeinde Augsburg-Haunstetten.

II. Ein Reformpädagoge auf Abwegen

Auf der Stelle des Brasilienpfarrers und Augsburger D.C.-Gründers Arnold

Haunstetten wird in mehrfacher Hinsicht Hoffmanns Schicksalsort: Dort erhält er erste Impulse für seine Hinwendung zum Nationalsozialismus und für seine spätere D.C.-Arbeit, und zugleich beschert ihm ein aus heutiger Sicht eher harmlos anmutendes Ereignis eine neuerliche Katastrophe und treibt ihn in einen inneren Widerstand gegenüber seinem kirchlichen Dienstherrn.

Die Stellenbesetzung in Haunstetten erfolgte auf Präsentation des dortigen Kirchenvorstandes. HOFFMANN konnte hier also einmal mehr seine kommunikative Gabe bestätigen. Er konnte nach außen hin einen gewinnenden Eindruck verbreiten, der die Gegenseite über manche Schwächen hinwegsehen ließ.

HOFFMANN ist mit seinem Dienstantritt in dieser Industriegemeinde am 16. September 1925 der unmittelbare Nachfolger des Brasilien-Pfarrers OTTO ARNOLD (*1879). Dieser ist sicher der Impulsgeber für Hoffmanns späteres D.C.-Engagement.

ARNOLD hatte seit 1919 in Haunstetten amtierte. Er war dann 1925 wieder nach Bahia im nordöstlichen Teil in Brasilien an der Atlantikküste gegangen. – 1932 kehrt er als Pensionär nach Haunstetten zurück und nimmt seinen Wohnsitz in Spickel. Ab Sommer 1933 zeigt sich ARNOLD in Augsburg als wichtiger Exponent der Deutschen Christen; sie haben außerdem im II. Pfarrer des Augsburger Diakonissenhauses HEINRICH SCHULZ und im Vereinsgeistlichen für die Innere Mission JOHANNES SCHMIDT weitere erfolgreiche Scharfmacher. Am 18. September 1933 wird ARNOLD mit ihnen zusammen in der Goldschmiedekapelle St. Anna den D.C.-Stützpunkt Augsburg gründen. Von da an übernimmt er in Augsburg auch die Seelsorgedienste der D.C.

Für die Arbeitergemeinde Haunstetten hegt HOFFMANN deutliche Sympathien. Wie die Haunstettener Zeitzeugen Familie DÜRR erzählen, deren Vorfahr JOHANN MATTHIAS KASTENHUBER als Mesner zu Hoffmann Zeit an der Haunstettener Kirche

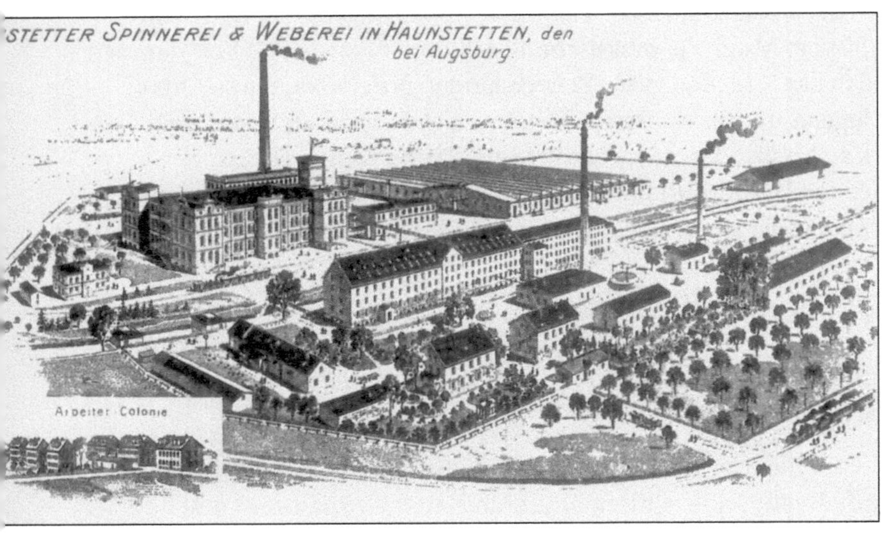

Industriestandort Haunstetten: Zeitgenössische Postkarte

amtierte, hätte die Gemeinde damals Hoffmanns Sympathien erwidert. Umso mehr bedauerten diese Gemeindeglieder seine spätere Entwicklung.

Bis zur Eingemeindung nach Augsburg 1972 war Haunstetten auch politisch selbstständig. Die Einwohnerzahl hatte sich stetig entwickelt. Hatte man im Jahr 1871 noch 1.200 Einwohner gezählt, so hatte sich ihre Zahl bis zum Jahr 1900 auf 2.500 erhöht. Gründe waren der Rückgang der einst hohen Kindersterblichkeit und der Zuzug an Arbeitern vom Lande

Freilich bildeten die 400 Protestanten weiterhin eine deutliche Minderheit. Sie waren zumeist Fabrikarbeiter in der Textilverarbeitung und -veredelung. Dazu kamen 150 evangelische Einwohner aus bäuerlichen Familien in Mehringen (heute Stadtteil Siebenbrunn). 1926 erwarben die Bayerischen Flugzeugwerke (BFW) ein Gelände im heutigen Univiertel.

Der eigentliche Boom für diese Kommune und ihre Protestanten begann erst einige Zeit nach Hoffmanns Weggang: Ab Mitte der 1930er Jahre entstanden im Nordwesten und im Nordosten Haunstettens große Werksanlagen der Firma Messerschmitt. Sie zog aus ganz Deutschland Handwerker, Techniker und Ingenieure an. Insbesondere der Aufschwung der Rüstungsindustrie ließ die Einwohnerzahl in Haunstetten auf rd. 8.000 anwachsen, darunter nunmehr 1.600 Protestanten.

Die anfangs noch kleine evangelische Gemeinde hatte ihre Gottesdienste zunächst in der Schule in Siebenbrunn und ab 1903 im Saal des ehemaligen Jägerhauses gefeiert. Auf einem Grundstück, das die Spinn- und Weberei kostenlos zur Verfügung stellte, hatte man mit dem Vermächtnis einer katholischen (!) Mitbürgerin und unter großen Opfern der evangelischen Textilarbeiterinnen und -arbeiter die hübsche und geräumige Christuskirche mit 450 Sitzplätzen errichten können. Sie war am 3. Advent 1909 eingeweiht worden. Diese protestantische Kirche liegt im Norden von Haunstetten und ist im damals modernen Jugendstil konzipiert.

Die vierköpfige Familie HOFFMANN muss damals zunächst ins alte Mietshaus der Kirchenstiftung neben der Kirche einziehen. Doch nimmt sie diese Umstände in Kauf; denn eine Verbesserung der misslichen Wohnverhältnisse stand durch den Neubau eines Pfarrhauses in Aussicht. Zwar war die Gemeinde Haunstetten finanziell klamm. Sie schloss sich aber im folgenden Jahr der Gesamtkirchengemeinde Augsburg an. Diese errichtete im Jahr 1926 das neue großzügige Gebäude.

Einer, der seine Gemeinde auf vielfältige Weise fördert

HOFFMANN findet sich in der neuen Gemeinde rasch zurecht. Die fünfjährige Beurteilung durch den Kreisdekan attestiert ihm 1930 neben seiner freundlichen und gewinnenden Art das „Geschick, mit der Jugend umzugehen". Auch „seine Festigkeit im Predigen" sei gewachsen". Die Stimme wird als „volltönend, kräftig" beschrieben. Die Gesamtnote schnellt nun auf III hoch.

In der folgenden Beurteilung, die sich auf seine Dienstzeit bis zu seinem Weggang von Haunstetten im Herbst 1933 bezieht, fällt auf, dass nun auch die Allgemeinbildung als „gut" bezeichnet wird. Auch wird noch einmal betont, dass er „schrift - und bekenntnisgemäß" predige, „mit guten Gedanken". Es ist also trotz des deutlichen Aufstieges der Nationalsozialisten noch keine ideologische Beeinflussung Hoffmanns erkennbar. Das ist wichtig im Hinblick auf die Frage, wann HOFFMANN sich innerlich weltanschaulich umorientiert.

Festgestellt wird auch hier, dass es HOFFMANN *„versteht ..., seine Gemeinde zu fördern und die verschiedenen Schichten in derselben zu bedienen"*.

Das bestätigt auch die Zeitzeugenfamilie DÜRR/ KASTENHUBER. Rasch habe sich HOFFMANN in der neuen Gemeinde eingelebt. Zur Mesnersfamilie KASTENHUBER und zur Familie des Jugendleiters FRIEDRICH HINTERMEYER habe er sofort guten Kontakt gefunden. Auf die bestehende, etwa 20-köpfige Gemeindejugend und den CVJM sei er zugegangen und habe persönlich ihre damals wegweisenden Aktivitäten

1909 im Übergangsstil von Neugotik zum Jugendstil errichtet: Christuskirche von Haunstetten. (Foto: Familie Dürr)

hinsichtlich Lebensstil und Naturerfahrung unterstützt. Dabei kam HOFFMANN sein persönliches Engagement in der „Lebensreformbewegung" zugute.

Ein glaubwürdiger Verfechter der „Lebensreform-Bewegung"

Seit Mitte des 19. Jh. als Kontrapunkt zu den Schäden durch die Industrialisierung propagiert und zur Erlösung aus der zivilisationsbedingten Not des Modernismus gedacht, sollten alle Lebensbereiche zu menschenfreundlicherer und naturnäherer Gestaltet umgeformt werden. Dieser Ruf zur Rückkehr zu „naturgemäßer Lebensweise" hatte nach dem Ersten Weltkrieg in den 1920-er Jahren überall in Deutschland und Europa neuen Auftrieb und zunehmend breite Resonanz gefunden.

THEODOR HOFFMANN in seiner Haunstettener Zeit: Aus dem Erinnerungsalbum der befreundeten Familie DÜRR

Auch in seinem persönlichen Lebensstil setzte HOFFMANN viele lebensreformerische Ideen um. Er las naturheilkundliche Bücher und aß vegetarisch. Auch betätigte er sich aktiv sportlich. Sobald es draußen wärmer wurde, war er in der Natur unterwegs. Obwohl man ihn auch bei Wanderungen manchmal mit Schlips oder Fliege sehen konnte, pflegte er doch eine etwas legerere Art, sich zu kleiden, als es damals insbesondere für Pfarrer üblich war.

Beim Praktizieren einer naturgemäßeren Lebensweise beschränkte sich HOFFMANN aber nicht auf den privaten Bereich, sondern er wendete die lebensreformerischen Ideen auch auf viele Bereiche seiner Arbeit als Pfarrer in Haunstetten an. Der Betrachter darf sich von der Schmiss-Narbe an Hoffmans rechter Wange aus seiner Leipziger Zeit als schlagender Student ebenso wenig täuschen lassen, wie von seinem freiwilligen Kriegsdienst mit der Waffe: HOFFMANN ging es in Wahrheit nie um Pauken und Drill und Einpassung in elitäre Rituale. Sein Ansatz in der Reformpädagogik zielte auf eine ganzheitliche Überwindung der „Zivilisationsschäden" und war den Entwicklungen seiner Zeit in der Gemeindearbeit in Vielem weit voraus.

So motiviert er gleich von Anfang an die Gemeindejugend, mit ihm in den Berchtesgadener Alpen und im Allgäu zu wandern. Er unternimmt mit den jungen Leuten auch Fahrradtouren und veranstaltet zahlreiche Jugendfreizeitveranstaltungen. Viele Schnappschüsse der damals beliebten jungen Fotografie zeugen vom Wandern im steilen Fels mit Wanderstecken in bunter Kleidung, vom fröhlichen

Motorbootausflug über den Königsee oder dem Postbusausflug zum Oktoberfest auf der Münchner Theresienwiese. Auch die Gemeinde sehen wir unterwegs in den Alpen die Partnachklamm durchsteigen.

Solche Hinwendung zur Natur tat den Arbeiterkindern und ihren Eltern gut. Insbesondere auch der Donauzufluss Lech ist für die Jugend damals ein beliebter Abenteuerspielplatz.

Im gleichen Maß steigert THEODOR HOFFMANN aber nun auch seine Angebote für das geistliche Leben. Er konnte lebensnah und biblisch zugleich predigen und legte auch großen Wert auf das spirituelle Leben in Natur und Alltag. Christliche Gruppenarbeit für junge Menschen beschränkte sich für ihn nicht auf das Lagern zum geselligen Picknick; sondern er stellte sich mit ihnen auch zur gemeinsamen Andacht unter grünen Bäumen oder lud sie ein zu Missions- und Bibelstunden.

Auf Fahrradtour: THEODOR HOFFMANN mit der Pfarrjugend (Foto: DÜRR)

Geistliches und weltliches Leben gehören für HOFFMANN auch im Jahreslauf zusammen. So spielen seine Jugendlichen Theater und Varieté und verkleiden sich an Fasching. Ebenso aber beteiligen sie sich an Passionsspielen und Ostermysterien.

Impulse der Lebensreformbewegung übernimmt HOFFMANN auch für seinen Religions- und Konfirmandenunterricht. Wie es die Reformpädagogik vorschlägt, will Hoffmann die Kinder zur Selbstständigkeit erziehen und zu Handlungsorientiertheit anleiten. Die Natur ist ihm dabei eine wichtiges Medium.

Auch im Unterricht in der Haunstättener Eichendorff-Volksschule sucht er einen neuen Stil. Selbst wenn insbesondere die Jungen im Unterricht manchmal altersbedingt frech sind, so verzichtet HOFFMANN doch bewusst auf die körperliche Züchtigung von Kindern.

Bewusste Abkehr von „Schwarzer Pädagogik"

Über Kaiserreich und die „Schwarze Pädagogik" der NS-Zeit hinaus bis weit nach dem Zweiten Weltkrieg sind ja Schläge mit der Hand oder dem Stock noch das typisches Erziehungsmittel und bei vielen Eltern, Lehrern und auch Pfarrern ein Mittel der Wahl. Auch von Schulstrafen wie „Tatzen" im Unterricht hält HOFFMANN nichts.

Bei jungen Menschen integriert: Pfarrer HOFFMANN (oben, 2. v.re.) mit Haunstettener Gemeindejugendgruppe 1926 (Foto: DÜRR)

Dagegen sind ihm Ausflüge mit Konfirmanden mindestens so wichtig, wie der Unterricht im Betsaal der Kirche. Das Lernpensum ist abgespeckt. Im Vordergrund stehen für HOFFMANN Psalmen und Lieder, von denen pro Woche höchsten zwei Verse, aber nie derer Acht zu lernen sind. Bevorzugte Lieder sind Klassiker wie *„Jesu, geh voran"* oder *„Bei dir, Jesu, will ich bleiben"*. Daneben muss man die 10 Gebote, das Glaubensbekenntnis und das Vaterunser hersagen können. Auf Luthers Katechismus wird nur sehr eingeschränkt zurückgegriffen. Die klassischen Noten im Fleiß und Betragen gibt es bei HOFFMANN zunächst immer noch, erst in Weidenberg wird er auch ganz darauf verzichten und auch seinen Kollegen überreden, das Gleiche zu tun.

Doch bleiben auch „konservative" Unterrichtselemente erhalten: Der sonntägliche Gottesdienstbesuch wird auch bei diesem „Reformpfarrer" mit dem Stempel bestätigt. Äußerlich ernst genommen wird auch die Konfirmandenprüfung, bei der viele Gemeindeglieder neugierig zuschauen. Die obligatorischen Fragen zum Stoff gelten dem Gelernten aus der „Sonntagsschule" und dem Unterricht im Konfirmandenjahr. Dann sind Credo und Lieder herzusagen; und die Psalmen müssen nahtlos vom nächsten Kandidaten weitergesprochen werden.

Geliebte Gemeinde: Haunstettener Christuskirche zur Zeit von Pfarrer HOFFMANN (Foto: DÜRR)

Die Konfirmation ist der feierliche Höhepunkt im bisherigen Lebensweg der Kinder. Sie erklärt den Konfirmanden zum mündigen Christen. HOFFMANN hält eine kurze bibelbezogene Predigt und betrachtet das Emmaus-Bild von RUDOLF SCHÄFER aus der Winsener Kirche. Er lässt die jungen Menschen an seiner Sorge Anteil nehmen, dass sie durch Leichtsinn, Sorgen und Zweifel Jesus aus den Augen verlieren könnten. Wie die Emmausjünger sollten ihnen die Augen immer wieder neu aufgehen, um zu sehen, dass Jesus unerkannt mit ihnen wandelt und ihre Herzen neu entzünden will.

Auf diese vielfältige, lebendige und lebensnahe Weise gelingt es HOFFMANN rasch, die gesamte Gemeinde für sich zu gewinnen. Es kann kein Zweifel bestehen, mit dem gleichen Ansatz in Jugend und Erwachsenengemeinde wie in Haunstetten wäre HOFFMANN später auch in Weidenberg ein beliebter Pfarrer mit großer Nachwirkung geworden.

Bei der Kirchenvisitation in Haunstetten, die bereits nach einem dreiviertel Jahr am 22. Juni 1926 stattfindet, bescheinigt ihm Dekan SCHILLER aus Augsburg sein positives Wirken, und in der Visitation zwei Jahre später bestätigt er sein Urteil:

„Er [Hoffmann] hat sein Amt in Haunstetten mit großer Freudigkeit angetreten und sich rasch die Liebe und das Vertrauen der Gemeinde erworben. Er ist mit ganzem Herzen bei seinem Beruf, frisch und lebendig, arbeitsfreudig und besonnen. Er versteht es, den verschiedenen Schichten der Gemeinde (Bauern, Industriearbeiter, Gemeinschaftlern) gerecht zu werden. Seine Predigt war eine recht gute Leistung, gedankenreich und nach Inhalt und Vortrag eindrucksvoll, vielleicht im Aufbau nicht ganz glücklich. Die Christenlehre war weniger gelungen; doch war das Thema „Atheismus" aus dem 3. Jg. des Lehrplans für die nicht gerade regsame Jugend nicht leicht. Der Gesamteindruck der Visitation war ein recht erfreulicher".

Weniger überzeugt sind seine Vorgesetzten auch weiterhin von Hoffmanns theologischer Arbeit, also der Durchdringung seiner Themen von der Bibelexegese und der kirchlichen Lehre her. Immer wieder offenbaren sich bei ihm die Mängel des allzu schlampig absolvierten Studiums.

Von den Vorgesetzten zur antisemitischen Theologie von PAUL ALTHAUS gedrängt, die Volk und Führer verherrlicht

Überraschend an der kirchlichen Kritik ist zu diesem Zeitpunkt aber die Umkehr der späteren Standpunkte. HOFFMANN wird im Jahr 1926 unterstellt, sich zu unreflektiert an die Bibel anzulehnen und sich zu wenig (sic!) für die Theologie der Zeit zu öffnen. Diese „moderne" Theologie der Zeit, welche die Verfasser der Beurteilung meinen, hatte damals in Erlangen seit 1923 in WERNER ELERT und seit 1925 in PAUL ALTHAUS wirkungsvolle, viel beachtete Exponenten. Mit seiner Lehre von der „Uroffenbarung" stellte sich insbesondere ALTHAUS bewusst der christozentrischen Offenbarungstheologie von KARL BARTH entgegen, die seit der Kulturkrise des Ersten Weltkrieges in vielen Pfarrerköpfen und -mündern inzwischen zum theologischen Leitbild geworden war. Diese Theologie Barths wird dann auch im Kirchenkampf zum entscheidenden Kampfmittel.[139]

Auf dem ideologischen Irrweg: Erlanger Theologieprofessoren WERNER ELERT (links) und PAUL ALTHAUS D. J.

Beide theologische Lehrer hat HOFFMANN aber bis zu diesem Zeitpunkt anscheinend wenig beachtet. In der Beurteilung der Synodalarbeit 1926/7 des Pfarrers TH. HOFFMANN zur Eschatologie wird *„... vor allem ein Eingehen auf die modernen theologischen Auffassungen, von denen Kirche und Pfarrer zu lernen haben oder mit der sie sich auseinandersetzen müssen"* vermisst. An dieser Stelle wird dieser PAUL ALTHAUS sogar namentlich genannt. Dem Pfarrer HOFFMANN wird unter die Nase gerieben, *„dass der Verfasser bei seiner positiven Einstellung zur Schrift mit den neuen Wegen, die Althaus einschlägt, nicht viel anfangen kann ..."; „... müsste eine kurze Auseinandersetzung mit der einer biblizistischen Auffassung gegenüberstehenden neuen Anschauung von der Eschatologie in den Schriftbeweis eingefügt werden."*

Das Absonderliche und Gruselige an diesem theologischen Konflikt: Gerade der so hochgelobte ALTHAUS wird es sein, der mit seiner abstrusen Lehre von Gottes

[139] Vergl. dazu insbesondere oben das Kapitel *„Barmen 1934: Wie sich Hitlers scheinbarer Triumph zu einem neuen Wunder für die Kirche wandelt"*, S. 130ff.

Offenbarung im Volk dann HITLER und seinem Trojanischen Pferd, den Deutschen Christen, in den folgenden Jahren so viele Pfarrer in die Arme treiben wird, einschließlich HOFFMANN selbst. Während die Theologen der Bekennenden Kirche auf den Spuren Karl Barths den Gläubigen immer wieder leidenschaftlich einschärfen und dann im „Barmer Bekenntnis" von 1934 auch schriftlich verkünden, dass einzig *„Jesus Christus das eine Wort Gottes ist, das wir zu hören, dem wir im Leben und im Sterben zu vertrauen und zu gehorchen haben"*, lehren ALTHAUS, ELERT und andere Theologen, dass die Kirche *„als Quelle ihrer Verkündigung außer und neben diesem einen Wort Gottes auch noch andere Ereignisse und Mächte, Gestalten und Wahrheiten als Gottes Offenbarung anerkennen"* müsste. Sie meinen damit HITLER; und sie begrüßen seine Machtübernahme 1933 als ein „Geschenk und Wunder Gottes".

Schon vor 1933 hat ALTHAUS in seiner Lehre vom *„Volk als Schöpfungsordnung"* antisemitische Äußerungen verbreitet. Mit seinem Kollegen WERNER ELERT verfasste er dann 1933 ein Gutachten zu einem geplanten Arierparagrafen der Reichskirche und forderte, „nichtarische" Bewerber um ein kirchliches Amt auszuschließen. Erst ab 1936, nachdem der Kirchenkampf entschieden war, distanzierte sich auch ALTHAUS zunehmend von den Nazis wegen ihrer kirchenfeindlichen Politik.

So ist es ist also eine mehr als verwunderliche Randnotiz der Kirchengeschichte, dass wir feststellen müssen, dass es Vorgesetzte Hoffmanns in der Bayerischen Landeskirche waren, die beim frommen Biblizisten HOFFMANN zeitig die Weichen in Richtung „Deutsche Christen" stellen, ja, die ihn geradezu in diese Richtung drängen, um ihn später dafür umso heftiger abzukanzeln. Ein Bedauern über diesen falschen Impuls hat man aber bis heute nie gehört.

Dunkle Wolken ziehen auf

Auch die Beurteilungen dieser Jahre in Haunstetten durch den Kreisdekan fallen durchwegs positiv aus und wiederholen vieles oben schon Gesagte. Es vollzieht sich hier also eine für beide Seiten voll befriedigende Gemeindetätigkeit. Das würde einem Pfarrer eigentlich erlauben, lange gedeihlich in einer Gemeinde zu wirken.

Da kommt es zu einer überraschenden Wende. Wie es scheint, aus heiterem Himmel, will HOFFMANN die geliebte Pfarrstelle verlassen. Am 4. Februar 1932, also nach erst sechs Jahren der Tätigkeit in Haunstetten, richtet er an den LKR die Bitte um Verleihung der Pfarrstelle Heroldsberg bei Erlangen.

Seine Begründung mutet hergeholt und gekünstelt an. Er habe „ ... keinerlei nachteilige Erfahrungen in hiesiger Gemeinde" während seiner Amtstätigkeit gemacht. Anlass zur Meldung gäbe ihm dagegen in erster Linie das persönliche Empfinden, dass durch einen rechtzeitigen Wechsel der eigenen Frische und der der Gemeinde am besten gedient sei. Mitbestimmend sei, dass Heroldsberg als Vorortgemeinde die gleichen vertrauten Verhältnisse zeige wie Ay-Senden und Haunstetten und er darüber hinaus den Wunsch habe, seinem betagten, in Hersbruck wohnenden Vater näher zu ein als bisher.

Seinem Mesner KASTENHUBER gegenüber deutet HOFFMANN freilich geheimnisvoll an, dass er in eine Lage versetzt sei, die ihn zwinge, an einen Neuanfang zu denken.

Unerwarteter Abschied: THEODOR und IDA HOFFMANN (hinten links und rechts) im Kreis von Haunstettener Mitarbeiter*innen

Angesichts der erfolgreichen Gemeindearbeit in Haunstetten ist diese Wegmeldung doch sehr überraschend. Der tatsächliche Grund, den er seinem Mesner nur andeuten, aber nicht offenbaren will, liegt in dem oben bereits angedeuteten und noch ausführlicher zu schildernden peinlichen Ereignis Mitte 1931, das nun zum „Fall" zu werden droht. Angst vor zu erwartenden Konsequenzen lastet auf HOFFMANN. Er versucht, sich durch rechtzeitige Wegmeldungen einer Klage beim Landeskirchenrat und den möglichen Folgen zu entziehen.

Sein unmittelbarer Vorgesetzter, der Augsburger Dekan Kirchenrat D. SCHILLER, ahnt noch gar nichts. Sein Randvermerk zu Hoffmanns Wegmeldung *„Mit der Bitte um Befürwortung"* klingt unverfänglich:

„Herr Pfr. Hoffmann hat sich in Haunstetten sehr bewährt. Seine Predigten sind gehaltvoll und praktisch, werden sicher und natürlich vorgetragen. Als Katechet hat er eine sehr einfache Art, erzielt aber gute Kenntnisse. In der Seelsorge ist er sehr eifrig und treu. Die Haunstetter Gemeinde setzt sich zusammen aus Industriearbeitern und Bauern. Pfr. H. hat es sehr gut verstanden, beiden Teilen gerecht zu werden. Ich würde ihn ungern verlieren, glaube aber, dass er sich für Heroldsberg eignen würde."

Doch aus der Bewerbung nach Heroldsberg wird zunächst nichts. Ein anderer Geistlicher wird vorgezogen.

Von der Qualität seiner Arbeit her könnte HOFFMANN eigentlich weiterhin ganz gut in Haunstetten bleiben. Sein Interesse an den Arbeitern und sein Engagement für die Jugend kommen an.

Auf dem Weg zum nationalsozialistischen Weltbild

In den politischen Auseinandersetzungen dieser Jahre, in denen sich die Gegensätze zwischen Links und Rechts in dieser Arbeitergemeinde nicht nur in Parteiversammlungen, sondern auch auf offener Straße abspielen, neigt HOFFMANN zwar innerlich inzwischen zu den Nazis, weil ihn ihre Reden von einer neuen Zeit berauschen; er vertraut ihrem Versprechen, das Volk über Klassenschranken hinweg zu einen. Auch traut er ihnen zu, das größte Alltagsproblem der zuende gehenden 1920-er und der frühen 1930-er Jahre in den Griff zu kriegen: die exorbitante Arbeitslosigkeit. Sie strebt zu dieser Zeit ihrem Höchststand entgegen.

Inzwischen ist der rührige Bayreuther Lehrer und NS-Agitator HANS SCHEMM auf die Reise durch Bayern gegangen und hat bei einigen Pfarrern mit seiner Werbung für Hitlers Nationalsozialismus Zuspruch gefunden. Im Jahr 1931 hat er einen „Nationalsozialistischen Evangelischen Pfarrerbund" gründen können. HOFFMANN schließt sich diesem NSEP im Jahr 1932 an, ohne dass wir seine Gründe kennen. Man kann nur vermuten, dass er sich mit seiner Sympathie für die Arbeiterschaft im Anliegen der einstigen „Deutschen Arbeiterpartei" wiederfand.

Auch von der Lebensreformbewegung her gibt es Linien. Insbesondere die Freikörperkultur, der auch HOFFMANN anhing, distanzierte sich wie die Nazis von Pornografie und freier Sexualität und zielte nach eigenem Zeugnis auf Selbstkontrolle und Körperbeherrschung, Werte, die durchaus kompatibel waren mit der NS-Ideologie". Zwar gaben die Nazis im März 1933 einen Erlass zur Bekämpfung der „Nacktkulturbewegung" heraus; doch nachdem sich die konservativen FKK-Gruppen zum NS-Staat bekannt hatten, wurden sie in einen „Kampfring für völkische Freikörperkultur" umfunktioniert und in das NS-System integriert.

Doch nehmen die Personalakten von Hoffmanns neuer Ausrichtung beim NSEP kaum Notiz. Im Gegenteil, man attestiert ihm, in seiner Amtsführung und Seelsorge *„bewusst eine solche neutrale Stellung ein[zunehmen], dass niemand Anstoß nimmt."* In einer Beurteilung anlässlich der Visitation in Haunstetten am 5. Juni 1932 wird vermerkt, dass der Großteil der Gemeinde ihn schätze. Er werde für seine Fähigkeit gerühmt, *„die rechte Mitte in den schwierigen politischen Verhältnissen zu finden und den einfachen Schichten die Wahrheiten der Bibel nahezubringen."* Er scheue *„die Mühe der kleinen Bibelstunde nicht"*.

Freilich beobachtet sein Vorgesetzter *„in seiner Haltung auf der Kanzel ... Unruhe, als ob er sich nicht wohl fühle."* Andererseits wurde *„aus der Reihe des Kirchenvorstandes ... der Wunsch ausgesprochen, dass er längere Zeit bleiben möge."* *„Etwas unangenehm"* wurde freilich seine Dankrede an die Kirchenvorstände empfunden, *„beson-*

ders die aus der mehr gehobenen Schicht"; sie lasse *„erkennen, dass er ohne zu wollen auch verletzen kann."*

Dass HOFFMANN sich zu dieser Zeit dem nationalistischen Gedankengut auf der Kanzel geöffnet hat, kann mit großer Wahrscheinlichkeit verneint werden. Auch in Weidenberg kann man ihm später in den Jahren nach 1933 einen solchen Kanzelmissbrauch nicht nachsagen.

Nach Zeugenaussagen aus seiner späten Haunstettener Zeit forderte HOFFMANN von der Kanzel her „Einfachheit und Klarheit", denn der „Zug der Zeit sei ein sinnverwirrendes vielgestaltiges Leben", wie die Schlagwörter der Zeit lehrten. Dem setzte er den „Erlöserglauben" entgegen, den er zu dieser Zeit wohl noch ausschließlich auf Christus bezog, wie zumindest die Lektüre von vorhandenen Predigten Hoffmanns aus den späten 20-er Jahren nahelegen. HOFFMANN habe allerdings gelegentlich in seinen Predigten improvisiert, heißt es.

HOFFMANN war also ursprünglich in geradezu kindlicher Weise überzeugt von der Einzigkeit des Erlösers Christus. Wann und wodurch sich hier dann seit Hitlers Machtübernahme auch bei HOFFMANN ein Wandel vollzog, muss hier offenbleiben. Wir beobachten ja auch bei vielen anderen Christen aus der pietistischen Szene in dieser Zeit einen solchen peinlichen Wandel. ,

So war es der HOFFMANN bekannte Hensoltshöher Leiter Pfarrer ERNST KEUPP, der als bereits überzeugter Nationalsozialist 1933 der Partei beitrat und sich zugleich als „Deutscher Christ" bekannte. Die Schwestern dieser Diakonissengemeinschaft folgten ihm. Wie viele andere Schwestern und Diakonissengemeinschaften in ganz Deutschland jubelten auch die Hensoltshöher HITLER und seinen Vasallen bei den unvermeidlichen Reden,

Stramm braun: Hensoltshöher Diakonissen 1934 beim Empfang des „Frankenführers" JULIUS STREICHER (Foto: Stadtarchiv Gunzenhausen)

Prozessionen und Besuchen als Heilsbringer und Erlöser zu. HOFFMANN war mit dem Pietismus der Hensoltshöher Gemeinschaftsbewegung vertraut und innerlich verbunden. Dessen örtliche Arbeit hatte er bereits in seiner Zeit in Ay-Senden und dann auch in Haunstetten kennengelernt und akzeptiert.

Rückblickend bekennt HOFFMANN bei seiner Entnazifizierung 1947 ausdrücklich, er sei in seinen positiven Ansichten über HITLER dadurch bestärkt worden, dass gerade aus verschiedenen christlichen Gemeinschaftskreisen *„viele Pfarrer und Laien aus bestem Wollen und reinstem christlichen Idealismus der Partei beitraten"*. Beispiel ist für ihn der oben genannte Pfarrer KEUPP, aber ebenso der Führer des Ansbach-Hofer Gemeinschaftsverbandes Senior DAUM in Heiligenstadt.

Auch in Weidenberg will HOFFMANN dann nach seinem Dienstantritt diese braunen Diakonissen zur Mission einsetzen, was im Kirchenvorstand aber durch Einsatz seines Kollegen REDENBACHER, der sich schon bald für die Bekenntnisgemeinde geöffnet hat, vereitelt wird.[140] Ansprachen aus der Bayreuther D.C.-Zeit zeigen jedenfalls, dass HOFFMANN inzwischen zu Hitlers Lobhudlern gehört.

Doch im letzten Jahr vor Hitlers Machtübernahme 1932 hat sich bei HOFFMANN ein solcher politischer Gesinnungswandel noch nicht wirklich nach außen hin angekündigt.

Eigenartig erscheint aber ein Satz in seiner Beurteilung von 1932: *„In seinem Lebenswandel und in seinem Familienleben ist er zu tadeln"*. Ist hier ein „nicht" ausgefallen, oder hat im Vorgriff auf das oben bereits angedeutete Ereignis eine „freudsche Fehlleistung" Platz gegriffen? Die weiteren Formulierungen verraten nicht, ob die Kirche zu dieser Zeit andere Gründe für Hoffmanns Wegmeldung annimmt, als die von ihm selbst angegebenen. Man glaubt ihm anscheinend noch, dass sein Streben, wegzukommen, von der Sorge diktiert sei, *„dass er sich der Gemeinde gegenüber ausgegeben hat"*.

Das Gewitter entlädt sich

Nach dem ersten Misserfolg erneuert HOFFMANN im Frühjahr 1933 sein Wegmeldegesuch. Bei diesem zweiten Anlauf, am 4. April d.J., bittet er den Landeskirchenrat, ihm die Pfarrstelle **Laubendorf**, Dek. Markt Erlbach, zu verleihen. Wieder reagiert sein Dekan SCHILLER positiv, er befürwortet die Wegmeldung „wärmstens!". Am Rande vermerkt er: *„Hoffmann ist ein tüchtiger Geistlicher, der sein Amt mit großer*

[140] Vergl. dazu das Kapitel weiter unten im Kapitel: *„Zwischen den Zeilen zu lesen - Die geheime Bekenntnisgemeinde Weidenberg"* den Abschnitt: *„Wie Pfarrer Redenbacher eine braune Missionierung Weidenbergs vereiteln kann"*.

Treue versieht. Seine Predigten sind biblisch und praktisch." Doch die warmen Worte richten nichts aus. Auch für Laubendorf wird ein anderer Kollege vorgezogen.

Dann verdichten sich die dunklen Wolken über ein hoffnungsvolles Theologenschicksal, ein schon lange befürchtetes Gewitter zieht auf. Mehrfach hatte HOFFMANN inzwischen Andeutungen gegenüber seinem Mesner in Haunstetten gemacht, er sei in eine Lage versetzt, die ihn zwinge, an einen Neuanfang zu denken. Man würde ihm zu Unrecht zusetzen, dem wolle er aber nicht nachgeben. Seine lebensreformerischen Ansichten wolle er nicht ändern.

Zu diesen Ansichten gehörte offenbar auch ein freier ungezwungener Umgang mit dem Körper in der Natur, wie ihn Teile der Reformbewegung propagierten und wie er besonders beim Nacktbaden Beachtung fand. Doch dieser hüllenlose Badespaß wird ja weder damals noch heute von allen akzeptiert, vielmehr von manchem als ein Verstoß gegen das sittliche Empfinden gewertet. Dies erweist sich auch schon bald als Ursache von Hoffmanns Nervosität und Wegmeldegesuchen. Der eigentliche Hintergrund trat aber erst 1933 zutage, als das eintrat, was HOFFMANN insgeheim die ganze Zeit befürchtet hatte: Jemand aus seiner Gemeinde zeigt ihn bei seinen Dienstvorgesetzten wegen **Nacktbadens und pornografischer Aufnahmen** an.

Das beanstandete Verhalten lag zu dieser Zeit bereits zwei Jahre zurück, das Ereignis muss im Sommer 1931 stattgefunden haben. Wahrscheinlich hat der Anzeigende diese ganzen zwei Jahre hindurch versucht, HOFFMANN auf direktem Wege anzugehen. Sein Ziel ist, wie sich aus den Akten ergibt, von ihm Geld zu erpressen. Aber damit hat er bei HOFFMANN auf Granit gebissen, der Geistliche will seine Lebensphilosophie rechtfertigen.

Aber HOFFMANN war doch spürbar nervös geworden. Das war auch seinem Vorgesetzten bereits bei der Visitationspredigt aufgefallen, ohne dass er die Ursache ahnte. Die Unruhe des Geistlichen strahlte anscheinend sogar von der Kanzel aus. Kein Wunder, denn Nacktbaden im Freien war zu dieser Zeit auch vor zivilen Gerichten in Deutschland noch ein Straftatbestand. Ihn deshalb bei der Polizei anzuzeigen, hatte der Erpresser freilich nicht riskiert; denn dann wäre er ja auch seine mögliche Geldquelle losgeworden und hätte sich auch selbst vielleicht einer Anzeige wegen Verleumdung ausgesetzt.

Wie das Nacktbaden von Pfarrern das Sittlichkeitsempfinden der Kirchenleitung trifft

Doch bei Zweifeln über die Sittlichkeit reagiert die Kirche damals empfindlich und macht sich Sorgen über ihr Erscheinungsbild in der Gemeinde. Diese Anzeige führt daher zu einem kirchlichen **Disziplinarverfahren** vor dem Landeskirchenrat. Die

Folgen erzeugen aber, sicher von allen Beteiligten unbeabsichtigt, einen tiefen **Bruch in der Biografie von Pfarrer HOFFMANN.** Und dieser Bruch hat nun wiederum gänzlich unvorhersehbare Folgen für die Bayerische Kirchengeschichte in der Nazizeit, ohne dass diese Zusammenhänge bis heute in Forschungsarbeiten erwähnt werden und auch unter Insidern wirklich bekannt sind.

Was hatte sich denn im Sommer 1931 ereignet, sodass HOFFMANN seitdem so verängstigt war und unbedingt fortwollte? Was war so wirkungsmächtig, dass es der eben zum ersten evangelischen Landesbischof der Bayerischen Geschichte gewählte HANS MEISER mit seinem Amtsantritt zur Chefsache machte? Was konnte solche unabsehbaren Folgen auch für die Landeskirche haben, die weit über die Biografie des einzelnen betroffenen Pfarrers hinausgehen?

Es muss jedenfalls im Nachhinein verwundern, dass in einer kirchenpolitisch so hoch gespannten und entscheidungsträchtigen Zeit der Landeskirchenrat überhaupt die Zeit gefunden hat, sich auf höchster Ebene mit einem in der Rückschau so grotesken Fall zu befassen. Im Umgang mit diesem Fall erweisen sich die hohen Herren als so unbeholfen und entscheidungsschwach, dass man im Nachhinein kaum glauben mag, dass sie es damals dennoch geschafft haben, das Schifflein der Landeskirche einigermaßen über die Klippen der Zeit zu steuern.

Man mag sich kaum vorstellen, dass der Fall HOFFMANN den neu gewählten Landesbischof von nun an praktisch 23 Jahre lang, fast vom ersten bis zum letzten Tag seiner Dienstzeit, also weit über das Dritte Reich und den Weltkrieg hinaus, begleiten wird. Über den inkriminierten Vorfall fasst jedenfalls am 13. Mai 1933 erstmals das **Präsidium des Landeskirchenrates** mit HANS MEISER an der Spitze, neun Tage nach dessen Amtsantritt, und mit den beisitzenden Oberkirchenräten BÖHNER und BURGER, einen Beschluss. Sie wollen ein Dienststrafverfahren gegen Pfarrer Hoffmann einleiten. Sie stellen fest:

„Gegen die Pfarrer Theodor Hoffmann in Haunstetten und Werner Limpert in Augsburg-St. Johannes ist Anzeige beim LKR dahier erstattet worden, dass sie seit längerer Zeit [!] samt ihrer Familie Anhänger der Nacktkulturbewegung sind und als solche in Gemeinschaft mit anderen Personen, insbesondere der Familie des Jugendsekretärs Preuß in

Die ganze Amtszeit über mit dem Fall HOFFMANN konfrontiert: Der neu gewählte Landesbischof HANS MEISER agierte als Vorsitzender des Disziplinarausschusses

Augsburg und der Tochter Betty des Steuersekretärs W.[141] *in Deuringen bei Augsburg, bei Lechhausen auf einer Lechinsel völlig unbekleidet sich bewegten, wobei Pfr. H. auch Nacktaufnahmen von einzelnen der dabei beteiligten Damen, insbesondere der Steuersekretärstochter W. machte, die ohne Wissen und gegen den Willen ihres Vaters an diesen Zusammenkünften teilnahm.*

Das Präsidium des Landeskirchenrates erblickt in diesem Verhalten der beiden genannten Geistlichen eine schuldhafte Verletzung der ihnen durch ihr kirchliches Amt und ihren geistlichen Stand auferlegten Pflichten, die ein Dienstvergehen im Sinne des §1 der Dienststrafordnung begründet und verfügt daher die Einleitung eines Dienststrafverfahrens gem. §15 Ziff. 1 DStrO. Als Untersuchungsbeamter wird OKR Burger bestellt. Das Präsidium des Evang.-Luth. LKR gez. Meiser, Böhner, Burger."

Die Anzeige des Haunstettener Gemeindeglieds W. gegen HOFFMANN ist es also, die beim Landeskirchenrat die Betriebsamkeit ausgelöst. Das Präsidium des Landeskirchenrates erblickt im Verhalten der beiden beteiligten Geistlichen eine schuldhafte Verletzung der ihnen durch ihr kirchliches Amt und ihren geistlichen Stand auferlegten Pflichten. Entsprechend der Dienststrafordnung ist eine Sühnung fällig.

Ein Kreisdekan erstattet Bericht vom Tathergang

Drei Tage, nachdem die Landessynode MEISER zum Stellvertreter des amtierenden Kirchenpräsident FRIEDRICH VEIT gewählt hatte und noch vor Meisers Bischofskür, hatte der LKR am 15. April 1933 beim Evang.-Luth. Kreisdekan in Augsburg einen ausführlichen Bericht mit Gutachten über Theodor Hoffmanns Einstellung zum Nacktbaden eingeholt. Darin hatte HOFFMANN, den verbreiteten Gedanken der Reformbewegung folgend, Nacktbaden „als Religion" bezeichnet. Offenbar hatten seine Vorgesetzten diese Ansicht als blasphemisch empfunden und deshalb die Disziplinarmaßnahme befürwortet.

Nach dem Wortlaut des mehrere Seiten langen Berichts des Kreisdekans ist die Anzeige des Herrn W. zunächst an das Augsburger Dekanat gegangen und von Dekan SCHILLER in die Konferenz der Dekane eingebracht worden. Dieser habe auch von einem Gespräch mit dem Anzeigeerstatter berichtet, aus dem hervorging, dass zwischen W. und HOFFMANN bereits ein längerer Briefwechsel im Gange war, *„der von Seiten des Herrn Pfarrers Hoffmann sicher sehr ungeschickt durchgeführt wurde."* Auch Pfarrer LIMPERT von der Gemeinde St. Johannes sei auf diese Weise in die Sache hineingezogen worden, ebenso der Jugendsekretär HANS PREUẞ.

---

141 Der Name dieses Vaters, der die Anzeige gestellt hat, ist in den Akten stets ausgeschrieben, wird aber in dieser Untersuchung aus Gründen des Personenschutzes anonymisiert.

Vertrauliches Badeparadies:
Lech-Auen südlich von Augsburg.

Der Vorfall stelle sich so dar: Die Pfarrer HOFFMANN und LIMPERT hätten sich mit ihren Familien der Freikörperkultur angeschlossen und unbekleidet auf einer Lechinsel [beim Ort Kissing] in einem umgrenzen, mit einer Hütte versehenen und kaum einsehbaren Bereich gebadet. Dabei habe HOFFMANN auch mehrere Fotoaufnahmen und Filmstreifen der unbekleideten Personen gemacht. Für HOFFMANN gehörten Fotografieren und die freie Körperkultur zusammen. Es brächte die Freude am Körper zur Geltung.

Nachdem das Mädchen diese Bilder auch ihrem Vetter gezeigt habe, habe dieser eine Zeit später Herrn W. davon berichtet. Auf dessen Drohungen hin seien W. die Bilder übergeben worden. Auf den Bildern sei u.a. die Tochter von Herrn W. unbekleidet zu sehen gewesen. Der Jugendsekretär habe aber, als er die Bilder abgeben wollte und niemanden antraf, die kompromittierenden Bilder bis zur Unkenntlichkeit zerkratzt. Ihm sei die Sache wohl selbst suspekt gewesen.

Der Dekan habe die Meinung vertreten, dass HOFFMANN als Urheber der Fotos in jedem Fall von seiner Gemeinde entfernt werden müsse, während man im Fall von LIMPERT, der in der Gemeinde „so viel Boden“ habe, diese zu beruhigen versuchen wolle. Der Kreisdekan sei nach Augsburg gefahren und habe mit Einverständnis des noch amtierenden Kirchenpräsidenten VEIT ein Vermittlungsgespräch zwischen den beiden Pfarrern und dem Anzeigenden initiiert, zu dem aber W. mit der Begründung nicht erschienen sei, *„er wolle sich nicht wieder wie ein Angeklagter behandeln lassen“.* Hintergrund sei offenbar, dass ein Pfarrer SCHMIDT W. wohl heftig angefahren habe. HOFFMANN habe ihn dazu beauftragt. W. habe zudem angegeben, durch die ganze Aufregung herzleidend geworden zu sein.

Der Impuls zum Nacktbaden sei von Pfarrer LIMPERT ausgegangen, der sich sehr früh dieser Art Freikörperkultur zugewandt habe. *„Unreine Gedanken würden ihm und den Seinen durch den nackten Leib auch bei Personen des anderen Geschlechtes nicht erweckt.“* HOFFMANN, der noch mit Entsetzen an die *„Schmutzerei im Feld und bei den Offizieren“* zurückdenke, wäre zunächst befangen gewesen, habe dann aber

„die ungezwungene Selbstverständlichkeit des Beieinanderseins" als Befreiung erlebt. Man müsse beiden Pfarren glauben, *„dass sie nicht aus Geilheit solche Dinge tun."* Vielmehr hatten sie erklärt, *„durch die christliche freie Körperkultur den* ***Auswüchsen der Nacktkultur*** *entgegenarbeiten"* zu wollen. HITLER habe in einem Buch auf den Segen dieser Kultur hingewiesen, und es seien Bestrebungen in Gang, *„die ernste Seite dieser Bewegung stärker hervorzuheben"*.

Herr W. habe telefonisch erklärt, von der Forderung einer disziplinaren Untersuchung Abstand nehmen zu wollen, habe aber von **Entschädigungsforderungen** gesprochen. Inzwischen wüssten aber auch andere um die Sache, auch auf katholischer Seite.

Wer ist die beteiligte weibliche Einzelperson?

Die beteiligte weibliche Einzelperson wird in den Unterlagen stetes nur als „Mädchen" bezeichnet bzw. mit ihrem Vornamen „Betty" benannt. Weder das Alter, noch die Tätigkeit oder sonstige wichtige Umstände sind in den Dokumenten angegeben. Soviel wird aber deutlich:

Sie steht in Konflikt mit ihrem cholerischen Vater, der in zweiter Ehe verheiratet ist (über das Schicksal ihrer leiblichen Mutter erfahren wir nichts) und der sie anscheinend auch bisweilen mit Schlägen traktiert; und sie fühlt sich wohl auch von ihrer Stiefmutter nicht akzeptiert. Deshalb hat sie die Familie des Jugendleiters zu ihrer „Ersatzfamilie" gemacht, wo sie sich häufig, vor allem bei dessen Frau, aufhält. Nach ihrem ganzen Verhalten könnte man sie als einen etwas leichtfertigen, pubertierenden Backfisch betrachten. Nach einer späteren Bemerkung nimmt sie z.B. ohne Bedenken auch am Lichterfest in Kissing teil, das im Volk einen etwas zweifelhaften Ruf genießt. Ihr Alter könnte man von diesem Benehmen her auf höchstens 16-17 Jahre schätzen und mit dem damals noch gängigen Ausdruck „Backfisch" bezeichnen.

Gegen diese Altersannahme spricht aber Zweierlei: Die junge Dame bezieht schon bald eine eigene Wohnung. Und in einem Dokument von Anfang 1934 wird sie als „erwachsen" bezeichnet. Das wäre damals ein Alter von mindestens 21 Jahren. Zum Zeitpunkt des angezeigten Vorfalls müsste sie daher mindestens 19 Jahre alt gewesen sein. Allerdings würde sie damals nach den gesetzlichen Regeln noch als „minderjährig" gelten.

Würde man die heutigen Kriterien von Missbrauch an Minderjährigen zugrundlegen, könnte man den Fall als „Hands-Off"-Tat bewerten. Anders als bei den „Hands-On"-Taten kommt es zwar zu keinem Körperkontakt zwischen Opfer und Täter. Aber das Fotografieren fremder unbekleideter Jugendlicher und das Herumgeben ihrer Fotos könnte als Herstellen und Verbreiten pornografischer Fotos betrachtet werden, wobei die Bewertung durch den Täter unerheblich ist. Jedenfalls war sich HOFFMANN der Problematik seiner Tat rasch bewusst und ahnte die Folgen.

Zum Niederlegen des Pfarrerberufes bereit?

Pfarrer HOFFMANN habe sich bereit erklärt, die Folgen der Sache auf sich zu nehmen, so berichtet der Kreisdekan weiter. Der Geistliche überlege sogar, den Beruf aufzugeben und in Erlangen ein neues Studium zu beginnen. Doch habe er ihm zum Abwarten geraten.

Der Kreisdekan berichtet dann von den weiteren Erörterungen mit den Beteiligten, welche die gegensätzlichen Anschauungen zur freien Körperkultur sichtbar gemacht hätten. Er bekräftig seinen Vorwurf, dass sie dabei „keinerlei Rücksicht auf ihre Pfarrersstellung genommen" hätten. Er hätte bei der Unterredung den Eindruck gehabt, bei den beiden Pfarrern in eine „perverse Anschauung vom Leiblichen" hineinzusehen, was er umso mehr bedauere, als sie sich bisher „als tadellose, einwandfreie Menschen und Gatten gezeigt" hätten.

Inzwischen habe Dekan SCHILLER mit dem Vater des Mädchens einen Schweigevertrag ausgehandelt, der aber an Erpressung grenze. Die einzelnen Forderungen könnten immer neue Nachforderungen herbeiführen. Inzwischen habe aber auch Herr W. schriftlich diesen Vertrag abgelehnt.

HOFFMAN ist angesichts der Entwicklungen zunächst zutiefst erschrocken. Wie der Bericht des Kreisdekans andeutet, sieht er sich als Pfarrer gescheitert. Er erklärt sich in diesem Moment sogar bereit, seinen Pfarrerberuf aufgeben, falls man dies nicht als eine eilfertige Floskel deutet, welche die Zerknirschung nur heuchelt. Auch als Familienvater mit zwei Kindern und einer nicht berufstätigen Frau kann HOFFMANN sich vorstellen, an den Ort seines ersten Studiums nach Erlangen zurückzukehren, um erneut zu studieren, diesmal vielleicht Religionspädagogik, wenn nicht gar ein technisches Fach. Aber er fasst sich und ordnet seine Gedanken. Warum soll er sich als Sünder bekennen, wenn sein Gewissen ihm in seinen lebensreformerischen Ansichten Recht gibt?

Als es dann gut drei Monate später, am 31. August 1933, im Beisein des Verklägers, des Steuersekretärs K. W., in München vor dem kirchlichen Dienststrafgerichtshof tatsächlich zur mündlichen Verhandlung gegen die beiden Pfarrer kommt, hat der Landeskirchenrat eine umfangreiche „Anklage" vorbereitet. Sie gipfelt in der Frage, ob *„die beiden Pfarrer Hoffmann und Limpert ihre kirchliches Amts- oder geistlichen Standespflichten schuldhaft verletzt oder durch ihr Verhalten das Ansehen des geistlichen Standes beeinträchtigt hätten, indem sie als überzeugte Anhänger der Freikörperkulturbewegung zusammen mit anderen Familien regelmäßig unbekleidet in einem*

Arm des Lech badeten und dort Sonne - und Luftbäder nahmen. Insbesondere wird ihnen vorgehalten, dass sie im Jahre 1931 auch ein junges Mädchen, die Tochter des Verklägers, ohne Wissen ihres Vaters mitgenommen und nackt fotografiert hätten. Die Anzeige sei über Pfarrer SCHMIDT, den Senior des Augsburger Pfarrkapitels, vor den LKR gebracht worden.

III. Das Dienststrafverfahren des Landeskirchenrates gegen Pfarrer Theodor Hoffmann am 31. August 1933

Das Verfahren findet im Dienstgebäude des Landeskirchenrates in München statt. Im Frühjahr 1928 hat die Landeskirche das Anwesen in der Arcisstraße 13, der heutigen Katharina-von-Bora-Straße, erworben und mit einem Verwaltungsgebäude in Form eines italianisierenden Palazzo ergänzen lassen. Pfarrer HOFFMANN will sich von seinen Anklägern nicht beeindrucken lassen. Er trägt seinen Standpunkt ruhig vor. Ihm gehe es nicht um Pornografie oder freie Sexualität, sondern er sähe in der Nacktheit ein Gegenmittel gegen die Verkümmerung der Menschen, die als Folge der Zivilisation insbesondere durch die Industrialisierung voranschreite. Für ihn sei Nacktbaden kein Selbstzweck, sondern gehöre zur Wiedergewinnung einer natürlichen Lebensweise und sei verbunden mit einer entsprechenden Kleiderreform, vegetarischen Nahrung, naturnahem Wohnen, gesundheitsbewusstem Verhalten, bis hin zu einem neuen Unterrichtsstil. Dafür sei seine ganze Lebensweise einschließlich seines Pfarrhausgartens und die Arbeitsziele und der Umgang mit seiner Gemeinde der Beweis.

1929 eingeweiht: Dienstgebäude des Landeskirchenrates in der Münchner Arcisstraße 13, heute Katharina-von-Bora-Straße (Entwurfszeichnung 1928)

Umstrittene Konsequenzen der Lebensreformbewegung

HOFFMANN trägt also dem Landeskirchenrat damals die Argumente vor, die seit der Wende zum 20. Jahrhundert von den zahlreichen alternativen Gruppen an den Rändern der Gesellschaft erdacht und damals von Künstlern und Schriftstellern wie HERMANN HESSE bis in die Mitte der Gesellschaft hineingetragen wurden. Sie fordern seinerzeit, was seit Beginn der Industrialisierung eigentlich jedem einleuchtet, nämlich

Dichter der Lebensreform:
HERMANN HESSE

die Entfremdung des Menschen durch eine unnatürliche Arbeits- und Lebenswelt zu überwinden und sich wieder auf die natürlichen Bedürfnisse des Menschen zu besinnen, sei es bei der Arbeit, beim Essen, bei Kleidung, Wohnen und Freizeitgestaltung.

So war HERMANN HESSE bereits im Jahr 1906 auf dem Monte Verità oberhalb des schweizerischen Ascona auf Intellektuelle, Tänzer, Bohemiens und Aussteiger gestoßen, die der „Lebensreform" huldigten, deren Gedankengut sich als Gegenbewegung zur Industrialisierung seit Mitte des 19. Jahrhunderts in ganz Europa verbreitet hatte. Als „Naturmenschen" und als Vorläufer heutiger „Alternativer" und Esoteriker führten sie auf ihren Grundstücken am „Berg der Wahrheit" ein unabhängiges Leben, das in den Augen ihrer Zeitgenossen aber ganz und gar inakzeptabel war. Sie gingen keinem „ordentlichen" Beruf nach, arbeiteten häufig unbekleidet in ihren Gärten, pflegten unverbindliche Lebens- und Liebesbeziehungen, meditierten asiatische Heilslehren und erprobten schon zu dieser frühen Zeit das alternative Leben der späteren Hippie- bzw. „New Age"-Bewegung. Lediglich durch die zwei Weltkriege ist diese Entwicklung unterbrochen worden.

Für die Hüter der Kirchen irritierend war, dass solche Lebensexperimente auch Menschen anzogen, die im bürgerlichen Milieu fest verwurzelt waren. Es ist ja immer die Frage, wie Gegenentwürfe zum jeweils herrschenden Mainstream verständlich gemacht und ausgehandelt werden können. Das Thema des ursprünglichen Lebens, das z.B. HESSE in seinem Werk ausführlich abhandelt, hat die Gedanken dieses Dichterphilosophen bis in die Gegenwart hinein auch für viele junge Leute anziehend gemacht. Seine Erzählungen sind vom eigenen Erleben angeregt und spiegeln die gesellschaftliche Auseinandersetzung mit Aussteigern und Sozialreformern, mit „barfüßigen Propheten", „Sandalenträgern" und „Kohlrabi-Aposteln" wider.

Auch Pfarrer HOFFMANN sah sich selbst stets mehr bei den Sozialreformern, als bei den Konservativen. Tatsächlich war der Strom der Reformbewegung allenthalben in Europa und inzwischen auch in Deutschland in der Zeit der 30-er Jahre so breit, so vielfältig und auch so nachhaltig, dass er auch die Vorbehalte der bislang eher konservativen evangelischen Kirchenleitung annagte und schließlich, wie in Hoffmanns Fall, überraschend fortschwemmte.

Neuartige Beziehung zum Körperlichen

Der Erste Weltkrieg hatte zwar unendlich viele Opfer unter den Protagonisten dieser Bewegung gefordert, aber letztlich hat auch er diese Reformen nur beschleunigt. Auf Sylt badet man schon, Gesetze hin und her, seit 1920 nackt. Überall sind damals entsprechende neue Kleidungsmoden, biologische Nahrungsangebote der Reformhäuser, naturnahe Waldsiedlungen und alternative Wohnformen mit großer Anziehungskraft aus dem Boden geschossen. Mit der Wandervogel- und Pfadfinderbewegung der Vorkriegszeit und der weit ausstrahlenden „bündischen Jugendarbeit" mit ihrer Philosophie von Fahrt und Lager, mit neuartiger Musik, Kunst und Jugendkultur, hat sich der Mensch auch das Leben und Bewegen in der Natur zurückerobert und das Recht auf einen eigenen Lebensstil auf die Tagesordnung gesetzt.

HOFFMANN hatte sich begeistern lassen von diesen neuen Ideen. Wahrscheinlich hat man schon in seinem Elternhaus, das durch den Lehrerberuf seines Vaters geprägt war, von diesem „anderen Leben" geredet. Es waren ja Lehrer gewesen, welche die Ideen vom alternativen Leben in den bisherigen „Stehkragen- und Biertisch-Alltag" der Jugendlichen hineingetragen hatten. Als Pfarrer in der Jugendarbeit in Haunstetten konnte HOFFMANN vieles Neue ausprobieren. Er hatte nicht nur privat einiges in seinen persönlichen Lebensstil übernommen, sondern war mit großen Gruppen seiner Kirchengemeinde bis in die Alpen gezogen und hatte bei weiten Ausflügen selbst Formen dieser neuen Jugendarbeit praktiziert.

Ab Anfang der 30-er Jahre hatten ihn auch die Ideen der „Lichtfreunde" interessiert. Sie propagierten ihre neuartige Beziehung zum Körperlichen, die HOFFMANN, wie gezeigt, im engsten Kreis von Freunden und Bekannten selbst ausprobierte. Dann kam nach der Machtübernahme Hitlers 1933 das allgemeine Vereinsverbot. Nun schlossen sich einige rechts-konservative Organisationen zu einem „Kampfring für völkische Freikörperkultur" zusammen. Aus ihm entwickelte sich später die NS-Organisation „Bund für Leibeszucht", die wiederum gleichgeschaltet war in den „Nationalverband für Volksgesundung".

Auch HOFFMANN ließ sich später als Mitglied im „Kampfring für Völkische Freikörperkultur" aufnehmen. Einige in der NS-Führungsriege blieben prüde. Dagegen schuf ausgerechnet Hitlers oberster Polizeichef HEINRICH HIMMLER die „Polizeiordnung zur Regelung des Badewesens". Dadurch ergab sich dann seit dem Jahr 1942 die gesetzliche Möglichkeit, sich nackt zu bewegen, ohne sich strafbar zu machen. Bedingung war, dass man sich auf einem dazu freigegebenen, nicht einsehbaren Gelände traf, sodass unbeteiligte Personen nicht kompromittiert werden konnten. Auf dieser NS-Verordnung beruhen bis heute alle Rechte und Pflichten beim Nacktbaden.

Das kirchliche Verfahren gegen HOFFMANN bezog sich seinerzeit allerdings nicht auf die Nähe dieser FKK-Gruppierungen zum Nationalsozialismus, sondern nur auf den Sittlichkeitsaspekt. Auch HIMMLER hat ja mit der „Nicht-Einsehbarkeit" der Sittlichkeit Rechnung getragen. Und HOFFMANN hält man genau diesen Punkt vor: Die „Nicht-Einsehbarkeit" des Geländes sie unzureichend gewesen.

Ein überraschendes Urteil

Aber nachdem die Anklage vorgetragen, der Verkläger zu Wort gekommen und die Verteidigungsrede der Angeklagten angehört worden ist, endet dieser innerkirchliche Disziplinarprozess mit einem Knall. Trotz der rigiden damaligen Vorstellungen von Moral in der Kirche konnten die Beklagten auf ganzer Linie überzeugen. Das stellt für die damalige Zeit eine Sensation dar.

Während man damals auf katholischer Seite noch lange nicht so weit ist, erweist sich, dass die Evangelische Kirchenleitung und sehr viele ihrer Pfarrer damals schon viel offener für den Zeitgeist sind. Es sind die „Richter" in diesem Verfahren, der Vorsitzende OKR MOEGELIN und seine Beisitzer OKR DAUMILLER, die Dekane SPERL-Gunzenhausen und WEIß-Coburg, sowie der Synodale Oberregierungsrat HERPICH aus Staffelstein, die am 31. August 1933 verkünden:

„Die beiden Beschuldigten werden von den erhobenen Anschuldigungen freigesprochen. Die Kosten des Verfahrens fallen der Allgemeinen Kirchenkasse zur Last".

Die Begründung zeigt sich für neue Auffassungen offen: *„Die beiden Geistlichen haben in durchaus glaubhafter, ja überzeugender und durch keine Tatsachen zu widerlegender Weise bekundet, dass sie bei ihrem Verhalten sich von durchaus ehrbaren, edlen und reinen Beweggründen haben leiten lassen".*[142]

Zum Tatbestand stellt das Disziplinargericht fest, dass *„die beiden Pfarrer Hoffmann und Limpert in Augsburg ... seit einer Reihe von Jahren überzeugte Anhänger der Freikörperkulturbewegung"* sind und dass ihr Badeplatz *„in den Lechauen bei Kissing ... den Augen der Öffentlichkeit völlig entzogenen [sei], wo sie mit ihren Familienangehörigen im geschlossenen Kreis von etwa vier Familien regelmäßig mit unbekleideten Körpern in einem alten Wasser des Lech baden und Sonnen- und Luftbäder nehmen".* Ein „junges Mädchen", das mit einer der Familien bekannt war, sei im Jahre 1931 einmal zu diesem so genannten „Paradeplatz" mitgenommen worden und von HOFFMANN fotografiert worden. Der Vater habe von diesen Bildern erfahren und

---

[142] Vergl. auch im Personalakt LKR 51202_Hoffm 1933-31-08ff.

habe die Sache nach einem kurzen fruchtlosen Briefwechsel mit HOFFMANN bei Senior SCHMIDT in Augsburg zur Anzeige gebracht.

Bei der Frage, ob aufgrund dieses Tatbestandes eine Dienstverfehlung im Sinn der DStO. vorliege, unterscheidet das Gericht zwischen der staatlicherseits verbotenen Nacktkulturbewegung, welche bewusst die sinnlichen Reize anspreche und von beiden Geistlichen abgelehnt werde, und der Freikörperkulturbewegung, welche die *„Überwindung von reiner sinnlicher Empfindungen durch geistige Haltung in der Pflege des Leibes“* betone.

Es bestehe kein ausdrückliches kirchliches Verbot der Zugehörigkeit von Geistlichen zur Freikörperkulturbewegung oder der aktiven Betätigung bei dieser.

Die beiden Geistlichen hätten glaubhaft, überzeugend und unwiderlegbar bekundet, dass sie bei ihrem Verhalten sich *„von durchaus ehrbaren, edlen und reinen Beweggründen haben leiten lassen, und dass irgendein Aufkommen unzüchtiger Gedanken oder sinnlich unreiner Empfindungen geradezu ausgeschlossen“* sei. Ein Bewusstsein, dass ihr Verhalten eine Pflichtverletzung darstelle, sei bei ihnen nicht vorhanden gewesen. Auch Fahrlässigkeit sei zu verneinen; sie hätten sich der Freikörperkulturbewegung *„nur nach ernsthafter reichlicher Prüfung und unter richtiger Einschätzung der in ihr selbst liegenden und aus ihr erwachsenden Gefahren“* angeschlossen.

Ein double-bind-Urteil mit einem dicken Pferdefuß

Obwohl das Gericht also dienstrechtlich einen klaren Freispruch verkündet, versäumt es doch nicht, nachdrücklich den moralischen Zeigefinger zu heben. Es wirft den Geistlichen vor, ihre Stellung als geistliche Leiter ihrer Kirchengemeinden nicht genügend bedacht zu haben. Sie *„hätten ... sich sagen müssen, dass ihre aktive Betätigung in der Freikörperkulturbewegung, falls dieses in der Gemeinde bekannt würde, weithin Widerspruch und Ablehnung erfahren müsste, so dass ihre Stellung in der Gemeinde selbst unmittelbar gefährdet erscheinen müsste.“*

Zwar sei in ihrem Fall die Amtswürde nicht ein Frage gestellt worden, aber es wurde doch ausdrücklich festgestellt, *„dass aus theologischen wie aus kirchlichen Gründen gegen eine Betätigung von Geistlichen bei der Freikörperkulturbewegung ... die allergrößten Bedenken bestehen“. Es sei „außerordentlich unvorsichtig ..., den Kreis der Teilnehmer über die Familien der beiden Geistlichen hinaus zu erstrecken und namentlich ein fremdes Mädchen zuzuziehen, ohne sich zu vergewissern, ob die Einwilligung des Vaters vorliege, und dass es ganz besonders beanstandet werden muss, dass von dem Mädchen Lichtbildaufnahmen gemacht wurden“.*

So kommt der Dienststrafgerichtshof letztlich zu einer ganz widersprüchlichen Bewertung, wie sie auch für schizophrene Beziehungsstrukturen als typisch angesehen wird, was dann in der Konsequenz auch bei dem stolzen HOFFMANN zur folgenreichen Überreaktion führt.

Die paradoxe Doppelbotschaft stellt ein typisches „double bind“ dar und lautet: Man könne einerseits den beiden Geistlichen von ihrer Einstellung her nichts vorwerfen und sie seien nach den einschlägigen Paragraphen freizusprechen; andererseits könnten sie nicht länger auf ihren Stellen bleiben, weil es sich *„rein objektiv betrachtet ... weder mit dem Ansehen des geistlichen Standes, noch mit der Achtung oder dem Vertrauen, das der Träger des Amtes erwarten darf und fordern muss, verträgt, wenn Geistliche sich bei der Freikörperkulturbewegung aktiv betätigen.“*

Ein Freispruch mit mehrfach seltsamem Beigeschmack. Denn dass man jemanden freispricht und dennoch wegversetzt, wird von HOFFMANN als Bestrafung gewertet. Andererseits bleibt ja als etwas Unverständliches im Raum, dass er von dem Mädchen im unbekleideten Zustand Aufnahmen gemacht hat. Das kann auch heute noch, wenn Minderjährige die Fotografierten sind, ein Straftatbestand sein. Wozu sollten also die Bilder dienen?

Und ebenso bleibt letztlich die Frage offen, wieso Pfarrer damals überhaupt an so etwas Umstrittenem wie Freikörperkultur teilnehmen. Auch bleibt der Satz, mit dem die gewundene Urteilsbegründung endet, rechtlichen unklar, wenn nämlich der Dienststrafgerichtshof seinen Freispruch mit der Auffassung einschränkt, *„dass ein längeres Verbleiben der beiden Geistlichen an ihrer Stelle untunlich ist“.*

Welchen Hintergrund hat diese Doppelbotschaft? Der Kreisdekan hatte ja in seinem Gutachten bereits ähnliche Andeutungen gemacht und bei der Frage, auf wen man moralisch Rücksicht nehmen müsse, seltsamerweise den Bezug zur katholischen Kirche hergestellt. Aber auch gegenüber den vermeintlich konservativen Strömungen in den eigenen Gemeinden sieht sich die Kirchenleitung damals in einer Zwickmühle.

Anstatt aber nun auch gegenüber der Gemeinde einen klaren Standpunkt zu beziehen und sich hinter ihre Pfarrer zustellen, vermeidet der Landeskirchenrat ein eindeutigeres eigenes Urteil gegenüber dem damaligen Zeittrend der Lebensreformbewegungen. Er überlässt den hier flexibleren Nazis die Führungsrolle und knickt gegenüber scheinbar noch vorhandenen moralischen Vorurteilen in der Gemeinde ein.

Es ist müßig, darüber nachzudenken, ob solche moralischen Vorurteile in Haunstetten zu dieser Zeit in der Gemeinde überhaupt hochgekommen wären oder ob es sich nur um einen aufgebauschten Einzelfall handelte, der noch dazu der finanziellen Erpressung diente. Im ersteren Fall hätte die Kirche mit ihrer früheren Verkündigung selbst dazu beigetragen.

HOFFMANN selbst reagiert zunächst so, dass er scheinbar nur wenig Widerstand gegen das Urteil und seine Konsequenzen leistet. Wohl getrieben von seinem schlechten Gewissen wegen der Fotos folgt er in fast soldatischem Gehorsam der Nötigung seiner Kirche, sich für die Pfarrstelle Weidenberg zu bewerben.

Strafversetzt und zu Schmiergeldzahlungen gezwungen?

Im Rückblick auf diese für ihn lebensentscheidenden Ereignisse übt Pfarrer HOFFMANN gleichwohl seitdem Kritik an der Kirchenleitung. Unzählige Mal fasst er diese Kritik in Worte. Und diese Kritik dürfte sicher auch berechtigt gewesen sein. So stellt er, als er 14 Jahre später am 1. Nov. 1947 für sein Spruchkammerverfahren diesen Dienststrafgerichtsprozess reflektiert, verbittert fest, dass das kirchliche Disziplinarverfahren zwar mit einem Freispruch für ihn und seinen mitbetroffenen Freund Pfr. LIMPERT geendet habe. *„Trotzdem hat mich der Landeskirchenrat am 1.10.1933 von Augsburg-Haunstetten nach Weidenberg b. Bayreuth versetzt, was einer* ***Strafversetzung*** *gleichkam."*

Sodann behauptet HOFFMANN, es habe damals noch weitere laufende Aktionen des Landeskirchenrates gegeben, die für die Kirche, wenn sie zutreffen, in moralischer Sicht mehr als peinlich sind. So habe der Landeskirchenrat von ihm verlangt, *„unsern Verkläger mit Geld zu befriedigen zwecks Schweigens von der ganzen Sache, ihm also* ***‚Schmiergeld'*** *zu bezahlen."* Das habe HOFFMAN aber entschieden abgelehnt.

Er habe dann noch verschiedene Eingaben und Bittgesuche unternommen, um sich *„von Weidenberg wieder wegmelden zu dürfen und damit von der unverdienten Strafstelle frei zu werden"*. Sie seien aber unbeachtet geblieben.

Wenn diese Schilderung Hoffmanns den Tatsachen entspricht, stellt das seiner Kirche kein gutes Zeugnis aus. Danach wäre HOFFMANN trotz Freispruchs ungerechtfertigterweise aus Haunstetten abberufen worden. Darüber hinaus hätte die Kirche sich an Erpressungsversuchen beteiligt. Letzterer Tatbestand wäre dann in den offiziellen Darstellungen wegen seiner Peinlichkeit bislang stets verschwiegen und vertuscht worden.

Tatsächlich belegt eine umfangreiche Korrespondenz, die sich im Personalakt von HOFFMANN findet, dass sich die Kirchenleitung damals in die Erpressungsversuche des Vaters des fotografierten Mädchens hat verwickeln lassen. Sie wollte damit angeblich HOFFMANN aus der Schusslinie bringen und das Schweigen des Verklägers erkaufen. Ein solches Verhalten geht natürlich noch weit über das moralische Einknicken der Kirchenleitung gegenüber der Gemeinde hinaus. Es berührt, wie HOFFMANN wohl mit Recht empfindet, den Kern der grundsätzlichen Glaubwürdigkeit einer Kirche und ihres Verhältnisses zu den Geboten.

Hier steht also im Hochsommer des wandlungsreichen Jahres 1933 auf der einen Seite eine Kirche, die mit einem gewissen Druck und nicht ganz zweifelsfreien Mitteln ihre Autorität durchsetzen will, und auf der anderen Seite sieht man einen Pfarrer, der sich ungerecht behandelt fühlt und sich zum Trotz und Widerstand gegen seine Kirche herausgefordert sieht, mit unerwartet weitreichenden Folgen für die Bayerische Kirchengeschichte und für ihn persönlich.

Ist eine Korrektur des Hoffmann-Bildes erforderlich?

Bis heute sind die tatsächlichen Hintergründe im „Fall Hoffmann“ und auch die mehrfache Selbstverstrickung der Kirche bei der Entwicklung dieses Falles trotz klarer Aktenlage nicht öffentlich bekannt. Noch immer betrachten viele Historiker im Rückblick auf diese Zeit die „Deutschen Christen“ als die einstigen Hauptgegner dieser im Nationalsozialismus scheinbar „intakt“ gebliebenen Bayerischen Landeskirche und ordnen auch HOFFMANN hier pauschal ein. Er wurde, ohne nach den Hintergründen zu fragen, bislang vor allem als angeblich „fanatischer“ D.C.-Pfarrer beschrieben, der im bewussten ideologischen Widerspruch gegen seinen Landesbischof MEISER handelte und also zu verurteilen sei.

Dieses Bild bedarf nun der gründlichen Korrektur. Hoffmanns angeblicher Fanatismus, ja überhaupt seine Neigungen zum Nationalsozialismus, sind *vor* seiner Versetzung nach Weidenberg nirgendwo wirklich nachweisbar. Seine Einstellung kann auch später nicht dem gängigen völkisch-nationalen Gedankengut zugerechnet werden, das dann im Nationalsozialismus aufgeht. Er selbst ist pietistisch geprägt, verortet sich aber darüber hinaus durchaus glaubwürdig im linken sozialistischen Spektrum der Arbeiterbewegung, die ihm von seiner Vikarszeit vor dem Ersten Weltkrieg an bis in seine Haunstettener Zeit vertraut ist. Auch von hier führt keine direkte Verbindung zu seiner späteren Agitation für die D.C. ab dem Jahr 1934.

Um Hoffmanns Tun also einordnen und angemessen beurteilen zu können, muss man deshalb wohl eher auf einer psychologischen Ebene ansetzen, nämlich bei den hier beschriebenen zwiespältigen Erfahrungen einer sensiblen Pfarrerseele mit der Kirchenleitung.

Diese Kirche verspricht ihren Pfarrern einerseits Schutz, Hilfe und Fürsorge, andererseits will sie zugleich strenge Obrigkeit und Hüterin der volkskirchlichen Moral sein. Dabei fällt sie ihren Pfarrern dann auch bisweilen in den Rücken, wie in diesem Fall: Einerseits Freispruch, andererseits Bestrafung! HOFFMANN sieht hier die Glaubwürdigkeit seiner Kirche auf dem Prüfstand. Ihr Handeln spottet seinem Gerechtigkeitssinn.

Und, was für ihn als Offizier des Ersten Weltkriegs vielleicht noch mehr zählt, mit ihrem wankelmütigen Kurs zeigt sich die Kirche auch strategisch der Situation der Zeit nicht gewachsen. Ein Offizier weiß, dass er seinen Leuten stets klare Befehle geben muss, auch auf die Gefahr hin, einmal einen Fehler zu machen, der sogar Menschenleben kosten kann. Wenn aber eine Kirche das Handeln ihres Personals akzeptiert, aber ihnen zugleich vor dem Kirchenvolk in den Rücken fällt, treibt sie einen Keil in ihr eigenes Gefüge und macht die Truppe im Ernstfall kampfunfähig.

Mit anderen Worten: HOFFMANN erwartet von seinen Vorgesetzten in der Nazizeit vergeblich ein eindeutiges und durchsetzungsfähiges Handeln im Sinn einer erkennbaren Strategie, die sich auf dem biblischen Glauben gründet. Aus seiner Prägung als Militär hätte er jede glaubwürdige Entscheidung seiner Vorgesetzten mit allen Folgen akzeptiert, auch wenn sie *gegen* ihn ausgegangen wäre. Dieses *eindeutige* Handeln bleibt aus.

Dass ihm seit seiner Versetzung nach Weidenberg alle Vorgesetzten, auch auf Kirchenkreis- und Dekanatsebene, stets wachsweich ausweichen, dass sie ihn dann auch bei seiner D.C.-Agitation ohne Verbot und ohne jegliche persönliche Sanktionen gewähren lassen und die Last des Widerstandes voll auf die Schultern der Gemeinden abwälzen, die zu widerstandsbereiten „Bekenntnisgemeinden“ werden sollen, interpretiert HOFFMANN als in Kampfzeiten unzulässige Schwäche; sie nötigt ihm nur Verachtung ab. Wäre die Kirche stärker gewesen, hätte sie ihn nicht vor seiner Haunstettener Gemeinde durch seine Wegversetzung blamiert. Der nachfolgende Schlingerkurs der Kirche gegenüber seinem Erpresser erschüttert HOFFMANN zusätzlich.

Es hätte sicher ein im Glauben stark gefestigter und autonomer Charakter dazugehört, hier sich nicht gekränkt zu zeigen, sondern mit Heiterkeit ein solches typisches „Menschelns“ in der Kirche zu ertragen, um so den Maximen eines „höheren Zeckes zu folgen. So aber ist das Verhältnis zur Evangelischen Kirche für HOFFMANN seit seiner Versetzung nach Weidenberg auf Dauer zerrüttet, mit entsprechenden erstaunlichen Folgen bis hinein in die Nachkriegsjahre.

IV. Hoffmann, als frustrierter Geistlicher in Weidenberg, wendet sich den Deutschen Christen zu

Doch zunächst einmal muss HOFFMANN sich mit der neuen Situation auseinandersetzen, die ihm der Landeskirchenrat mit der Bewerbung für die I. Pfarrstelle in Weidenberg aufgenötigt hat. Da die Kirchenleitung das Besetzungsrecht hat, und da andere Bewerber Rückzieher machen, bedeutet Bewerbung in diesem Fall auch automatisch die Übertragung der Stelle. Sie ist im Kirchlichen Amtsblatt Nr. 22 vom 12. Aug. 1933 ausgeschrieben. Die Besoldung ist mit 80 % nach Besoldungsgruppe A2 vorgesehen. Die gravierenden Mängel insbesondere beim desolaten, gut 500 Jahre alten Pfarrhaus werden zwar angedeutet, aber nur als *„kleinere*

Instandsetzungsarbeiten" abgetan, die Dauerstreitigen mit dem Staat wegen der Baulast sind tunlichst verschwiegen.

Die Besetzung erfolgt dann im Hopplahopp. Bereits am 16. Okt. 1933 soll HOFFMANN die neue Stelle antreten. Für die halbwüchsigen Söhne hat das Schuljahr bereits begonnen. Ihr Zuzug wird im Weidenberger Meldebuch am 19. Oktober d.J. vermerkt.

Der bis 1936 amtierende Bayreuther Dekan Dr. KARL WOLFART führt HOFFMANN in sein Amt ein. Er vermerkt Hoffmanns *„warmen und besonders gegen Ende frischen"* Predigtton, der zwar wenig textgemäß gewesen sei, aber *„den Leuten gefallen haben wird"*.

Die „Strafstelle" löst den Dauerkonflikt mit der Kirchenleitung aus

Rückblickend fasst HOFFMANN später in der Weidenberger Pfarrbeschreibung seine Rolle in der Nazizeit, die sich mit der Versetzung nach Weidenberg entwickelt, knapp so zusammen: *„Während des Kirchenstreites als Nationalsozialist auf Seite der Deutschen Christen und daher im schweren Konflikt zum Kirchenregiment"*. Dieser knappe Satz umreißt die weitere Entwicklung Hoffmanns in den folgenden Monaten und Jahren insbesondere im Dekanatsbezirk und in Oberfranken. Seine nun beginnende Hinneigung zum Nationalsozialismus und sein Engagement bei den D.C. waren weder zwangsläufig noch beabsichtigt, aber sie vollziehen sich damals fast schlagartig auf das verständnislose Handeln hin, das die Landeskirche ihm gegenüber gezeigt hat und weiter zeigt.

Primärer Auslöser ist Hoffmanns Empfinden, zu Unrecht auf eine „Strafstelle" versetzt worden zu sein. Die unübersehbaren Baumängel des Pfarrhauses, die Entfernung von der nächsten größeren Stadt Bayreuth, die Bodenständigkeit des kleinen überschaubaren Marktortes mit seinen rd. 38 umliegen-

Große Markgrafenkirche, desolates Pfarrhaus: So hat Pfarrer HOFFMANN damals seinen Arbeitsplatz vorgefunden. Vom Pfarrhaus rechts bei der Kirche ist nur das Dach zu sehen.

den Dörfern, Weilern und Einöden, das ungewohnte derbe Gebaren der fränkischen Bevölkerung und das Fehlen jeglicher Gemeindearbeit am Marktort verdüstern das Bild zusätzlich, werden aber von Hoffmann nur partiell schriftlich benannt.

Welten tun sich in der praktischen Arbeit für HOFFMANN auf zwischen dem, was er mit seinem lebensreformerischen Ansatz in Haunstetten initiiert bzw. an lebendigem Gemeindewachstum bewirkt hat, und den Umständen in dieser betulichen volkskirchlichen oberfränkischen Frömmigkeit, die sich in ihrer überwiegend deutschnationalen Gesinnung mit den Predigten und den Seelsorgebesuchen ihrer Pfarrer begnügt.

HOFFMANN ist von seinen ersten Eindrücken so deprimiert, dass er bereits drei Tage (!) nach Amtsantritt vom weiteren Dienst in Weidenberg befreit oder ersatzweise in den zeitlichen Ruhestand versetzt werden will. In seinem Brief, dem am Vortag ein eiliges hitziges Gespräch im Dekanat vorausgegangen ist, teilt er dem Dekan mit, dass er um umgehende Wegversetzung bitte. Er empfinde *„die Übertragung der Pfarrstelle Weidenberg ... nahezu in jeder Beziehung [als] eine empfindliche Schädigung und damit auch eine harte Strafe."* Dies widerspreche den wiederholten Zusagen des hohen Kirchenregimentes beim Dienststrafgerichtshof und des Landesbischofs. HOFFMANN habe *„in vollem Gehorsam und Vertrauen"* gegenüber der Kirchenleitung auf eigene Erkundungen über Weidenberg verzichtet und sei nun mit seiner Frau *„zutiefst erschüttert über die angetroffenen Verhältnisse"*.

Ein folgenreicher Ortswechsel

Die beiden Eltern machen sich insbesondere Sorgen um die Gesundheit der Kinder. Der 14-jährige CHRISTIAN OTTO und der 10-jährige HERBERT sollen nun die Bayreuther Realschule besuchen, die aber von Weidenberg aus nur mit einer raren und langwierigen Zugverbindung erreichbar ist. Bei dem viermal in der Woche angesetzten Nachmittagsunterricht könnten sie erst mit dem Zug abends um 21 Uhr zurückfahren und müssten morgens um Viertel nach sechs wieder zur Bahn. Ein Heimbeförderung der Kinder mit Auto scheide wegen der schlechten, bergigen Wege bzw. unter winterlichen Bedingungen aus.[143]

---

[143] Diese beiden Söhne von THEODOR HOFFMANN werden dann 1934 bzw. 1938 vom Vater in Weidenberg konfirmiert, und zwar zusammen mit ihren Weidenberger Alterskameraden und nicht im Rahmen der Deutschen Christen. Mehr über das Verhältnis zu ihren Alterskameraden und zur Weidenberger Bevölkerung verrät der Abschnitt *„Die wilden Söhne vom Pfarrer Hoffmann"* weiter unten im Kapitel *„Die heimliche Bekenntnisgemeinde Weidenberg und andere Geschichten vom Pfarrer Redenbacher"*.

Mitbetroffene Kinder: HOFFMANN mit Sohn OTTO (Archiv DÜRR 1926)

Widerspruch erregen auch die katastrophalen Verhältnisse im hiesigen ersten Pfarrhaus; sie seien das gerade Gegenteil von Haunstetten, wo ja ein Neubau stand. Von den laut Stellenausschreibung angeblich 13 bewohnbaren Räumen blieben als bewohnbar mit Einschluss des Amtszimmers gerade fünf beheizbare Zimmer, darunter ein Dachzimmer; in einem Zimmer sei der Schwamm. Andere Bewerber hätten nach empfangener Auskunft augenblicklich von einer Meldung abgesehen.

Hoffmanns Protest liegt nun entgegen dem Rat des Dekans auf dessen Schreibtisch. Dekan WOLFART beteuert, HOFFMANN zugeredet zu haben *„keinen Schritt aus Augenblicksstimmung zu tun"*, aber er leitet Hoffmanns Brief unter Umgehung des Kreisdekans sofort an die oberste Kirchenleitung weiter und bittet um Weisung. Dabei bestätigt er im Wesentlichen Hoffmanns Einwände. Ein nicht namentlich genannter Oberkirchenrat hat nach Eingang des Schreibens in München einen handschriftlichen Kommentar beigefügt: *„Dazu kann ich so viel sagen, dass Weidenberg I wirklich keine gerade begehrenswerte Stelle ist. Hoffmanns Enttäuschung ist mir nicht unverständig"*.

Die Antwort aus München erfolgt prompt und ist von Landesbischof HANS MEISER persönlich (!) sowie von seiner rechten Hand, Oberkirchenrat ERNST BURGER, unterschrieben:

Man erwarte von HOFFMANN, *„dass er auf der ihm verliehenen Stelle mindestens solange bleibt, bis er nach den Bestimmungen der Umsetzungsordnung sich ordnungsmäßig um eine andere Pfarrei bewerben kann."* Die Versetzung sei notwendig gewesen, um *„ihn sobald als möglich von Haunstetten wegzubringen"*, persönliche Wünsche und Bedürfnisse seien da zweitrangig. Ironisch merkt MEISER an: *„Im Übrigen ist es schon manchmal vorgekommen, dass ein schwer enttäuschender erster Eindruck sich hernach gründlich geändert hat"*.

Aus Trotz gegen den Landesbischof wendet sich Hoffmann Nationalsozialismus und D.C. zu

Alle Akten bestätigen Hoffmanns Hinwendung zum Nationalsozialismus genau mit der Versetzung nach Weidenberg, bzw. noch genauer mit dem Empfang dieser demütigenden Absage des Landesbischofs in den letzten Tagen des Oktober 1933. HOFFMANN ist so zornig, dass er anscheinend „gleich am nächsten Tag" in die NSDAP eintreten will. Das ist seine ostentative Trotzreaktion gegenüber seiner Kirche. Er will die beteiligten Vorgesetzten bewusst verletzen. Er will sich revanchieren für die selbst erlittene Verletzungen.

Seinem Vorhaben stellen sich aber Hindernisse in den Weg. Als er beim zuständigen Weidenberger Ortsgruppenleiter GEORG RUMLER den Eintrittsantrag in die NSDAP unterschreiben will, wird er abschlägig beschieden. Der ehrgeizige RUMLER hätte es zwar gern gesehen, wenn er seiner eindrucksvollen Trophäensammlung von Parteijüngern einen weiteren Pfarrer als Parteigenossen hätte zufügen können – So war ja Hoffmanns Kollege auf der II. Pfarrstelle GEORG REDENBACHER zumindest vorübergehend bereits seit Mai 1933 Parteimitglied.[144] HOFFMANN erfährt aber von RUMLER bedauernd, dass die Parteileitung seit dem 1. Mail 1933 einen unbefristeten Aufnahmestopp verhängt habe, um sich vor der unkontrollierten Flut von Opportunisten zu schützen; sie wollte eine Partei der „Elite“, nicht der Masse sein. Nun ist es auf Jahre hinaus nur noch über eine aktive Mitgliedschaft in Parteigliederungen wie der SA, NSKK, HJ usw. möglich, sich in die NSDAP hineinzudienen.

Weidenberger SA beim Aufmarsch am 1. Mai 1933 (Archiv FÜẞMANN)

So meldet sich HOFFMANN zähneknirschend gleich am 1. Nov. 1933 als aktives Mitglied bei der örtlichen SA an, in der Hoffnung, dass dieser Schritt im Landeskirchenrat so verstanden wird, wie er zunächst wohl gemeint ist, als Demonstration und Signal zum Einlenken: *„Seht, diese dubiose Nazi-Rüpeltruppe versteht mich, während ihr als Kirche, statt Fürsorge und Liebe zu zeigen, meine Ehre mit Füßen tretet“.*[145]

Über diesen selbst gewählten Umweg als **Angehöriger der SA** wird HOFFMANN dann wunschgemäß tatsächlich zum fast frühestmöglichen Zeitpunkt, nämlich am 1. Mai 1935, als **Genosse in die NSDAP** aufgenommen. Er bleibt der Partei bis zum

---

[144] Mehr dazu in der 2. Folge des Projektes „MYRTEN FÜR DORNEN – Geschichte(n) aus Weidenberg“ auf S. 68. – REDENBACHER wählt dann selbstkritisch den Weg der Bekenntnisgemeinden. 1936 tritt er ostentativ aus der NSDAP aus.

[145] Zum Wesen der SA und ihren Aktivitäten in Weidenberg vergl. das Kapitel über das Hitlerreferendum von 1938 und den Überfall der SA auf die Kirchenpingärtner Pfarrer: *„Als Hitlers Gottheit infrage stand“* im Supplementband des Projektes „MYRTEN FÜR DORNEN.“

Kriegsende 1945 treu. – Als weitere Mitgliedschaften hat er auf seinem Meldebogen zur Entnazifizierung noch folgende Naziorganisationen angegeben: Seit 1933 den Nationalsozialistischen Evang. Pfarrerbund **NSEP,**[146] seit Sommer 1934 die Mitgliedschaft bei den **„Deutschen Christen"** D.C.; im Jahr 1935 noch: NSV, NSKOV, NSKP.

Am 6. April 1935 gründete HOFFMANN dann persönlich die Ortsgruppe der D.C. Bayreuth. Es ist seine unmittelbare Antwort auf einen Besuch von Landesbischof HANS MEISER in Bayreuth. Alle diese Schritte stehen zeitlich in unmittelbarem Zusammenhang mit erneuten Gesuchen Hoffmanns zur Wegversetzung von Weidenberg. Sie sind jeweils seine postwendenden trotzigen Antworten auf die erneuten Ablehnungsbescheide des Landeskirchenrates und können als seine – vergeblichen – Rufe an die Kirchenleitung zum Einlenken gedeutet werden.

Hoffmanns Haunstettener Verkläger setzt Erpressungsversuche fort

Empfand HOFFMANN die äußerlichen Umstände auf der Pfarrstelle Weidenberg schon als belastend genug, so erreichen ihn in den ersten Monaten seiner Amtszeit per Post noch weitere unangenehme Botschaften. Das Haunstettener Gemeindeglied, das ihn beim Dekanat angezeigt hat und auch bei seinem Verfahren vor dem kirchlichen Disziplinargericht gegen ihn ein wenig eingeschüchtert ausgesagt hat, lässt auch jetzt nicht von seinen Erpressungsversuchen ab. Er will sie aber als berechtigte „finanzielle Unterstützung" angesichts seiner finanziellen Notlage gewertet wissen.

Nachdem HOFFMANN jeden Direktkontakt abgelehnt hat, läuft der Schriftverkehr seitdem über die Landeskirche und lässt sich deshalb im Personalakt verfolgen. Die in Rede stehenden Summen wirken zwar bescheiden, HOFFMANN geht es aber ums Prinzip bzw. um den „Schutz seiner Ehre", wie er in einem Schreiben Anfang Januar 1934 betont.

So hat ihn unmittelbar nach den Weihnachtstagen 1933 ein Brief von Herrn W. erreicht, in dem dieser an die 90 Reichsmark erinnert, die er seinerzeit als Entschädigung für die erlittene Schmach verlangt habe. Inzwischen seien aber auch 96 RM Arzt- und 5 RM Arzneikosten entstanden für eine Herzerkrankung, welche ihre Ursachen in den „seelischen Erschütterungen" habe, die ihm die „Verirrung" seiner Tochter gebracht habe. W. appelliert an HOFFMANN, sich an diesen Krankheitskosten zu beteiligen, für die sich W. verschuldet habe.

Selbst wenn man in Rechnung stellt, dass man vom damaligen Geldwert her die Summen verzehnfachen muss, so wäre es für Hoffmann sicher kein Problem gewesen,

---

[146] Es fehlt eine genauere Datumsangabe; es ist nicht auszuschließen, dass der Eintritt schon Ende 1932 erfolgte.

diese Bitte zu erfüllen. Immerhin konnte er sich damals auch den Luxus eines eigenen Autos leisten. Stattdessen leitet er W's Brief an den Landeskirchenrat weiter. Daraufhin nimmt auch W. von direkten Briefen an HOFFMANN Abstand und verkehrt mit ihm nur noch über die Oberkirchenräte.

Dieses kirchenleitende Gremium will von seinem diffusen Kurs nicht lassen, sondern zieht tatsächlich eine „Schmiergeldzahlung" in Erwägung, in der ausgesprochenen Hoffnung, so die angedrohte Unruhestiftung in der Gemeinde vermeiden zu können. Denn inzwischen droht W. in einem zweiseitigen ausführlichen Schreiben mit einer juristischen Klage und mit seinem Austritt aus der Kirche. Seine Forderung hat er jetzt auf 70 RM hochgeschraubt.

Sein Hauptvorwurf sind die von HOFFMANN geschossenen Nacktfotos, *„was sowohl damals als anstößig galt, als auch unter der Regierung des Dritten Reiches strengstens verboten ist"*. Nach W's Auffassung sei das aber *„insbesondere eines evang. Geistlichen, der selbst Frau und Kinder hat, unwürdig"*. W. betont, dass nur diese „schmutzigen" Photographien ihm Aufregungen bereitet hätten. Solche habe man im Weltkriege haufenweise in den Tornistern gefallener Franzosen gefunden. Ein Deutscher habe sich in ganz seltenen Fällen damit abgegeben.

Die Landeskirche erläutert HOFFMANN, dass sie Herrn W. aus dem Grund nicht vollständig abgewiesen habe, weil *„er es immerhin noch in der Hand hat, durch Veröffentlichung des Tatbestandes das Ansehen des Pfarrerstandes bei Vielen empfindlich zu schädigen und wir die mögliche Vermeidung einer solchen Schädigung eines kleinen Geldopfers für wert erachten."*

Zur Zahlung der Erpressungssumme stellt sie HOFFMANN sogar eine finanzielle Hilfe in Aussicht: *„Sollten Sie durch die Ihnen angesonnene Zahlung wirtschaftlich in Schwierigkeiten geraten, so können wir Ihnen eine Beihilfe aus der Pfarrhilfskasse in Aussicht stellen."*

Hoffmann verachtet den landeskirchlichen Schmiergeldplan

HOFFMANN seinerseits möchte die Kirche davon überzeugen, sich solcher Erpressung gänzlich zu verweigern. Er behauptet, die Freikörperkultur sei inzwischen staatlich anerkannt und ihre Eingliederung in den nationalen Verband der Volksgesundung vollzogen. Somit sei die Gefahr von Angriffen weitgehend entkräftet. Zugleich setzt er sich für seinen mitbetroffenen Freund LIMPERT ein, dem er eine solche Zwangsversetzung, wie sie ihn selbst betroffen hat, ersparen möchte.

Der Landeskirchenrat will die Sache mit Steuersekretär W., nach dessen erneutem Vorstoß, endlich vom Tisch haben. Fast mit jedem neuen Posttag wechseln zu dieser Zeit im Januar 1934 die Briefe. Man wundert sich, dass die Herren in diesen politisch hektischen Tagen dafür so viel Zeit haben. Meisers rechte Hand, Oberkirchenrat BURGER, wird nun HOFFMANN gegenüber deutlich. Er drückt die Erwartung aus, dass HOFFMANN das Schweigegeld zahlt, bietet aber dafür erneut eine kirchliche Beihilfe an:

„Wir halten es darum für angezeigt, dass Sie an die von ihm angegebene Anschrift Herrn K. W. [W's Sohn] *den Betrag von 70 RM überweisen und stellen Ihnen auf ein von Ihnen direkt an uns einzureichendes Gesuch eine entsprechende Beihilfe aus der Pfarrhilfskasse in Aussicht." Burger.*

HOFFMANN lehnt erneut entschieden ab und kündigt an, die Sache notfalls juristisch entscheiden zu lassen. Gegen solche juristischen Schritte äußert aber BURGER starke Bedenken. Zwar streiften W's Forderung *„so nahe an Erpressung, dass ihre Abweisung das einzige Richtige ist"*. Auch habe ja der Dienststrafgerichtshof anerkannt, dass HOFFMANN kein sittlicher Vorwurf aus seinem Verhalten gemacht werden könne. Es dürfe aber nicht übersehen werden, *„dass die übergroße Mehrzahl der Menschen für die feinen Unterscheidungen, auf die es hier ankommt, keinerlei Verständnis hat, geschweige denn haben will"*. Angesichts der Nacktbilder werde man sich *„mit Wonne auf das Ärgernis stürzen, das evangelische Pfarrer ‚so etwas' treiben."*

BURGER sieht schlimme Folgen für das Ansehen des Pfarrstandes, für Hoffmanns Freund LIMPERT und schließlich auch für HOFFMANN selbst voraus und wertet es als Erfolg, dass es bisher gelungen sei, das Bekanntwerden der Sache zu verhindern. Er betrachtet die Geldzahlung als den einzigen Weg, um W. zum Schweigen zu bringen.

Burgers geheimnistuerisches Ränkespiel geht so weit, dass er sogar sein Vorzimmer ausschalten will. HOFFMANN solle seine Antwort *persönlich* zu ihm gelangen lassen*; es sei „nicht notwendig, dass diese Dinge durch die Kanzlei laufen."*

Für sein Schwanken will BURGER bei HOFFMANN in einem handschriftlichen Nachtrag um Verständnis werben. Der Brief habe unabgesandt eine Woche auf seinem Schreibtisch gelegen, aber er wisse auch jetzt nichts anderes zu schreiben.

Äußerlich bleibt HOFFMANN in seiner prompten umfangreichen Antwort gleich am nächsten Tag[147] höflich. Aber man spürt schon seiner übertrieben devoten Anrede an, dass er innerlich voll ist von Verachtung: *„Hochwürdigster und hochzuverehrender Herr Oberkirchenrat!"*

So geht es ironisch weiter, wenn HOFFMANN im Gedanken an seine katastrophal empfundene Situation bittet, seinen *„tiefstempfundenen Dank zum Ausdruck bringen zu dürfen"* für die *„gütige und taktvolle Weise, mit der Sie von Anbeginn an unsere Sache behandelten"*.

---

[147] LKR 51202_Hoffm 1934-02-05 an BURGER. – Von der Kopie von Hoffmanns Schreiben fehlt im Akt die letzte Seite.

Raffiniert versucht HOFFMANN, die Geldzahlung als eine rein kirchliche Angelegenheit von seinem persönlichen Fall zu trennen. Er betrachte das Ergebnis seines belastenden Disziplinarverfahrens auch als Klarstellung seines lauteren Anliegens. Das dürfe durch eine Schmiergeldzahlung von seiner Seite nun keinesfalls verwässert werden. Hingegen würde er es nach seinem persönlichen Rechtsempfinden sehr wohl für möglich halten, *„dass die Kirche zur Vermeidung weiterer Unruhe Herrn W. für seine ihm durch seine Tochter verursachten Lasten mit einem Geldbetrag befriedigt."*

Als gelernter Militär rät HOFFMANN, von der Defensive gegenüber W. zur *„Offensive"* überzugehen. W. wisse um die juristische Problematik seiner Forderungen. Er habe vor seiner Anzeige versucht, BETTY mit groben Schlägen zu zwingen, von HOFFMANN Geld zu fordern. – An dieser Stelle fügt HOFFMANN zur Steigerung der Verabscheuungswürdigkeit dieser väterlichen Übergriffigkeit das Wort „erwachsene Tochter" ein, die einzige Stelle in den umfangreichen Dokumenten, die die oben bereits gezogenen Rückschlüsse über das mögliche Alter des „Mädchens" zulässt. – W. wolle das Geld nun über das Konto des Sohnes transferiert wissen, um sich nicht als Erpresser angreifbar zu machen.

Oberkirchenrat BURGER bleibt nichts anderes übrig, als dem Erpresser W. Hoffmanns Ablehnung mitzuteilen und den Fall für die Landeskirche als beendet zu erklären. Geld fließt wohl zu keinem Zeitpunkt. Dem Verkläger bleibt nur die Drohung, sein Schweigen zu brechen und bei seinem beabsichtigten Kirchenaustritt die Gründe darzulegen. Zum ersten Mal beschwört er die in seinen Augen höchste Adresse dieser Zeit und unterschreibt mit *„Heil Hitler"*.

Damit endet vorerst am 20. Februar 1934 diese Posse, bei der man sich nur immer wieder wundern kann, wieviel Zeit und Gedanken die inzwischen vom politischen Tagesgeschehen überrollte Kirchenleitung für einen Einzelfall aufwendet, weil sie sich Sorge macht um ihr Ansehen. So ausführliche Dokumente der Sorge sind leider bei den viel ersichtlicheren Verstößen des damaligen Staates gegen die Menschenrechte seiner Bürger in den Unterlagen der Landeskirche wohl noch nicht aufgetaucht.

Enttäuschende Seelsorge der Vorgesetzten treibt Hoffman endgültig zu den Nazis

Hoffmanns Empörung über die Glaubwürdigkeit dieser Kirche wächst damals jedenfalls weiter, wenn er auch primär nur sein eigenes Anliegen und die selbst erlittenen Verletzungen im Auge hat und sich damit selbst bemitleidet. Der Umgang mit seinem Fall ist für ihn nicht abgeschlossen. Seine Empörung entlädt sich mit dem inneren Bruch mit Landesbischof und Landeskirche, den er in diesen Tagen vollzieht. Seitdem wendet er sich deutlich den „Deutschen Christen" als der „besseren Kirche" zu.

Hoffmanns Wendung ist eigentlich umso überraschender, als ja die Ausbreitung der D.C. auf Reichsebene trotz Hitlers persönlicher Unterstützung und ihrer Wahlsiege bereits im Spätherbst 1933 zum Stillstand gekommen war. Bei einer Kundgebung im Berliner Sportpalast am 13. November 1933[148] hatten die D.C. die Maske fallengelassen und erlebten seitdem einen massiven Vertrauensverlust. Aber das scheint HOFFMANN nicht zu stören. Er hat sich ja zu einem privaten Feldzug gegen die Kirchenleitung aufgemacht und nutzt dazu alle seine kommunikativen Fertigkeiten.

In seinem Herzen ist dieser Bruch zwar noch nicht endgültig, wie er später rückschauend immer wieder beteuert. Er habe wohl auch in der gesamten folgenden Zeit bei seinem Engagement für die D.C. immer wieder gehofft, dass die Kirche einlenken und werbend und Versöhnung suchend auf ihn zukommen würde.

So rechtfertigt er selbst auch sein Anbandeln mit D.C. und Nazipartei. Immer wieder, so am ausführlichsten in seiner Stellungnahme vom 1. Nov. 1947 im Spruchkammerakt[149], erneuert er die Klage über die ungerechte Behandlung, die er von Seiten des Kirchenregiments erfahren habe. Sie habe ihn zutiefst verletzt und in die Opposition und damit auch in die NSDAP getrieben. Man gehe ja auch sonst *„möglichst dorthin, wo man Hilfe und Wahrung seiner Interessen sich erhofft"* – die Partei und ihre religiöse Gliederung, die D.C., sollen also jetzt die Mutter sein, nach der sich HOFFMANN immer sehnt und die er eigentlich in der Kirche sucht!

Es wäre der Kirche *„ein leichtes gewesen, mir wieder zurecht zu helfen"*, klagt HOFFMANN. Dass er *„neben kirchenregimentlicher Autorität so gar nichts von Seelsorge und brüderlicher Liebe, die doch so sehr betont werden, zu spüren bekam,"* dieses habe er gerade von einem evangelischen Kirchenregiment nicht begreifen können, und das habe vieles in ihm zerstört.

Und seinen dann 1942 endgültig vollzogenen Kirchenaustritt erklärt er so: *„Dadurch fand ich schließlich die Kraft, um mich nach dreißigjährigem Kirchendienst von dem Kirchenregimentlichen Zwang freizumachen."*

Ein Kriminalfall beendet ein Trauma, löst aber nicht Hoffmanns Frust

Erst im Sommer 1934 tritt HOFFMANN den D.C. offiziell bei, dann aber gleich mit Vollgas. Ihm scheint eine Last vom Herzen gefallen. Er fühlt sich nun frei gegenüber der eigenen Vergangenheit und agiert seitdem triumphierend gegenüber seiner Kirchenleitung. Seinem unmittelbaren Dienstvorgesetzten in Bayreuth gegenüber schlägt er jetzt einen immer kühleren Ton an und entzieht sich jedem vertraulichen

---

148 S.u. S. 233 u.ö.

149 LKR 51202 HOFFMANN 1.11.1947.

Gespräch. Praktisch zeitgleich nehmen die Zudringlichkeiten des Haunstettener Erpressers durch eine unvorhergesehene Wendung ein Ende:

Wie HOFFMANN am 26. Juni 1934 dem Landeskirchenrat neben anderem mitteilt, habe er gut 10 Tage vorher von Bekannten erfahren, dass sein Verkläger W. im Verdacht stehe, seine zweite Ehefrau vergiftet zu haben. Der Verdächtigte wiederum behauptet, seine Frau hätte es selbst getan, also mit dem Gift Suicid begangen. Doch ihre Verwandten versuchen, das Gegenteil zu beweisen. Einige Tage vorher habe er sie noch so geschlagen, dass sie am Körper blaue Flecken gehabt hätte.

War also der Erpresser jetzt zum Mörder geworden? Die an Gift Verstorbene war ja die Stiefmutter Bettys. Von ihrer Stieftochter hatte der HOFFMANN die Nacktfotos gemacht. Immerhin soll W. anschließend sogar nach Gunzenhausen gereist sein, um sich mit seiner inzwischen dort wohnenden Tochter auszusöhnen.

Mit dieser Wende in den profanen Bereich des Krimis scheint der traumatische Konflikt für HOFFMANN vorerst zuende. Er von einer großen Last befreit. Er könnte aufatmen.

Aber anstatt sich mit seiner Situation in Weidenberg nach einem halben Jahr Dienstzeit nun abzufinden und sich seines positiven Echos bei den D.C. zu freuen, zeigt er sich weiter unbefriedigt und gekränkt, sodass es auch seinem unmittelbaren Dienstvorgesetzten auffällt. Als HOFFMANN im selben Schreiben um die neu errichtete Stelle **Laufamholz** bittet und als Hauptgrund erneut die völlig unzureichenden Wohnverhältnisse in Weidenberg angibt, fügt sein Dekan WOLFART einen Randvermerk bei. Darin beklagt er Hoffmanns Verdrossenheit:

„Gerade Weidenberg bräuchte einen Pfarrer, der mit Liebe und Eifer sich der Gemeinde annähme, zumal Pfr. Redenbacher [der dort seit 1919 amtierende II. Pfarrer] *an und für sich nicht sehr aktiv und nun noch durch die lange schwere Erkrankung seiner Frau gehemmt ist."*

Redenbachers Ehefrau MARGARETE war seit Längerem schwer an Krebs erkrankt. Sie starb dann gut sieben Monate später im Alter von erst 44 Jahren. Um die Feier bei der kirchlichen Bestattung bat REDENBACHER seinen Kollegen Pfr. HOFFMANN. Das zeigt, dass die menschliche Beziehung zwischen den beiden Geistlichen trotz ihrer gegensätzlichen Standorte im Kirchenkampf weitgehend intakt war.

HOFFMANN fühlt sich aber immer noch, wie seine Bewerbung zeigt, vom LKR nach Weidenberg „strafversetzt". Er sei fast wie ein Aussätziger aus Haunstetten hinausgestoßen worden, klagt er, und habe hier in Weidenberg unter ihm ganz fremden Verhältnissen, *„ohne die Kraft und Freude der freiwilligen Meldung"* die Arbeit beginnen sollen. Dabei sei er doch von einer „kirchlichen Treue", für die ihn mancher Kollege belächelt habe.

Doch die Landeskirche erteilt ihm eine erneute Abfuhr. Bayreuths erster Kreisdekan PRIESER bestätigt in seinem Ablehnungsvermerk am 2. Juli 1934 praktisch Hoffmanns Gefühl der Bestrafung. Der Grund liege in Hoffmanns eigenem Verhalten, das aber nach Meinung seiner vorgesetzten Kirchenbehörde nicht mit den Anschauungen von Sitte und Anstand übereinstimme, die von Trägern des geistlichen Amtes zu beachten seien. Er könne sich nach dreijährigem Verweilen auf seiner jetzigen Pfarrstelle Weidenberg aber auf eine andere Stelle melden.

Auch braune Lobreden über Hoffmann können die Kirchenleitung nicht umstimmen

Wie sich zeigt, kann HOFFMANN diese „Herabsetzung" und „Ächtung" niemals verwinden, insbesondere, weil er inzwischen weiß, dass sein beim Nacktbaden mitbeteiligter Kollege WERNER LIMPERT, dem er zum Widerstand geraten hatte, seine Stelle nicht verlassen musste. Er fühlt sich erneut ungerecht behandelt und absichtlich gedemütigt. Dabei hatte er gehofft, dass der Text einer Lobrede, die er seiner Bewerbung beifügt, und die der katholische Nazi-Bürgermeister WIDMEIER von Haunstetten anlässlich der Begrüßung des Nachfolgers Pfr. GUßMANN auf den Vorgänger HOFFMANN gehalten hatte, die Kirchenleitung vielleicht umstimmen könnte. HOFFMANN hatte den Text eigenhändig abgeschrieben.

Darin rühmt der braune Bürgermeister rückblickend Hoffmanns *„ersprießliche Tätigkeit"* in Haunstetten, lobt *„seine einfache schlichte Art und die Vornehmheit seiner Gesinnung, die durch die Lauterkeit seines Charakters übertroffen"* werde. Seinen *„reichen Schatz an ethischen Vorzügen"* habe HOFFMANN in Wort und Beispiel gern allen denen vermittelt, *„die mit empfänglichen Herzen davon zur Befruchtung ihres seelischen Wachstums nehmen wollten."*

Mit einer Werbung für Hitlers Vereinigungswerk, seiner Reichskirche, und damit für die Sache der D.C., hatte der Bürgermeister seine Rede gekrönt. Dabei hatte er auch Schemms bekannte Formel zur Gewinnung der Kirchenchristen für die Nazis in den Raum gestellt, die inzwischen auch in Bayreuth gezündet hatte: *„Unsere Religion heißt Christus – Unsere Politik heißt Deutschland"*.

Zuletzt hatte der lobhudelnde Bürgermeister die Vision vom *„verehrten Volkskanzler Adolf Hitler"* entworfen, der die *„Fahne der Eintracht entrollt"* habe und sie voranträge, wohl wissend, *„dass nur einem in Innern geeinten und befriedeten, von wahrer und echter Volksgemeinschaft durchdrungenen Deutschland die äußere Freiheit erstehen kann."*

Entgegen Hoffmanns Erwartungen konnten diese braunen Lobreden die Kirchenleitung nicht umstimmen. Die erneute Ablehnung seines Stellengesuches entfacht aber nun erst recht seinen Widerstandsgeist gegen Bischof MEISER und die Leitung der Landeskirche und veranlasst HOFFMANN zu seinem nächsten Schritt.

Hoffmanns erste Schritte zur Sammlung der Deutschen Christen in und um Bayreuth

Hakenkreuzfahnen am Kirchturm:
Stadtkirche Bayreuth

THEODOR HOFFMANN beginnt nun umgehend noch im Herbst 1934 von Weidenberg aus, mobil durch sein beim örtlichen Händler erworbenes Auto, mit der Agitation für die D.C. im gesamten Raum Bayreuth und im nördlichen Oberfranken.

Als Landesleiter der Deutschen Christen in ganz Bayern und insbesondere in Franken fungiert zu dieser Zeit der Nürnberger Pfarrer HANS BAUMGÄRTNER, mit dem HOFFMANN seitdem eng zusammenarbeitet. BAUMGÄRTNER obliegt die gesamte Koordination für Oberfranken; im Dezember 1934 kann er in Coburg-Neuses die erste D.C.-Gemeinde gründen.

In Bayreuth und Umgebung will HOFFMANN den Reichsbischof für seine Zwecke einsetzen. Vorträge werden für Anfang Dezember angekündigt, weitere sind vorgesehen. Allerdings sind seit 10. Dez. 1934 alle öffentlichen Versammlungen kirchlich-konfessionellen Charakters verboten. Und Bayreuths erster, bis 1936 amtierender Kreisdekan KARL PRIESER, weist zwei Tage später mutig seine Dekanate und Pfarrämter an, dem Reichsbischof die Kirchen verschlossen zu halten. Nachdem sich die Bayer. Landeskirche vom Reichsbischof losgesagt habe, habe dieser *„kein Recht auf unsere Kanzeln“*. Ggf. sollte sogar die Polizei geholt werden. Auch bei D.C.-Vorträgen wäre die Polizei *„darauf hinzuweisen, dass hierdurch nur neuerdings Unruhe und Zwiespalt in die Gemeinden getragen werden, noch dazu unmittelbar vor dem Weihnachtsfest“*.

Für HOFFMANN lässt sich die Sache also nicht gut an. Es gibt zwar in der Stadt Bayreuth viele „Alte Kämpfer“, einschließlich der Familie WAGNER, die HITLER schon beim „Deutschen Tag“ im September 1923 begeistert zugejubelt haben. Bereits am 8. Januar 1935 hat HOFFMANN einen dieser Alten Kämpfer, einen SA-Mann, beerdigt.

„Alten Kämpfer" beerdigt: SA-Gruppenfoto beim Deutschen Tag 1923 (Archiv BERND MAYER)

Dabei hat er nicht nach der Zustimmung des eigentlich zuständigen Gemeindepfarrers gefragt und sieht das auch weiterhin als unnötig an. Auch die ersten vom Nationalsozialismus überzeugten Taufeltern haben sich bei ihm gemeldet und ihn zu Haustaufen gebeten. HOFFMANN ist über diese ersten Erfolge mächtig stolz. Ihm gelingt es, neben Protestanten des Mittelstandes und der gehobenen Schicht auch Katholiken anzusprechen.

So macht er sich auch in der Umgebung seines Dienstortes Weidenberg Hoffnung auf Missionserfolge. Denn auch auf dem Lande hat sich um Bayreuth die alte deutschnationale Stimmung dank Schemms unermüdlichem Wirken seit der Weltwirtschaftskrise 1929 allmählich und immer stärker zu einer massiven Hitler-Euphorie verwandelt.[150] Auch hat Hitlers handstreichartige **Kirchenwahl** im Juni 1933 den Kirchenvorständen zwangsweise überall eine Mitgliedschaft von 2/3 Nationalsozialisten beschert, die dank der Basisorientierung der Lutherischen Kirche Auswirkungen bis hinauf in die Landessynoden hat.

Nach Auskunft des Emtmannsberger Pfarrers WILFERT[151] gelingt es HOFFMANN damals tatsächlich, im nah gelegenen Seybothenreuth eine D.C.-Gruppe zu gründen. Und in Weidenberg schafft er es, die maßgeblichen Mitarbeiter des Kfz-Betriebes, bei denen er sein Auto gekauft hat, sowie ihren als Ortspropagandist tätigen Bruder zu werben. Auch einzelne Kirchenvorsteher bringt er ins Wanken.

Doch sind beileibe nicht alle Kirchenvorsteher politische Fanatiker, sondern die meisten sind treue Kirchenchristen, die sich mit der Landeskirche und ihrem Bischof

---

150 Vergl. dazu das Kapitel desselben Verfassers im neuen HEIMATBUCH GESEES 2021: „**MISSBRAUCHTES VERTRAUEN** - *Wie die protestantischen deutschnationalen Geseeser dem Nationalsozialismus verfielen.*"

151 In seinem Buch EMTMANNSBERG, S. 404.

weiter verbunden zeigen. Und von allen Geistlichen im Pfarrkapitel her weht HOFFMANN von vornherein der Wind ins Gesicht.

So hat Bayreuths Kreisdekan PRIESER, dem die desaströsen Kirchenwahlen vom Sommer 1933 noch im Magen liegen, im August 1934 in einer „Predigt zur kirchlichen Lage“[152] diese erzwungenen Kirchenwahlen als *„parteipolitisch beeinflusst“* abgekanzelt und die Machtkonzentration des Reichsbischofs kritisiert; sie schaffe die Landeskirchen faktisch ab. Diese Predigt erschien auch umgehend bei Mühl-Bayreuth im Druck und wurde mit ihrem zündenden Motto aus 2.Timotheus 1,7 gern gelesen: *„Gott hat uns nicht gegeben einen Geist der Furcht, sondern der Kraft, der Liebe und der Zucht.“*

Im Januar 1935 warnt PRIESER dann die Geistlichen seines Kirchenkreises vor dem Expansionswillen der D.C.[153] Dabei steht ihm noch der Gewalteinbruch der D.C. in die Landeskirche am 8. Oktober 1934 lebhaft vor Augen, der in der Verhaftung des Landesbischofs gipfelte. Er hatte auch PRIESER selbst vorübergehend das Amt gekostet; man hatte ihm Pfarrer MOEBUS als kommissarischen Kreisdekan vor die Nase gesetzt.[154] PRIESER erinnert sich daran, dass HOFFMANN drei Wochen vor diesem Übergriff zusammen mit 14 weiteren D.C.-Pfarrern eine **Solidaritätserklärung**[155] unterschrieben hat, in dem dieser Übergriff auf MEISER durch die Forderung nach dem sofortigen Rücktritt des Landesbischofs und seiner Mitarbeiter vorbereitet worden war.

HOFFMANN hatte sich darin der umfassenden Erklärung[156] von sieben D.C.-Pfarrern vom 9. September d.J. angeschlossen, welche ihre Solidarität gegenüber HITLER und der D.C.-Reichskirche bekundet hatten. Sie hatten dies so begründet: HITLER habe nur das Recht des einstigen Summepiskopats in Anspruch genommen, *„das ihm nach evangel. lutherischem Bekenntnis auf dem Gebiete der Kirchenverfassung und äußeren Kirchenordnung zukommt“.* Man traue seinem Versprechen, keinen Eingriff in die Lehre und Bekenntnisfreiheit der Konfessionen vorzunehmen.

PRIESER formuliert seinen Eindruck von den D.C.: *„Ihr Ziel dürfte sein, durch möglichst viele Stützpunkte in den Gemeinden bei weiteren zukünftigen Kirchenwahlen die Gemeinden von unten her auszuhöhlen, um so Kirchenleitung und Verfassung zu stürzen.“*[157] Mit dieser Warnung hat der Oberhirte in den volkskirchlich ausgerichteten Gemeinden seines Bezirks und ihrer Pfarrerschaft den Nerv getroffen. Die Pfarrer und

---

[152] AAS, S. 19.
[153] AAS, S. 18.
[154] BAIER, S. 140.
[155] BAIER, S. 407, Dokumente XXXV.
[156] BAIER, S. 406, Dokumente XXXIV.
[157] AAS, S. 18.

Kirchenvorstände sind auf weitere Übergriffe vorbereitet und nun entschlossen, sich zu wehren.

Weitere Eskalationen nach jedem vergeblichen Versetzungsgesuch

Pünktlich, nachdem HOFFMANN seinen nächsten vergeblichen Anlauf gestartet hat, von Weidenberg wegzukommen, beginnt diese Bewährungsprobe der Bayreuther Gemeinden im Kirchenkampf. Denn nun geht HOFFMANN in seiner Wut über den Landesbischof und in seinem Ärger über die Kirchenleitung aufs Ganze.

Insgesamt sind, neben der ersten Bitte, die Stelle in Weidenberg gar nicht erst antreten zu müssen, mindestens weitere vier Versuche Hoffmanns bekannt, sich von Weidenberg wegzumelden, wobei er jeweils die unterschiedlichsten Begründungen vorbringt.

So hat er unmittelbar vor dieser nächsten Eskalationsstufe seines Zorns am 15. März 1935 eine weitere förmliche Bewerbung unternommen, diesmal für die kleine, traditionsreiche 800-Seelen-Pfarrstelle **Wald bei Gunzenhausen** mit ihrer Markgrafenkirche St. Martin und Ägidius[158]. Die Gegend um Gunzenhausen gehörte durch die Nähe zum braunen Diakonissenmutterhaus Hensoltshöhe zu den anfälligsten Punkten Mittelfrankens. Hier bestand zu der Zeit bereits eine D.C.-Ortsgruppe.

Schon Kinder zum Rassenhass aufgehetzt: Bejubelte SA-Gruppe mit ihrem Führer ERNST RÖHM (Bildmitte) in Gunzenhausen im Mai 1934 (Foto: Stadtarchiv Gunzenhausen)

Am „Blutpalmsonntag", dem 25. März 1934, war es hier zum reichsweit ersten Pogrom an Juden gekommen. SA-Männer hatten einen jüdischen Gastwirtssohn und seine Eltern unter dem Jubel der Menge geschlagen und ins Gefängnis geworfen und das Cafè verwüstet. Im weiteren Verlauf kamen drei Juden zu Tode; 35 weitere wurden geschlagen und inhaftiert.

Es war klar, dass auch der Antisemitismus der örtlichen D.C. eine Triebfeder war. Im September 1934 war dann Landesbischof MEISER persönlich zur Predigt gekommen, um

[158] Der Ort Wald ist seit 1971 kommunal und kirchlich nach Gunzenhausen eingemeindet und gilt heute als aufstrebende Fremdenverkehrsgemeinde des fränkischen Seenlandes.

die Lage zu beruhigen und die örtliche Bekenntnisbewegung zu stärken. Von einem klaren Wort gegen diesen antisemitischen Ausbruch ist aber nichts bekannt.

Hier im pietistischen antisemitischen Zentrum der Bayerischen D.C.-Bewegung hätte HOFFMANN also weiter wirken wollen, umgeben von gleichgesinnten, nun braunen Brüdern. Dann wäre Oberfranken vielleicht diese Phase des Kirchenkampfes erspart geblieben. Doch der Landeskirchenrat hatte auch diese Bewerbung nach Wald umgehend und kategorisch abgelehnt und lediglich lapidar mitgeteilt, HOFFMANN schätze seine Situation falsch ein. So trägt diese Ablehnung maßgeblich dazu bei, dass die D.C. nun auch in Bayreuth massiver Fuß fassen. Denn nachdem HOFFMANN so das Wirken in geistesverwandten Gemeinden verschlossen ist, sieht er sich herausgefordert, selber eine solche Gemeinde zu schaffen.

Hoffmann gründet die D.C.-Ortsgruppe Bayreuth

So ist es zwar eher ein Zufall, dass HOFFMANN die Wagnerstadt Bayreuth als D.C.-Basis wählt. Er gehört als Pfarrer zum Dekanat und zum Kirchenkreis Oberfranken, für welche die Stadt das Zentrum ist. Aber für sein Projekt erweist sich der prominente Ort als eine ideale Plattform. Hier fällt seine Arbeit vom ersten Tag an auf, und er kann mit Gesinnungsgenossen rechnen. Ein viel umjubelter Besuch des Landesbischofs Anfang April 1935 in Bayreuth, also an dem Ort, in dem MEISER 30 Jahre zuvor ordiniert worden war[159], gibt dem Rachedurstigen den willkommenen Anlass.

HOFFMANN ruft am **11. April 1935** die rd. 50 schon länger vorhandenen D.C.-Jünger zu einer geschlossenen Geheim-Veranstaltung in einem Bayreuther Gasthaus zusammen. Bereits an diesem Abend und schafft er es, sie zu überzeugen, dass man eine Bayreuther Ortsgruppe der Deutschen Christen gründen sollte.[160] Zum Leiter wird der Bayreuther Lehrer PAUL GEORG HERMANN bestimmt. Seitdem lädt man die Öffentlichkeit auch per Zeitung zu Zusammenkünften der „Deutschen Glaubensbewegung Ortsgruppe Bayreuth“ ein. Treffpunkt ist das D.C.-Geschäftslokal in der Kasernstraße 30 – seit 1947 Rathenaustraße – am Eck der Löhestraße.

Deutsche Glaubensbewegung.
Ortsgemeinde Bayreuth.
Jeden Donnerstag 20 Uhr **Zusammenkunft** im Gesch.-Lokal der Ortsgemeinde, Kasernstraße 30/0.
Freunde u. Gäste willkommen!
Verlangen Sie kostenlos Aufklärungsschriften. (6332

Bayreuther D.C.-Lokal:
Nördlich vom Kasernenviertel

Die Stimmung in dieser Phase ist zu der Zeit in Bayreuth aufgeheizt und wird überlagert von sehr rigiden Versammlungsverboten. Der Zulauf zu den D.C. ist gleichwohl

[159] Meisers Ordinationsdatum war der 12. Dez. 1905.
[160] Vergl. AAS, S. 19.

enorm. Die Werbung geschieht auch durch Einladungszettel, die von Hand zu Hand gehen. Die Versuche der D.C., solches Einladungsmaterial auch auf der Straße zu verteilen, werden allerdings als Störung öffentlichen Ordnung durch die Polizei vereitelt. Bereits einen Monat später hat sich die Zahl der Mitglieder verzehnfacht. Auch einige der nationalsozialistischen Kirchenvorsteher haben sich den D.C. angeschlossen.

Dagegen stößt HOFFMANN bei allen Pfarrern in Stadt und Land auf eisige Ablehnung, obwohl auch sieben von ihnen zu der Zeit in der NSDAP sind. Zwar liebäugeln einige von ihnen mit der Idee einer einigenden Reichskirche. Und einer, der vierte Stadtkirchenpfarrer GOTTLIEB GLASER, ist sogar wie HOFFMANN Mitglied im nationalsozialistischen Pfarrerbund.

Aber HOFFMANN ist im Pfarrkapitel isoliert, nachdem er gekränkt seinerseits schon bald fast alle Kontakte mit Kollegen und Vorgesetzten abgebrochen hat. Dekan WOLFART bestätigt jedenfalls in seiner Würdigung 1935, dass HOFFMANN dem Kreis der Amtsbrüder „seit langem" ferngeblieben sei, nachdem es einige heftige Zusammenstöße gegeben habe. Es heißt, dass lediglich ein Einziger eine etwas intensivere Beziehung mit ihm hat, nämlich sein Kollege REDENBACHER in Weidenberg.

So sieht HOFFMANN sich als einsamer Kämpfer in der Schlacht; er sucht seine Kumpane nun unter den D.C. Dabei kommt es zu einer delikaten Situation:

Auf der zweiten D.C.-Mitgliederversammlung im Mai 1935 wird der Studienprofessor an der Oberrealschule Dr. SCHIEDER als Nachfolger von Lehrer HERMANN zum neuen Leiter bestimmt; man traut ihm mehr Entschiedenheit zu. Nach eigenem Bekunden geht es ihm angeblich um die „Reinhaltung des Luthertums".

Er ist der Bruder von JULIUS SCHIEDER, der als Nürnberger Oberkirchenrat Mitglied des Landeskirchenrates ist und kirchenpolitisch auf der anderen Seite, nämlich der Bekennenden Kirche, steht. Aufgrund der Zugehörigkeit zur selben Studentenverbindung „Bubenruthia" ist dieser JULIUS SCHIEDER (1888-1964) aber Duz-Freund von HOFFMANN. Das bringt ihn in all den Jahren seit Hoffmanns Versetzung nach Weidenberg immer wieder spannungsreiche Situationen. Insbesondere dann nach dem Krieg geht HOFFMANN diesen Oberkirchenrat auch bei seinen Wiederaufnahmegesuchen immer wieder an.

Vorkämpfer der Bekennenden Kirche in Bayern: Oberkirchenrat JULIUS SCHIEDER

Die D.C. erringen als Etappenziel die Spitalkirche

Die Tätigkeit der Bayreuther D.C.-Gruppe erreicht bald erste Höhepunkte. Zwischen April und Dezember 1935 veranstaltet sie noch mindestens drei weitere große Versammlungen mit jeweils mehreren hundert Teilnehmern. Von Anfang an bemüht sich diese Ortsgruppe auch um einen eigenen geistlichen Versammlungsraum.[161] Denn das polizeiliche Versammlungsverbot betrifft die D.C. gleichermaßen wie die Landeskirche. Die landeskirchlichen Kirchengebäude aber bleiben ihnen verschlossen.

So können sie nur dort auf Räume hoffen, wo Kirchengebäude im Besitz von Kommunen sind. Es spricht sich bei ihnen rasch herum, dass dies insbesondere bei Spitalkirchen oft der Fall ist; denn das damit einst verbundene Armenwesen ist durch Verfügungen aus den Zeiten der Monarchie längst Sache der Kommunen geworden.

HOFFMANN hat familiäre Beziehungen zum braunen Hersbruck und erfährt, dass die dortige Spitalkirche am Karfreitag 1935 an die D.C. übergeben worden ist. Das lässt ihn auch für Bayreuth einiges erhoffen, denn hier wie dort sitzen D.C.-Leute im Stadtrat.

Seit 1935 in der Hand der D.C.:
Bayreuther Spitalkirche von 1750

Tatsächlich hat der entsprechende Antrag auch in Bayreuth Erfolg. Schriftliche Proteste des Dekanats bleiben ohne Wirkung. Bereits im Juni 1935 wird die Stadt Bayreuth den D.C. einen spektakulären Erfolg bescheren und ihnen die Nutzung ihrer 175 Jahre alten markgräflichen Spitalkirche einräumen. Am 14. Juni 1935, dem Freitag nach Pfingsten, werden sie hier stolz ihren ersten Gottesdienst feiern.

Das glanzvolle Ereignis verleiht der Propaganda der D.C. weiteren Auftrieb. Die Welle schwappt sogar erfolgreich in die katholische Oberpfalz über. Die kleinen protestantischen Diasporagemeinden wittern hier eine Möglichkeit, sich gegen den dominanten Katholizismus zu profilieren. So entstehen auch in Neustadt/Waldnaab und Tirschenreuth D.C.-Gruppen und steigern damit die Gesamtzahl dieser Gemeinden in Bayern auf nunmehr 150. Die Gemeinden sehen sich verbunden im gemeinsamen Kampf gegen Landesbischof MEISER zugunsten des korrupten Reichsbischofs Müller und üben Druck aus mit dem Motto: *„Wer gegen Müller ist, ist gegen Hitler“.*

---

[161] Vergl. zu Folgenden BAIER, S. 230f.

V. Der Widerstand der Bekenntnisgemeinden stoppt die D.C.

Das Bayreuther Dekanat auf dem Weg zum weltanschaulichen Widerstand

Dieser massive D.C.-Auftritt wird aber von den Geistlichen und der breiten Mehrheit der Bayreuther Protestanten als enorme Provokation empfunden. Für sie haben die Deutschen Christen sich auf den Weg der Sektenbildung begeben.[162] Ihre Expansion löst umgehend in Bayreuth-Stadt und -Land eine **besondere Form des Kirchenkampfes** aus. Davon macht Dekan WOLFART den Gemeinden und dem Landeskirchenrat folgende interessante Mitteilung:

„In den meisten Städten *Bayerns ist diese Bekenntnisgemeinde längst gesammelt; wir haben der Aufforderung dazu von der Kirchenleitung her und aus der Gemeinde heraus bisher widerstanden, weil wir den Frieden der Gemeinde erhalten wollten; nun ist er von der anderen Seite zerstört worden."*

Der Leser erfährt etwas Wichtiges über die besondere Geschichte der Bekenntnisgemeinden in Bayern und in Bayreuth. Danach hat es schon vor längerer Zeit einerseits durch die Kirchenleitung eine Aufforderung zur Gründung einer örtlichen „Bekenntnisgemeinde" gegeben. Andererseits ist aber auch in Bayreuth das gleiche Bedürfnis entstanden. Diesem Ansinnen hat sich aber das Dekanat bislang verweigert, weil es hoffte, den „Frieden der Gemeinde zu erhalten". Dasselbe Argument hat auch in Hoffmanns eigener Gemeinde Weidenberg eine Art „Stillhalteabkommen" zwischen den beiden örtlichen Pfarrern bewirkt. Das Dekanat sieht aber durch das massive Auftreten der D.C. diesen Frieden „zerstört" und gibt nun grünes Licht zum Handeln. In Weidenberg wählt man dann einen eigenen anderen Weg.[163]

Bayreuth wählt den Weg der Mobilisierung der evangelischen Mehrheit. Hatte sich schon im Oktober 1934 beim D.C.-Überfall auf den Landeskirchenrat das Kirchenvolk in ganz Bayern und auch im Bayreuther Land in einem sehr wirkungsvollen „frommen Volksaufstand" erhoben – der ja dann dank Hitlers Einlenken umgehend den Landesbischof und seinen Landeskirchenrat ins Amt zurückbrachte –, so zeigt sich nun im Frühjahr 1935 in Bayreuth ein vergleichbares Selbstbewusstsein. Dem Dekanat mitsamt seiner gesamten Pfarrerschaft – bis natürlich auf HOFFMANN – gelingt es, die Gemeindeglieder höchst erfolgreich zur Gegengründung von **Bekennt-**

---

[162] AAS, S. 24.

[163] Vergl. dazu das folgende Hauptkapitel „ZWISCHEN DEN ZEILEN ZU LESEN – *Die geheime Bekenntnisgemeinde Weidenberg*", S. 281.

nisgemeinden aufzurufen. In ihnen sammeln sich bereits im ersten Monat praktisch ein gutes Viertel der Stadtbevölkerung und etliche Landgemeinden.

Bereits am 4. März 1935 soll hier Kreisdekan PRIESER den Nationalsozialismus als „christentumsfeindlich" bezeichnet und die Notwendigkeit eines „weltanschaulichen Kampfes" erkannt und bejaht haben, auch wenn er Opfer fordere. Einem, der D.C. und Nationalsozialist war, soll er erwidert haben:[164]

*„**Der Nationalsozialismus ist eben doch grundsätzlich christentumsfeindlich.** Darum muss die Kirche den Kampf gegen ihn führen. Da hilft kein Frieden halten. Sie sehen ja, wie weit wir damit gekommen sind. **Die Kirche muss den Kampf führen mit allen ihr zu Gebote stehenden Mitteln.** Ich sehe trübe in die Zukunft. Der Kampf ist noch nicht zu Ende. Er geht vielleicht erst richtig an. Er wird noch viele Opfer kosten, viel schwerere als bisher. Aber für die Kirche wird es doch schließlich ein Segen sein. Wenn die Kirche für sich ist, dann bilden sich Kerngemeinden und die Kraft der Kirche wird dadurch nur umso größer. Der Staat wird der Kirche zunächst seinen Willen aufzwingen, aber dann wird der Staat an der Kirche zugrunde gehen."*

Bekenntnisgemeinden im Bayreuther Dekanat seit Frühjahr 1935

Dekan WOLFART:
hier bei einer Grundsteinlegung

Ein hektografiertes Schreiben des Bayreuther Dekans WOLFART am 18. April 1935 ist dann das eigentliche Signal zur Sammlung einer **Bekenntnisgemeinschaft** in und um Bayreuth. An diesem Gründonnerstag wendet sich WOLFART deutlich und wirkungsvoll an die Pfarrer, Gemeinden und ihre Kirchenvorstände. Er sieht durch das aggressive Vorgehen der D.C. das bisherige unausgesprochenen Stillhalteabkommen zur Erhaltung des Friedens in der Gemeinde durchbrochen. Vor ihrem Gewissen sind die Pfarrer nun „gezwungen", eine Bekenntnisgemeinde zu sammeln.

Die Kirche wolle die Gemeinden der „Zerreißung und Zersetzung" nicht ohne Gegenwehr ausliefern, sondern bewusst den **Kampf gegen das Vordringen des „Neuheidentums"** aufnehmen. Damit kehrt WOLFART mutig das Propagandavokabular der Nazis um, die das Wort „Zersetzung" zur Begründung für ihr menschenverachtendes Handeln gemacht haben und sich nun selbst in dieser Kritik sehen.

[164] BAIER, S. 197f.

An alle Interessierten werden in den Bekenntnisgemeinden **Mitgliedskarten** ausgegeben. Sie sind die unmittelbare Antwort auf das aggressive Vordringen der Deutschen Christen. WOLFART betrachtet die vereinsmäßige Zusammenfassung u.a. als Möglichkeit, den NS-Vorschriften entsprechende „geschlossene" Veranstaltungen zu ermöglichen und so das bestehende Versammlungsverbot zu unterlaufen.

Ein Beispiel ist die Karte der Bayreutherin GRETE HEIM. Frau HEIM gehörte zur Bekenntnisgemeinschaft Bayreuth. Die Mitglieder füllten eine persönliche Beitrittserklärung aus, die das lutherische Bekenntnis betonte. Die Karte ist vom seinerzeitigen Dekan WOLFART unterschrieben und dürfte aus diesem Jahr 1935 stammen.

Bekenntnisgemeinschaft (Ort) Bayreuth.

Mitgliedskarte

für Grete Heim

in Bayreuth. (Ort) (Wohnung)

Siegel des Pfarramts

Unterschrift des Gemeindegruppenleiters

Dienet einander, ein jeglicher mit der Gabe, die er empfangen hat. 1. Petrus 4, 10

Auf dunkelrotem Karton gedruckt: Mitgliedskarte der Bekenntnisgemeinde Bayreuth 1935 (Scan: Archiv NORBERT AAS)

Die Frage nach dem Verhältnis der Bayer. Landeskirche zur Bekennenden Kirche ist nicht leicht zu beantworten. Tatsächlich war ja Bischof MEISER ein Vorreiter der BK; er hatte in Ulm den entscheidenden Grundstein für die BK gelegt und sie als einzige Repräsentantin des Deutschen evangelischen Kirchenwesens anerkannt.[165] Aber aus der besonderen Geschichte der Bayerischen Landeskirche im 19. Jh. heraus sah er sich doch stets zu einem gewissen Misstrauen gegenüber den reformierten Theologen veranlasst, welche ja mit KARL BARTH maßgeblich die Barmer Theologische Erklärung verfasst hatten. Sie waren ihm nicht „lutherisch" genug. Man könnte also vereinfacht sagen: Die bayerischen Bekenntnisgemeinden bzw. -gemeinschaften waren der besondere Zweig der Bekennenden Kirche in Bayern, die auf ihr Luthertum großen Wert legten.

Allerdings warnt Dekan WOLFART damals davor, die von Nazis durchsetzten Kirchenvorstände über die Gründung solcher Bekenntnisgemeinden entscheiden zu lassen. Sie seien seit den erzwungenen Kirchenwahlen 1933 keine demokratischen

---

[165] Siehe oben im Abschnitt *„Barmen 1934"* im Kapitel *„Zehn Wunder für die Evangelische Kirche in Bayern"*, S. 136. Bei einer großen **Kundgebung im Ulmer Münster** am 22. April 1934 hatte Bischof MEISER persönliche Wiedergutmachung gegenüber dem Bruderrat betrieben, den er bei der Wahl des Reichsbischofs so im Stich gelassenen hatte. Er hatte öffentlich tapfer die Kampflinie abgesteckt, die von nun an zwischen der Bekenntnisfront und der Reichskirchenregierung bestand, und hatte hier auch erstmals von der ***„Bekenntnisgemeinschaft** der DEK"* gesprochen, die sich als die *„rechtmäßige evangelische Kirche Deutschlands"* verstehe.

Organe mehr. Sollten sie die Gründung einer Bekenntnisgemeinde ablehnen, könne man sich ihrem Beschluss aus Gewissensgründen ohnehin nicht fügen.

Statt mit dem inzwischen obligatorischen Führergruß zu schließen, den auch Hoffmann jetzt ostentativ verwendet, erfindet WOLFART einen eigenen **„deutsch-evangelischen Gruß"**, und jeder versteht damals, was er damit sagen will.

Vom späteren Nazi-Stararchitekten entworfen:
Gemeindehaus Richard-Wagner-Straße von HANS REISSINGER

Die **erste große gemeinsame Versammlung der Bekenntnisgemeinden** findet dann in der Bayreuther Innenstadt im Bereich des Evang. Gemeindehauses in der Richard-Wagner-Straße statt. Die Evangelische Gesamtkirchengemeinde hatte das Grundstück, auf dem vorher das Gasthaus „Zum weißen Ross" stand, 1927 erworben und zur Bebauung durch den renommierten Bayreuther Architekten HANS REISSINGER[166] eine Versammlungsstätte entwerfen lassen. Mit großem und kleinem Saal bot sie Platz für viele tausend Teilnehmer.

Doch bei der ersten Bekenntnis-Versammlung reicht der Platz nicht aus. Sogar die Oberfränkische Zeitung spricht hier anschließend von einer „gewaltige Kundgebung" und berichtet, dass bereits um 19:30 Uhr die Säle so überfüllt gewesen seien, dass sie geschlossen und sogar noch die angrenzende Bürgerressource genutzt werden musste. Zahllose Glieder der Evang. Gemeinde hätten ihren Willen zum unverrückbaren Festhalten an Kirche und Bekenntnis zum Ausdruck gebracht.

---

[166] HANS REISSINGER (1890-1972) trat 1934 in die NSDAP ein und schuf und plante in Bayreuth dann viel Naziarchitektur. So baute er 1935 das markgräfliche Reithauses zur „Ludwig-Siebert-Festhalle" um und errichtete 1936 am Luitpoldplatz das „Haus der Deutschen Erziehung". Ihm oblag seit 1938 auch die Planung eines gigantischen „Gauforums" für Bayreuth, das HITLER persönlich mit großem Interesse verfolgte: Eine Prachtstraße führte zu einem Aufmarschplatz für 65.000 Personen; er war umgeben von monumentalen Gebäuden, darunter der mehr als 10.000 Personen fassenden „Gauhalle". – Nach dem Krieg durfte REISSINGER auch für die Kirche weitermachen: 1960 entstanden in Bayreuth die Kreuzkirche im Stadtteil Kreuz und 1962 die Auferstehungskirche im Stadtteil Saas.

Gleichzeitig wollten sich diese Bekenntnis-Christen freilich vor jedem Verdacht schützen, eine politische Widerstandsgruppe zu sein. Sie hatten berechtigte Sorge vor staatlicher Verfolgung. Deshalb bekannten sie bei dieser Versammlung wie auch bei anderen öffentlichen Gelegenheiten litaneiartig ihre „unwandelbare Treue zu Führer und Volk".

Mit der ständigen Beteuerung dieser Ergebenheitsformel wird dann auch die Bayerische Landeskirche versuchen, das Schifflein der Kirche durch die stürmischen Wogen des Kirchenkampfes zu lenken. Klar ist für die Kirchenleitung, dass sie sich hier, wenn schon nicht zu politischem Widerstand, doch auf einen nicht weniger herausfordernden **Weltanschauungskampf** eingelassen hat. Dieser Kampf zeichnete sich jetzt immer deutlicher ab.

Die Nazibewegung war ja anfangs ideologisch sehr vielgestaltig gewesen. Auch ihr Verhältnis zur Kirche war sehr heterogen und hatte zu manchen naiven Hoffnungen Anlass gegeben, dass Partei und Kirche zusammengehen könnten. Aber es gab von Anfang an bei den Nazis Befürworter und Gegner der Kirchen. Dieser Kampf drohte in dem Moment gefährlich zu werden, in dem sich innerhalb der Führungsriege eine gewisse Klärung hinsichtlich der Kirchen vollzogen hatte. Die Zeit einer breiten gegenseitigen Zustimmung zwischen NS-Politik und Kirche war jedenfalls jetzt zuende. Der Kirchenkampf trieb die gegenseitige Abgrenzung nun rasch voran und verstärkte auf beiden Seiten die Abneigung.

In Bayreuth und Umgebung eröffnen eine Reihe von ostentativen und sehr gut besuchten Bekenntnisversammlungen und -gottesdiensten diese heiße Phase des Kirchenkampfes. Dazu werden damals nicht nur profilierte Pfarrer von auswärts geholt, sondern auch aus der eigenen Pfarrerschaft des Dekanats treten zunehmend wirkungsvolle Redner hervor.[167]

Neben Kreisdekan PRIESER, Dekan WOLFART und den Pfarrern KLEIN und HERTRICH ragt hier besonders der Geseeser Pfarrer THEODOR DIEGRITZ[168] heraus. Sein

---

[167] AAS, S. 26 und ausführlicher S. 34.

[168] THEODOR DIEGRITZ amtierte seit 1933 in Gesees auf der I. Pfarrstelle und gehörte zu den profiliertesten Bekenntnispfarrern im Dekanat Bayreuth. Einen ausführlichen Bericht über sein Wirken hat der Verfasser JÜRGEN TAEGERT für das neue HEIMATBUCH GESEES 2021 verfasst. Er trägt den Titel: „EINE HERDE UND EIN HIRTE (Joh. 10, 16) - *Das Kirchspiel Gesees in der Zeit von Nationalsozialismus und Kirchenkampf*" und spielt auf Diegritz' reichsweit verbreitete gleichnamige Schrift an.

Als weiterer widerständiger Geistlicher wirkte in Gesees damals der II. Pfarrer FRIEDRICH BUCKEL. Er folgte aber im Kirchenkampf nicht der bekenntnisorientierten Linie der Hauptgegner der D.C., sondern wählte mit der Propagierung seiner Weltsprache UNA seinen ganz eigenen, in der Weltfriedensbewegung der 20-er Jahre wurzelnden Weg. BUCKEL wird vom Verfasser

Bestechender Vortrag: Geseeser Bekenntnispfarrer THEODOR DIEGRITZ 1937

bestechender Vortrag über die Thüringer Deutschen Christen *„Eine Herde und ein Hirt"* nimmt seinerzeit auch die religiöse Überhöhung Hitlers und des NS-Staates aufs Korn. Der Text wird seinerzeit vom Freimundverlag in vielen Auflagen als Broschüre nachgedruckt und erreicht in ganz Deutschland hunderttausende Christen.

Zugleich wird an Diegritz' Person deutlich, dass dieser Kirchenkampf zunehmend auch politische Dimensionen bekommt. Wie auch andere widerständige Pfarrer wird DIEGRITZ im Gottesdienst gezielt abgehört und vor Gericht gezerrt. Einer sicheren Verurteilung kommt lediglich Hitlers allgemeine Amnestie nach dem Anschluss Österreichs im Frühjahr 1938 zuvor.

Allerdings gehört DIEGRITZ zu den oben schon genannten, aufbegehrenden Pfarrern des Dekanats, welche die Kirche dann in ihrem Opportunismus gegenüber dem Staat fallenlässt und zum Kriegsdienst freigibt. Er überlebte zum Glück und wird nach dem Krieg als wohl einziger widerständiger Geistlicher in gewissem Umfang durch ein Dekans-Amt „entschädigt".

Hoffmann rechtfertigt sich für sein kirchenkritisches Engagement

Wo steht der Pfarrer THEODOR HOFFMANN in dieser Zeit? Entwickelt er sich wirklich zu dem „fanatischen" NS- und D.C.-Ideologen, als den man ihn in der Fachliteratur gern sieht? Ziemlich klar ergibt sich, dass er die gedanklichen Exzesse vieler D.C.-Pfarrer nicht mit vollzieht, welche HITLER als neue Gottesoffenbarung und JESUS als Feind des Judentums darstellen wollen. Auch bleibt er wohl seiner Bibel im Ganzen treu, also unter Einschluss des von vielen anderen D.C.-Leuten verachteten Alten Testaments.

Gerühmt wird bei ihm jetzt des Öfteren insbesondere, dass er sich mit radikalen Äußerungen eher zurückhält und mit anderen Menschen, auch Gegnern, eher höflich und taktvoll umgeht. Damit habe er sich viele Herzen für die D.C. erobert.
Leider sind von HOFFMANN wenige Texte überliefert, die uns bei der Klärung solcher grundlegenden Fragen weiterhelfen. In Gemeindepredigten dieser Zeit wirkt er eher

---

im genannten HEIMATBUCH GESEES ausführlich im Kapitel vorgestellt: „FRIEDRICH BUCKEL - *ein verkannter Profet und Eiferer für den Frieden"*.

unpolitisch; er wird von vielen als „G'schichtlaspfarrer“ wahrgenommen, weil er gern kleine Geschichten in seine blumigen Texte verwebt.

Einen gewissen Aufschluss gibt aber die oben schon erwähnte **Zeitungskolumne** *„Reformation“*, am 2. Nov. 1935, die unter dem Kürzel T.H. in der Bayreuther Zeitung im Teil Gaustadt Bayreuth erschien. Es ist der wohl einzige bislang bekannte öffentliche Text von HOFFMANN mit theologischen Aussagen. Er ist als Zeitungsausriss in seinem Personalakt gelandet und stellt eine pathetische, aber originelle Auslegung zum Wort aus Kolosser 3, 23 dar: *„Alles, was ihr tut, das tut von Herzen!“*. Meditativ umkreist HOFFMANN hier das Wort „Herz“.

Zutage tritt eine weniger ideologisch befrachtete als vielmehr mystische Betrachtungsweise des damals beliebten Vergleichs von HITLER mit LUTHER. Es gehe am Reformationstag um das zu neuer Glut entfachte *„Herz des gläubigen Deutschen“*, das bei LUTHER noch über Bibelübersetzung und Geisteskraft hinaus *„das Größte“* gewesen sei: *„Aus gläubigen deutschen* ***Herzen*** *ist der Wille zur Erneuerung unseres Volkes gekommen, und dem* ***gläubigen Deutschen Herzen*** *hat sich der Segen Gottes eröffnet.“*

Nr. 257 — Seite 3 Samstag, 2. November 1935

Reformation

„Alles, was ihr tut, das tut von Herzen!“ (Col. 3, 23.)

Das hat natürlich wenig Sinn: hübsch ruhig in seinem Kirchenstuhl sitzen, „Ein feste Burg“ singen und von großen Zeiten damals sinnen und sagen. Gewiß, man muß um Weg und Werk der Väter wissen, aber man muß auch im eigenen Herzen die Glut entfachen zu gleichem Weg und Werk!

Was war das Größte an Luther? Gewaltig groß war das Werk der Bibelübersetzung, gewaltig groß Luthers Geisteskraft. Das Größte an ihm aber war doch sein gläubiges deutsches Herz. Mit seinem ganzen glühenden, gläubigen, deutschen Herzen hing er an seinem deutschen Volk und an seines Gottes und Heilandes Gnade. Und nur deshalb, weil ihm alles von Herzen kam, konnte er mit solcher Innigkeit an seinem Volke hängen und mit solchem heiligen Trotz für die Ehrlichkeit des Glaubens kämpfen. Wir müßten das heute wieder besser denn je verstehen, denn aus gläubigen deutschen Herzen ist der Wille zur Erneuerung unseres Volkes gekommen und dem gläubigen deutschen Herzen hat sich der Segen Gottes eröffnet.

Houston Stewart Chamberlain schreibt zu des Führers Geburtstag am 20. 4. 1924 u. a.: „Man kann bedeutende Menschen in zwei Klassen unterscheiden, je nachdem der Kopf oder das Herz vorwiegt. Hitler würde ich entschieden zu den Herzmenschen rechnen, nicht etwa, daß ich seine intellektuellen Fähigkeiten gering schätze, im Gegenteil, aber das mittlere Bewegungsorgan, der Herd, worauf sich die Glut entfacht, in der seine Gedanken geschmiedet werden, ist das Herz. Das unterscheidet ihn von den meisten Politikern, er liebt sein Volk, er liebt sein deutsches Volk mit inbrünstiger Liebesleidenschaft. Hier haben wir den Mittelpunkt, aus dem seine ganze Politik, seine Wirtschaftslehre, seine Gegnerschaft gegen die Juden, sein Kampf gegen die Verrohung der Sitten usw fließen. — In dieser Beziehung gemahnt er an Luther. Und woher kommt diesen beiden Männern der Mut? Er kommt ihnen daher, daß es ihnen beiden heilig ernst um die Sache ist, die sie vertreten. Hitler spricht kein Wort, um das ihm nicht ernst wäre, es findet sich in seinen Reden kein Füllsel, keine Uebergangsphrasen. Goethe sagte einmal: Man glaubt nicht, in welcher Hochburg der Mann wohnt, dem es immer ernst ist um die Sache.“

Das muß uns aufhorchen lassen an Reformationsfest; vor allem unsere evangelische Kirche. Wie die aufgehobene Hand Gottes ist dies Wort vor uns: Alles, was ihr tut, das tut von Herzen! Sagen wir ja nicht: das haben wir alles gehalten von Jugend an! Es ist ja gar nicht wahr, und es liegt viel Schuld vor diesem Wort: Alles, was ihr tut, das tut von Herzen.

Im August 1914 meldete sich ein junger Vikar zum freiwilligen Eintritt in das Heer. Dem schrieb seine Kirchenbehörde: „Es ist gegen jedes göttliche und menschliche Recht, daß ein Geistlicher jetzt seine ihm anvertrauten Seelen verlassen will, noch dazu in solcher Notlage der Kirche. — Für einen ordinierten Geistlichen würde sich übrigen, wenn er abkömmlich wäre, nur Feldpredigerdienst oder Verwundetenpflege, nicht aber Blutvergießen schicken. Aber Luther klagte von der Coburg: „Ich kann's ja nicht lassen, ich muß sorgen für das arme, elende, verlassene, verachtete, verratene und verkaufte Deutschland, als ich schuldig bin meinem lieben Vaterland.“

1924 erschien eine weitverbreitete Sammlung edelster christlicher Weisen; darinnen das deutsche Weihelied:

Wir heben unsre Hände
aus tiefster, bittrer Not.
Herr Gott, den Führer sende,
der unsern Kummer wende
mit mächtigem Gebot!

Erwecke uns den Helden,
den seines Volks erbarm;
des Volks, das nachtbeladen,
verkauft ist und verraten
in unsrer Feinde Arm.

Erwecke uns den Helden,
der stark in aller Not,
sein Deutschland mächtig rühret,
dein Deutschland gläubig führet
ins junge Morgenrot.

Und als dann die Gnade Gottes unerwartet und wunderbar den ersehnten Führer sandte, da war in der Kirche vor so viel „Distance“ und viele Herzen verschlossen.

1934 endlich brachte das Sonntagsblatt eine Notiz: „Unser Herr Reichspräsident von Hindenburg hat ein großes, bedeutungsvolles Wort gesprochen, das Wort an den Herrn Reichsbischof: Sorgen Sie dafür, daß in unserem Volk Christus gepredigt wird! — Die evangelische Jugend, die evangelische Kirche dankt ihm für dieses Wort. Nun soll es aber auch Wahrheit werden: das Evangelium soll reichlicher gepredigt — nein, wir müssen sagen, reichlicher gehört werden als bisher!“

Das Wort war an die Kirche gerichtet; die Träger des Amtes ging es an. Aber die es anging, die schlossen offenbar ihr Herz vor ihm zu und sagten: an uns fehlt es nicht, aber reichlicher gehört muß es werden! In Wirklichkeit aber wurde der Ruf der Gnade Gottes in unserem Volk besser gehört als seit langer Zeit! Was war es doch 1933 für ein herzbewegendes Bild, als die langen braunen Kolonnen in die Kirchen zogen: kommt laßt uns anbeten und knien und niederfallen vor dem Herrn! Das deutsche Herz hatte sich wieder aufgeschlossen für den Ruf der Gnade Gottes. Aber die Kirche hielt ihr Herz zu und das Braunhemd wurde rar in der Kirche und der Streit tobte von den Kanzeln.

Das sind alles Tatsachen, die sich nicht wegstreichen lassen. Was sollen sie aber? Sie sollen keine billige Anklage sein, sondern Bitte um Besinnung auf die beste Kraft von Volk und Kirche: das gläubige deutsche Herz.

Hören wir nicht auf allerlei Wind der Lehre, aus der Schweiz oder sonst woher, sondern hören wir um so ernsthafter auf das göttliche Wort: Alles, was ihr tut, das tut von Herzen! Dann wird die Reformation auch uns Erlebnis werden und der Segen und die Kraft Gottes wieder groß über unserer Kirche, so wie sie groß geworden sind über Luther und unserem Führer und über allen, die von dem göttlichen Gebot sich treiben lassen:

Alles, was ihr tut, das tut von Herzen!

T. H.

Arbeitsbeschaffung

Hitler mit Luther verglichen: Artikel von THEODOR HOFFMANN in der Bayreuther Zeitung 1935

Mit einem frühen Wort des Hitlerverehrers CHAMBERLAIN[169] könne man HITLER *„entschieden zu den* ***Herzmenschen*** *rechnen“*, und damit einer der beiden Klassen

[169] Der Wagnerfan und frühzeitige Hitlerverehrer HOUSTON STEWART CHAMBERLAIN (1855-1927) hatte 1909 Cosima Wagners Tochter EVA VON BÜLOW geehelicht. 1916 war er deutscher Staatsbürger geworden und wohnte bis zum Lebensende in Bayreuth. HITLER besuchte ihn beim „Deutschen Tag“ 1923 persönlich in Wahnfried. In Erinnerung an diesen Besuch entstanden zu Hitlers Geburtstag am 20. April 1924 Chamberlains Zeilen. Die ‚Deutschen Christen' beriefen

zuordnen, nach denen *„bedeutende Menschen"* zu unterscheiden seien, *„je nachdem der Kopf oder das Herz vorwiegt."* Das unterscheide HITLER von den meisten Politikern, er liebe sein deutsches Volk mit inbrünstiger Liebesleidenschaft. Sein liebendes Herz sei der Mittelpunkt, *„aus dem seine ganze Politik, seine Wirtschaftslehre, seine Gegnerschaft gegen die Juden, sein Kampf gegen die Verrohung der Sitten usw. fließen"* In dieser Beziehung gemahne HITLER an LUTHER, ein Mann, *„dem es immer ernst ist um die Sache."* – Auch die Kirche habe jetzt mit dem Herzen zu handeln.

An dieser Stelle fügt HOFFMANN in Er-Form einen merkwürdigen Exkurs ein, der seine Entscheidung zum Kriegsdienst als junger Vikar gegen das Veto der Kirchenleitung rechtfertigen soll. HOFFMANN vergleicht sich nun selbst mit LUTHER und sieht sich unter dem gleichen Gewissenszwang, den LUTHER von der Veste Coburg aus geklagt habe: *‚Ich kann's nicht lassen, ich muss sorgen für das arme, elende, verlassene, verachtete, verratene und verkaufte Deutschland, als ich schuldig bin meinem lieben Vaterland.'* Es wird deutlich, dass HOFFMANN an dieser Stelle gar nicht HITLER verherrlichen will, sondern die Verbindung HITLER-LUTHER dazu nutzt, um sein eigenes Engagement für die D.C. und den NS-Staat zu rechtfertigen.

Dass HOFFMANN mit seinem hoffnungsvollen Blick auf HITLER in der Kirche nicht allein dastehe, will er mit dem ebenfalls schon 1924 erschienene *Deutsche Weihelied*[170] beweisen, in dem der Dichter in tiefster, bitterer Not zu Gott um Sendung des „Führers" bete, *„der unsern Kummer wende"*. Gott selber solle den Helden wecken, der sich des Volkes erbarme, *„das nachtbeladen, verkauft ist und verraten in unserer Feinde Arm"*, der das Deutschland Gottes *„gläubig führet ins junge Morgenrot."* Diesem mit Hitlers Kommen erhörten Gebet hätten sich in der Kirche leider viele Herzen verschlossen.

Dabei habe Reichspräsident VON HINDENBURG 1934, wie auch das Sonntagsblatt berichtet habe, den Reichsbischof angewiesen, *„dass in unserem Volk Christus gepredigt wird!"* Dafür sei ihm in Jugend und Kirche zu danken.

Das Wort sei aber eigentlich an die Kirche und ihre Amtsträger gerichtet gewesen. Diese hätten aber ihr Herz vor ihm verschlossen und auf das Volk verwiesen, das auf Gottes Wort zu wenig höre. In Wirklichkeit sei aber 1933 *„der Ruf der Gnade Gottes in unserem Volk besser gehört"* worden als seit langer Zeit!

---

sich gern auf ihn; sein bereits 1898 erschienenes Buch *„Grundlagen des neunzehnten Jahrhunderts"* wurde zum Standardwerk des theoretischen Rassenantisemitismus und hatte großen Einfluss auf die Vorstellungen des NS-Ideologen ALFRED ROSENBERG und später auch ADOLF HITLER.

[170] Dichter ist ERNST LEIDL; die Melodie ist von WALTHER HENSEL, u.a. in: *„Der singende Quell, 62 Lieder für Fahrt und Herberge"*.

HOFFMANN verweist dann auf den nicht zu leugnenden Tatbestand, dass es ja anfangs 1933 durchaus eine wechselseitige Beziehung von Kirche und Staat gegeben hatte. Es sei doch 1933 *„ein* ***herzbewegendes*** *Bild gewesen, als die langen braunen Kolonnen in die Kirchen zogen: kommt lasst uns anbeten und knien und niederfallen vor dem Herren!"* Das deutsche **Herz** habe sich wieder aufgeschlossen für den Ruf der Gnade Gottes. Aber die Kirche habe ihr **Herz** zugeschlossen. Deshalb sei das Braunhemd in der Kirche rar geworden. Stattdessen tobe der Streit von den Kanzeln. Damit wolle HOFFMANN aber nicht bitter anklagen, sondern bitten *„um Besinnung auf die beste Kraft von Volk und Kirche: das gläubige deutsche Herz."*

In diesem Artikel grenzt HOFFMANN sich auf subtile Art auch ab von KARL BARTH, dem Theologen der bekennenden Kirche und Hauptverfasser des Barmer Bekenntnisses 1934, der 1935 Deutschland verlassen musste, aber doch der eigentliche Heilige der wenigen widerständigen Pfarrer blieb: *„Hören wir nicht auf allerlei Wind der Lehre, aus der Schweiz oder sonst woher"*, ruft HOFFMANN den Lesern zu. Abschließend stellt er nochmals HITLER mit LUTHER zusammen in die Reihe derer, die sich *„von dem göttlichen Gebot treiben lassen"*, indem sie alles, was sie tun, *„von Herzen"* tun.

Bei diesem etwas pathetischen, ans Gefühl appellierende Text kann man sich durchaus vorstellen, was ihm auch seine Vorgesetzten immer wieder zusprechen, dass HOFFMANN Menschen ansprechen und beindrucken kann, ohne direkt fanatisch zu wirken. Auch die Hitlerlastige Theologie von PAUL ALTHAUS, deren Studium ihm die Vorgesetzten aufgenötigt haben, hat hier pralle Früchte getragen.

Hoffmanns Fanatismus liegt aber erkennbar weniger im Nachbeten politischer Formeln oder krasser theologischer Positionen, als vielmehr in der Linie seines Selbstmitleids, mit dem er seine Rolle als missverstandenes Opfer der Kirchenleitung über die Jahre hinweg durchzieht und instrumentalisiert. Er findet sich mit seiner Versetzung nach Weidenberg einfach niemals ab.

Mit dem Eindringen in die Gemeinden wird die nächste Stufe einer eigenen D.C.-Kirche gezündet.

Noch im selben Winter, am 29. Dez. 1935 bewirbt sich HOFFMANN, wiederum erfolglos, um die Pfarrstelle in **Lichtenhof**, später dann noch, ebenso erfolglos, um Stellen als evangelischer Religionslehrer. Erst nach dem Krieg wird ihm die katholische (!) Kirche einen vergleichbaren Wunsch erfüllen.

Lichtenhof war ein Ableger der Nürnberger Oststadt-Gemeinde St. Peter und in der Zeit der Industrialisierung stark gewachsen. Bereits vor dem Ersten Weltkrieg

Trutzburg in der Arbeitergemeinde:
Gustav-Adolf-Kirche Lichtenhof von 1930

hatte es Kirchbaupläne gegeben, die sich aber wegen der Inflation und der Weltwirtschaftskrise stark hinausgezögert hatten. So wurde die riesige Gustav-Adolf-Kirche im Stil einer romanischen Basilika erst 1930 fertig.

Bezeichnenderweise war also die große Gemeinde Lichtenhof in der Nürnberger Südstadt, um die sich HOFFMANN bewusst beworben hatte, wiederum eine Arbeitergemeinde. Als Grund hatte er in seiner Stellenbewerbung angegeben, dass dies einem wiederholt aus Kreisen der dortigen Gemeinde geäußerten Wunsch entspräche. Das ist nicht auszuschließen. Die Sympathie für die Arbeiterschaft und die Überzeugung, hier glaubwürdig und anregend wirken zu können, hat HOFFMANN nie verlassen. In Lichtenhof stieß sie wohl auf Gegenliebe.

Zwar soll HOFFMANN auch in Weidenberg unter der links ausgerichteten Arbeiterschaft des großen Granitwerkes SCHILLER D.C.-Jünger gehabt haben, doch hatte er es, wie gezeigt, bei den Anhängern der D.C. in Bayreuth und Oberfranken doch mehr mit Angehörigen von Mittel- und Oberschicht zu tun. Und denen dürfte seine Botschaft wohl ein wenig blass und belanglos erschienen sein, zumal er ja seine Defizite in der Allgemeinbildung und Theologie nie wirklich aufgeholt hat.

So bestätigt der Dekan in seiner Würdigung 1935: *„Seine Predigten sollen in der letzten Zeit oberflächlich geworden sein, auch nicht gut besucht sein. Ob er für Seelsorge noch genügend Zeit findet bei seinen vielen Propaganda-Ausflügen, erscheint fraglich."* Wenn man die besonderen seelischen und amtlichen Verhältnisse nicht berücksichtige, werde man HOFFMANN *„einen einfachen, frischen, wohlmeinenden Mann nennen können."* Alle, die ihm früher nahegestanden hätten, bedauerten es schmerzlich, dass ihnen der Zugang zu ihm zurzeit verschlossen sei, und hofften, dass er sich wieder finden werde. Seine Frau sei mit ihm „völlig gleichgerichtet".

Man ahnt schon, wie es auch nach dieser erneut missglückten Wegmeldung weitergeht. Die Kränkung hat für ihn das Maß überschritten! Nun kennt HOFFMANN keine Rücksichten mehr! Es sind die Jahre, wo er die D.C.-Gemeinde in Oberfranken ganz auf eigene Füße stellt. Er expandiert auch in die Oberpfalz und dringt auch im

Nürnberger Raum in intakte Gemeinden ein. Mit der Bayreuther Spitalkirche verfügen die D.C. nun über ein eigenes Kirchengebäude, sie können jetzt demonstrativ auch eigene Kasualien in ihrer ganzen Breite anbieten[171], Taufen, Trauungen, Bestattungen und nun, 1936 und 1937 auch eigene Konfirmationen, auf deren besondere Zielgruppe ja oben schon hingewiesen wurde.

Bereits im Herbst 1935 hatten einige Mitglieder der Ortsgruppe Bayreuth der D.C. für ihre Kinder die Einrichtung eines eigenen Konfirmandenunterrichts durch einen D.C.-Pfarrer gefordert, da den Eltern das Vertrauen zu anderen Geistlichen fehle. In den Weidenberger Kirchenbüchern hat Pfarrer HOFFMANN eine große Zahl oder möglicherweise sogar alle seiner Amtshandlungen für die „D.C.-Gemeinde" eingetragen. So ergibt sich eine Vorstellung über die Reichweite seiner Arbeit als rühriger D.C.-Mitarbeiter.

Für HOFFMANN spricht, dass er seinen Konfirmandenunterricht zwar weniger streng wie etwa sein örtlicher Kollege REDENBACHER führte, aber wohl doch nach den klassischen Vorstellungen der Landeskirche. Das unterschied ihn von anderen radikalen D.C.-Pfarrern in der Baumgärtner-Gruppe, von denen BAIER berichtet[172].

Die Radikalen machen Jesus zu „Krist, dem Künder des Gottesreiches", der nun nicht mehr Spross und Vollender des Judentums ist, sondern vielmehr dessen erster und entscheidendster Todfeind. Ferner heißt es dort mit Klartext: *„Wenn wir schon neben dem Evangelium noch ein altes Testament brauchen, dann finden wir es als Nationalsozialisten — um mit Alfred Rosenberg zu reden — in der Frömmigkeit unserer germanischen Vorfahren mindestens ebenso wie in der Geschichte von Abraham, Moses und Salomon".*

Das ist bei HOFFMANN anders und bleibt stets viel kirchennäher. Die Landeskirche muss sich aber dennoch vorwerfen lassen, seinem gemeindefeindlichen Treiben für die D.C. weitgehend tatenlos zugesehen zu haben.

Zwar gibt es in den Akten dem Wortlaut nach ein *„Verfahren gegen Pfarrer Theodor Hoffmann wegen Überschreitung des Parochialrechtes".* Es geht um eine Abendmahls-

---

[171] So erwähnt das Schreiben von Dekan WOLFART vom 11. Jan. 1936 an den LKR betr. Amtshandlungen der D.C. für den 8. Januar die Bestattung eines SA-Sturmführer und „alten Kämpfers" durch HOFFMANN „unter starkem Zulauf" mit anschließender Rede bei Kranzniederlegung durch Studienprofessor SCHIEDER [den Bruder des Oberkirchenrats], trotz Verweigerung der Zession durch Wolfart (!), sowie eine Taufe durch den genannten SCHIEDER.

Erwähnt werden ferner zwei öffentliche Abendmahlsfeiern sowie eine Taufe am 12. Jan. 1936 durch Pfr. DAUM in der Hospitalkirche. Die nachträglich vom Vater des Täuflings beim Pfarramt St. Georgen erbetene Zession sei verweigert worden. *Man habe den Eindruck, dass die Handlungen einen stark demonstrativen und Propagandacharakter trügen.*

[172] Aao. S. 329.

feier für die D.C.-Gemeinde am 18. Juli 1935. Doch beschränkt sich die dazu gehörende Entschließung[173], die von Landesbischof MEISER persönlich verfasst ist, auf mahnende Worte ohne Ankündigung von Konsequenzen. MEISER warnt vor *„einem Ende jeder brüderlichen Rücksicht und ... einem Chaos, bei denen die Gemeinden schließlich nicht mehr wissen, was feststeht und woran sie sich noch halten sollen."* Er beschwört Schwierigkeiten für die Gemeindeglieder durch eine *„Winkelkirche"* und gibt dies HOFFMANN *„mit allem seelsorgerlichen Ernst zu bedenken, in der Erwartung, dass Sie umkehren von einem Weg, der die evangelische Kirche zerstört und dem Volke von Tag zu Tag verächtlicher macht"*.

Sogar ganz ohne Mahnung belässt es MEISER, als er im Dezember 1935 erstmals davon erfährt, dass HOFFMANN *„ohne Erlaubnis und ohne Verständigung der zuständigen Stellen D.C.-Konfirmanden-Unterricht in Bayreuth"* hält. Der Unterricht finde einmal wöchentlich in einem Schulzimmer statt, das ihm von der Stadtschulbehörde zur Verfügung gestellt worden sei. MEISER zeichnet den Vermerk ab und kommentiert lediglich: *„Er unterstützt dadurch die Zerreißung der Gemeinde Bayreuth seitens der sog. Reichskirchenbewegung ‚Deutsche Christen'"*.[174]

Hoffmanns Gottesdienste in Hersbruck erwecken scharfe Kritik

Weil sich aber das Verhältnis zwischen HOFFMANN und seiner Kirchenleitung im fortschreitenden Stadium der Zerrüttung befindet, richten solche bischöflichen Ermahnungen und Vermerke natürlich nichts mehr aus. Sie bestätigen ihm nur, dass die Kirchenoberen zahnlose Tiger sind.

Bis in den Raum Mittelfranken um Hersbruck, Nürnberg und Fürth reichen nun Hoffmanns nachweisbare Aktivitäten. Nirgendwo schreckt er vor schweren ungefragten Einbrüchen in das Parochierecht von Nicht-D.C.-Kollegen zurück. Es habe aber nach einer Beschreibung seines Kreisdekans PRIESER nie Klagen vonseiten der eigenen Gemeinde Weidenberg über seine häufige Abwesenheit gegeben. Das nimmt nicht Wunder, denn die Gemeinde fühlte sich durch den beliebten II. Pfarrer REDENBACHER vollauf zufriedengestellt und vermisste HOFFMANN nicht. Er war dort eher als akkurater Verwalter und weniger als Geistlicher geschätzt.

So sind in Hoffmanns Personalakt Zeitungsausschnitte mit Gottesdienstanzeigen der „Reichskirchenbewegung Deutsche Christen" aus dem Fränkischen Kurier abge-

---

[173] Entschließung Nr. 7378 vom 21.9.35an Dekanat Bayreuth, im Akt II 245.

[174] Vormerkung von MEISER für Personalakt HOFFMANN 51202 vom 12.12.35. – Die Behauptung von HELMUT BAIER aaO S. 196, der Landesbischof habe die Errichtung eines eigenen Konfirmandenunterrichtes verweigert, kann nach Einsicht in Hoffmanns Personalakt nicht nachvollzogen werden.

legt. Sie zeigen einerseits, dass er an den Sonntagen zwischen Ostern und Pfingsten 1936 zum Teil mehrfach Gottesdienste bei D.C.-Gruppen in den Hubertussälen in Gibitzenhof, im Volksbildungsheim bei der Gemeindegruppe Fürth, in der Anstaltskirche des Sebastianspitals und in Hersbruck gehalten hat. Auch hat Kreisdekan SCHIEDER laut einem handschriftlichen Vermerk von OKR KARG dem Landeskirchenrat, zur Kenntnis auch für OKR BOGNER, einen Trauschein vorgelegt. Danach hat HOFFMANN am 6. Sept. 1935 um 11 Uhr im „Deutschen Hof" in Nürnberg den Malermeister GREGOR DIEZ aus Nürnberg getraut.

Angesichts dieser aufbewahrten Dokumente zeigt sich, dass die Kirchenleitung Hoffmanns Verhalten damals zwar durchaus kritisch beobachtet; aber sie unternimmt nichts. Der Hauptgrund ist weniger Nachlässigkeit, als vielmehr die Sorge der Oberkirchenräte und des Landesbischofs vor staatlichen Repressionen. Sie befürchten insbesondere, dass man die Bekenntnispfarrer in den gleichgeschalteten Nordkirchen schikanieren könnten. Noch gehen sie ja irrtümlich davon aus, dass HITLER die D.C. als sein Lieblingskind unterstützt. Sie erkennen erst viel zu spät, dass HITLER sein Projekt der D.C.-Reichskirche längst begraben hat.

Immer wieder erreichen Klagen aus Gemeinden und Dekanaten die Landeskirche. So beschwert sich im Juli 1936 Dekan MONNINGER von Hersbruck über die Gottesdienste, die HOFFMANN inzwischen monatlich oder sogar 14-tägig in der **Hersbrucker Spitalkirche** hält, und fordert Disziplinarmaßnahmen gegen ihn. HOFFMANN sei *„ohne jede Fühlungnahme mit dem Pfarramt oder Dekanat einfach in die Gemeinde eingebrochen."*

MONNINGER habe sich deswegen schon an das Dekanat Bayreuth, aber auch an den zuständigen Kreisdekan OKR JULIUS SCHIEDER gewandt und dort gebeten, HOFFMANN zur Rechenschaft zu ziehen. Es sei auf die Dauer unerträglich, *„dass ein landeskirchlicher Pfarrer in eine Gemeinde einbricht und dem Ortspfarrer die Gemeindeglieder einfach stiehlt oder zu stehlen versucht."* – Die Antwort des Bayreuther Dekans bzw. des Kreisdekans habe aber stets beschwichtigend gelautet, dass ein Verfahren gegen HOFFMANN wohl sofort eine neue Schikanierung bekenntnistreuer Pfarrer in Norddeutschland zur Folge habe.

D.C.-Stützpunkt in Hersbruck:
Sebastianspital, Predigtstätte für HOFFMANN

Der Dekan erwähnt hier Details, die Rückschlüsse auf die beginnende **Abwärtsentwicklung der D.C. in Bayern** in dieser Zeit zulassen, nämlich dass sich zu dieser Zeit *„die Verhältnisse der D.C. sich zu klären beginnen und einige Aussicht vorhanden ist, dass die vernünftigen und anständigen D.C.-Pfarrer sich wieder in die kirchliche Ordnung fügen und ihrem Kirchenregiment sich unterstellen"*.

Genau das war stets ein **Ziel des Landesbischofs im Kirchenkampf: Er wollte eine Spaltung seiner Landeskirche vermeiden und die Deutschen Christen vielmehr theologisch von der Fragwürdigkeit ihrer Einstellung überzeugen**. Deshalb hatte er auch keinen von den betroffenen Pfarrern ihres Amtes enthoben oder auf andere Weise diszipliniert.

So hatte MEISER seit der ersten Zusammenkunft der neu gewählten Landessynode im Herbst 1933 stets eine klare Linie durchgezogen und von den D.C.-Pfarrern lediglich die Erfüllung von drei Punkten verlangt: Erstens sollte auch für die Tätigkeit der D.C. **das gemeinsame Bekenntnis** der Kirche der Maßstab bleiben. Zweitens sollte es **keine politische Umklammerung der Kirche** durch den Staat geben. Und drittens verlangte Meiser strikt die **Unterstellung der D.C. unter seine Führung** und damit verbunden die Loslösung von den radikalen Richtungen in Thüringen und Berlin. Das hatten die D.C. in Bayern seinerzeit auch zugesichert, und diese konsequenten Forderungen begannen jetzt zu wirken: Etliche D.C.-Pfarrer gaben auf und kehrten in die Ordnung ihrer Kirche zurück.

Doch mit seiner Zurückhaltung gegenüber den D.C. hatte MEISER ja einen riskanten Kurs gefahren, denn einige Störrischere wie HOFFMANN interpretierten diesen Friedenswillen der Kirche als Schwäche; sie tanzten ihrer Kirchenleitung auf der Nase herum, um sie zu provozieren.

HOFFMANN gegenüber fordert MONNINGER deshalb einen härteren Kurs. Er geht wohl davon aus, dass eine Umkehr auch bei diesem unbelehrbaren Pfarrer erreichbar sein müsste, wenn man ihm mit dem nötigen Nachdruck begegne. Eventuell solle man Monningers Klage an den Reichskirchenausschuss in Berlin als Disziplinarsache weiterreichen. Es könne unmöglich geduldet werden, dass er noch länger in die Gemeinde Hersbruck einbricht.

Mit dieser Einschätzung dürfte MONNINGER sicher rechthaben. Denn es ist genau der fehlende Durchgriff, der die Kirchenleitung in Hoffmanns Augen lächerlich macht. Die Kirchenleitung zeigt in seinen Augen – aber auch in den Augen der gegenüber dem Regime widerständigen Pfarrer, wie KARL STEINBAUER – viel zu viel Angst vor den Willkürmaßnahmen des Staates und versäumt darüber ihr prophetisches Amt.

Auch zur Struktur und zum Erfolg von D.C.-Gemeinden macht der Dekan am Beispiel Hersbruck wichtige Beobachtungen. Sie könnten damals der Kirchenleitung eigentlich die Furcht vor dieser Gruppierung endgültig nehmen. So sei der Besuch der D.C.-Gottesdienste „erfreulich gering", es kämen im Durchschnitt nur 30-35 Erwachsene und sieben Kinder in die Kirche, darunter auch Auswärtige, „Herbeigeholte" und Neugierige. Es seien ganz bestimmte Familien, die sich *„in ihrer Verbissenheit zusammenfinden"*.

Noch schärfer fällt die Beurteilung Hoffmanns durch den Senior des Bayreuther Pfarrkapitels LUDWIG LAMMEL in seiner schon erwähnte Gesamtwürdigung 1935 aus. Er kritisiert Hoffmanns *„falsche, völlig unkirchliche Haltung im Kirchenkampf"* und führt sie auf das Fehlen der *„einfachsten theologischen Erkenntnisse über Kirche und Bekenntnis"* zurück. In seiner kirchenfeindlichen Haltung werde er von seiner Frau, die noch fanatischer sei, ungünstig beeinflusst. HOFFMANN sei nicht geeignet, im Kampf eine Gemeinde zu führen und **habe auch seine Gemeinde Weidenberg über den Kirchenkampf im Unwissen gelassen**. Für ihn selbst wie für die Kirche, welche unter der Tätigkeit solcher Pfarrer schwer Schaden leide, wäre die Lösung vom Amt eine große Befreiung. Zur Landeskirche werde er nie mehr in ein befriedigendes Verhältnis kommen.

In der Sackgasse

Damit sah LAMMEL schon früh ahnungsvoll voraus, was auch HOFFMANN selber zunehmend klar wurde: Er hatte sich immer mehr in eine Sackgasse manövriert. Mit seinem Wildern in fremden Gemeinden hatte er die amtsbrüderliche Gemeinschaft endgültig verlassen und sich selbst isoliert. Welche Alternative gab es jetzt noch für ihn, wenn er den Weg vieler anderer D.C.-Pfarrer zurück in die Kirche nicht gehen wollte?

In seinen eigenen Erinnerungen für die Spruchkammer berichtet HOFFMANN von einem angeblichen kirchenbehördlichen Rat, außer Landes zu gehen, zum Beispiel nach Thüringen oder Mecklenburg. In Thüringen hatten die D.C. die Landeskirche mitsamt dem Bischof MARTIN SASSE, welcher SA- und NSDAP-Mitglied und ein bekennender Antisemit war, fest im Griff. In Mecklenburg war der amtierende, durchaus nazifreundliche Bischof HEINRICH RENDTORFF bereits im Frühjahr 1933 durch den rigideren nationalsozialistischen D.C.-Mann WALTHER SCHULTZ aus Hamburg als „Landeskirchenführer" ersetzt worden. Hier wäre man also „unter sich" gewesen. Das habe HOFFMANN aber entschieden abgelehnt.

Ein solcher kirchlicher Ratschlag ist allerdings als schriftliches Dokument im Personalakt nicht nachzuweisen, könnte aber zumindest mündlich in der Phase erfolgt sein, als die D.C. im sich verstärkenden Abwärtsstrudel wild zu rudern begann.

Denn eigentlich – das war auch HOFFMANN inzwischen klar geworden – war ja die **Bewegung der Deutschen Christen praktisch von Anfang an eine Totgeburt**. Viel zu viele unterschiedliche Köche hatten jeder nur ihr eigenes Süppchen gekocht.

Neben braven idealistisch eingestellten Kirchenleuten, die mit frommen Erwartungen von „Volksmission" an das NS-Regime herangetreten waren, hatte es schon seit der Kaiserzeit andere gegeben, die mit einer „erneuerten Nationalreligion" die Reformation „vollenden" wollten. Sie hatten sich vor allem gegen Marxismus und Katholizismus gewendet und dadurch auch in den „intakten" Kirchen manche Befürworter gewonnen.

Eher am Rande hatten andere nostalgisch nach einem neuen Germanenkult gesucht und wollten das Christentum durch eine „Deutsche Mythe" ersetzt wissen.

Sehr breit und tief in die Kirche eingedrungen waren aber vor allem antisemitisch-rassistische Strömungen, welche massiv die Aussonderung von Judenchristen aus der Kirche betrieben.

Theologisch umstritten war in allen Gruppen von Anfang an die Relevanz des Alten Testaments. Während die einen seine Aussonderung forderten, warnten andere: *„Wer das Alte Testament preisgibt, wird bald auch das Neue verlieren."*[175]

Dank Hitlers persönlichem Eingreifen hatte sich zwar die „Glaubensbewegung Deutsche Christen" des Berliner Pfarrer JOACHIM HOSSENFELDER als Parteikirche durchsetzen können. Sie hatte mit ihrer Forderung nach einer Auflösung der basisdemokratisch strukturierten 29 deutschen Landeskirchen und der Schaffung einer konfessionslosen, nach dem Führerprinzip strukturierten „Reichskirche" am ehesten Hitlers totalitären Einheitsvorstellungen entsprochen. Und ihr war es bei der erzwungenen Kirchenwahl 1933 gelungen, fast alle Landeskirchen gleichzuschalten. Doch war sie dann mit ihrer unbedachten Massenkundgebung im Berliner Sportpalast am 13. Nov. 1933 krachend gescheitert. Dort hatte ihr Vorredner, der Berliner Gauobmann REINHOLD KRAUSE, treuherzig die Maske fallen lassen und die völlige Abkehr vom kirchlich-biblischen Glauben gefordert. Zu Tausenden waren danach die Jünger dieser D.C.-Gruppe ausgetreten.

Seitdem hatte sich diese gesamte Bewegung immer mehr aufgespalten und in interne Konkurrenzkämpfe verwickelt. Im Jahre 1934 hatte es bereits 32 verschiedene „Glaubensbewegungen" gegeben! Das macht es auch der Forschung bis heute schwie-

---

[175] So JOHANNES SCHNEIDER, 1925, Theologe und Mitglied der DNVP

rig, HOFFMANN wirklich einzuordnen. Die einen – das ist der Mainstream – behaupten, er habe sich in dieser Phase 1937 der Thüringer Richtung angeschlossen. Dem widerspricht aber HOFFMANN selber. Er rechnet sich weiterhin der „Nationalkirchlichen Bewegung“ zu.

Hinzu kam das frühe Scheitern der D.C. in Baden-Württemberg und Bayern auf kirchenleitender Ebene. In beiden Kirchen war die gewaltsame Übernahme der Landeskirchenämter und Inhaftierung der Landesbischöfe im Oktober 1934 am „frommen Aufstand“ des breiten Kirchenvolks abgeprallt. HITLER hatte nach dieser Niederlage seinen Reichsbischof MÜLLER aufgegeben. Das Projekt der Kircheneinigung, für das sich Hitler seiner eigenen Meinung nach sehr weit aus dem Fenster gelehnt hatte, hatte er inzwischen ganz fallen gelassen. Seitdem, also spätestens seit 1935, hatte er den Kirchengegnern in seiner Partei wie Rosenberg und Bormann deutlicheren Einfluss gegeben, und die **weltanschaulichen Spannungen** erhöhen sich drastisch. Seitdem standen auch die D.C. zunehmend auf verlorenem Posten, ohne dass das ihre radikalen Protagonisten wahrhaben wollten.

Trotz Gegenwind weitermachen?

Auch HOFFMANN wollte diesen Scherbenhaufen zunächst nicht wahrnehmen. Ihm kam seine umgängliche, verbindliche und zwanglose Art im Umgang mit Menschen und auf der Kanzel sehr zugute. Sie erleichterte ihm den Dienst in der eigenen Gemeinde, half ihm und den D.C. im Bayreuther Raum aber auch, trotz erkennbarer Ohnmacht weiterhin spektakuläre Veranstaltungen abzuhalten.

STEFAN KURTH[176] benennt insbesondere zwei Großveranstaltungen in der Ludwig-Siebert-Halle (heute: Stadthalle). So habe sich dort am 4. Mai 1937 der inzwischen abgehalfterte, aber offiziell weiter amtierenden Reichsbischof LUDWIG MÜLLER vor 1.800 Anhängern der Nationalkirchlichen Bewegung für die Einführung des Arierparagraphen in der Kirche stark gemacht und einen ‚heldischen Jesus' verkündet.

D.C.-Prominenz in Bayreuth 1937:
Landesbischof SASSE (li.) und Reichsbischof MÜLLER

---

[176] AAS, S. 27.

Bei einer weiteren D.C.-Großveranstaltung am 5. Dez. d.J. mit etwa 1200 Teilnehmern habe dort zunächst der aus Bayern stammende Thüringer D.C.-Agitator LUDWIG LEUTHEUSER gesprochen und auf die Einigungsbestrebungen Luthers hingewiesen. Nach ihm sei der oben schon genannte nationalsozialistische Thüringer Landesbischof MARTIN SASSE aufgetreten. Er habe in einem Vortrag die Parole der D.C. beleuchtet: *„Ein Volk, ein Führer, ein Glaube!"*

Wie schon oben bei HOFFMANN gezeigt, war MARTIN LUTHER für diese D.C.-Richtung eine Identitätsfigur. Bewusst wollen diese D.C. mit der Bekennenden Kirche um den Anspruch konkurrieren, das ‚reine' Luthertum zu vertreten. Dabei stellen sie natürlich, neben Luthers Deutschtum, seine Betonung des christlichen Gehorsams gegenüber der weltlichen Obrigkeit sowie seinen peinlichen Antijudaismus in den Vordergrund.

Seitdem den Nazis die Gleichschaltung der großen Landeskirchen von Bayern, Niedersachen und Württemberg misslungen ist, wachsen die weltanschaulichen Spannungen zwischen den Nationalsozialisten und den Kirchen. Die große Welle der Kircheneintritte seit Hitlers Machtübernahme schlägt nun für die nächsten fünf Jahre um. Auch Bayreuth erlebt eine Phase von ostentativen **Kirchenaustritten** von Parteimitgliedern.

Den Anfang macht im Oktober 1936 Gauleiter FRITZ WÄCHTLER. Er ist seit 5. Dez. 1935 Nachfolger von HANS SCHEMM, der bei einem nie geklärten Flugzeugabsturz tödlich verletzt wurde. Auch Wächtlers Stellvertreter RUCKDESCHEL, sowie Kreisleiter DENNERLEIN treten demonstrativ aus der evangelischen Kirche aus. In der Folge kommt es bis Mai 1937 zu weiteren Kirchenaustritten von 97 Erwachsenen. Wie AUGUST AMMON, der seit 1936 WOLFART als Dekan nachfolgte, in seiner Pfarrbeschreibung vermutet, sollte damit „Druck auf Angestellte der Partei ausgeübt werden". Diese Aktion sei jedoch nur wenig erfolgreich gewesen; denn im Kirchenvolk sei diese Austrittsbewegung abgelehnt worden und auch bald wieder abgeflaut.

Verdacht gegen HOFFMANN:
Bayreuths neuer Dekan seit 1936
AUGUST AMMON

Da aber AMMON den Verdacht hat, dass HOFFMANN hinter diesen Austritten steckt, versucht er ihn Anfang

Januar 1937 vorzuladen.[177] Die beiden kennen sich, weil sie laut AMMON *„1912 zusammen Examen gemacht und ... im gleichen Monat geboren“* seien. Ein Ortsgruppenleiter habe auf einer Tagung davon geredet, dass HOFFMANN auf einer D.C.-Versammlung *„zum Austritt aus unserer Kirche aufgefordert“* hätte. Er wolle ihm Gelegenheit geben, zu diesem *„an sich unsinnigen Gerücht“* Stellung zu nehmen. Vielleicht sei HOFFMANN missverstanden worden, ergänzt AMMON vermittelnd.

HOFFMANN antwortet postwendend, mit Abdruck an den Kreisdekan. Er verweigert die persönliche Aussprache und argumentiert diffus mit einer „Gesamtlösung“, die in seinem Fall gefunden werden müsse. Äußerungen zur Kirchenaustrittbewegung streitet er nicht ab, will aber wissen, welche Anklagen hierüber erhoben worden seien. Noch unterzeichnet er *„ehrerbietigst“*. Merkwürdigerweise lässt AMMON den Affront dieses ausgeschlagenen Gesprächs unbeanstandet.

AMMON kritisiert auch eher sanft Hoffmanns auswärtige Amtshandlungen in fremden Gemeinden. Dabei haben sie es in sich. Denn sie fallen seinerzeit zusammen mit diffusen Überlegungen auf Reichs- und Landesebene, die D.C. auf Kosten der Landeskirchen zu einer eigenen Freikirche zu machen. So wendet sich Hoffmanns Mentor BAUMGÄRTNER dann folgerichtig im März 1938 zusammen mit seinem Kollegen RUCK an Schemms Nachfolger im Amt des Kultusministers ADOLF WAGNER und ersucht um Zustimmung zur Bildung einer **D.C.-Freikirche in Bayern**; man wolle HITLER ungebrochene Treue versprechen.:

„Wir bitten daher um ihre zustimmende Äußerung, daß wir deutsch-christlichen Pfarrer mit unseren Gemeinden und Anhängern uns von dem bayerischen Kirchenregiment absetzen und wir durch Schaffung einer eigenen Verwaltung, durch Teilung des Kirchenvermögens (kirchlicher Gebäude usw.), Beteiligung an den Kirchensteuern und Zuschüssen von Seiten des Staates in die Lage versetzt werden, unsere Gemeinden im Sinne des Dritten Reiches und in ungebrochener Treue zu unserem Führer Adolf Hitler in unserer angestammten Heimat zu führen und ihnen zu dienen.“ [178]

Die finanziellen und organisatorischen Folgen einer solchen Verselbständigung der D.C. wären für die Kirche verheerend gewesen. Zum Glück verläuft aber die Initiative im Sande. Immerhin werden nun die bayerischen Strukturen der D.C. neu geordnet. HOFFMANN soll ab 1937 für den ganzen Gau „Bayerische Ostmark“, einschließlich der Oberpfalz, die Führung übernehmen. So entsteht der Eindruck, dass D.C. noch bis weit in die Kriegszeit hinein im Bayreuther Raum und darüber hinaus eine funktio-

---

[177] Das Dokument im Personalakt ist mit der falschen Jahreszahl 1936 datiert, aber richtig eingeordnet: KrD Bt 5289_Hoff 1937-04-01.

[178] Dokument im Personalakt HOFFMANN.

nierende dynamische Struktur gehabt hätten, was aber nicht wirklich der Fall war. Tatsächlich waren die D.C. überall unaufhaltsam auf dem Abwärtsweg.

Unter den verbliebenen D.C.-Anhängern macht sich aber nun eine Wagenburg-Mentalität breit, wie man sie auch sonst von Sekten kennt. Sogar bis in die Familien hinein werden die Spannungen getragen. Die gegenseitigen Abgrenzungen sind aber für die D.C. zunehmend auch nachteilig. So werden in Bayreuth in mehreren Fällen Testamente widerrufen, wo sich zu Erben eingesetzte Familienglieder zu den D.C. bekannt hatten.

Auch fällt immer wieder auf, dass Frauen sich in dieser Phase bisweilen fanatischer gebären, als die Männer; das hatte ja der Senior des Bayreuther Pfarrkapitels auch im Fall der Ehefrau von THEODOR HOFFMANN bereits vermerkt. Sogar bei solchen Geistlichen, die in der Bekennenden Kirche arbeiteten, sei es vorgekommen, dass Pfarrfrauen gegen den eigenen Gatten hetzten. Das blieben aber Einzelfälle. Im Großen und Ganzen hätten sie aber ihren Männern durch ihre „stille und entschiedene Arbeit" geholfen, den Weg des Glaubens zu gehen.[179]

Dass es HOFFMANN vor dem zunehmend ernüchternden Hintergrund überhaupt fertigbrachte, weiterzumachen, darf man wohl als Teil seiner persönlichen Rache am Landesbischof sehen, die ihm als einziger Antrieb geblieben war und an der er sich aufrichtete. Seine Ehefrau stand dabei voll hinter ihm.

Redenbacher organisiert einen Aufklärungsvortrag gegen die D.C. und lässt das Bekenntnismarterl auf der Weidenberger Bocksleite aufstellen

Aber nun erschwert sich seit 1937 auch Hoffmanns Stellung in seiner Dienst- und Wohnsitzgemeinde Weidenberg. Es waren nicht nur die unterschiedlichen politischen und theologischen Positionen, die bewirkten, dass sich das Verhältnis zwischen ihm und seinem Kollegen REDENBACHER spürbar abkühlte. Auch Hoffmanns Starrheit, mit der er an seiner Wut gegen den Landesbischof festhielt, dazu sein Lamentieren über die Pfarrwohnung und über den unverständigen Landeskirchenrat – das alles ging REDENBACHER gehörig auf die Nerven.

Hinzu kamen auch Meinungsverschiedenheiten bei der Beurteilung von Vorfällen in der Gemeinde, die schon früh erkennbar wurden, z.B. nach einem aufsehenerregenden Mordfall in Fenkensees[180], und die sich bei Diskussionen über die traditionellen Konfirmationstermine fortsetzten, aber auch beim Projekt der Gemeinde-Evan-

---

179 BAIER, S. 196.

180 Vergl. in der 2. Folge des Projektes „MYRTEN FÜR DORNEN – Der Anstreicher ..." das Kapitel *„Arzt und Apotheker"*, S. 309.

gelisation durch die Hensoltshöhe 1934 oder beim Umgang mit der vertrauten Sütterlinschrift für Kirchenbucheinträge, deren Abschaffung HITLER verlangte.

Bis zu diesem Zeitpunkt war REDENBACHER der einzige Pfarrer im ganzen Kapitel gewesen, der mit HOFFMANN ein einigermaßen amtsbrüderliches Verhältnis unterhalten hatte. REDENBACHER hatte auch nie über Hoffmanns häufige Abwesenheit geklagt; er hatte es allerdings „aus Gewissensgründen" abgelehnt, sich seinerseits von HOFFMANN in seinem Gemeindesprengel vertreten zu lassen. Zu sehr hatte er Sorge, dass sein D.C.-Kollege propagandistischen Einfluss nehmen könnte auf seine Gemeindeglieder. Lieber hatte er auf seinen ihm zustehenden Jahresurlaub verzichtet.[181]

Inzwischen positioniert sich REDENBACHER aber immer klarer auch öffentlich auf der Seite der Bekennenden Kirche. Die Art und Weise, wie die Nazis die Menschenrechte missachteten und nun zunehmend auch die Bibel herabwürdigten, weckte seine ganze Leidenschaft als Theologe. REDENBACHER vereitelt durch seinen persönlichen Einsatz im von Nazis dominierten Kirchenvorstand nicht nur die Gemeindemissionierung durch die braunen Hensoltshöher Pfarrer und Schwestern.[182] Am Höhepunkt des Kirchenkampfes im Sommer 1937 lädt er gegen den Willen Hoffmanns auch ganz gezielt Pfarrer HANS-MARTIN HELBICH[183] zum Aufklärungsvortrag über die D.C. nach Weidenberg ein.

Gegenspieler Hoffmanns:
HANS MARTIN HELBICH (Foto: ELJ 1953)

---

[181] So schreibt HOFFMANN in einem rechtfertigenden Brief am 31. Dez. 1940 an den Bayreuther Dekan über das Verhältnis zu seinem Amtsbruder: *„Ich wäre auch gern bereit gewesen, Herrn Pfr. Redenbacher während der Weihnachtstage zu helfen. Da er aber schon vor dem Krieg* ***aus Gewissensgründen*** *Urlaubsvertretung etc. für mich ablehnte, muss ich mich auf das dienstlich Erforderliche beschränken. Gruß mit Heil Hitler!"*

[182] Sitzung des KV Weidenberg am 17. Dez. 1934. *„ ... 2. Pfr. Hoffmann regt die Abhaltung einer Evangelisation durch Pfarrer Schmidt/Hensoltshöhe an. Nach anfänglichem teilweisem Zögern erklärt der Kirchenvorstand: Eine eventuelle Evangelisation sei sicherlich wertvoll; um des* ***Kirchenstreites*** *willen sei es jedoch zweckdienlich, mit der Abhaltung noch einige Zeit zu warten."*

[183] HELBICH wurde 1943 als Nachfolger von HEINRICH RIEDEL zum Landesjugendpfarrer berufen. Später amtierte er als Dekan in Coburg und zuletzt als Generalsuperintendent in West-Berlin.

HELBICH war 1934 wegen seiner unverblümten Kritik am Vorgehen der Nazis als Stadtvikar in Nürnberg verhaftet und seines Amtes enthoben worden. Er hatte aber bald in Bad Steben weiterarbeiten können und wirkte im Bereich des nördlichen Oberfranken im Kampf gegen die D.C. als Gegenpol zu HOFFMANN. 1937 war HELBICH mit gleichem Auftrag Mitarbeiter beim Kreisdekan in Bayreuth und bereiste in dieser Eigenschaft viele Städte und Dörfer des ganzen Kirchenkreises Oberfranken, um dort gegen die Deutschen Christen zu sprechen.

Mit Pfarrer REDENBACHER in Weidenberg kam HELBICH glänzend zurecht, wie Anekdoten von Helbichs Einsatz in Weidenberg zeigen.[184] REDENBACHER war nun ohne Rücksicht auf die eigene Person bereit, den Kampf gegen den Missbrauch des christlichen Glaubens aufzunehmen.

1937 ist das Jahr, in dem Redenbacher dann seine Position als Leiter des honoratiorenstarken Verschönerungsvereins nutzt, um das evangelische Marterl der MARGARETE SCHILLING auf der Bocksleite aufzustellen, welches das „Leitfossil“ dieses Projektes „Myrten für Dornen“ ist. Ihm gelingt es dabei sogar, den linientreuen Ortsgruppenleiter zur Zustimmung zu überreden. Die Lutherzitate aus den alttestamentlichen Profetenbüchern auf dem Kreuzbalken und den vier Seiten des Sockels sagen alles über Redenbachers klaren und mutigen Bekenntnisstandpunkt am Höhepunkt von Hitlers Herrschaft.

HELBICH stellt REDENBACHER dann nach dem Krieg das lobende Zeugnis aus: *„Wenn darum die Irrlehre der Deutschen Christen in der Gemeinde Weidenberg kaum Boden gewinnen konnte, so ist das nicht zuletzt das Verdienst des Pfarrers Redenbacher“.*[185]

VI. Auf der Suche nach Auswegen aus dem Scherbenhaufen

Der Abschwung der D.C. nimmt Fahrt auf

Auch Hoffmanns Mentor BAUMGÄRTNER hatte inzwischen die zunehmende Marginalisierung der D.C. durch den Rückzug von Partei und Staat bitter erkennen müssen. **Der Traum einer D.C.-Reichskirche war endgültig ausgeträumt.** Das zusammenschmelzende Häuflein der Radikalen blieb gleichwohl starr und dachte gar nicht an eine Versöhnung mit der Landeskirche und dem Landesbischof; viele wollten den extremen Weg einfach weiter beschreiten So viele Gemeinden wie möglich sollten unter-

[184] Siehe unten bei den *„Geschichten vom Pfarrer Redenbacher“.* S. 356.

[185] Aus Anlass der Entnazifizierung; Dokument im Personalakt REDENBACHER.

wandert und an die einzige noch einigermaßen starke Nazi-Kirche in Thüringen ausgeliefert werden. Doch es war offensichtlich – die D.C. waren am Ende.

Es ist der Zeitpunkt, wo THEODOR HOFFMANN zum wiederholten, aber nicht zum letzten Mal in seinem Leben an einer Wegscheide steht. Noch lässt er nach außen seinen Charme spielen, der ihm bisher trotz des Niedergangs der D.C. immer wieder neue Anhänger gebracht hat.

„Sein verbindliches Wesen und die Tatsache, dass er doch ein vom LKR angestellter Pfarrer sei, erleichtern ihm die Arbeit“, so stellt eine Beschwerde des Pfarramtes Bindlach Anfang noch 1938 fest. Und *„Es meinen nicht wenige auf dem Land, es könne also die D.C.-Sache doch keine schlechte, der Kirche abträgliche Sache sein, wenn der Landesbischof es erlaubt, dass ein von ihm angestellter Pfarrer der Landeskirche für diese Sache werbe.“*

Das ist der schwache Punkt im Kalkül der Landeskirche und das besondere Charisma von Pfr. HOFFMANN: seine Wirkung bei den Gemeindegliedern. Während die Schnoddrigkeit der Thüringer Pfarrer in Sprache und Wesen bei den Leuten auf dem Lande keinen Anklang finde – wie es ein kirchentreuer zuverlässiger Beamter bei einer persönlichen Aussprache im Bezirksamt laut Vermerk des Bindlacher Pfarramtes ausgedrückt hatte – , habe Pfarrer HOFFMANN den Vorteil, dass er bayerischer Pfarrer sei und ein ordentliches Auftreten habe. Auf diese Weise richte HOFFMANN in den Landgemeinden den größten Schaden und die meiste Verwirrung an.

Soll also die Kirche ihn weiterhin gewähren lassen, auf die Gefahr hin, ihre Gemeindeglieder noch mehr zu verstören? Aber will HOFFMANN denn noch überhaupt weitermachen? Er ist von der Entwicklung bei den D.C. schwer enttäuscht; das beginnt sich auch in der Landeskirche herumzusprechen. Seine in Bayreuth initiierte D.C.-Bewegung hat sich als Strohfeuer entpuppt, auch wenn sie noch eine Weile so weitermacht, als habe es die dramatischen Rückschläge nicht gegeben. Sie liebäugelt sogar immer wieder mit dem Anschluss an die radikalen Thüringer Kräfte. Aber die sind nicht nach Hoffmanns Geschmack.

Rückblickend[186] ruft sich HOFFMANN seine eigene Motivation ins Gedächtnis. Er habe sich an den Bestrebungen der Deutschen Christen deshalb *„mit regem Interesse beteiligt“*, weil er von ihnen *„die Durchführung kirchlicher Reformen erwartet“* habe, die er schon lange ersehnt hätte. Seine Erwartungen seien aber hierbei zunehmend enttäuscht worden. *„Ehrgeizige Streberei und widerliche dogmatische Streitereien auf den Seiten der D.C. und auf Seiten der Bekenntniskirche“* hätten ihn immer mehr abgestoßen. Deshalb habe er sich von der Arbeit der D.C. schon ab 1938 zurückgezogen.

---

[186] In der Stellungnahme für sein Entnazifizierungsverfahren.

Ein missglückter Annäherungsversuch der Kirche an Pfarrer Hoffmann

Diese Nachricht Hoffmanns von seinem Rückzug schon im Jahr 1938 überrascht, denn bislang ist man in der Forschung davon ausgegangen, dass HOFFMANN bis zuletzt, solange er der Bayerischen Landeskirche angehörte, also bis 1942, auch Repräsentant und Akteur der D.C. war.

Andererseits ergeben sich aus den Personalakten noch weitere überraschende Volten. So scheint es von Seiten der Kirchenleitung in dieser Zeit ernst gemeinte Annäherungsversuche gegenüber HOFFMANN gegeben zu haben, so offenbar vonseiten des neuen, seit 1937 im Kirchenkreis Bayreuth amtierenden Kreisdekans OTTO BEZZEL. Das ergibt sich aus seiner Anfrage an Hoffmanns oben schon genannten Kollegen auf der benachbarten Pfarrstelle Emtmannsberg, den widerständigen Bekenntnispfarrer WALTER SEILER, welcher bereits 1934 in Emtmannsberg eine Bekenntnisgemeinde gegründet hatte.

Auch hier in Emtmannsberg hatte HOFFMANN zu wildern versucht. In seiner Antwort will Pfarrer SEILER den eher naiv scheinenden Landeskirchenrat vor der bleibenden Gefährlichkeit von HOFFMANN warnen. Demnach ist BEZZEL anscheinend Anfang Februar 1938 auf HOFFMANN persönlich zugegangen; die beiden verband ja das bundesbrüderliche „Du“ der Bubenreuther Burschenschaft. BEZZEL hat HOFFMANN wohl gar im Pfarrhaus Weidenberg für ein längeres Gespräch aufgesucht.

Dieses Unterredung habe HOFFMANN aber nicht als Versöhnungsversuch, sondern als landeskirchliche Bestätigung seines D.C.-Engagements interpretiert. Er habe sich noch mehr ermutigt gefühlt, Gemeindeglieder in Seilers Gemeinde zu verunsichern und auf seine Seite zu ziehen. Die Leute meinten nun: *„Wenn die Landeskirche diesen D.C.-Pfarrer lässt, kann die Sache doch nicht so schlimm sein.“*

Auch erzähle HOFFMANN den Leuten immer wieder gern die Geschichte von seiner Meldung als Kriegsfreiwilliger im I. Weltkrieg, und dass er deshalb damals von seiner Kirche entlassen worden sei, und stelle sich so als Opfer dar. Diese zweite Erzählung beeindrucke die Leute noch mehr als die erste.

Kreisdekan BEZZEL ist verständlicherweise verärgert und fühlt sich von HOFFMANN benutzt. Er bittet ihn gleich anderentags für die folgende Woche zu einer Besprechung nach München in sein Amt in der Leonrodstraße 16. Doch HOFFMANN riecht den Braten, er reagiert äußerst kühl und wählt für seine Antwort bewusst übertreibende Ausdrücke, als sei er vor Gericht geladen: *„Betreff: Vorladung“*. Er verlangt, Ross und Reiter genannt zu bekommen:

„In der Vorladung zur Besprechung am kommenden Dienstag ist nicht enthalten, worüber die Besprechung erfolgen soll ... Zugleich bitte ich um Mitteilung, wer an der Besprechung teilnehmen soll.“

Das persönliche Verhältnis scheint ziemlich abgekühlt. HOFFMANN sieht sich diktiert und abgekanzelt. Offenbar ist bei ihm das Trauma des Verfahrens beim Disziplinargerichtshof fünf Jahre zuvor wieder hochgekommen. Er vermeidet das Du und jeden bundesbrüderlichen Gruß und verwendet zum ersten Mal in seiner Dienstpost ostentativ den „Deutschen Gruß" *„Heil Hitler"*. – Eine Notiz über die weitere Entwicklung dieses Vorgangs war aber im Personalakt leider nicht zu finden. Offenbar hat BEZZEL nichts weiter unternommen, sondern die Dinge laufen lassen.

Inzwischen hat sich aber das Klima zwischen Staat und Kirche kräftig gewandelt. HITLER hat ambitionierte außenpolitischen Ziele: Er ist gerade dabei, die Annektion Österreichs vorzubereiten. Anschließend will er die Sudeten „eingemeinden", danach die Tschechei, dann der Überfall auf Polen ... Dafür braucht HITLER die religiös-messianische Verehrung seiner Person nicht mehr, jetzt zeigt er sich als „Krieger". Und das ist auch in seinem Selbstverständnis sein wahres Gesicht.

Jedem, der in seinen Augen versagt hat, ob Militär, ob Kirchenmann, entzieht HITLER nun sein Vertrauen, auch den treuen D.C. Die angestrebte, im Bund mit den Nationalsozialisten stehende Reichskirche, für die sich Hitler weit aus dem Fenster gelehnt hatte, ist nicht zustande gekommen. Stattdessen haben sich mit der Bekennenden Kirche überall kirchliche Widerstandsnester gebildet. In Hitlers Augen hat also die von ihm so hoch favorisierte und persönlich unterstützte D.C.-Bewegung versagt. Mit ihrem Versagen verdienen sie es, in die Bedeutungslosigkeit zu fallen. So ist der Zug für die D.C. auch auf politischer Ebene abgefahren. Niemand braucht sie noch, nicht einmal HITLER.

Am selben Tag, als HOFFMANN sein provozierendes, kurzes Antwortschreiben an seinen versöhnungsbereiten Kreisdekan verfasst, holt NS-Reichsleiter MARTIN BORMANN zu einem ersten Schlag aus. Alle Hoffnungen der D.C. auf Unterstützung durch Partei und Staat zerstieben endgültig. Denn an diesem 17. Februar 1938 wird den religiös-weltanschaulichen Gruppen der Gebrauch aller Bezeichnungen verboten, welche in der NSDAP, ihren Gliederungen und ihren angeschlossenen Verbänden geführt wurden. Die D.C. müssen nun auf viele Charakterisierungen und Begriffe verzichten, mit denen sie einst ihren Kampf geführt haben, z.B. den verschleiernden Ausdruck „Bewegung".

So bezeichnen sich deshalb vom 25. Februar 1938 an z.B. die Thüringer D.C. mit einem extra neu erfundenen Ausdruck: *„Deutsche Christen Nationalkirchliche Einung"*. Die Gliederungen der Gesamtarbeit hießen jetzt: Reichsgemeinde, Landsmannschaft, Landesgemeinde. Markgemeinde und Gemeinde.

Bormanns Finte gegen die Kirche: Der Treueeid auf Hitler

Überredete die Kirche zum Treueeid auf Hitler: MARTIN BORMANN

Dann startet BORMANN zielbewusst seinen nächsten Coups. Er versetzt die Kirchenführer in den Glauben, dass auch die Pfarrer, wie schon vorher die Soldaten, SS, Beamten und Hochschullehrer, einen Treueeid auf HITLER zu leisten hätten. Die D.C. hatten natürlich spontan zugestimmt, ihnen war alles recht, was ihre unverbrüchliche Treue zu HITLER beweisen konnte. Auch der Lutherrat reagierte zustimmend. Die Bekennende Kirche hingegen lehnte deutlich ab, sie hatten sich von KARL BARTH die Leviten lesen lassen.[187]

Die Bayerische und die anderen intakten Landeskirchen schlossen sich dem Votum des Lutherrates an und machten diese Eidesleistung durch Kirchengesetz vom 18. Mai 1938 für alle Pfarrer Pflicht. BORMANN triumphierte und ließ nun überraschend verlautbaren, für Staat oder Partei sei der Eid ohne jede Bedeutung, er sei eine rein innerkirchliche Angelegenheit. Damit war es ihm gelungen, die Kirchenführer bloßzustellen und Zwist gegenüber der Bekennenden Kirche zu säen.

Historiker sind sich in ihrer Kritik einig. Die evangelischen Kirchen hätten Bormanns Intrige durchschauen und ablehnen müssen. Einmal mehr haben sie vorauseilend ein Loyalitätsbekenntnis zu einem Staat abgelegt, dessen Gewaltpolitik immer offenkundiger geworden war.

Umso demonstrativer stellt nun HOFFMANN seine Führertreue heraus. Am 28. Juni 1938 meldet er auf dem Dienstweg, dass er den **Treueid auf den Führer** zusammen mit den Pfarrern der Deutschen Christen in Bayern bereits am 15. Mai 1938, also *vor* Erlass des Kirchengesetzes, in Fürth geleistet habe. Es ist wie ein letztes Aufbäumen des Stolzes gegenüber der Kirche und Hoffmanns letztes demonstratives Zeichen seiner Verbindung mit der Sache der oberfränkischen D.C. Denn tatsächlich startet er zeitgleich seinen letzten Versuch, vom ungeliebten Dienstort Weidenberg wegzukommen.

Diesmal bewirbt er sich aber nicht für eine Pfarrstelle, sondern für den **Schuldienst**. Er möchte eine Anstellung als hauptamtlicher Religionslehrer an höheren staatlichen Lehranstalten in Bayern. Er wählt auch nicht den Dienstweg, sondern

[187] Der renommierte Theologe KARL BARTH und ein weiterer Professor waren die einzigen Hochschullehrer, die diesen Treueeid verweigerten.

wendet sich direkt an das Kultusministerium, in der Hoffnung, dass die Parteileute einem D.C.-Pfarrer gewogen sind.

Doch dieser Zug ist nun abgefahren. Dagegen hat die kirchliche Loyalitätsbekundung gegenüber HITLER anscheinend etwas bewirkt. Der zuständige Referent wendet sich nämlich direkt an den Landeskirchenrat und bittet um Stellungnahme! Dieses Ersuchen wirkt in dieser Situation und Zeit erstaunlich, zeigt aber, dass auch der Staat tatsächlich das Intermezzo mit den D.C. als beendet ansieht; die Landeskirche ist wieder ein Gesprächspartner für Nazi-Dienststellen!

Landesbischof MEISER und sein Kollegium sehen sich in ihrem Handeln bestätigt. HOFFMANN gegenüber reagieren MEISER und GREIFENSTEIN mit persönlichen handschriftlichen Vermerken, nämlich wieder ablehnend. HOFFMANN besitze weder in pädagogischer Hinsicht noch in Bezug auf allgemeine Bildung die Eignung zum hauptamtlichen Religionslehrer an höheren Schulen. *„Seine Fähigkeiten reichen gerade aus für eine Arbeit an geistig bescheidenen Kreisen“.* Dieser ironische letzte Satz ist aber dann im Manuskript durchgestrichen, MEISER unterschreibt die Vorlage ohne diesen Schlusssatz. Ihm ist wohl bewusst geworden, dass er hier in seinem Sarkasmus unter die Gürtellinie gezielt hat.

Das Kultusministerium übernimmt anstandslos diese kritische Stellungnahme der Landeskirche und weist den D.C.-Mann und eingetragenen Nazi HOFFMANN ab! Die auffällige Kooperation von Staat und Kirche in dieser kritischen Phase kann nur mit dem Interesse Hitlers am Frieden im Inland nach der erfolgreichen Annektion Österreichs erklärt werden. HITLER will für seine weiteren, zunehmend militaristischen Pläne positives Echo zu wecken. Ein offizieller Protest der Kirche gegen irgendeinen seiner kommenden Feldzüge ist auch nicht bekannt. In diese „sanften Monate“ des Jahres 1938 fällt auch Hitlers Amnestieerlass, der widerständige Bekenntnispfarrer wie den oben genannten THEODOR DIEGRITZ von ihren Strafverfahren erlöst.

Ausbilder für den pädagogischen Nachwuchs bei den Religionslehrern

Es ist eine Ironie der Geschichte, dass derselbe Pfarrer HOFFMANN, der für die Pädagogik zu dieser Zeit für untauglich befunden wurde, dennoch kurze Zeit später ein attraktives Angebot erhält, das in der Forschung bislang unbekannt geblieben ist. Und nach dem Krieg wird sich dieser Wunsch erneut erfüllen, dann aber als Religionslehrer im römisch-katholischen Dienst im Nürnberger Land! Doch noch ist HOFFMANN ja ordinierter Pfarrer im offiziellen Dienst der Landeskirche in Weidenberg. Hier lässt er auch nichts anbrennen.

Äußerlich versieht er in dieser Zeit seine Arbeit akkurat, wie es seine Art ist. An seiner Amtsführung gibt es nichts zu tadeln. Innerlich hat er aber mit Bischof und

Landeskirchenrat endgültig gebrochen. Die Zurückweisung aller seiner Versuche, sich von Weidenberg wegzumelden und die Abqualifizierung als Pädagoge haben ihn erneut schwer gekränkt und in seiner Abneigung noch einmal bestärkt. Er will genau diese pädagogische Qualifikation nun demonstrativ beweisen. Er ist der Überzeugung, dass er nicht nur die pädagogischen Gaben seines Vaters besitzt, sondern darüber hinaus sogar zu einer Dozentur fähig ist.

So lässt HOFFMANN sich die Unterweisung der jüngeren auszubildenden Lehrkräfte für den Religionsunterricht übertragen. Die alten Bayreuther D.C.-Seilschaften helfen ihm dabei. Dagegen erfahren Dekan, Kreisdekan und Landeskirchenrat erst über Umwege von seinem delikaten Coup:[188] Der Direktor der Hochschule für Lehrerbildung in Bayreuth[189], NS-Parteimitglied und Mitglied von Hoffmanns D.C.-Ortsgruppe, setzt HOFFMANN - wohl Anfang 1939 – als Ausbilder für den Religionsunterricht an der Bayreuther Übungsschule für Katechten ein (!) – Offenbar war es dem Schulleiter wichtig, einen D.C.- und Nazi-Pfarrer an die Übungsschule zu bringen – eine Ohrfeige für den Landesbischof, der HOFFMANN ja mangelnde pädagogische Eignung bescheinigt und ihm auch die theologische und allgemeine Bildung abgesprochen hatte! Aber MEISER wagte nicht, gegen diese Entscheidung des hochrangigen Nazis etwas zu unternehmen. Er hätte genug besser geeignete Kandidaten vorzuschlagen gewusst.

Eigentümlicherweise erwähnt HOFFMANN selbst in seiner Lebensbeschreibung für die Spruchkamme nichts von diesem pädagogischen Einsatz, obwohl er doch sonst nicht sein Licht unter den Scheffel stellt. Offenbar hat er Sorge, dass man ihn, über sein bereits schwerwiegendes Engagement bei den D.C. hinaus, als Aktivisten des Nazisystems eingruppieren und damit schwer bestrafen könnte.

Eine weitere Notiz bei BAIER[190] besagt, dass sich HOFFMANN im Juni 1939 zusammen mit seinem Coburger Kollegen LOCHNER der radikalen „Gesamtgemeinde Franken" des Pfarrers Dr. BEER angeschlossen habe, mit der die Kirche einen eigenen Abwehrkampf führte. Dies würde bedeuten, dass sich HOFFMANN entgegen seinen oben erwähnten, späteren Angaben nicht schon 1938 von den D.C. gelöst hat, sondern hier bei Beers Gesamtgemeinde noch eine Weile seine geistliche Heimat gesehen hat.

---

[188] Im Akt 51202, Mitteilung von LKR-MEISER an Kreisdekan Bayreuth vom 17.2.39

[189] Von 1933-1942 wurden, ausgehend von Bayreuth und Würzburg, solche Hochschulen in ganz Deutschland für die ideologiekonforme Ausbildung von Volksschullehrern errichtet und mit überzeugten Nazis als Ausbilder besetzt. Die Bayreuther Anstalt war im heutigen Markgräfin-Wilhelmine-Gymnasium untergebracht, wo schon vor 1933 eine vergleichbare Einrichtung bestand.

[190] Aao. S. 589.

Schreckliche D.C.-Kumpane: Pfr. DR. LUDWIG BEER und Bischof FRIEDRICH COCH (links) bei einem Besuch 1936

Dieser LUDWIG BEER (1893 - 1949) war ein schwer fassbares infant terrible für die Bayerische Landeskirche. Er hatte katholische Theologie und Jura studiert und war „Dr. jur.", konvertierte aber in die Bayer. Landeskirche und durfte 1924 seinen Vikarsdienst in Hammelburg / Ufr. absolvieren. Nach vier Jahren als Vereinsgeistlicher der Inneren Mission Nürnberg übertrug man ihm das Pfarramt Nürnberg-Eibach.

In der Zeit der Absetzung von Landesbischof und Landeskirchenrat 1934 machten ihn die Deutschen Christen zu ihrem Dekan von Nürnberg. Doch die Wiedereingesetzten enthoben ihn im November 1934 seiner Stelle und entließen ihn aus ihrem Dienst. Nominell war er seitdem Pfarrer für Volksmission in der gleichgeschalteten mecklenburgischen Kirche, behielt aber beharrlich seinen Wohnsitz in Eibach. Die Reichskirchenleitung „beurlaubte" ihn dann zur Dienstleistung als Pfarrer der D.C.-Gesamtgemeinde Franken mit Sitz in Eibach.

Weil BEER sich weigerte, das Eibacher Pfarrhaus zu verlassen, prozessierte die Kirche gegen ihn. Darauf berief ihn der befreundete D.C.-Bischof der sächsischen Kirche FRIEDRICH COCH zum Superintendenten von Wernigerode im Harz. Doch das reichte BEER nicht, er trat auch diese Stelle nicht an. 1940 meldete er sich, wie auch sein Kollege Hoffmann, zum Militär. Nach der Kriegsgefangenschaft übernahm ihn 1947 die westfälische Kirche bis zu seinem tödlichen Autounfall im Jahr 1949.

Ein erneuter radikaler Kurswechsel Hoffmanns zum Militär

Für Hoffmann nimmt seine zuletzt pädagogische Tätigkeit in Bayreuth nach nur sieben Monaten ein abruptes und unerwartetes Ende. Trotz seines fortgeschrittenen Alters von fast 50 (!) Jahren meldet er sich zum zweiten Mal in seinem Leben freiwillig zum Militär; und er wird auch wirklich genommen.[191]

Ein Grund für diese überraschende Entscheidung ist nicht erkennbar. Sie kann damit zusammenhängen, dass die Bayreuther D.C.-Gemeinde zu der Zeit einen Rich-

---

[191] Zum Vergleich: Das Pensionsalter für Offiziere liegt bei 56 Jahren!

tungswechsel zu den radikalen Thüringern vollzog, den HOFFMANN, entgegen den Angaben bei STEFAN KURTH, nicht mitmachen wollte. Es ist aber auch durchaus vorstellbar, dass der Landesbischof mit seiner geringschätzigen Meinung über Hoffmanns Qualifikation ins Schwarze getroffen hatte. Solches Versagen mag natürlich weder der Leiter der Lehrerbildungsanstalt eingestehen, noch HOFFMANN selbst. Dieser stellt rückblickend lediglich lapidar fest: *„Im August 1939 wurde ich zum Heeresdienst eingezogen und kam damit in weiteren Abstand von den D.C.“*

Nach KURTH ging das Gemeindeleben der Bayreuther D.C. auch nach Hoffmanns Ausstieg 1939 bis weit in die Kriegszeit hinein weiter. So seien im Taufbuch der Deutschen Christen noch im Jahr 1939 14 Taufen, 1943 sogar 43 Taufen von Kindern aus ganz Franken eingetragen. Und das Traubuch verzeichne im Jahr 1940 immerhin 12 Trauungen, das Bestattungsbuch 10 Bestattungen. Allerdings sei die Zahl der Gottesdienstteilnehmer rückläufig gewesen und nicht mehr über 120 Teilnehmer hinausgekommen, und auch die Besucherzahlen von D.C.-Veranstaltungen hätten, laut den Regierungspräsidentenberichten, ab 1939 trotz reger Aktivitäten der Ortsgruppe abgenommen.

In den Jahren 1942 bzw. 1943 seien auch der Ortsgemeindeleiter Pfarrer DENCKER und Gaugemeindeleiter DAUM zur Wehrmacht eingezogen worden. Auch sie dürften sich wie HOFFMANN freiwillig gemeldet haben, um ihre Loyalität mit dem NS-Staat zu dokumentieren. Der letzte D.C.-Pfarrer, HEINZ IWAN WAGNER, sei im März 1943 von Thüringen nach Bayreuth gekommen, jedoch bereits nach neun Monaten wieder weggezogen. Somit seien die organisierten Aktivitäten der Deutschen Christen in Bayreuth erst im vorletzten Kriegsjahr 1944 zum Erliegen gekommen. Dieses Durchhalten war eigentlich erstaunlich, wenn man bedenkt, dass die D.C. im übrigen Bayern bereits seit 1939 faktisch bedeutungslos waren. Es scheint sich aber die Theorie von der „Wagenburgmentalität“ in der Gauhauptstadt zu bestätigen.

Kriegsdienst mit der Waffe als Problemlöser

Hitlers lange geplanter Krieg eröffnet Pfarrer HOFFMANN jedenfalls die Chance, erhobenen Hauptes dem Dilemma zu entkommen, in einer Kirche Dienst tun zu müssen, mit deren Leitung er innerlich zerfallen war. Er meldet sich als Leutnant d. Res. zum **Heeresdienst** aktiv, knüpft also mit seinem letzten Status an seine Militärzeit im Ersten Weltkrieg an. Der Kriegsdienst mit der Waffe hat ihn ja schon damals aus einem existenziellen Dilemma erlöst.

HOFFMANN behält aber Wohnsitz und Pfarramt in Weidenberg bei. Er nimmt seine Dienstpflichten als I. Pfarrer wahr, wenn er auf Heimaturlaub ist. So vermerkt das Protokoll des Kirchenvorstandes noch am 18. Februar 1940 eine Sitzung mit HOFF-

MANN. Laut Tagesordnung ging es einmal mehr um das leidige Problem von Ausbesserungsarbeiten in den beiden Pfarrhäusern.

Hoffmanns Dienstbeginn beim Heer ist der 25. August 1939, also eine Woche *vor* dem Überfall der Deutschen Wehrmacht auf Polen. Die Kirche beurlaubt ihn erst vier Wochen später, ist also von ihm anscheinend vorher nicht befragt worden. Die Heereszahlmeisterei bestätigt der landeskirchlichen Stiftungsverwaltung Hoffmanns vorläufige Feldpostnummer 17554 und überweist den bescheidenen Wehrsold für „Leutnant HOFFMANN" von 72 RM monatlich. Dafür kürzt die Kirche sein Gehalt auf 428 RM im Monat, wozu noch durchschnittlich 65 RM „Stolgebühren", also Vergütungen für das Abhalten insbesondere von kirchlichen Trauungen und Bestattungen kommen.

Den eigentlichen Kriegsdienst nimmt HOFFMANN aber wohl erst beim Feldzug gegen Frankreich ab 10. Mai 1940 auf. Dort finden wir ihn beim Vormarsch durch die Niederlande, am englischen Kanal und schließlich an der französischen Atlantikküste. 1941 ist HOFFMANN Oberleutnant mit der neuen Feldpostnummer 12226.[192] Beim Russlandfeldzug ist er ab Frühjahr 1942 Führer einer leichten Infanterie-Munitionskolonne und wird zum Hauptmann befördert.

In seiner rechtlichen Stellung ist HOFFMANN aber nicht „Berufssoldat", sondern gilt als „Wehrpflichtiger" d.h. Reservist. Im Herbst1942 ist er wegen Erkrankung vorübergehend beim Ersatztruppenteil in der Etappe in Villingen als Hauptmann in der Kraftfahrabteilung. Danach kehrt er an die Front zurück, ebenso seine beiden Söhne OTTO und HERBERT.

VII. Wie Theodor Hoffmann sich zum geistlichen Chamäleon mausert

Das Chamäleon ist ja bekannt für seine außerordentliche, das Überleben sichernde Anpassungsfähigkeit. Es gehört damit zu den ältesten noch existierenden Lebewesen der Evolution. Besondere Aufmerksamkeit weckt meist seine Fähigkeit, die Hautfarbe zu wechseln. Dieser Farbwechsel dient aber weniger der Tarnung, als vielmehr der leichteren Kontaktnahme mit Artgenossen, sowohl bei Tageslicht, als auch im Dunkeln. Bezeichnend ist auch die Begabung des Körpers zum Gestaltwechsel. Ein Chamäleon kann seine äußeren Konturen stark verändern.

Solche Charakteristika lassen sich auch bei THEODOR HOFFMANN sein ganzes Leben hindurch beobachten. Das Chamäleon ist sein „Alter Ego". Immer wieder ist er

---

[192] Mitteilung Dekan Bayreuth an LKR, 27.1.41.

für Überraschungen gut. Aber nun, mitten in seiner Militärzeit und im Krieg, nach seinem endgültigen Abschluss mit den Deutschen Christen, vollzieht er weitere krasse Wandelungen.

Rücktritt vom geistlichen Dienst und Austritt aus der Kirche

Zunächst legt Hoffmann im Spätherbst 1942 seinen kirchlichen Dienst nieder. Merkwürdigerweise behauptet er später, sich nicht mehr erinnern zu können, *„was mir damals besonders ärgerlich wurde."* Jedenfalls habe er damals wiederholt zu sich selbst und einen Angehörigen gesagt: *"Es ist wirklich beinahe eine Schande, dass man sich noch Pfarrer nennen lassen muss."* So habe er sich entschlossen, sofern er das Kriegsende erlebe, einen neuen Beruf zu suchen.

Wäre er an diesem Punkt ehrlich zu sich selbst gewesen, hätte er zugegeben, dass er in seiner theologischen Berufung von Anfang an schwankend gewesen war. Er hätte aber auch daran erinnern können, dass er in seinen wechselnden Dienstorten stets eine Reihe von Anhängern und Freunden gehabt hatte, die seine schlichte Frömmigkeit und Menschenfreundlichkeit geschätzt haben. Einsamer war er erst durch seinen Trotz geworden, mit dem er seine Berufung verlassen und sich ganz den D.C. mit ihrer gar nicht zu ihm passenden, HITLER verherrlichenden Theologie hingegeben hatte.

Im Sommer des folgenden Jahres werden dann die Glieder der Familie HOFFMANN vor dem Standesamt Hersbruck ihren gänzlichen **Austritt aus der evangelisch-lutherischen Kirche** erklären. Danach bekommen sie meldeamtlich automatisch den Eintrag „gottgläubig". Das ist hier nicht die Bezeichnung einer religiösen Gruppe oder Strömung, sondern soll lediglich zum Ausdruck bringen, dass Nationalsozialisten, auch wenn sie keiner Kirche angehören, nicht als gottlos gelten sollen.

Für den 4. September 1941 weist das Weidenberger Taufbuch zum letzten Mal eine Taufhandlung durch HOFFMANN nach. Für den 1. Nov. 1942 vermerkt der Personalakt seine **Entlassung aus dem Kirchendienst.** Die Entlassungsurkunde ist von Landesbischof MEISER persönlich unterzeichnet und beschreibt die drastischen Konsequenzen: *„Nach § 18 Absatz II des Pfarrgesetzes verliert der Pfarrer mit der Entlassung die Rechte des geistlichen Amtes, die Amtsbezeichnung und die ihm von der Landeskirche verliehenen persönlichen Titel, sowohl den Anspruch auf Besoldung und Versorgung. Die Ordinationsurkunde ist zurückzugeben"*

Im Januar1943 kommt HOFFMANN dieser Aufforderung nach und gibt seinen Ordinationsschein zurück. Die Nachricht von Hoffmanns Ausscheiden auf eigenen

Wunsch wird auch im Amtsblatt veröffentlicht.[193] Sie widerspricht der nach dem Krieg verbreiteten Version, die Landeskirche habe HOFFMANN aus disziplinaren Gründen wegen seiner D.C.-Tätigkeit entlassen; tatsächlich ist er freiwillig ausgeschieden. Auch bleibt die Heimatanschrift der Familie HOFFMANN vorerst weiterhin das Erste Pfarrhaus am Gurtstein in Weidenberg Nr. 10.

Mietgesuch für das bislang so ungeliebte Pfarrhaus

Nach dem Ausscheiden aus dem Dienst als Geistlicher der ELKiB stellt sich ja für HOFFMANN zunächst die Frage nach einem eigenen Wohnsitz. 25 Jahre lang hat er ja nur in Häusern gewohnt, die die Gemeinden ihm und seiner Familie zur Verfügung gestellt haben. Dabei zählte das uralte Weidenberger Pfarrhaus zu den am wenigsten geliebten; sein Zustand wurde von ihm stets als Grund für seine Versetzungsgesuche genannt. Aber nun äußert er auf einmal großes Interesse: Er will dieses angeblich völlig unzulängliche Pfarrhauses mieten, am liebsten mit Garten.

Plötzlich zum Wohnen gut genug:
Pfarrhaus an der Weidenberger Kirche

HOFFMANN weiß natürlich, dass das Recht auf eine kirchliche Dienstwohnung mit seiner Entlassung aus dem Kirchendienst erloschen ist. Doch er vertraut offenbar dem NS Staat, der es nicht zulassen wird, dass ihn die Kirche als Angehörigen von Partei und Militär einfach an die Luft setzt. Und so nimmt er sein weiteres Verbleiben im Pfarrhaus als selbstverständlich an und erklärt, die Dienstwohnung im Pfarrhaus in Weidenberg zu räumen, sobald ihm dies *„die Kriegsverhältnisse gestatten"*. Mit anderen Worten, HOFFMANN will die Kirche unter Druck setzen, indem er die Situation des Krieges als Druckmittel nutzt.

Gegenüber diesem unverfrorenen Ansinnen ihres abtrünnigen Pfarrers zeigt sich die Vollsitzung des Landeskirchenrates am 20. Okt. 1942 erstaunlich kulant, ja, man erlässt ihm sogar für zwei Monate den Mietzins ganz. Erst dann sei ein Mietvertrag nötig. Man will lediglich *„das Interesse der Gemeinde auf alle Fälle gewahrt"* wissen.

---

193 Amtsblatt vom 26.11.42.

„Für den Fall, dass die erste Pfarrstelle Weidenberg neu besetzt" werde, sei *„die Wohnung zu räumen."* Einem eventuellen Verweser seien *„zwei Zimmer im Pfarrhaus zur Verfügung zu stellen."*

Trotz dieses großzügigen Angebots macht sich Familie HOFFMANN weiterhin Sorgen um ihr Wohnen. Um die Kirche weiter unter Druck zu setzen, wendet sich Hoffmanns Ehefrau IDA direkt an das Kultusministerium, wohl in der Erwartung, dass hier ein Machtwort gesprochen wird. Doch erscheint die Beziehung zwischen Kultusministerium und Landeskirche zu dieser Zeit immer noch überraschend höflich und korrekt. Es ist wohl so, dass die Parteileitung Weisung gegeben hat, die Zwistigkeiten mit der Kirche für die Zeit nach dem Krieg aufzuheben.

So richtet der zuständige Ministerialrat KOLB lediglich eine höfliche Anfrage an die Landeskirche, auf die Oberkirchenrat BREIT mit einem direkten Schreiben an Frau HOFFMANN reagiert.[194] Er erklärt ihre Sorge angesichts des großen Pfarrermangels durch den Krieg für gegenstandslos. Die Pfarrstelle sei im Kirchlichen Amtsblatt vom 26. Nov. 1942 mit einer Meldefrist von 10 Wochen ausgeschrieben. Derzeit würden aber 600 bayerische Pfarrer „bei der Wehrmacht stehen". Eine Wiederbesetzung in Kriegszeiten sei also kaum wahrscheinlich. *„Für den Fall, dass Sie von irgendeinem Pfarrer, der sich um Weidenberg I bewerben will, in anderem Sinne unterrichtet worden sein sollten, wäre ich Ihnen für eine freundliche kurze Mitteilung dankbar.*

So kommt tatsächlich in der Sitzung des Kirchenvorstandes am 7. Febr. 1943 der Mietvertrag mit Familie HOFFMANN für das Weidenberger Pfarrhaus zustande. Als Miete werden äußerst bescheidene 30 RM für die Nutzung des ganzen Hauses festgelegt. Eingeschlossen ist die kostenlose Nutzung des Gemüsegartens und der Spalierbäume am Haus, eine in Not- und Kriegszeiten unschätzbare Zugabe.

Dagegen soll die Nutzung der Obstbäume an der Vorderseite des Hauses zur Aufbesserung der Gemeindefinanzen meistbietend an Gemeindeglieder versteigert werden. Doch das reicht der verbissenen einstigen Pfarrfrau nicht. Protestierend wendet sie sich auf dem Dienstweg an den Landeskirchenrat und droht als „Soldatenfrau" mit Wehrmacht und Partei. Sie will die Verpachtung der Bäume verhindern, ohne zu bedenken, in welch zwiespältiges Licht sie dadurch sich und ihren Mann rückt.

Dieses eigensüchtige Spiel setzen die Hoffmanns dann leider auch nach dem Krieg fort: Obwohl sie die Kirche innerlich und äußerlich verlassen haben, nutzen und umwerben sie sie weiterhin, wo sie ihnen Vorteile verspricht, und verdammen sie, wo sie sich ihnen verweigert.

---

194 LKR 51202_Hoffm 1943-01-30 Breit_anIdaH Pfarrhaus.

Wohnungswechsel in die Nähe des Vaters

Doch das Mietverhältnis im Weidenberger Pfarrhaus währt nicht lange. In seinem Rückblick für die Spruchkammer behauptet HOFFMANN, die Tatsachen bewusst entstellend, seine Frau habe *„bezüglich der Wohnung im Weidenberger Pfarrhaus so wenig Unterstützung und eine solch kleinliche Behandlung seitens der zuständigen Stellen erfahren müssen"*, dass er den nächsten Urlaub im Juni 1942 benutzt habe, um in die *„nächstbeste freie Wohnung, d.i. hierher nach Großviehberg"*, umzuziehen.

HOFFMANN erwähnt nicht den Unmut, den seine Frau durch ihre unvermittelte, fordernde Art selbst hervorgerufen hatte. Er „vergisst" auch, den wahren Grund des Umzuges zu nennen; in Großviehberg hatte sein Vater seine letzte Stelle als Oberlehrer gehabt und wohnte nun hier. Im nahen Hersbruck hatte HOFFMANN in den letzten Jahren vor dem Krieg auch schon als D.C.-Pfarrer regelmäßig „gewildert" und meinte nun, bei den damals dort Geworbenen anknüpfen zu können Der Raum Hersbruck wurde zum schon länger angestrebten zukünftigen Lebenszentrum der Hoffmanns.

So verlässt die Familie HOFFMANN laut Weidenberger Melderegister am 18. Juni 1943 den Marktort Weidenberg endgültig. In das Weidenberger Pfarrhaus ziehen dann vorübergehend, bis zum Aufzug seines Nachfolgers, Bombenflüchtlinge aus Hamburg ein.

Neuer Gestaltwechsel: Kirchenaustritt

Auf dem für den neuen Wohnsitz zuständigen Standesamt Hersbruck vollzieht THEODOR HOFFMANN gleich in der seiner Ummeldung folgenden Woche am 24. Juni 1943 den schon angedeuteten nächsten Schritt seiner Chamäleon gleichen Wandlungen: Er erklärt seinen **Austritt aus der Evang.-Luth. Kirche in Bayern.** Seine Frau folgt ihm mit ihrem Entschluss drei Wochen später. Hoffmanns älterer Sohn OTTO hat diesen Schritt schon im April 1944 in Weidenberg vollzogen. Im selben Jahr meldete Pfarrer BOGNER diesen Austritt mündlich informell an den Landeskirchenrat, aber erst 1948 wurde er im Personalakt aktenkundig.

HOFFMANN begründet seinen Kirchenaustritt rückschauend einseitig mit seiner Versetzung 1933 nach Weidenberg, die er immer noch als unrechtmäßige „Strafversetzung" aus nichtigem Anlass betrachtet und die ihm die Freude an der kirchlichen Arbeit vergällt habe. Er vermeidet jede gebotene Selbstkritik und sieht die Defizite einseitig im „seelsorgerlichen und brüderlichen Handeln" der Kirchenleitung. In einer herzbewegenden längeren Litanei klagt er:

„Als Minderwertige und Entrechtete wollten wir nicht in der Kirche bleiben ... Was ich persönlich wollte, war nur dies: endlich wieder frei werden von dem ungerechten

Strafdienst, in den mich oberhirtliches Diktat gezwungen hatte. Ich habe es nie verstehen können, dass man einen Pfarrer zum Dienst an einer Gemeinde zwingt und einer Gemeinde zumutet, einen Pfarrer zu haben, der ihr nicht mit Freuden dienen kann ... Dass ich aber neben kirchenregimentlicher Autorität so gar nichts von Seelsorge und brüderlicher Liebe, die doch so sehr betont werden, zu spüren bekam, dies konnte ich gerade von einem evangelischen Kirchenregiment nicht begreifen und das hat in mir vieles zerstört."

Hoffmanns Spuren lassen sich auch in der Weidenberger Pfarrbeschreibung in einem Nachtrag verfolgen, den wahrscheinlich Pfr. HANS FÖRSTER mit viel Verständnis für Hoffmanns Vita nach 1953 verfasst hat. Danach hat HOFFMANN mit seiner Familie nach seiner Weidenberger Zeit seit Juni 1943 in Großviehberg Nr. 7 bei Hersbruck gewohnt. Nach dem Zusammenbruch 1945 sei er eine Zeit lang in Hersbruck interniert gewesen.

Internierung und Broterwerb als Hilfsarbeiter

Von dieser Internierung Hoffmanns ist bislang nichts weiter bekannt. Sie erfolgte wohl durch die Amerikaner. Hoffmanns Mitgliedschaft in SA, D.C. und NSDAP machten ihn zum mehrfach Belasteten, bei dem akute Fluchtgefahr vermutet wurde.

Wenn Försters Bemerkung über Hersbruck als Internierungsort richtig ist – die typischen Lager, welche die amerikanischen Besatzungstruppen für politisch Betroffene eingerichtet hatten, waren eigentlich Hammelburg, wo auch der Weidenberger Ortsgruppenleiter RUMLER inhaftiert war, und Moosburg, wo der Tressauer Ortsgruppenleiter BUSCH festgesetzt war – kommt als konkreter Ort der Festsetzung eigentlich nur das große ehemalige KZ Hersbruck infrage, das in der Nazizeit als Nebenlager zu Flossenbürg gehört hatte. In den Baracken waren im Krieg Häftlinge und ausländische Zwangsarbeiter eingepfercht, welche Rüstungsgüter in der nah gelegenen, ausgehöhlten „Hobirg", dem auffallenden Kalkstock oberhalb von Hersbruck, ferti-

Nachsitzen für Nazis: Das KZ Hersbruck nach seiner Befreiung durch die Amerikaner 1945

gen mussten. Im heute noch bestehenden Kommandanturgebäude residiert jetzt das Finanzamt.

HOFFMANN kann nicht lange in diesem Lager gewesen sein. Er war zwar nach Försters teilnahmevoller Beschreibung jetzt „brot- und stellenlos", fand aber dank seiner praktischen Begabung manche Gelegenheit zur Aushilfe. Seit Mai 1947 hatte er nach eigenem Zeugnis sogar eine versicherungspflichtige Festanstellung in einem Betrieb in Hersbruck.

Von seinem Freund WERNER LIMPERT, der weiterhin in Augsburg arbeitet, lässt er sich für sein Entnazifizierungsverfahren einige interessante Arbeitszeugnisse aus den Jahren 1945-47 beglaubigen, die mit sehr wohlwollenden Beurteilungen versehen sind. So hat HOFFMANN als Gelegenheitsarbeiter bei Bauern für Reparaturen aller Art gearbeitet, als Bastler für die Herstellung von Holzspielwaren oder als Heimarbeiter in funktechnischer Werkstatt.[195]

Es bestätigt sich also, dass HOFFMANN durchaus befähigt gewesen wäre, einen praktischen Ingenieur-Beruf o. dergl. zu ergreifen.

„Der Pfarrer a.D. Theodor Hoffmann, geb. 4.12.1888, wohnhaft im Großviehberg Haus-Nr. 7, hatte nach seiner Rückkehr aus dem Heeresdienst von Juli 1945 bis zum April 1947 in der hiesigen Gemeinde als Gelegenheitsarbeiter Reparaturen aller Art ausgeführt, im einzelnen: Reparaturen von Wagenleitern, Hoftoren, Gartenzäunen, Türen zu Vieh - und Schweineställen, Fensterläden, Heurechen, Tragbaren für Futterschneidmotoren, Futterschneidmaschinen, Jauchepumpen, Reparatur und Instandhaltung der Motor - Hopfenspritze, Reparatur der Turmuhr. Er hat dabei auch für die Unterzeichneten gearbeitet, die ihm über seine Arbeit folgendes Zeugnis ausstellen:"

Zeugnis: „Herr Hoffmann, Pfarrer a.D., war bei mir während den letzten zwei Jahren viel beschäftigt. Er scheute sich nicht vor den gröbsten landwirtschaftlichen Arbeiten. In uneigennütziger Weise aber hat er sein fachmännisch vielseitiges Können, sein sauberes Arbeiten und seine ganze Arbeitskraft in einer Zeit zur Verfügung gestellt, wo Handwerksleute fast nicht zu bekommen waren. Und dafür bin ich Herrn Hoffmann doppelt dankbar und bekunde dies gerne. J. Wendler, Bauer, Großviehberg."

„Herr Hoffmann hat mir gerne geholfen, ob es beim Dreschen gewesen ist oder bei der Ernte. Auch hat er mir in meiner Hauswirtschaft sehr viel instandgesetzt, z.B. Wasserleitung, Futterschneidmaschine, Fensterläden u.a.. Ich bin ihn für seine Hilfe sehr dankbar, da ich schon sechs Jahre verwitwet bin. Anna Margareta Bauer, Großviehberg."

„Auch bei mir hat Herr Hoffmann viel geholfen. Er war zu jeder Zeit hilfsbereit und vor allem fleißig. Er hat für seine Arbeit nie etwas verlangt, wenn was gegeben wurde,

[195] LKR 51202_Hoffm 1948-01-23 BestätArbeitsleistg.

so war es freiwillig. Herr Hoffmann scheute auch nicht die gröbste Arbeit, er half auch beim Dreschen. Für alle seine Arbeiten bin ich Herrn Hoffmann sehr dankbar. Peter Singer, Bauer, Großviehberg Ziffer 10. am siebtem Januar 1948."

„Auch wir benötigten Herrn Hoffmann durch sein sehr großes Talent in allen Arbeiten. Er machte alles sauber und ordentlich, vor allem war er immer sehr hilfsbereit und fleißig und scheute keinerlei Arbeit, wofür wir ihm stets dankbar sind. Hans Hämming, Großviehberg 19, am 7.1.1948."

„Herrn Hoffmann benötigten auch wir zur Reparatur der Hopfenspritze und zu Installateursarbeiten, womit wir sehr zufrieden und dankbar waren. Er war jederzeit gerne hilfsbereit." Peter Loos, Großviehberg, 29.01.1948.

Folgenreicher Impuls eines alten Freundes

LIMPERT, der zu dieser Zeit über viel Beschäftigung klagt, hatte im Kirchenkampf bewusst einen anderen Weg als HOFFMANN gewählt und sich in einer gewissen Widerständigkeit gegen das NS-System für die Bekenntnisgemeinden engagiert. Das hatte aber ihrer Freundschaft keinen Abbruch getan. Nach einem Besuch Hoffmanns in Augsburg erinnert LIMPERT in einem Brief Anfang Februar 1947 an die alten Zeiten und fragt: *„Es sind ja so wenig Arbeiter - man möchte immer fragen, ob nicht auch du wieder in dieser Ernte eintreten könntest?"*

Seine kurzen Zeilen werden für HOFFMANN zum Impuls für einen neuerlichen Gestaltwandel. Ihm tut diese subtile Aufforderung nach Matthäus 9, 38 zur geistlichen Mitarbeit am Evangelium gut; er antwortet postwendend und sehr leidenschaftlich.[196] Beredt breitet er seine Geschichte von der schlechten Behandlung durch die Landeskirche aus, die auch nach fast 15 Jahren nicht verarbeitet scheint, und garniert sie mit dramatischen Ausdrücken, so, als hätte man ihm damals seine Menschenrechte entzogen. Geheimnisvoll macht er Andeutungen von einem „Arbeitsfeld in anderem Dienst", will aber auch seinem besten Freund vorerst nicht mehr davon verraten.

*„Lieber Freund Limpert! Wegen der Kürze Deines Briefes war eine Entschuldigung gewiss nicht not, weil ... die wenigen Zeilen so viel ehrliche brüderliche Treue umschließen, dass ich darüber tief bewegt war. Du fragst mich, ob nicht auch ich wieder „in dieser Ernte eintreten könnte". Wie ich darüber denke, habe ich ja neulich schon gesprächsweise Deiner lieben Frau angedeutet, und ich kann heute kurz wiederholen, dass ich **jederzeit dazu bereit** bin, wenn mir die Möglichkeit dazu geboten wird. **Wie gerne ich hab ich in den Gemeinden gedient!** Wie ich neulich durch Haunstetten und Siebenbrunn ging, hat mich das Weh um diese Freudigkeit des Dienens wieder*

[196] LKR 51202_Hoffm 1947-02-11 Brief_anLimpert Vita

richtig gepackt; zugleich aber auch wieder die ***Bitterkeit*** *über die Art und Weise, mit der man mir diese Freude zerschlug.*

Einzelheiten brauche ich dir nicht zu schildern; du kennst sie ja genau. Wie habe ich gebeten und gebettelt, um wieder von Weidenberg wegkommen zu können. Es war alles nutzlos und vergeblich. ***So wurde ich in die Opposition getrieben und schließlich auch aus dem Amt****. 10 lange Jahre habe ich die Qual einer freudlosen Arbeit auf einer Strafstelle getragen, denn das war Weidenberg doch trotz aller schönen Zusicherungen! Und ich gleich säße heute noch mit meiner Familie dort fest, wenn ich nicht aus dem Amte ausgeschieden wäre. Dass meine Frau hernach, während ich gleich unseren beiden Söhnen im Felde stand, allerlei Schikanen mit Haus und Garten zu spüren bekam, gab mir den Rest. Ein Urlaub im Sommer 1943 bot* ***die letzte Gelegenheit zum Auszug aus dem Weidenberger Pfarrhaus****, nach dessen Erledigung ich dann mit meiner Frau auch* ***aus der Kirche austrat; als Paria wollten wir nicht in der Kirche bleiben****. So waren* ***diese langen 10 Jahre ein einziger Kampf, um aus der Verbannung wieder loszukommen, in die man uns damals gezwungen hatte****.*

Trotz aller erbitterten Erfahrungen bin ich aber nach wie vor bereit, der Kirche wieder zu dienen, sofern mein Dienst erwünscht ist. Dass ich bei einer Wiederverwendung keine Ansprüche stellen könnte, ist klar. Wenn ich aber ohne große Formalitäten ***meine Ehre und mein Recht*** *wieder zurückerhielte, dann würde ich mit Freuden den Dienst wieder aufnehmen, wie ich ihn bis 1933 tun durfte. Meine glaubensmäßige Haltung hat sich nicht geändert, abgesehen davon, dass ich durch die Erfahrungen und Kämpfe der vergangenen Jahre in manchen schönen Stücken, z.B. Gemeinschaft [sc. gemeint wohl die pietistische Gemeinschaftsbewegung], wesentlich nüchterner geworden bin.*

Das also ist meine grundsätzliche Einstellung zu Deiner Frage. Praktisch ihr näher zu treten, erscheint freilich heute reichlich verfrüht; zumindest müsste zuerst meine ***Zugehörigkeit zur Partei*** *durch die* ***Spruchkammer*** *abgeurteilt sein. Ferner blieben die noch viel größeren Entscheidungen bei der* ***Friedenskonferenz in Moskau*** *abzuwarten, die auf all unser Planen und Arbeiten von größtem Einfluss sein werden.*[197]

---

[197] Worauf HOFFMANN mit der „Moskauer Friedenskonferenz" anspielt, ist nicht ganz klar. Gemeint ist wahrscheinlich die sechswöchige Moskauer Außenministerkonferenz der Siegermächte, die im März 1947 begann und ein Desaster wurde. Denn die Vorboten des „Kalten Krieges" verhinderten einmütige Lösungen für eine Gesundung Europas. Auch die versprochene Rückführung der Kriegsgefangenen bis 1948 blieb unerfüllt. – Ob HOFFMANN, der ja gern in Arbeitergemeinden wirkte und von dem und seiner Frau in dieser Zeit (1948) mehrfach im Personalakt überliefert wird, sie seien „für Kommunisten aktiv" und setzten sich für sie ein, vielleicht politische Ambitionen gehabt hat, bleibt bislang reine Spekulation.

Zum Schlusse danke ich dir nochmals herzlich, dass du mir diese entscheidende Frage gestellt hast, besonders auch deswegen, weil mir ***in den letzten Tagen ein Arbeitsfeld in anderem Dienst angeboten*** *wurde, dass mehr Verantwortung, aber auch viel Freude bringen würde. So muss ich mir alles nochmals doppelt und dreifach überlegen. Wenn es meine Verhältnisse dann noch gestatten, will ich im Frühjahr wieder einmal nach Augsburg kommen und hoffe, dann mit Dir Einzelheiten besprechen zu können.*

Dir und Deinen Lieben die besten Grüße und Wünsche von mir und den Meinen." (Th. Hoffmann)

Hoffmanns geheimnisvolle Andeutungen von einem „Arbeitsfeld in anderem Dienst" könnten zwar politisch gedeutet werden, viel wahrscheinlicher ist aber ein geistlich-religiöser Hintergrund. Denn schon bald nach Hoffmanns Umzug war ein katholischer Priester aus Hersbruck auf den „kirchenlosen" Ex-Pfarrer HOFFMANN aufmerksam geworden und hatte geschickt seine Netze ausgeworfen. Er hatte HOFFMANN mit seiner Anteilnahme an seiner sensibelsten Stelle getroffen: seiner Empfänglichkeit für Komplimente, und ließ seitdem nicht mehr locker – mit letztlich ungeahnter Wirkung.

Doch zunächst einmal dürfen sich beide Hoffmanns freuen, dass ihre Spruchkammerverfahren so glimpflich ausgehen.[198] Der voranschreitende Kalte Krieg bewirkt nachsichtigere Verhandlungen. IDA HOFFMANN wird als „Mitläuferin" eingruppiert; ihr Verfahren wird dank der Weihnachtsamnestie am 25. März 1948 eingestellt. THEODOR HOFFMANN, der seine anrührende Geschichte vom kirchlich verfolgten Geistlichen wirkungsvoll anbringen und dem man politisch über seine Parteizugehörigkeit hinaus nichts Nachteiliges nachsagen kann, kommt mit einer bescheidenen Zahlung an den Ausgleichsfond davon.

Sehnsucht nach dem geistlichen Dienst

Im Lauf dieses Jahres sendet HOFFMANN immer unmissverständlicher seine Signale aus, die seinen ersehnten Gestaltwandel anzeigen, nicht nur für einen Wiedereintritt in die Kirche, sondern auch für den erneuten geistlichen Dienst. Dabei verschafft ihm auch der positive Eindruck, den er überall hinterlässt, einige Aufmerksamkeit.

So berichtet der Hersbrucker Dekan SÖLLNER, der Hoffmanns in Großviehberg wohnende Eltern persönlich kannte und den Vater, Oberlehrer HOFFMANN, auch be-

[198] Der Spruchakt von IDA HOFFMANN lagert im Staatsarchiv Nürnberg. Der umfangreichere Akt von THEODOR HOFFMANN Spruchkammerverfahren Hersbruck, Nr. Ki. 1968/48 vom 13.2.1948, gehört aus nicht ganz nachvollziehbaren Gründen zum Bestand des Staatsarchivs Bamberg, ist aber nach Coburg ausgelagert. HOFFMANN selbst macht interessante Angaben über sein Verfahren bei seinem Wiederaufnahmegesuch in die Kirche 1950.

erdigt hatte, an den jetzt in Thurnau wohnenden einstigen Bayreuther Dekan AMMON: In Großviehberg sei Herr HOFFMANN sehr beliebt, als allezeit freundlicher Mann und hilfsbereiter Mensch. *„Wir haben ihn sehr gern. Er hilft uns überall. Nur schade, dass er und vor allem seine Frau so für die Kommunisten werben."* Seines Wissens habe er aber nie einen Gottesdienst besucht. Sein Sohn (Otto) sei trotz Kirchenaustritt kirchlich getraut worden (am 14. Sept. 1946 in Hersbruck).

SÖLLNER gibt auch den Bericht eines älteren Kollegen wieder, der bei einem Besuch Hoffmanns den Eindruck gehabt hätte, HOFFMANN wolle wieder in die Kirche herein. Er krieche aber nicht zu Kreuz. Wenn die Kirche ihn brauche, stünde er bereit. AMMON bestätigt seinen guten Eindruck von HOFFMANN, wenn auch sein Wirken für die D.C. die Gemeinde verwirrt habe. Vielleicht habe sein Eintreten für die Kommunisten einen ähnlichen Grund, wie seinerzeit sein Eintreten für Reichsbischof LUDWIG MÜLLER und die D.C., nämlich einen ganz persönlichen; es sei wohl Folge seiner schweren seelischen Verwundung durch den Dissens mit der Kirche. SÖLLNER solle mit ihm Kontakt halten. *„Jedes Interesse an seinem Zustand wird ihm außerordentlich wohltun."*

AMMON ist also dass erste Mitglied der kirchlichen Leitungsebene, das erkennt – und damit die These dieser Untersuchung bestätigt – , dass einer gar nicht „fanatisch" sein muss, um einen Kurs wie HOFFMANN zu wählen, sondern dass die Ursache auch erlittene Enttäuschungen und Verletzungen durch Vorgesetzte sein können.

Im Sommer 1949 ist es dann soweit: HOFFMANn möchte, zusammen mit seiner Frau, wieder in die Evangelische Landeskirche in Bayern aufgenommen werden und unternimmt dazu eigene Schritte. Und er hofft auch, sein geistliches Amt wieder erlangen zu können.

Typisch wie eben ein Chamäleon zu Kommunikationszwecken nimmt auch er wieder die ursprüngliche Form und Farbe an. Er wendet sich an seinen Verbindungsbruder BEZZEL, der inzwischen zum kirchlichen Personalreferenten aufgerückt ist und von dem er seinerzeit brieflich im distanzierten „Sie" und mit einem ostentativen „Heil Hitler" geschieden ist, nun wieder im vertrauensvollen „Du". Nach einer längeren Einleitung kommt er zum Kern: *„Ich bitte Dich nun, mir kurz und offen mitzuteilen, ob der Landeskirchenrat die Neigung und die Möglichkeit hat, mich wieder im Kirchendienst zu verwenden oder ob er dies grundsätzlich ablehnt."* Er begründet seinen seinerzeitigen Beitritt zu NSDAP und D.C. mit seiner damaligen tiefen Verbitterung und möchte neue Demütigungen unbedingt vermeiden. Die Zeugnisse seiner Aushilfstätigkeiten fügt er bei, ebenso seine Lebensbeschreibung für die Spruchkammer.

Der Landeskirchenrat lässt sich intern von dem gesamten Vorgang, einschließlich des auslösenden Nacktbadens von HOFFMANN und LIMPERT, in Kenntnis setzen und kommt in seiner Vollsitzung vom 23.-25. Aug. 1949 zu dem einmütigen Entschluss,

„dass seine Wiederaufnahme ... unter den vorliegenden Umständen nicht in Frage kommen kann". BEZZEL soll aber ein Gespräch über Begründung zwischen HOFFMANN und OKR SCHIEDER vermitteln.

HOFFMANN und SCHIEDER sind, wie schon oben S. 229 bemerkt, ebenfalls Duzfreunde. Das macht es vielleicht aus, dass SCHIEDER sich nicht an die negative Richtlinie der Vollsitzung hält. Er vermittelt HOFFMANN vielmehr in den nun folgenden Briefen und Unterredungen eher die Aussicht auf einen Erfolg seines Anliegens. Alles hinge jetzt von Hoffmanns Reue ab, meint er. Und er könne seinen Antrag unmittelbar an den Landesbischof stellen.

HOFFMANN ist neu ermutigt und erklärt SCHIEDER sein Bedauern, *„dass ich mich in diese Konflikte hineintreiben und zur Trennung von der Kirche habe hinreißen lassen."* Er habe all das, was ihn persönlich verbittere, innerlich überwunden und möchte um Wiederaufnahme in die Kirche bitten.

Ein Bittbrief an den Landesbischof

Tatsächlich richtet HOFFMANN dann am 8. Okt. 1949 **einen persönlichen Brief an den Landesbischof.** Er bekennt in diesem Schriftstück seine Schuld und bittet um Wiederaufnahme in die Kirche und um Wiederverwendung:

„Hochwürdigster Herr Landesbischof!

Herr Oberkirchenrat D. Schieder hat mir die Erlaubnis gegeben, Ihnen meine Bitte um Wiederaufnahme in die Kirche und um Wiederverwendung im Kirchendienst vorzutragen. Ich weiß dieses große Entgegenkommen umso höher zu achten, als ich nicht mehr damit rechnen durfte, ein solches noch erfahren zu können.

Ich habe es einsehen müssen, dass mein Beitritt bei den D.C. und mein Austritt aus der Kirche ein Irrweg war und dass ich damit der Kirche gegenüber tief in Schuld geraten bin. Ich bitte Sie, hochwürdigster Herr Landesbischof, mir dies verzeihen zu wollen. Dass der Weg der D.C. falsch war, habe ich schon vor Jahren eingesehen und mich deswegen von ihnen getrennt. Zum Kirchenaustritt hat mich damals vor allem das Bewusstsein veranlasst, dass ich das Vertrauen der Kirche verloren hatte. Ohne dieses Vertrauen der Kirche weiter zu dienen, war mir nicht möglich; ich hätte mich sonst als Mietling fühlen müssen, der nur um äußerer Vorteile willen noch bleibt.

Meine glaubensmäßige Einstellung hat sich dadurch nie geändert. Mein Konfirmationsspruch (Röm.1,16) und das (angestrichene) Wort aus dem beiliegenden Brief von Dekan Heun-Münchberg sind mir ständig Mahnung und Halt geblieben. Ich habe dies gnädige Geleite JESU in elf Kriegsjahren und in viel sonstiger innerer und äußerer Not so reich erfahren dürfen, dass mir die innere Gebundenheit an IHN noch fester wurde und das Heimweh wiederkam, IHM auch wieder in seiner Kirche dienen zu dürfen. Ich wiederhole deshalb meine Bitte an Sie, hochwürdigster Herr Landesbischof, mir wieder Vertrauen zu schenken, mich wieder in die Kirche aufzunehmen und mich, wenn möglich, auch wieder im Kirchendienst zu verwenden. Gleich mir bittet Sie auch meine Frau um Wiederaufnahme in die Kirche.

Ich gestatte mir, Sie, hochwürdigster Herr Landesbischof, zu begrüßen als Ihr ergebener Th. Hoffmann."

Der Landesbischof reagiert positiv. Er lässt HOFFMANN durch dessen Duzfreund BEZZEL mitteilen, dass er ihn gern einmal bei Gelegenheit eines Besuchs in Nürnberg sehen und sprechen würde. Daraufhin richtet HOFFMANN eine offizielle **Anfrage** an den Landeskirchenrat wegen Wiederaufnahme in die Kirche. Wieder fügt er seine ausführliche Erklärung bei, die er für die Spruchkammer verfasst hatte. Hier hatte er u.a. bekannt, dass seine persönliche Einstellung sozialistisch sei und er den religiösen Sozialisten nahegestanden habe. Aus der Kirche sei er 1942 aus Opposition zur Kirchenleitung ausgetreten. Ab 1945 habe er als Hilfsarbeiter gearbeitet.

Die Landeskirche lässt sich Zeit. Erst drei Monate später lässt Bischof MEISER tatsächlich HOFFMANN anlässlich eines Sprechtages zur Aussprache bitten. Dieses Gespräch findet dann weitere drei Wochen später am 14. Feb. 1950 in Nürnberg statt. Als Ergebnis wird für den Wiedereintritt das Prozedere „wie üblich bei D.C." verabredet. In der folgenden Woche fertigt MEISER für die nächste Vollsitzung einen ausführlichen Vermerk über den Gesprächsverlauf, der u.a. zeigt, dass HOFFMANN damals nicht der einzige D.C.-Pfarrer war, der nach dem Krieg um Wiederaufnahme in den Dienst gebeten hat.[199]

Der Landesbischof weist darauf hin, dass Hoffmanns Bitte um Wiederaufnahme in die Kirche bereits seit 1948 laufe. Er stehe zur Zeit in der Schreinerei STETTNER in Lauf in einem ordentlichen Arbeitsverhältnis und verdiene 30 - 32 DM pro Woche. Seine zwei Söhne seien Ingenieure. Er selbst sei inzwischen 61 Jahre alt. MEISER habe mit ihm noch einmal seine Vergangenheit durchgesprochen. Zur seinerzeitigen Versetzung nach Weidenberg habe HOFFMANN jetzt abschwächend erklärt, dass er seinerzeit nur die Art kritisiert habe, wie sie „fast über Nacht" durchgeführt wurde. *„Er möchte aber gerne wieder in irgendeiner Form seiner Kirche dienen."* Es bräuchte nicht in der Art zu sein, dass er wieder als Pfarrer eingesetzt würde.

HOFFMANN habe einen durchaus offenen und ehrlichen Eindruck gemacht. Und MEISER glaube ihm, *„dass ihm sein Ausgeschlossensein von der Kirche sehr nahe geht und dass er aus inneren Gründen die Wiederaufnahme in die Kirche"* anstrebe. Aber erst nach seiner Wiederaufnahme könne der Landeskirchenrat weiter mit ihm handeln.

---

[199] LKR 51202_Hoffm 1950-21-02 MEISER, Vermerk LKR

Meiser bekennt abschließend: „***Von allen D.C.-Pfarrern, mit denen ich in der letzten Zeit über ihre Wiederannahme zu sprechen hatte, hat mir Hoffmann mit den günstigsten Eindruck gemacht.***“ Er gehe davon aus, dass HOFFMANN in einem zukünftigen kirchlichen Dienst *„der Kirche keinerlei Schwierigkeiten mehr machen wird“*. Er lässt aber offen, welcher Dienst das sein kann.

Für HOFFMANN selbst sieht die Sache aber anders aus. Auch wenn er sich beim Landesbischof betont devot verhalten und sogar ein Schuldbekenntnis abgelegt hat, ist für ihn doch klar, dass die Kirche ihm gegenüber eine Bringschuld hat, weil sie ihn wiederholt so schlecht behandelt hat. Eine neuerliche Tätigkeit in der Kirche kann für ihn nur ein Gemeindepfarramt sein. Damit sind die Weichen für den nächsten Dissens gestellt.

Erst jetzt, gut zwei Monate später, am Donnerstag, 27. April 1950, lässt HOFFMANN sich zusammen mit seiner Frau und „mit 10 weiteren Eintretenden“ von Dekan SÖLLNER mit Zustimmung des dortigen Kirchenvorstandes wieder in die Evang.-Luth. Landeskirche aufnehmen. Die Spitalkirche in Hersbruck, wo dieser Wochengottesdienst stattfindet, ist pikanterweise derselbe Ort, an dem HOFFMANN 13 Jahre zuvor für die D.C. „gewildert“ hat. Das Pfarramt Hersbruck teilt mit, dass diese Wiederaufnahme *„auf Veranlassung des Herrn Landesbischofs und nach Beschluss des Kirchenvorstandes ohne Besuch der Vorbereitungsstunden“* erfolgte.

HOFFMANN ist sich gar nicht bewusst, welchen negativen Eindruck von seiner Kirchlichkeit er mit seinem zögerlichen Wiedereintritt erzeugt. Wenn er diesen Wiedereintritt nun gar als Hebel und Druckmittel für seine Wiederbeschäftigung verwendet, beweist er, welches fragwürdige Bild von Kirche er hat und gießt Wasser auf die Mühlen seiner Kritiker. In diesem Vorbehalt gegen ihn verhärtet sich der Landeskirchenrat.

Drei Lesarten für die misslungene Bitte um Wiederbeschäftigung als Pfarrer

Nun überstürzen sich die Ereignisse. Darüber liegt ein eigener Bericht durch Pfarrer FÖRSTER in der schon genannten Weidenberger Pfarrbeschreibung vor, der sich aber vom Befund in den Personalakten auffallend unterscheidet. Rechnet man Hofmanns eigene Beschreibung hinzu, ergeben sich von dieser weiteren Entwicklung mindestens drei unterschiedliche Darstellungen. Bei kritischer Sicht der Dinge wird man zusammenfassend über die Fakten Folgendes sagen dürfen:

Der Landeskirchenrat lehnt Hoffmanns Übernahme in den regulären Pfarrdienst konsequenterweise ab; er bietet ihm stattdessen eine Tätigkeit im Diakonischen Bereich an.

HOFFMANN, der entgegen seinem devoten Auftritt gegenüber dem Landesbischof eben doch die Übertragung eines „richtigen“ Gemeindepfarramtes erwartet hatte, lehnt gekränkt ab. Zu einem solchen möglichen „Abstieg“ hatte HOFFMANN dem Landesbischof gegenüber aber eigentlich Ja gesagt.

Seinem ehemaligen Kirchenvorstand Weidenberg gegenüber aber hat er diese Berufsalternative verschwiegen, als er dort pflichtgemäß eine Stellungnahme einholt. Indem er in diesem Kirchenvorstand den reumütigen Sünder gibt, der seinen Glaubensbrüder Ärger gemacht hat und der nun an das Vergebungsgebot der Bibel appelliert, hat er sich die Zustimmung dieses Gremiums trickreich erschlichen.

Seinen erneuten Austritt aus der Evang.-Luth. Kirche und den endgültigen Verzicht auf ein Amt in dieser Kirche begründet er dann letztendlich so, dass ihm die angebliche Auferlegung einer Probezeit als unzumutbar erschienen sei.

Eine gewisse innere Sicherheit in diesem chaotischen Agieren gibt ihm die Tatsache, dass er zu dieser Zeit schon, wie oben angedeutet, eine attraktive berufliche Alternative hat, nämlich als Religionslehrer bei den Katholiken.

Dazu als Vergleich nun die alternative Lesart von Pfarrer HANS FÖRSTER:

Danach habe HOFFMANN erst drei Monate nach seinem Wiedereintritt, nämlich am 12. Mai 1950, den Evang.-Luth. Landeskirchenrat schriftlich um Wiederverwendung im kirchlichen Dienst gebeten und dazu beim Kirchenvorstand von Weidenberg am 3. Juni 1950 um Befürwortung nachgesucht, welche dieser in der Sitzung vom 2. Juli 1950 ihm einstimmig gewährt habe. Der Landeskirchenrat habe ihm jedoch am 30. Mai 1950 eine Bewährungsfrist auferlegt und ihm während dieser Zeit eine Tätigkeit als Amtsaushilfe vorgeschlagen. Pfarrer HOFFMANN habe sich je länger je mehr damit nicht einverstanden erklären können und sei deshalb zum 11. Dez. 1950 zusammen mit seiner Frau ein zweites Mal aus der Evang.-Luth. Kirche ausgetreten und zur Röm.-Kath. Kirche übergegangen.

Nachsichtiger Chronist:
Pfarrer HANS FÖRSTER

Er sei als katholischer Religionslehrer an Volks- und Berufsschulen in Hersbruck, Lauf und Nürnberg bis zur Erreichung seiner Altersgrenze verwendet worden. Nachdem er sich seit seiner Entlassung aus dem Heeresdienst als Hilfsarbeiter und Schreiner mühselig und redlich durchgeschlagen habe, sei ihm der Schritt in einigermaßen geordnete Verhältnisse in seinem Alter zu gönnen.

Diese Pfarrbeschreibung von HANS FÖRSTER ist hier erstaunlich unpräzise, insbesondere, wenn man in Rechnung stellt, dass dieser Pfarrer die entscheidende Kirchenvorstandssitzung am 30. Juni 1950 im Amtszimmer des Pfarrhauses selbst geleitet hat. Wie man im Original-Protokoll nachlesen kann, hat HOFFMANN den Kirchenvorstand in seinem Brief gar nicht um eine Befürwortung für seine Wiederverwendung im kirchlichen Dienst gebeten, sondern *„um Vergebung seines Schrittes"*, nämlich des 1943 erfolgten Kirchenaustrittes, *„und des von ihm damit verursachten Ärgernisses"*. Dieser Vergebungsbitte konnte sich der Kirchenvorstand mit Rücksicht auf Matt. 18, 21 nicht entziehen, sondern nahm von ihr *„mit Zustimmung Kenntnis"* und beschloss *„einstimmig, ihm diese Bitte um Christi willen zu gewähren"*.

Es trifft zwar zu, dass Hoffmann am 12. Mai 1950 einen (weiteren) Antrag an den Landeskirchenrat stellte, jedoch lediglich um seine Eintrittsbescheinigung vorzulegen und seine Sache als dringlich erscheinen zu lassen.

Jedoch trifft Försters Behauptung nicht zu, dass der LKR am 30. Mai 1950 HOFFMANN eine „Bewährungsfrist" auferlegt. Vielmehr wird HOFFMANN unter diesem Datum mitgeteilt, dass er vor Zusage einer Verwendung zunächst die *„Verhältnisse zu seiner früheren Gemeinde Weidenberg und den Amtsbrüdern seines früheren Kapitels in Ordnung bringen"* solle. Der Vermerk in der entsprechenden Beschluss-Vorlage des LKR vom 22. Mai 1950 ist gleichlautend.

Über den weiteren Fortgang der Geschichte macht FÖRSTER sich folgende Gedanken: Weil HOFFMANN die vom Landeskirchenrat angeblich verlangte Probezeit als Amtsaushilfe als zu schikanös empfunden hätte, habe er den Wechsel zur katholischen Kirche letztendlich vorgezogen. Dies entspricht nicht dem Befund in den Personalakten und damit wohl auch nicht den Tatsachen. Es empfiehlt sich also, die Informationen über die von Pfarrer FÖRSTER geschilderten Zusammenhänge mit Zurückhaltung zu lesen.

Was Hoffmann unter „Verhältnisse in Ordnung bringen" versteht

Interessanterweise setzt HOFFMANN auch den zweiten Teil der Auflage um, nämlich das Verhältnis zu den Amtsbrüdern seines früheren Kapitels in Ordnung bringen, aber auf eine für ihn sehr typische formale Weise in Sparversion.

Er schickt an das Dekanat genau denselben Brief, mit dem er auch dem Kirchenvorstand Weidenberg pauschal seine Einsicht über den „Irrweg" der D.C. mitgeteilt und um Verzeihung für ein ungewolltes „Ärgernis" gebeten hatte. Beiden Adressaten macht er auf seine ganz spezifische Art mit seinem zwischenzeitlichen Anbandeln bei den Katholiken Druck. Er *hätte „in der Zwischenzeit mehrfach Gelegenheit gehabt ..., in anderen kirchlichen Diensten [gemeint; in der katholischen Kirche] Verwendung zu finden."* Er habe aber *„davon aber keinen Gebrauch gemacht"*, da *er „mit dem Glaubensgut unserer evang.-luth. Kirche viel zu tief verbunden"* sei und weil er zugleich stets hoffte, dass sich ihm *„schließlich doch wieder eine Türe zu unserer Kirche öffnen"* werde.

Die nun folgenden Monate Juni - August 1950 sind gefüllt mit Briefkontakten zwischen alle Beteiligten auf allen Ebenen und mit intensiven Sitzungen und Beratungen. Letztlich überwiegt im Landeskirchenrat aber der bestürzende Eindruck von mangelnder kirchlicher Bindung, den HOFFMANN mit seinem Kirchenaustritt erzeugt und nie mehr korrigiert hat. So kommt ein geistliches Amt für HOFFMANN nach der Meinung der weit überwiegenden Mehrheit im Landeskirchenrat nicht infrage. Auch für eine zeitnahe Verwendung im diakonischen Bereich zeichnet sich keine Perspektive ab. HOFFMANN, der sich bis zuletzt seinen Illusionen vom Pfarramt hingegeben hat, fühlt sich genarrt, als er den entscheidenden Brief des Landeskirchenrates in Händen hält und mag kaum glauben, was er liest:

„Betr. Wiederverwendung im kirchlichen Dienst. Auf Ihr Schreiben vom 6.8.50 müssen wir Ihnen mitteilen, dass wir uns angesichts Ihres Kirchenaustrittes nicht in der Lage sehen, Sie wieder als ***Geistlichen*** *zu verwenden. Herr OKR D. Schieder, Nürnberg, wird sich bemühen, eine* ***diakonische Verwendung*** *für Sie ausfindig zu machen. Sie wollen ihm unmittelbar mitteilen, ob Sie damit einverstanden sind. Da eine derartige Verwendung sehr schwer zu finden ist, lassen sich Termine dafür jetzt noch nicht abgeben. I.A. Lic. Schmidt".*

Diese Antwort ist eindeutig. Es gibt keinen wirklichen Weg zurück ins geistliche Amt. Zwar bietet ihm der Landeskirchenrat mit Schreiben vom 30. Okt. 1950 eine „diakonischen Stelle" im Nürnberger Arbeiterstadtteil Gostenhof an. Doch das ist es nicht, was HOFFMANN will.

HOFFMANN ist entsetzt. Er fühlt sich erneut missachtet, wie damals nach seinem Disziplinarfall in Augsburg, und er spürt in sich die gleiche Wut aufsteigen. Doch diesmal sieht er keine so wirksamen Mittel für seine Rache, wie 1933 mit dem demonstrativen Wechsel zum ideologischen Gegner. Diesmal hat er nur das leicht durchschaubare Mitgefühl der Katholiken und das verführerische Angebot, bei ihnen unterzuschlupfen, um den hohen Preis, seine protestantische, in der Familiengeschichte des evangelisch-lutherischen Lehrerhauses und der pietistischen Mutter wurzelnde Identität ganz preiszugeben. So will er den Kampf noch nicht ganz aufgeben. Auch hat er ja nach wie vor seine Duz-Freunde im Landeskirchenrat.

So gibt es in den folgenden Woche insbesondere über die Bedeutung der Begriffe „Geistlicher" bzw. „diakonische Verwendung" wilde und anhaltende emotionale Briefwechsel zwischen HOFFMANN und den einzelnen Mitgliedern des Landeskirchenrates bis hinauf zum Bischof, voller gegenseitiger Missverständnisse, Unterstellungen und Gerüchte, bis schließlich HOFFMANN selbst das Handtuch wirft und so

Kein Frieden mit dem ehemaligen D.C.-Pfarrer Hoffmann:
Sitzung des Landeskirchenrates mit Bischof Hans Meiser (3. V. li.) 1952

diesem Melodram ein Ende macht. Er wendet sich erneut und diesmal endgültig von der Evangelischen Kirche ab und sucht um Aufnahme in die Katholische Kirche nach.

Ein merkwürdiger Brief eines katholischen Geistlichen an den Landeskirchenrat, der sich im Personalakt findet, zeigt, dass sich dieser Ausgang in Richtung Katholizismus schon länger angebahnt hat. Offenbar ist Hoffmann mit diesem Priester inzwischen recht vertraut. Sein Schreiben wirkt wie eine seelsorgerliche Intervention.

Auf mehreren Schreibmaschinenseiten breitet er ein hemmungsloses Loblied auf die zu gering geachteten geistlichen Gaben von Hoffmann aus. Die Laudatio gipfelt in einer visionären Schau von Hoffmanns spiritueller Ausstrahlung: Wenn Hoffmann einen Raum beträte, dann wäre es so, als ob Jesus selbst durch die Türe käme. Der Landeskirchenrat soll offenbar schmerzhaft spüren, welch ein geistliches Wunderkind ihm mit Hoffmanns Ablehnung entgeht.

Am 12. Dez 1950 kommt vom Standesamt Hohenstadt die Bestätigung, dass Ida und Theodor Hoffmann erneut aus der Evangelischen Kirche ausgetreten sind. Ihr erster Austritt ist nun sieben Jahre her. Es ist der Ausgangspunkt für einen weiteren Gestalt- und Farbwechsel nach Chamäleonart.

Ein erneuter Gestalt- und Farbwechsel

Hoffmanns jüngerer Sohn HERBERT ist inzwischen in Augsburg angestellt und wohnt in Haunstetten, also in dem Stadtteil, aus dem sein Vater 17 Jahre zuvor wegversetzt worden ist. Dies wird auch für THEODOR HOFFMANN selbst noch eine Rolle spielen.

Die Dokumente im Personalakt enden mit der Mitteilung des Evang. Dekanats Hersbruck am 17.1.52 an den Landeskirchenrat: HOFFMANN sei „nunmehr in Hersbruck als kath. Religionslehrer tätig“, nachdem er ein Vierteljahr in Nürnberg in dieser Eigenschaft tätig war. Er wirkt ausgerechnet im selben Stadtteil Gostenhof, in dem ihm ja auch der Landeskirchenrat eine Stelle angeboten hatte. So wandelte also dieses kreative Chamäleon ein weiteres Mal von Grund auf seine Gestalt und seine Farbe, um auch unter den neuen Umständen mit den Menschen kommunizieren zu können!

Dank Recherchen im katholischen Diözesan-Archiv Bamberg lassen sich diese Angaben nun vervollständigen. Dort werden seit 1951 Angaben über den katholischen Religionslehrer THEODOR HOFFMAN (*4.12.88) gesammelt. Danach hat er bereits 1951 die Missio canonica zum Einsatz als katholischer Religionslehrer halten, ohne dass bei ihm hier eine besondere Ausbildung nachweisbar ist. Die katholische Kirche kam ihm hier also sehr weit entgegen und fragte auch nicht weiter nach seiner Orientierung im Dritten Reich.

Aktenkundig ist auch, dass er sogar die Möglichkeit erkundete, als Priester in der röm.-kath. Kirche tätig werden zu können; zu diesem Zweck legte er Lebenslauf und Zeugnisse vor. Doch damit hatte er seine Möglichkeiten wohl überschätzt. Es blieb bei seinem Einsatz als katholischer Religionslehrer an Volksschulen. Überliefert sind eine ganze Reihe von kleinen Einsatzorten in der oberfränkischen Diaspora im engeren Bereich um Münchberg, wo er also wohl als Springkraft eingesetzt war.

Mit über 70 noch Unterricht im schwierigen Milieu:
Knauer-Schule Nürnberg-Gostenhof

Ab Herbst 1951-1960 unterrichtet Hoffmann in Nürnberg. So ist 1958 ein Einsatz in der Knauerschule nachweisbar. Es ist eine Herausforderung, denn zu diesem Zeitpunkt ist HOFFMANN schon über 70 Jahre alt! Zudem liegt diese Grund- und Hauptschule in der Knauerstraße im ehemaligen Arbeiterviertel Gostenhof mit seinem schwierigen sozialen Milieu. Doch begegnet er den Schwierigkeiten mit Gelassenheit, kann er doch in manchem an seine guten Erfahrungen aus der Lebensreformbewegung anknüpfen.

Danach arbeitet Hoffmann in Hersbruck noch bis zum 73. Lebensjahr als Religionslehrer mit reduzierter Stundenzahl.

Am 11. Dez.1962 verzieht er zum Sohn in sein geliebtes Haunstetten. Vom Mai 1963 datiert das letzte Schriftstück im Diözesanakt. Hoffmanns Todesdatum und der Begräbnisort schienen allgemein unbekannt. Nachfragen bei den Friedhofsämtern in Augsburg führten zunächst nicht weiter.

Dann meldete sich aber im Dezember 2013 die Haunstettener Familie DÜRR, die von dem Projekt „MYRTEN FÜR DORNEN“ erfahren hatte und die mit HOFFMANN aus seiner Amtszeit in Haunstetten befreundet und auch durch den Mesnerdienst verbunden war. Ihre Informationen über Pfarrer HOFFMANN haben dem Projekt sehr weitergeholfen.

Ihre Recherchen zum Lebensende von THEODOR HOFFMANN haben ergeben, dass er an seinem letzten Wohnsitz im Augsburger Ortsteil Haunstetten am 1. Juni 1967 im Alter von 78 Jahren und fast 6 Monaten verstorben ist. Er wurde auf dem „Neuen Haunstettener Friedhof“ im Doppelgrab Feld 9, Reihe 18, Nr. 3457 346 bestattet. Seine Ehefrau IDA wurde an der Seite ihres Mannes beigesetzt. Ihr Todesdatum ist dem Autor nicht bekannt. Das gemeinsame Grab ist inzwischen aufgelöst.

CHRISTSEIN AM SCHEIDEWEG
– Weidenberg im Kirchenkampf –

3. Buch: *„DIE HEIMLICHE BEKENNTNISGEMEINDE WEIDENBERG“* *und andere Geschichten vom Pfarrer Redenbacher*

Einstimmung auf die Auseinandersetzung mit den „Deutschen Christen:
Die Pfarrer GEORG REDENBACHER (li.) und HANS MARTIN HELBICH im Sommer 1937

DRITTES BUCH:

DIE „HEIMLICHE“ BEKENNTNIS-GEMEINDE WEIDENBERG

UND ANDERE GESCHICHTEN VOM PFARRER REDENBACHER

Inhalt:

II. ANDERE GESCHICHTEN, VOR ALLEM VOM PFARRER REDENBACHER

I. DIE „HEIMLICHE" BEKENNTNISGEMEINDE WEIDENBERG

Einleitung

Von Kirchenkritikern wird der sg. „Kirchenkampf", die Auseinandersetzung zwischen den Kirchen und dem Nationalsozialismus zur Zeit des „Dritten Reichs" 1933-1945, gern als ein eher unbedeutender innerkirchliche Streit abgetan, demgegenüber die Kirchen bei den damaligen großen Problemen, wie etwa der Judenverfolgung, versagt hätten. Dabei wird aber bis heute gern übersehen, welche Bedeutung die Religion für das Selbstverständnis Hitlers und der NS-Partei hatte.

Der Nationalsozialismus wollte ja alle Lebensbereiche umspannen. So konkurrierte er weltanschaulich unmittelbar mit den Kirchen und ihrem Bekenntnis zu Jesus Christus, dem die Christen nach ihrem Bekenntnis in allen Bereichen ihres Lebens zu eigen sind. Die Auseinandersetzungen der Kirchen mit dem Nationalsozialismus berührten also unmittelbar den Kern der NS-Ideologie und stellten ihn infrage.

Der Nationalsozialismus verbuchte zwar Anfangserfolge bei der Gleichschaltung der Kirchen, erlebte aber in seinem Konflikt mit ihnen schon bald sein religiöses Desaster, das er auch trotz gravierender Zwangsmaßnahmen gegen die Arbeit der Kirchen nie mehr beheben konnte. Seine Niederlage in diesem Weltanschauungskampf konnte er nur im vom Zaun gebrochenen Zweiten Weltkriegs kaschieren, der in Deutschland alle widerstreitenden weltanschaulichen und politischen Kräfte zusammenzwang.

Nicht zufällig gingen die Kirchen trotz vieler Fehlentscheidungen ihrer Leitungen und unübersehbarer Schwächen ihrer Gläubigen als die einzigen moralisch integren Kräfte aus dem Zusammenbruch des Dritten Reiches hervor und konnten diese hohe sittliche Position in der neuen Bundesrepublik auch bis weit in die Achtzigerjahre hinein behaupten. Es wäre lange Zeit undenkbar gewesen, dass etwa jemand in der Bundesrepublik Deutschland Kanzler oder Präsident hätte werden oder ein Ministeramt hätte bekleiden können, der nicht als praktizierender Christ der evangelischen oder katholischen Kirche angehörte.

Der Grundstock für dieses nachhaltige Vertrauen in die Kirchen wurde tatsächlich in der Kirchenkampfzeit des Dritten Reiches gelegt. Der Weg zum Erwerb des Vertrauens in dieser Zeit des Bekennens damals war umstritten, schmerzvoll und weit. Viele Früchte reiften erst in der Nachkriegszeit. Aus ihnen erwuchs auch die gewaltlose deutsche Revolution 1989 und die Vereinigung der DDR mit der BRD. Erst seit den 2000-er Jahren erleben die Kirchen in der Bundesrepublik Deutschland eine Erosion dieses Vertrauens und eine wachsende Marginalisierung ihres Einflusses.

1. Vom naiven Führerglauben zum Kirchenkampf

Kirchen und Gemeindeglieder ergeben sich anfangs kampflos dem „Führer"

Als HITLER im Januar 1933 sein Amt als Reichskanzler antrat, war ein „Kirchenkampf" oder ein sonstiger Kampf gegen das neue Regime weit und breit nicht in Sicht. Lediglich die „Alten Kämpfer" der Partei, welche als tragende Pfeiler der riesigen, drei Millionen Mann starken Bürgerkriegstruppe SA HITLER zu seinem Erfolg verholfen hatten, sahen ihren Kampf noch nicht beendet, sondern warteten ungeduldig auf die versprochene zweite, „nationalsozialistische Revolution", um noch einmal kräftig loszulegen.

Der fälschlich so genannte „Röhmputsch" gab HITLER die Gelegenheit, diesen Unruheherd zu dämpfen, indem er in der Nacht zum 1. Juli 1934 die gesamte SA-Führung ermorden ließ. Danach durfte sich die SA nur noch bei den Pogromen gegen die Juden austoben.

Dagegen stellten sich die Kirchen und die meisten ihrer Gemeindeglieder vom ersten Tag an erwartungsvoll auf das neue Regime ein. HITLER schien die Christen für seine Sache zu brauchen; er gab sich selbst als Christ und versprach ihnen Schutz vor bolschewistischem Atheismus und Gottlosigkeit. Die Kirchenleitungen und auch die meisten Pfarrer glaubten ihm.

Musizieren im Pfarrhaus Weidenberg: Pfarrer SCHEIDING mit Familie und Hensoltshöher Schwester, vor 1933 (hinten rechts mit Gitarre: Weidenbergs erste BdM-Führerin HILDE SCHEIDING)

Das war auch in Weidenberg nicht anders. Der amtierende Pfarrer auf der I. Pfarrstelle FRITZ SCHEIDING zeigte sich schon vor Hitlers Machtübernahme ganz klar als Anhänger und Fürsprecher des Hitler-Regimes.

Seine jüngste Tochter HILDE SCHEIDING hat in Weidenberg ebenfalls schon vor 1933 die weibliche NS-Parteijugend, den Bund deutscher Mädel (BdM), eingeführt und zum Entzücken vieler heranwachsender Mäd chen selbst geleitet, solange sie mit ihrer Familie am Ort war, nämlich bis September 1933. HILDE war 1906 geboren und beruflich als Kunstgewerblerin tätig. Durch sie hatten die Mädchen ein Alibi, dem unbeliebten häuslichen Stalldienst oder dem Entenhüten zu entfliehen und sich mit ihrer Clique Gleichgesinnter zu treffen.

Mit gleicher Hingabe übernahm später der Sohn vom örtlichen Apotheker die Hitlerjungen. Sie vergnügten sich bei Geländespiel und Lagefeuer, sangen die zackigen Lieder aus ihrem HJ-Liederbuch und übten den Marschtritt als vorbereitende Maßnahme fürs Militär.

Auch die übrigen Erwachsenen passten sich rasch an. Bis 1933 war das politische und gesellschaftliche Leben in Weidenberg noch ziemlich vielgestaltig gewesen. Die in großer Zahl wirkenden örtlichen Vereine hatten das kulturelle, gesellige und sportliche Leben der Gemeinde vorangebracht; dabei hatten sie ihre Selbstständigkeit genossen. Sie wurden jetzt durch Gleichschaltung auf die Parteilinie gebracht. Die Vereinsmitglieder nahmen das ohne erkennbare Regungen hin.

Am Marktort hatte in der Weimarer Zeit eine kritische Einstellung zur Republik überwogen, denn diese junge Demokratie hatte durch ihre häufigen Regierungswechsel die Wähler verwirrt. Und sie hatte auch nicht vermocht, den Menschen die wirtschaftlichen Sorgen zu nehmen. Nach der Inflation in den frühen 1920-er Jahren wurde insbesondere die Weltwirtschaftskrise am Übergang zu den 1930-er Jahren vom örtlichen Handel als bedrohlich empfunden. Und auch das latente Problem der Arbeitslosigkeit wartete auf eine nachhaltige Lösung. In dieser Hinsicht stand HITLER großen Erwartungen aus der Arbeiterschaft und dem Handwerk gegenüber.

Auch das politische Leben war in Weidenberg bis 1933 viel farbiger gewesen. Neben den bürgerlichen deutsch-nationalen Parteien und der Bayer. Volkspartei hatte es mit der SPD und der KPD starke linke Gruppierungen gegeben; diese hatten besonders bei der großen Arbeiterschaft im Steinschleifbetrieb Schiller und im Porzellanwerk Sophienthal ihre Anhängerschaft.[200] Erst im Jahr 1929 hatte die NSDAP mit einer kleinen Ortsgruppe aus überwiegend jungen Leuten in Weidenberg Fuß fassen können.

Als dann 1933 alle anderen Parteien verboten wurden, bzw. sich selbst auflösten, ging niemand in Weidenberg auf die Straße. Viele SPD-Leute traten ohne großes Aufheben zur NSDAP über. Und die überzeugten KPD-Leute gingen in den Untergrund.

---

[200] Mehr dazu in der 1. Folge des Projektes „MYRTEN FÜR DORNEN – Am Vorabend der Urkatastrophen, Anm. 268 auf S. 210f sowie in der 2. Folge „Licht und Schatten der neuen Zeit“, S. 220 ff und 242ff.

Die verbliebenen Linken machten nur noch mit vereinzelten spektakulären Aktionen auf sich aufmerksam.[201]

Auch die Kirchengemeinde und ihre Pfarrer beklagten diesen Verlust an Vielfalt nicht, im Gegenteil. Denn dem Arbeiterturnverein der SPD hatten sie sowieso kritisch gegenübergestanden, weil er die Jugend verführe.[202] Und die Kommunisten verdächtigten sie der Gottlosigkeit. Da waren sie mit HITLER auf einer Linie.

Weidenberg wird im Sturm erobert:
Aufmarsch von HJ und BdM im Juli 1933 am Obermarkt (Archiv FÜßMANN)

So war im Jahr 1933 bald ganz Weidenberg mitsamt seinen vielen kleinen und größeren Außenorten braun. Alle, von den Kleinen über die Jugend bis zu den reifen Erwachsenen machten bei diesem politischen Umbau unbekümmert mit und reihten sich brav ein bei Aufmärschen und Wahlen. Nur die Alten aus der vergangenen deutschnationalen kaiserlichen Welt hielten sich noch zurück und hängten weiter ihre vertrauten Fahnen Schwarz-Weiß-Rot heraus, solange ihnen das noch erlaubt war.

Die angrenzende katholische Frankenpfalz mit ihren romtreuen widerständigen Geistlichen suchten ihre eigenen Wege, um ihre Identität zu behaupten. Hier hatte

---

[201] Vergl. die Geschichten *„Der Sowjetstern über Sophienthal"*, S. 17 und 184; sowie *„Weidenbergs einziger Widerstand: Ein Wutbürger fällt den Nazi-Maibaum"*, S. 195, in der 6. Folge des Projektes „MYRTEN FÜR DORNEN – Untergehen und Aufstehen"

[202] Vergl. dazu die Ausführungen 1. Folge des Projektes „MYRTEN FÜR DORNEN" in der genannten Anmerkung 268 auf S. 211.

die Hitlerjugend kaum Chancen, und auch die meisten Erwachsenen hielten sich treu zur Kirche und ihren Pfarrern.[203]

Hitlers Versuch, die Kirchen gleichzuschalten, führt zum vielfältigen Eklat

Auch Pfarrer REDENBACHER war zunächst arglos. Im allgemeinen Überschwang der ersten Regierungsmonate hatte auch er nicht so genau hingeschaut und hatte für sich die NS-Parteimitgliedschaft beantragt, in der Meinung, dass in Hitler-Deutschland positive Kräfte zur Erneuerung von Volk und Land am Werke wären.

Freilich war REDENBACHER ein moralisch sehr empfindsamer Mann. Mit Entsetzen nahm er wahr, wie rigide die Nazis sofort mit politischen Gegnern umgingen. Der Satz *„Ab nach Dachau!"* war auch in Weidenberg rasch zum geflügelten Wort geworden. Jedes Mal, wenn ihn jemand unbedacht weitersagte, erschauerte REDENBACHER und protestierte.

Dann sah der Geistliche bei Besuchen in Bayreuth die Schaufenster jüdischer Kaufleute und erschrak. Sie waren mit noch gruseligeren Parolen beschmiert: *„Deutsche! Wehrt Euch! Kauft nicht bei Juden!"*. In der Zeitung und auf Plakaten las er von dem reichsweiten Boykott jüdischer Geschäfte und Arzt- und Rechtsanwaltspraxen, den der fränkische Gauleiter JULIUS STREICHER unter diesem Motto in Gang gebracht hatte.

Zwar war in Weidenberg niemand betroffen, hier gab es keine jüdischen Händler. Aber die zutage tretende Menschenverachtung wurde auch in Gemeindekreisen und im Wirtshaus diskutiert. Das traf REDENBACHER tief ins sensible Gewissen. So gehört der Pfarrer in Weidenberg mit zu denen, die schon bald ernüchtert ihren Beitritt zur Nazipartei bereuen.

Aber waren die Übergriffe der Nazis vielleicht nur überzogene Aktionen gewesen, die man einer neu ins Amt kommenden Herrschaft nachsehen musste und die sich auch wieder beruhigten? – so fragt er sich anfangs. Doch dann kam es zum mehrfachen Eklat, der auch viele andere bislang Vertrauensselige hellhörig macht und in ganz Deutschland den ersten kirchlichen Widerstand auslöst: HITLER ordnete eigenmächtig reichsweite **Kirchenwahlen** für den 23. Juli 1933 an.

Um die Kirchen zu unterwandern und auf Linie zu zwingen, bringt er sein „trojanisches Pferd", die Parteigruppierung „Deutsche Christen", in Stellung. Um ihren Erfolg abzusichern, verfügt er, dass die Wahllisten durch die politischen Ortsgruppenleiter erstellt werden und mindestens 2/3 Parteigenossen enthalten müssten. Den Kirchengemeinden bleibt nur ein Vorlauf von neun Tagen zur Wahlvorbereitung in

---

[203] Vergl. vom selben Verfasser das Buch „SPURENSUCHE FRANKENPFALZ", S. 32 ff und 61 ff.

bescheidenstem Rahmen, Dagegen setzt die Partei ihrerseits den ganzen Propagandaapparat zur Werbung ein. In der Nacht vor der Wahl müssen alle deutschen Rundfunksender Hitlers drohende Wahlrede zugunsten der D.C. übertragen.

Hitlers Coup gelingt. Wie erwartet scheint es für die Nazis ein großer Sieg zu sein. Sie können in ganz Deutschland die Mehrzahl der Kirchenleitungen und Kirchenvorstände gleichschalten.

Aber Hitlers Aktion war auch eine klare Kampfansage an die Kirche. Und unterm Strich betrachtet entpuppt sie sich als Pyrrhussieg. Denn dieses willkürliche aggressive Vorgehen hilft damals, die Fronten zu klären und die kirchlichen Kräfte zum gemeinsamen Widerstand zu mobilisieren.

Der „Arierparagraf" fordert die Protestanten zum „Status Confessionis" heraus und wird zum Zündfunken für die „Bekennende Kirche"

2. Kirchengesetz betreffend die Rechtsverhältnisse der Geistlichen und Kirchenbeamten.

Vom 6. September 1933.

Die Generalsynode der Evangelischen Kirche der altpreußischen Union hat folgendes Kirchengesetz beschlossen:

§ 1

1. Als Geistlicher oder Beamter der allgemeinen kirchlichen Verwaltung darf nur berufen werden, wer die für seine Laufbahn vorgeschriebene Vorbildung besitzt und rückhaltlos für den nationalen Staat und die Deutsche Evangelische Kirche eintritt.
2. Wer nicht arischer Abstammung oder mit einer Person nichtarischer Abstammung verheiratet ist, darf nicht als Geistlicher und Beamter der allgemeinen kirchlichen Verwaltung berufen werden. Geistliche und Beamte arischer Abstammung, die mit einer Person nichtarischer Abstammung die Ehe eingehen, sind zu entlassen.
Wer als Person nichtarischer Abstammung zu gelten hat, bestimmt sich nach den Vorschriften der Reichsgesetze.

§ 3

1. Geistliche und Beamte, die nach ihrer bisherigen Betätigung nicht die Gewähr dafür bieten, daß sie jederzeit rückhaltlos für den nationalen Staat und die Deutsche Evangelische Kirche eintreten, können in den Ruhestand versetzt werden.
2. Geistliche oder Beamte, die nicht arischer Abstammung oder mit einer Person nichtarischer Abstammung verheiratet sind, sind in den Ruhestand zu versetzen.
3. Von der Anwendung des Abs. 2 kann abgesehen werden, wenn besondere Verdienste um den Aufbau der Kirche im deutschen Geiste vorliegen.
4. Die Vorschriften des Abs. 2 gelten nicht für Geistliche und Beamte, die bereits seit dem 1. August 1914 Geistliche oder Beamte der Kirche, des Reiches, eines Landes oder einer anderen Körperschaft des öffentlichen Rechtes gewesen sind oder die im Weltkriege an der Front für das Deutsche Reich oder für seine Verbündeten gestanden haben oder deren Väter oder Söhne im Weltkriege gefallen sind.

„Nichtarische Geistliche entlassen": „Arierparagraf" der APU Sept. 1933

Der nächste noch folgenreichere Eklat wurzelte in dem bereits am 7. April 1933 erlassenen rassistischen Gesetz zur „Wiederherstellung des Berufsbeamtentums", zugespitzt auch „Arierparagraf" genannt. Alle staatlichen Beamte „nichtarischer Abstammung" sollten entlassen, bzw. in den vorzeitigen Ruhestand versetzt werden.

Diese staatlichen Regelungen wollte die nun von den Nazis dominierte Preußische kirchliche Generalsynode – die der Volksmund deshalb auch bezeichnenderweise sogleich als „braune Synode" titulierte, zumal viele Nazidelegierte demonstrativ in brauner Parteiuniform erschienen waren – auch auf Pfarrer und Kirchenbeamte ausdehnen und in der ganzen Reichskirche angewendet wissen.

Der Widerstand kam aus der eigenen Kirche der Altpreußischen Union: Bereits zwei Wochen später erhob sich in derselben Kirche der „Pfarrernotbund" gegen diese rassistische Gängelung. Spontan hatten sich hier Geistliche und Kirchenbeamte zum Protest zusammengefunden. Wie ein Lauffeuer breitete sich diese Bewegung deutschlandweit aus. Bald umfasste sie ein Drittel der gesamten Pfarrerschaft – das war die Geburtsstunde der „**Bekennenden Kirche**". Der „Arierparagrafen" wurde im Raum der Kirche Christi als eine Verletzung des christlichen Bekenntnisses betrachtet. Damit war für Christen der „status confessionis“ eingetreten, der Zeitpunkt zum Widerstand aus dem Glauben.

In diese brodelnde Unruhe von erzwungener Kirchenwahl und Arierparagraf hinein schleuderten Hitlers „Deutsche Christen“ (D.C.) selbst den entscheidenden Brandsatz. Dies ließ die Stimmung in ganz Deutschland schlagartig explodieren. In einer Großveranstaltung am 13. November 1933 im Berliner Sportpalast, die als „Sportpalastskandal“ in die Geschichte der Kirche einging, ließen die D.C. in aller Öffentlichkeit die Maske fallen. Vor aller Ohren und Augen und offenbarten sie sich als bibelfeindliche rassistische Sekte. Sie blieben zwar weiterhin Mitglieder in den Kirchenvorständen und Synoden, verloren aber viele Mitglieder und vor allem ihre Macht.

Die Bekennende Kirche antwortete im Mai 1934 mit der Verabschiedung der grundlegenden „Theologischen Erklärung von Barmen“. Sie setzte dem totalen Anspruch des Staates den Anspruch Christi auf alle Bereiche des menschlichen Lebens entgegen.

Doch der Hitlerstaat wollte von dem Konstrukt einer **hitlertreuen Reichskirche** nicht lassen. Ein letztes Mal versuchte er mit Zwangsmitteln den Widerstand der noch verbliebenen „intakten“ Landeskirchen von Württemberg und Bayern zu brechen. Er ließ deren Landesbischöfe WURM und MEISER gefangen setzen und die Landeskirchenräte ihrer Ämter entheben. Dabei hatte der populistisch agierende HITLER aber wohl nicht mit dem Widerstand aus den Gemeinden gerechnet. Ganze Zugladungen von Kirchenvorstehern und Gemeindegliedern ergossen sich nun nach Stuttgart bzw. München. Betend und choralsingend eilten die Protestanten zu ihren Oberhirten, um die Solidarität mit ihnen zu bekunden; und sie sprachen auch bei den Behörden vor, um zu protestieren.

Erstmals erlebte diese nach Totalität strebende Diktatur also, dass ihr jemand deutlich ihre Grenzen aufzeigte. Es waren vor allem diese unerwarteten „frommen Volksaufstände“ in den beiden Landeskirchen, durch die HITLER sich genötigt sah, seine kirchlichen Ziele von Gleichschaltung und Einheitskirche preiszugeben. Man mag sich gar nicht ausmalen, wie die Geschichte des Dritten Reichs verlaufen wäre, wenn auch bei anderen Gelegenheiten solche Volksstürme losgebrochen wären. Doch hatten die Nazis mit ihrem Zugriff auf die Religion wohl einen besonders empfindlichen Nerv des Volks getroffen. So blieb dieses Ereignis einmalig.

Dass aus Weidenberg damals niemand bei dieser aufsehenerregenden Demonstration in München offiziell dabei war, hat, wie gleich zu zeigen sein wird, seine besonderen Gründe. Zuvor soll aber noch ein weiterer Eklat erwähnt werden, der die Missstimmung zwischen dem nationalsozialistischen Staat und der Kirche auch in den Gemeinden weiter wachsen ließ und der auch in Weidenberg seine deutlichen Spuren hinterließ.

Es ging um den Initiator des „Pfarrernotbundes" und Kopf der Bekennenden Kirche **MARTIN NIEMÖLLER**. Er war zu dieser Zeit Pfarrer der Altpreußischen Union und zugleich die Symbolfigur des evangelischen Widerstandes, auf die auch das Ausland aufmerksam wurde. An ihn kam die Staatsführung deswegen nicht so leicht heran, weil er als hochdekorierter U-Boot-Kapitän des Ersten Weltkrieges zu den verehrten Helden des Volkes zählte. Als diesem unbequemen Mahner der Nazistaat erstmals bereits im Sommer 1934 Redeverbot erteilen ließ, wandelte er in der öffentlichen Meinung auf einem schmalen Grad.

NIEMÖLLER nutzte diese Stimmung und setzte sich über diese Zurechtweisung hinweg. Im selben Jahr wurde er erstmals verhaftet. Noch mehrfach wiederholte sich dieses Spiel in der folgenden Zeit. Am Höhepunkt des Kirchenkampfes 1937 inhaftierte man ihn zum sechsten Mal. Man beschuldigte ihn insgesamt 40 Vergehen. Er kam vor Gericht. Das Urteil lautete auf Hochverrat. Doch das Gericht bemühte sich zu der Zeit noch um Unabhängigkeit; die Strafe sollte mit der achtmonatigen Untersuchungshaft im Gefängnis Moabit als verbüßt gelten.

Das war in Hitlers Augen viel zu milde. Wütend ließ er NIEMÖLLER nunmehr als „persönlichen Gefangenen" ohne neues Urteil festsetzen. Der aufsässige Geistliche verbüßte zunächst drei Jahre im KZ Sachsenhausen in strengster Isolationshaft. Dann verbrachte man ihn für den gesamten Rest der Kriegszeit ins KZ Dachau, bis ihn dort 1945 die Amerikaner befreiten.

Dieser Übergriff Hitlers hatte für das weitere Geschehen große emotionale Bedeutung. Er polarisierte die Evangelischen und entzündete auch in Weidenberg den Protest der Gemeinde. Dieser Konflikt spiegelt sich in den dortigen Auseinandersetzungen des Kirchenkampfes[204] wider; dazu weiter unten mehr.

In den meisten Gemeinden des Dekanats Bayreuths fand der Kirchenkampf, den man damals noch meist „Kirchenstreit" nannte, lebhafte Unterstützung. Landesbischof HANS MEISER, der aktiv auf Reichsebene in der Bekennenden Kirche mitarbei-

---

[204] Der Ausdruck **„Kirchenkampf"** taucht vereinzelt schon seit 1933 auf. Ihn hat der Kieler Kirchenhistoriker KURT DIETRICH SCHMIDT aber erst rückblickend in seinen Vorlesungen nach dem Krieg in den 1960-er Jahren offiziell eingeführt. SCHMIDT war 1933 Mitbegründer der „Not- und Arbeitsgemeinschaft schleswig-holsteinischer Pastoren" (NAG), einer Vorläuferin der Bekennenden Kirche. Er bezeichnete mit „Kirchenkampf" insbesondere die Auseinandersetzung von NS-Staat und Kirchen um die Gleichschaltung und um die Einführung des Rassestandpunktes in den Kirchen zwischen 1933-1945. Die Originaldokumente im Schriftverkehr der verschiedenen Ebenen der Bayer. Landeskirche in dieser Zeit, die der Verfasser einsehen konnte, sprechen in der Regel vom **„Kirchenstreit"**.

tete, gab die Linie vor. Ebenso klare Bekenner waren für den Bereich um Bayreuth der damalige Kreisdekan KARL PRIESER und der Dekan Dr. WOLFART.

In einigen Gemeinden des Dekanats Bayreuth fanden sich mutige Geistliche, wie der Geseeser Pfarrer THEODOR DIEGRITZ, die nicht nur die eigenen Gemeinden in klaren Predigten um das Bekenntnis versammelten, sondern auch in anderen Gemeinden und auf Dekanatsebene wegweisende Vorträge hielten. Vielerorts, so z.B. in der Stadt Bayreuth oder im ländlichen Dorf Emtmannsberg, bildeten sich „Bekenntnisgemeinden", die an ihre Gemeindeglieder eigene Mitgliedskärtchen ausgaben.

Eine verfehlte Stellenbesetzung beschert Weidenberg im Kirchenkampf eine besondere Situation mit zwei ganz gegensätzlichen Pfarrern

In Weidenberg kam es aber in diesem seit Herbst 1933 entbrannten Kirchenkampf zu einer besonderen Situation. Nachdem der oben genannte Inhaber der I. Pfarrstelle Pfarrer SCHEIDING aus Gesundheitsgründen im September 1933 seinen Dienst am Marktort aufgeben musste, besetzte die Landeskirche diese freigewordene Stelle gleich im folgenden Monat Oktober mit THEODOR HOFFMANN, nicht ahnend, was sie damit anrichtete. Denn dieser Pfarrer hatte sich nicht freiwillig hierher gemeldet, sondern er hatte seine letzte Dienststelle in Augsburg-Haunstetten verlassen müssen, weil er, wie ein Verfahren beim kirchlichen Disziplinarhof festgestellt hatte, angeblich ein öffentliches Ärgernis erregt hatte. Als Anhänger der Lebensreformbewegung hatte er mit Freunden nackt im Lech gebadet und bei einem Gemeindeglied Anstoß erregt.

Er fühlt sich aber zu Unrecht nach Weidenberg strafversetzt und sinnt nun vom ersten Tag an darauf, wieder von hier wegzukommen. Als ihm das verwehrt wird, meldet er sich anderentags bei SA und NSDAP[205] an, sei es aus Wut und wohl auch, um den Landesbischof zu ärgern. Im Jahr 1934 tritt er den D.C. bei und gründet dann im darauffolgenden Jahr in Bayreuth für ganz Oberfranken eine umtriebige D.C.-Ortsgruppe.

Nun begegnen sich also in Weidenberg am 16. Oktober 1933 mit Hoffmanns Umzug erstmals diese zwei Pfarrer, die man sich unterschiedlicher gar nicht vorstellen kann, die aber doch schauen müssen, irgendwie zusammenzuarbeiten:

- Auf der einen Seite Pfarrer HOFFMANN, stattlich, schlank, sportlich, straff, asketisch, mit eher oberflächlicher Bildung, geprägt von den praktischen freiheitlichen

---

[205] Wegen des Parteiaufnahmestopps seit 1. Mai 1933 wurde diese Parteimitgliedschaft erst über den Umweg von Hoffmanns „Bewährung" in den Parteigliederungen SA und D.C. am 1. Mai 1935 rechtsgültig (s.o. im Abschnitt *„Aus Trotz gegen den Landesbischof wendet sich Hoffmann Nationalsozialismus und D.C. zu"*, S. 216).

Von Lebensreform und Sozialismus geprägt: THEODOR HOFFMANN

Idealen der Lebensreformbewegung und vom Interesse an der Arbeiterbewegung, aber nun durch seinen Trotz gegen die Kirchenleitung auf dem Weg in das enge ideologische Korsett des Nationalsozialismus und seiner religiösen Vasallen der D.C.;

– auf der anderen Seite Pfarrer REDENBACHER, ebenfalls stattlich; aber eher ein sinnenfreudiger und geselliger Pykniker, ein Liebhaber der Malerei und der modernen Dichtung, wie die meisten älteren Pfarrer geprägt von einer deutschnationalen Gesinnung und von hohen Erwartungen an den Nationalsozialismus, aber nun auf dem Weg zu einem Hitlerverächter und Fundamentalkritiker der D.C.

Vom Deutschnationalen und von Kultur geprägt: GEORG REDENBACHER

Alle Dienstzeugnisse und Würdigungen der beiden Pfarrer stimmen in ihrer Beobachtung überein, dass diese zwei sich trotz ihrer unterschiedlichen Charaktere und Positionen stets um ein gutes amtsbrüderliches Verhältnis bemüht haben. Auch sei REDENBACHER in der Zeit des Kirchenkampfes der einzige Pfarrer im ganzen Bayreuther Kapitel gewesen, der überhaupt lange Zeit hindurch persönlichen Kontakt mit HOFFMANN gehalten habe. Wegen seines D.C.-Engagements erlebte es HOFFMANN dagegen, dass er von den anderen Kollegen des Kapitels wie ein Aussätziger behandelt wurde.

Wie konnte das Wirken von zwei so gegensätzlichen Geistlichen in Weidenberg im aufkommenden Kirchenstreit gutgehen? Es wird vermutet, dass beide eine Art mündliches Stillhalteabkommen geschlossen haben, dergestalt, dass sie auf der Kanzel oder im Kirchenvorstand bewusst auf kirchenpolitische Äußerungen verzichten wollten. Hingegen konnte jeder in seinem Seelsorgesprengel frei agieren.

Welche Regelungen HOFFMANN und REDENBACHER hinsichtlich der Einteilung ihrer Seelsorgesprengel getroffen haben, ist nicht zweifelsfrei zu klären. Nach der seit etwa 1910 gültigen Sprengeleinteilung wäre der I. Pfarrer, also HOFFMANN, für den Bereich des eigentlichen Marktortes Weidenberg zuständig gewesen, der II. Pfarrer für die auswärtigen Orte. Zeugenaussagen hingegen legen den Eindruck nahe, dass im Hauptort alles, was östlich der Nord-Süd-Linie vom Bahnhof über die Linden zum Obermarkt und zur Seybotenreuther Straße lag, sowie die östlich gelegenen Außenorte zum Bezirk des II. Pfarrers – also zu REDENBACHER – gehörten, alles westlich Gelegene zum Sprengel des I. Pfarrers HOFFMANN. Für Kasualien galt ohnehin das Prinzip der alternierenden Wochendienste, sodass auf diese Weise beide Pfarrer alle Familien der Kirchengemeinde Weidenberg kennenlernen konnten. Aber auch schon durch ihren Predigtdienst hatten beide Pfarrer Anhänger im jeweils anderen Sprengel.

Nach dem Dienstverteilungsplan des Oberkonsistoriums von 1914 fielen HOFFMANN zudem die Aufgaben zu, das Pfarramt zu führen, den Kirchenvorstand und die Kirchenverwaltung zu leiten und der Armenpflege vorzustehen. Außerdem oblag ihm die Lokalinspektion der Schulen in Weidenberg.

Der II. Pfarrer war nur Mitglied im Kirchenvorstand und leitete diesen nur in Vertretungsfällen. Außerdem war er Lokalschulinspektor für die auswärtigen Schulen in Döberschütz, Görschnitz, Hesslach und Mengersreuth. Zudem sollte er sich auch um das kirchliche Vereinswesen wie Evangelischer Bund mit rd. 140 Mitgliedern kümmern, sowie um Kindergottesdienst, Jugendpflege etc.

REDENBACHER war darüber hinaus auch im Vereinsleben engagiert. So hatte er während seiner gesamten 30-jährigen Dienstzeit in Weidenberg seinen Platz im Vorstand des ortstragenden Verschönerungsvereins. Die meiste Zeit, solange es seine Kräfte zuließen, amtierte er als Vorsitzender, danach als Schriftführer. Hier versammelten sich regelmäßig alle maßgeblichen Bürger des Ortes in großer Zahl, um über Ziele für den Marktort zu beraten oder das Engagement der Bürger anzuregen. REDENBACHER hatte also eine breite örtliche Verankerung. Und konnte diesen Verein in der Hitlerzeit erstaunlicherweise vor der Gleichschaltung bewahren und am Leben halten.[206]

HOFFMANN dagegen sah sich in dieser ungeliebten Gemeinde nur der eigenen Vereinigung der D.C. verpflichtet. Da er aber als Pfarramtsführer für die ganze Gemeinde mitverantwortlich war, konnte er gewissermaßen unter der offiziell verabredeten Radarlinie in der ganzen Gemeinde für seine D.C.-Sache werben und Anhänger rekrutieren, was er nachweislich auch getan hat.

Andererseits konnte aber auch REDENBACHER gemeindeübergreifend eine Bekenntnisgemeinde sammeln und zu gemeinsamem Handeln aktivieren. Zahlenmäßig bildete sie sicher die klare Mehrheit, auch wenn sie offiziell auch „geheim" bleiben

---

[206] Vergl. dazu das Kapitel *„Als Weidenberg Kurort werden wollte"* in der zweiten Folge des Projektes „MYRTEN FÜR DORNEN – Licht und Schatten der neuen Zeit", S. 285 ff.

musste. Sie sollte ja bei HOFFMANN und im mehrheitlich nationalsozialistischen Kirchenvorstand keinen Anstoß zu erregen.

In den Konfirmationsgottesdiensten wurden weiterhin alle Orte gemeinsam erfasst. Allerdings war sowohl der Unterricht, als auch die Konfirmationshandlung getrennt nach Buben und Mädchen, wobei hier die Pfarrer abwechselten. Bei den D.C.-Konfirmationen, die HOFFMANN dann ab 1935 in der Spitalkirche in Bayreuth abhielt, waren keine Weidenberger dabei.

Nur wenige Quellen für den Kirchenkampf in Weidenberg

Leider ist der Kirchenkampf in Weidenberg, obwohl er für die Gemeindegeschichte so tiefgreifend war, noch nirgends zusammenhängend dokumentiert worden. Das Projekt „MYRTEN FÜR DORNEN“ ist also auch in dieser Hinsicht ein Pilotprojekt.

Eine „Kirchenkampf-Chronik“, wie sie andere Gemeinden geführt haben, gibt es für Weidenberg nicht. Und auch die Weidenberger Pfarrbeschreibung erwähnt den „Kirchenstreit“ nur in der einseitigen Sichtweise durch die nationalsozialistische Brille. Pfarrer HOFFMANN beschreibt dort lediglich seine eigene Rolle und zwar mit einem einzigen lapidaren Satz:

„Während des Kirchenstreites als Nationalsozialist auf Seite der Deutschen Christen und daher im schweren Konflikt zum Kirchenregiment“.

So bleiben für diese Spurensuche nur wenige Quellen: Zeitzeugenaussagen, die Personalakten der Pfarrer, die Kirchenbücher, die Dekanatsakten, und vor allem die Protokolle des Kirchenvorstandes. Letztere sollen für den ersten Teil dieses Kapitels die wesentliche Linie vorgeben.

Als einzige neuere Monographie wirft die breit angelegte Untersuchung von LIESA WEBER „Handlungsspielräume und Handlungsoptionen von Pfarrern und Gemeindegliedern in der Zeit des Nationalsozialismus [am Beispiel der Dekanate Coburg und Bayreuth]“ auch einen Blick auf die beiden genannten Weidenberger Pfarrer im Kirchenkampf des Dekanats Bayreuth. Da der Autor des Projektes „MYRTEN FÜR DORNEN“ auch die umfangreiche Korrekturlesung für das Buch von Frau WEBER durchgeführt und dort viele ergänzende Fakten zum Wirken der beiden Pfarrer und zur Situation in Weidenberg eingebracht hat, wird hier auf die Angabe der einzelnen Fundstellen verzichtet.

„ZWISCHEN DEN ZEILEN ZU LESEN"

- „Die geheime Bekenntnisgemeinde Weidenberg" in der Zeit des Nationalsozialismus in den Protokollen des Kirchenvorstands Weidenberg 1933-1945

2. Ein ruhiggestellter Kirchenvorstand

Die Kirchenwahl von 1933 beschert auch dem Weidenberger Kirchenvorstand zwei Drittel Nationalsozialisten

HITLER hatte für Sonntag, 23. Juli 1933, reichsweite Kirchenwahlen angesetzt. Er wollte die protestantischen Gemeinden auf diesem Wege gleichschalten. Trotz gegenteiliger Beteuerungen hatten die NS-Partei mit ihren Gliederungen und auch HITLER persönlich massiven Einfluss genommen.[207] Dabei hatten die noch im Aufbau befindlichen „Deutschen Christen" (D.C.) in Bayern gezielt die Zusammenarbeit mit der NSDAP-Leitung München gesucht.

Entgegen dem Erlass des Reichsinnenministeriums vom 18. Juli 1933, der eine „freie und unparteiische Wahl des Kirchenvolkes, gemäß den Worten des Herrn Reichskanzlers" garantieren sollte, hatte die Gauleitung Franken die politischen Leiter in der Woche vor der Wahl am 19.Juli 1933 zum einem einheitlichen Vorgehen im Sinne der NS angewiesen:

„Im Einvernehmen mit der örtlichen Geistlichkeit werden die ***Vorschlagslisten*** *für die Kirchenwahl ... von den örtlichen Führern der Partei (!) ausgearbeitet. Entsprechend dem Willen und der Stimmung des Volkes* ***müssen mindestens 2/3 der Vorgeschlagenen Nationalsozialisten*** *sein."*

Immerhin durften die Gemeinden als Kandidaten „kirchlich bewährte" Nationalsozialisten aufstellen.

Pfarrer FRITZ SCHEIDING war zu der Zeit als Inhaber der I. Pfarrstelle für die Verwaltungsaufgaben der Kirchengemeinde Weidenberg zuständig und fungierte als Wahlleiter.[208] Sein handschriftlicher Bericht zur örtlichen Wahl ist vorn im Protokollbuch eingeklebt und mit dem Pfarramtssiegel versehen. Es handelt sich um den letzten Wahlvorschlag, auf den SCHEIDING und REDENBACHER gemeinsam Einfluss nehmen konnten.

---

[207] Vergl. BAIER S. 53ff.

[208] Zu diesem Zeitpunkt war Pfarrer SCHEIDING schon 66 Jahre alt. Er verstarb in Erlangen am 9.1.1943 im Alter von 75 Jahren.

Stolz auf Nazis im Kirchenvorstand:
Pfarrer FRITZ SCHEIDING

SCHEIDING ging dann zum 1. Okt. 1933 aus Krankheitsgründen vorzeitig in den Ruhestand nach Erlangen. Hier verstarb er am 9.1.1943 im Alter von 75 Jahren.

Allerdings zeigt sich dieser Pfarrer bei seiner letzten Kirchenvisitation im Herbst 1933 deutlich als Anhänger und Fürsprecher des Hitler-Regimes. Er ist auch stolz, Nazis im Kirchenvorstand präsentieren zu können.

Entsprechend der Anweisung der Gauleitung hatte Ortsgruppenleiter GEORG RUMLER für die Kirchenwahl das Einvernehmen mit Pfarrer SCHEIDING gesucht. Man hatte sich geeinigt, eine einzige gemeinsame Liste herauszugeben. Als Wahlvorschlag waren hier 18 männliche Bewerber aufgeführt. Der Prüfungsausschuss hatte die Liste für gültig befunden; demnach müsste dieser Wahlvorschlag mindestens 2/3 Nazi-Partei-Mitglieder, also 12 NS-Parteigenossen, umfasst haben.

SCHEIDING hatte sich aber doch zu einem eigenartigen taktischen Schritt entschlossen. Er hatte nach Art. 31 und § 29 der Wahlordnung die auf diesem Wahlvorschlag als „Kirchenverwalter" bezeichneten Kirchenvorstände und die Ersatzleute als gewählt erklärt, ohne dass dann überhaupt eine Wahlhandlung stattfand.

Ein solches „Durchwinken" der Liste und der Verzicht auf eine Wahlhandlung war eine Methode der widerständigen Kirche, um die von HITLER widerrechtlich angeordneten Kirchenwahlen zu unterlaufen. So konnte wenigstens sichergestellt werden, dass nur solche Kandidaten in den Kirchenvorstand kamen, die von der Kirchengemeinde wenigstens akzeptiert waren. Wären die D.C. mit einer eigenen Liste angetreten, hätte es sein können, dass man auch unerwünschte Kandidaten in diesem Gremium gehabt hätte.

Dass es nun formal 2/3 Nazis, also mindestens 12 Parteimitglieder im Kirchenvorstand waren, darf nicht darüber hinwegtäuschen, dass es doch bewusst Männer der Kirche und in der Regel treue Gemeindeglieder waren, die nun die Verantwortung trugen. Außerdem fällt auf, dass von den sechs Nicht-Parteimitgliedern fünf im eigentlichen neunköpfigen KV-Gremium der „Verwalter" saßen. Sie hatten also dort die Mehrheit. Die übrigen Nationalsozialisten mussten sich mit den Plätzen der Ersatzleute begnügen und hatten allenfalls die Chance, für Ausscheidende nachzurücken.

Diese 1933 bestimmten Herren blieben nun bis zur nächsten KV-Wahl im Amt, sofern sie nicht aus bestimmten Gründen vorher ausschieden. Ihre Wahlperiode dauerte mehr als doppelt so lange wie üblich, nämlich über 13 Jahre, bis zum Nov./Dez. 1946. Das hatte zwei Gründe:

Am Höhepunkt des Kirchenkampfes im Februar 1937 hatte HITLER, wiederum überraschend, eine weitere Kirchenwahl verfügt. Sie fiel aber ohne Angabe von Gründen aus. Und die meisten Gemeinden waren froh darüber, denn sie hätten von dieser zweiten „Wahl" das Allerschlimmste befürchtet.

Für die nächste Wahlperiode ab 1939 wurden die 1933 Gewählten einfach erneut bestätigt, was in der Liste unten mit „weiter KV 1939" bezeichnet wird.

Aus dokumentarischen Gründen, weil sonstige Quellen öffentlich nicht verfügbar sind, seien im Folgenden die damals Gewählten namentlich genannt und ergänzende Angaben beigefügt. Sie teilen sich in die Gruppe der eigentlichen Kirchenvorsteher, die in den Dokumenten auch als „Verwalter" bezeichnet werden, und in die „Ersatzleute", die im Fall eines Ausscheidens nachrücken.

Zum Vergleich: Die KV-Mitglieder *vor* dieser Wahl von 1933 waren die Herren DORNHEIM, KETTEL, KNOPF, KÜNNETH, N. NÜSSEL, LOCHMÜLLER, RACKELMANN, ROTHE, STUMPF und VOGEL.

Seit 1933 amtierende Kirchenvorsteher („Verwalter"):

1) Oberlehrer **NÜSSEL NICOLAUS** (im Ruhestand seit 1932, **wohl nicht Pg**., aus gesundheitlichen Gründen auf eigenen Wunsch aus dem KV ausgeschieden am 7. Okt. 1937; verstorben 1939. – Nachrücker: BAUERNFEIND, HANS, s.u.)

2) neu: Kaminkehrermeister SEYHS, HERMANN (wohl NS-Pg. seit 1933 und erster NS-Propagandaleiter; ausgeschieden durch Wegzug 1938. – Nachrücker am 16. Jan. 1939: MODSCHIEDLER, GOTTLIEB, s.u)

3) neu: Flaschnermeister SCHILLER, MICHAEL (wohl NS-Pg., weiter KV 1939)

4) Schneidermeister **STUMPF, FRITZ** (**wohl nicht Pg**.; weiter KV 1939, 1946)

5) neu: Kaufmann **RUMLER, HEINRICH** (Bruder von OGV GEORG RUMLER, aber **wohl nicht Pg**.; weiter KV 1939, als Soldat einberufen; verstorben an Kriegsfolgen Dez. 1945 im Lazarett Bayreuth)

6) neu: Kaufmann ELBEL, HANS (wohl Pg. und D.C.-Mitglied, ausgeschieden durch Wegzug nach Pegnitz 1934. – Nachrücker EHRMANN, HANS im Okt. 1935, s.u.)

7) Landwirt VOGEL, KONRAD, Fenkensees (weiter im KV 1939 und 1946)

8) Altbürgermeister von Waizenreuth **Lochmüller, Hans** (**wohl nicht Pg.**, weiter KV 1939 und 1946, ausgeschieden aus Alters- und Krankheitsgründen im Okt. 1949)

9) neu: Schmied **Engelbrecht, Adam**, Görschnitz (**wohl nicht Pg.**, ausgeschieden aus familiären Gründen 19. Mai 1937. – Nachrücker Kießling, Hans, s.u.)

Seit 1933 amtierende Ersatzleute („Nachrücker"):

1) neu: Lagerarbeiter bei Schiller Wdbg. Ehrmann, Karl (NS-Pg. seit 1932, SA seit 1934, Blockleiter und NSDAP-Kassier – nachgerückt Okt. 1935 für Elbel, Hans, weiter KV 1939),

2) neu: Mechaniker Kießling, Hans (*26.04.1905, oder dessen Vater? NS-Pg. der ersten Stunde seit 1929, als Beigeordneter im beschließenden Ausschuss die rechte Hand des Bürgermeisters und Ortsgruppenleiters Rumler, SA seit 1932, NSKK-Truppführer, Mitglied bei den D.C. und beteiligt am SA-Überfall auf Kirchenpingarten 1938, – nachgerückt für Engelbrecht, Adam am 19.5.1937, weiter KV 1939, 1946),

3) neu: Landwirt **Bauernfeind, Hans**, Lessau (**wohl nicht Pg.** – nachgerückt Nov. 1937 für Nüssel, Nicolaus, weiter KV 1939 und 1946),

4) Gastwirt Rosenhammer Rothe, Hans (lehnte Nachrücken ab für Seyhs, Hermann im Jahr 1939, stattdessen rückt nach: Modschiedler, Gottlieb),

5) neu: Lagerhalter in Weidenberg Ködel, Hans (war lt. Zeugenaussage im Rumler-Verfahren vom 19.9.40 Pg. 1933-45; lehnte Nachrücken für Seyhs 1939 ab, s.o.),

6) neu: Oberforstverwalter in Sophienthal. Modschiedler, Gottlieb *1878 (NS-Pg. und Stützpunktleiter in Sophienthal – für Seyhs, Hermann nachgerückt am 16. Jan. 1939, weiter KV 1939 und 1946; ausgeschieden im Okt. 1949, angeblich aus Alters- und Krankheitsgründen, aber wohl eher, weil erst jetzt seine langjährige Parteizugehörigkeit als Hinderungsgrund betrachtet wurde),

7) neu: Landwirt in Döberschütz Maier, Michael,

8) neu: Arbeiter in Weidenberg Pausch, Wolfgang,

9) neu: Bauunternehmer Dumbach, Heinrich (NS-Pg.)

Von diesen Kirchenvorstehern waren zum Zeitpunkt der Kirchenvisitation am 22. Oktober 1944 unter dem neuen I. Pfarrer Heim noch im Amt: Pfarrer Redenbacher; Kießling; Schiller; Lochmüller; Stumpf; Vogel; Ehrmann; Bauernfeind. – Es fehlt zeitweilig: Modschiedler. – Bei der Neuwahl 1946 kamen hinzu: Hübsch, Sengenberger und Schütz.

Nur Männer und etliche Jüngere im neuen Kirchenvorstand

Zwei Sachverhalte fallen bei der Zusammensetzung dieses Kirchenvorstandes besonders auf:

1. Die Aufgestellten sind ausschließlich Männer. Das hat seinen Grund. Die NSDAP war im Verhältnis von etwa 10:1 eine „Männerpartei".

Das Frauenideal der Nazis brandmarkte die Frauenemanzipation als eine „Erfindung der Juden" und verbannte die Frauen in die Familie und an den Herd. Es ließ praktisch von Anfang an, also seit 1920, für Frauen keine öffentliche Betätigung zu, außer in der „NS-Frauenschaft" und im „Deutschen Frauenwerk". So waren Frauen auf Druck der NSDAP bereits im Vorfeld dieser Wahlen auf den Vorschlagslisten verschwunden und gehörten somit keinem Kirchenvorstand an.

2. Die Weidenberger Liste enthält zu 70 % neue Kandidaten. Dabei wurde der Kirchenvorstand merklich verjüngt. Der pensionierte Oberlehrer NIKOLAUS NÜSSEL bildete altersmäßig eine gewisse Ausnahme. Als langjähriger Kantor und Organist der Kirchengemeinde gehörte er zu den „bewährten" Kräften.

Von den Gründungsmitgliedern der NSDAP-Ortsgruppe von 1929 ist aber als einziger HANS KIESSLING dabei. Als Mitglied bei Hoffmanns D.C. und rechte Hand des Ortsgruppenleiters verkörpert er die Macht der Partei im Kirchenvorstand.

Aus dem angesehenen Textilhaus RUMLER vom Obermarkt hat sich der bei Jung und Alt beliebte Juniorchef HEINRICH RUMLER aufstellen lassen. Er arbeitet bis zu seinem tragischen Tod infolge Kriegsverwundung mit, während sich sein Bruder GEORG als Ortsgruppenleiter immer weiter von der Kirche entfernt und schließlich, als fast einziger gebürtiger Weidenberger während der ganzen NS-Zeit, im Jahr 1942 ganz austritt.

Rechte Hand des Bürgermeisters im Kirchenvorstand: HANS K.

Nach dem „frommen Volksaufstand" schwenkt Redenbacher zur Bekennenden Kirche um

Der Streit um den „Arierparagrafen" hat die Protestanten in Deutschland polarisiert, und der Auftritt im Sportpalast hat die „Deutschen Christen" als Sekte entlarvt. Von diesen eindrücklichen Entwicklungen der Bekennenden Kirche ist aber in Weidenberg zunächst nichts zu spüren.

Wie verabredet verhalten sich die beiden Ortspfarrer im Kirchenvorstand und auf der Kanzel still, denn die Themen des „Kirchenstreits" gelten als „politisch". Auch von

einer Stellungnahme des Kirchenvorstandes oder der Pfarrer zur grundlegenden Barmer Theologischen Erklärung vom Mai 1934 erfahren wir nichts. Diese Zurückhaltung verändert sich aber, als die Nazi-Partei nun im Herbst 1934 ihre Hand auch nach den „intakten" Kirchen Württembergs und Bayerns ausstreckt, um sie gleichzuschalten.
Seinen spektakulären Höhe- und Wendepunkt erreicht dieser Übergriff Hitlers auf die Kirchen, als die Partei durch ihren „Rechtswalter" JÄGER mit Polizeihilfe die Landesbischöfe von Württemberg und Bayern festsetzt und die Oberkirchenräte ihrer Ämter enthebt.

Nun beginnen auch Pfarrer wie GEORG REDENBACHER, die sich bisher eher für eine gemeinsame Reichskirche unter LUDWIG MÜLLER als Reichsbischof stark gemacht hatten, deutlicher vernehmbar eine kritische Position zu beziehen.[209] In einem Schreiben an den „Kirchenrat"[210] am 22. Oktober 1934 gibt REDENBACHER seine Meinungsänderung kund. Im vergangenen Jahr 1933 sei er noch für den Reichsbischof gewesen. Durch die „unevangelische Behandlung" der bayerischen Landessynode sei er jedoch von der derzeitigen Kirchenpolitik „angewidert".

Auch von einer für ihn bezeichnenden weitreichenden Initiative berichtet REDENBACHER: Die Vorgänge in der Bayerischen Landeskirche hätten ihn veranlasst, sich an die Schwester von Hitlers rechter Hand HERMANN GÖRING zu wenden, die der Geistliche als Jugendlicher persönlich kennengelernt hätte.

Dieser GÖRING kontrollierte als kommissarischer Innenminister und Dienstherr der gesamten preußischen Polizei die politischen Gegner der Nationalsozialisten und schaltete sie systematisch aus. Aber als praktizierender Protestant galt er bei einigen als Fürsprecher der Kirche. Seine Schwester, die REDENBACHER tatsächlich geantwortet habe, sei „reichlich empört" gewesen über die Lage der Kirche und habe ihm versprochen, mit GÖRING über die Probleme zu reden, habe aber letztlich nicht zur Klärung der Lage beitragen können.

REDENBACHER erklärt weiter, dass er die Verpflichtungserklärung, mit der die bayerischen Pfarrer ihre Solidarität mit Landesbischof MEISER bekundet hatten, aus Rücksichtnahme auf seinen örtlichen Kollegen HOFFMANN zwar nicht unterschrieben habe. Aber durch die Ereignisse habe er erkannt, dass die neue Kirchenform der D.C. *„Verrat an einem Fundamentalsatz der evang. Kirche wäre, nämlich an dem*

---

209 Zum Folgenden vergl. LIESA WEBER, S. 249ff.

210 LAELKB NÜRNBERG, BD Bayreuth, Nr. 26. - Redenbachers Schreiben an den „Kirchenrat" vom 22. Okt. 1934 ist an das Dekanat adressiert, dürfte also wahrscheinlich Dekan WOLFART meinen.

Bekenntnis über die Art und Weise, wie Kirche nach dem Evangelium gebaut wird; nicht mit der Gewalt politischer Macht, sondern mit derjenigen des Geistes."

REDENBACHER habe erkannt, dass die Reichskirche mit ihrem gewaltsamen Eingriff in die Bayerische Kirche nicht **nach dem Bekenntnis** handele. Dies sei für ihn der Grund, **sich im Kirchenstreit auf der Seite der bayerischen Landeskirche zu positionieren**. – Hier zeigt sich REDENBACHER ganz als der stolze bekenntnisstarke Enkel des bekannten Pfarrers und Volksschriftstellers WILHELM REDENBACHER, der knapp 100 Jahre zuvor durch sein mannhaftes Auftreten im sg. „Kniebeugungsstreit" die Blicke der evangelischen Welt in und außerhalb Bayerns auf sich gezogen und zu einem eigenen evangelischen Bewusstsein der Protestanten in Bayern beigetragen hatte.[211]

Die „protestantischen Wallfahrten" nach München zwingen Hitler zum Sinneswandel

In ganz Bayern protestieren nun Pfarrer und Gemeinden mit Unterschriftenaktionen und machen in Bittgottesdiensten mit klaren Predigten gegen die Maßnahmen Jägers mobil. Als besonders wirkungsvoll erweisen sich aber die „protestantischen Wallfahrten" nach München zu Meisers Dienstsitz und zu Regierungsstellen.

Kerniger Pfarrer: FRIEDRICH SEGGEL

Bauerndelegationen aus Mittelfranken und 800 Nürnberger hatten es vorgemacht, was dann auch auf Vorschlag des kernigen Mistelgauer Pfarrers SEGGEL in einer Konferenz des Kirchenkreises in Bayreuth am 24. Oktober 1934 beschlossen wird: Eine oberfränkische Delegation von Pfarrern und Gemeindegliedern mit SEGGEL an der Spitze soll nach München fahren und im Innenministerium, beim Kultusminister sowie beim Reichsstatthalter gegen die Gleichschaltung der Landeskirche und die Verhaftung Meisers protestieren. Weitere acht Landwirte aus Kirchengemeinden des Bayreuther Landes schließen sich an, dazu ein Adelsspross aus dem Hause KÜNSBERG auf Wernstein.

Letzterer, dessen protestantische Vorfahren sich auch in Weidenberg bis zum Aussterben ihrer Linien stets treu zum lutherischen Protestantismus gehalten hatten, dringt bis zu

[211] Vergl. dazu das Kapitel *„Bloß keine Atheisten – Zehn Wunder bei der Entstehung der Evang.-Luth. Kirche in Bayern"* in dieser Folge von „MYRTEN FÜR DORNEN", S. 47ff.

einem Vertreter des Innenministers vor und beschwert sich dort über die „unwürdige Behandlung“[212] der Pfarrerschaft durch die Polizei und die vielfältigen Verstöße gegen die Freiheitsrechte, wie Überwachung der Telefonapparate, Bespitzelung von kirchlichen Amtshandlungen und die Konfiszierung von Unterschriftensammlungen, deren Autoren sich für Landesbischof MEISER einsetzten, durch die Gendarmerie in kircheneigenen Räumen.[213]

Der Beamte des Innenministeriums spielt die Probleme mit billigen Ausreden herunter: Die Telefonanlage sei technisch gestört gewesen, die Unterschriftenlisten seien nicht in der Kirche, sondern im Pfarrhaus konfisziert worden, usw.

Ein Ministerialdirektor im Kultusministerium gibt sich verwundert über das „geschehene Unrecht“ und rät, mit einer Delegation von Laien persönlich zum Kultusminister, Gauleiter HANS SCHEMM, nach Bayreuth zu gehen. Dies erweist sich aber dann als überflüssig. Denn die eindrucksvolle Wallfahrt nach München – in der Fachwelt respektvoll auch „frommer Volksaufstand“ (NORA SCHULZE) genannt – zeigt eine für Hitlers Diktatur typische Wirkung. Bestrebt, jede Unruhe in der Bevölkerung zu vermeiden, hat HITLER sogleich eingelenkt und rollt dem gerade noch Geächteten in Berlin den roten Teppich aus. Schon wenige Tage später kann Landesbischof MEISER wieder in sein Amt zurückkehren.

Im November 1934 konnte das kirchliche Amtsblatt mitteilen, dass alle restriktiven Anordnungen der Kommissare zwischen dem 11. Oktober und 1. November 1934 am 7. November für ungültig erklärt und rückgängig gemacht worden seien.[214] Auch der so schimpflich behandelte Kreisdekan PRIESER durfte nun wieder amtieren.

Die allgemeine Erregung ist im Weidenberger Kirchenvorstand noch nicht zu spüren

Die spektakulären Vorgänge in München waren sicher auch in der Weidenberger Gemeinde durch Zeitungsberichte und aufgrund der Nähe der Kreisstadt Bayreuth ein Thema. Der Monatsbericht des Bayreuther Oberbürgermeisters für Oktober 1934 an die Regierung[215] spricht von **starker Erregung** in der evangelischen Bevölkerung.

---

[212] LAELKB NÜRNBERG, BD Bayreuth, Nr. 26, SEGGEL an LKR, 31. 10. 1934.

[213] Vgl. LAELKB NÜRNBERG, BD Bayreuth, Nr. 26, SEGGEL an LKR, 31. 10. 1934.

[214] Vgl. LAELKB NÜRNBERG, KABL, 21. Jg., Nr. 36, 7. 11. 1934, 177.

[215] Es ging dem populistisch agierenden Hitlersystem darum, stets über die Stimmung in der Bevölkerung informiert zu sein, um rechtzeitig reagieren zu können. Auf Ortsebene waren auch die Gemeinderäte und Blockleiter in dieses Spitzelsystem involviert. – Vergl. auch zu den folgenden Abschnitten: STADTA BAYREUTH, Nr. 8584, Monatsbericht des Oberbürgermeisters der Stadt Bayreuth für Oktober 1934 vom 3.11.1934.

Die fast zeitgleiche Demontage des angesehenen Kreisdekans KARL PRIESER hätte die Spannungen enorm verschärft. Unter dem Eindruck dieser Erregung hätten sich auch solche Kreise der Kirche wieder angenähert, die ihr entfremdet waren, erfahren wir.

Doch verraten die Weidenberger Kirchenvorstandsprotokolle nichts von all dieser Dramatik. Pfarrer HOFFMANN hatte jedenfalls in dieser Situation auf eigene Faust gehandelt und den Kirchenvorstehern nichts verraten. In seiner ungebrochenen Wut gegenüber dem Landesbischof hatte er am 16. Oktober 1934, wenige Tage nach Meisers Verhaftung, eine Loyalitätserklärung für den Reichsbischof und die Reichskirche unterschrieben. Damit war er der einzige Pfarrer im Dekanat Bayreuth, der die Solidarität mit dem bayerischen Kirchenoberhaupt aufgekündigt hatte. Zudem hatte er verbale Angriffe auf MEISER unternommen.

Von alledem bekamen die Weidenberger nicht viel mit. Noch hielt die offizielle Verabredung ihrer beiden Pfarrer, Kirchenvorstand und Gemeinde aus dem „Kirchenstreit" herauszuhalten.

Auch beim Dekanat Bayreuth beruhigte sich die Lage wieder. Das war sicher auch dem mäßigenden Wirken des beliebten Gauleiters HANS SCHEMM, des „Paten" der Weidenberger NSDAP-Ortsgruppe, zu verdanken.[216] Bei einer stark besuchten Massenkundgebung am 22. Oktober 1934 in Bayreuth hatte SCHEMM versichert, dass das Bekenntnis der Kirche durch Hitlers „Sicherheitsgarantie" und den Eid des Reichsbischofs ungefährdet sei.

Für SCHEMM war der Kirchenkampf nur ein innerkirchlicher Konfessionsstreit von Kirchenleitungen und deren Pfarrern. Die Gemeindeglieder sollten sich aus diesem Streit heraushalten. Die Einheit der Volksgemeinschaft, für die die NSDAP „Trägerin" sei, sollte nicht gefährdet werden. Alle Gruppen in der Deutschen Evangelischen Kirche hätten doch das gleiche Ziel, die Schaffung einer Reichskirche; dies sei „der einzig richtige Weg".

Der nach 14 Tagen wieder eingesetzte Bischof und der ganze nun wieder amtierende Landeskirchenrat bekundeten ihrerseits ebenfalls Friedenswillen. Im Amtsblatt riefen sie die Gemeinden zum regelmäßigen Gedenken an den „Führer" im sonntäglichen Kirchengebet auf. Von ihren Pfarrern forderten sie das Bekenntnis zur Bibel und zu den Lutherischen Bekenntnisschriften und die weitere Unterstellung unter die Leitung des Landesbischofs. Das richtete sich vor allem an solche Geistliche, die sich bisher als D.C. profiliert hatten.

---

[216] Der letzte frei gewählte Weidenberger Gemeinderat hatte SCHEMM 1933 auch zum Ehrenbürger ernannt.

Pfarrer Hoffmann sammelt 1935 die oberfränkische D.C.-Ortsgruppe Bayreuth

Inzwischen führt aber Pfarrer HOFFMANN seinen Privatkrieg weiter. Im Bayreuther Raum sollen ihm die D.C. als Werkzeug für seinen persönlichen Widerstand gegen den Landesbischof dienen. HOFFMANN war bei den D.C. gut vernetzt. Man hatte ihm bereits im Juli 1934 das Amt des Landesschriftführers übertragen.[217] Nun verstärkt er sein Engagement für die D.C.
Mit jeder erneuten Ablehnung seiner ungebrochen eingereichten Versetzungsgesuche zieht er ein neues dissonantes Register. Dabei kommt ihm entgegen, dass die Leitung der D.C. bereits Ende des Jahres 1934 die Dekanate Coburg und Bayreuth als ihre besonderen „Missionsgebiete“[218] in den Blick genommen hatte. Wie eine Umfrage zeigt, die Kreisdekan PRIESER am 28. Januar 1935 an die Pfarrerschaft seines Kirchenkreises richtet, gab es in den beiden oberfränkischen Dekanaten bis zu diesem Zeitpunkt noch nirgends eine D.C.-Ortsgruppe.[219]

Nachdem die direkte Übernahme der Kirchenleitung in den „intakten“ Landeskirchen gescheitert war, sollen nun Gemeindeglieder unmittelbar geworben und Basisgemeinden errichtet werden. So sollen diese Landeskirchen von unten her aufgerollt werden, das ist die neue Strategie der D.C. Damit sind die D.C. in Bayern recht erfolgreich; allein im April 1935 können sie zehn Ortsgruppen aus der Taufe heben. Dabei gilt Bayreuth als besonderes Prestigeobjekt. Denn hier sitzen die D.C.-kritischen kirchenleitenden Organe Dekanat und Kreisdekan. Zudem hat der Landesbischof hier seine Autorität persönlich in die Waagschale geworfen: Am 31. März hatte MEISER der Stadt einen Besuch abgestattet, um die Kräfte für die Bekennende Kirche zu mobilisieren.

Als direkte Antwort gelingt dem kampflustigen THEODOR HOFFMANN genau eine Woche nach dem Besuch des Landesbischofs sein erster aufsehenerregender Coup: Am 6. April 1935[220] kann er die hier schon länger agierende kleine Schar von D.C.-Jüngern an einem verschwiegenen Ort in einem Gasthaus versammeln und zur Gründung einer D.C.-Ortsgruppe für das ganze östliche Oberfranken bewegen. Lehrer PAUL GEORG HERMANN wird von den rd. 20 Anwesende zum Ortsgruppenleiter

---

[217] BAIER, Deutschen Christen, S. 85.

[218] Ebd., S. 196.

[219] Vgl. LAELKB Nürnberg, BD Bayreuth, Nr. 27, Prieser an Pfarrerschaft, 28. 1. 1935; und Prieser an LKR, 7. 2. 1935.

[220] Es gibt viele abweichende Angaben über das Gründungsdatum, das in der Zeitung keine Erwähnung fand. Sie variieren vom 4.-11. April 1934. Der 6. April folgt der Angabe im Kirchenbuch der D.C.

erkoren.[221] Diese Gründung einer NS-treuen Kirchensekte im Herzen des volkskirchlichen Oberfranken wird von vielen als Sensation und Herausforderung empfunden.

Sie wird gesteigert durch Hoffmanns nächsten Erfolg. Es gelingt ihm, die braune Bayreuther Stadtregierung zu überreden, den D.C. die historisch bedeutsame stadteigene Spitalkirche zu überlassen. Sie haben nun eine Gottesdienststätte inmitten der Altstadt. Ohne nach kirchlicher Zustimmung oder der Zession von Pfarrämtern zu fragen, führt HOFFMANN hier persönlich vier Jahre lang D.C.-Gottesdienste, Kasualien und Konfirmationen nach eigenen liturgischen Vorstellungen durch. Seine „Kunden" sind D.C.-Mitglieder aus dem ganzen nordöstlichen Oberfranken. Er trägt viele Kasualien ins Weidenberger Kirchenbuch ein, obwohl sie weder vom Veranstaltungsort, noch von den beteiligten Personen her irgendetwas mit Weidenberg zu tun haben.

Innerhalb des Pfarrkapitels des Dekanats bleibt HOFFMANN aber weiter der Einzelkämpfer, mit dem kein anderer Pfarrer außer REDENBACHER etwas zu tun haben will. Im Gegenteil, mit der rasch wachsenden Größe der D.C.-Veranstaltungen wächst auch die Abneigung sämtlicher Dekanatskollegen, und ihr Widerstand nimmt deutlichere Formen an.

3. Neuartige Kampfmittel im Kirchenkampf des Dekanats Bayreuth

Dekanat und Kirchengemeinden gründen öffentliche Bekenntnisgemeinden

Dekanat und Pfarrämter waren sich hier völlig einig. Bereits am Palmsonntag, nur wenige Tage nach der D.C.-Ortsgruppengründung, riefen sie in ihren Gottesdiensten zur Bildung von **Bekenntnisgemeinden** auf. Wiederum wenige Tage später hatten sich bereits rd. 8.000 Gemeindeglieder als bekennende Christen eingetragen. Die erste große Bekenntnisversammlung am 3. Mai füllte mehrere Säle. Auch Landesbischof MEISER war wieder extra angereist.

Um nicht als staatsfeindlich zu gelten, versäumte man nicht, die „Treue zu Volk und Führer" zu bekunden"[222]. Aber die Hauptsache war allen doch die Ablehnung der rassistischen und bibelfeindlichen Irrlehren der D.C. und die Treuebekundung gegenüber der Evangelisch-Lutherischen Landeskirche.

---

[221] Vgl. PfAmt Bayreuth Stadtkirche, Nr. 605a, Pfarrbeschreibung. LAELKB NÜRNBERG, KD Bayreuth, Nr. 135, WOLFART an PRIESER, 7. 5. 1935.

[222] LAELKB Nürnberg, KD Bayreuth, Nr. 135, WOLFART an PRIESER, 7. 5. 1935.

Die **Bekennende Kirche** ist der Zusammenschluß aller derer, die die Heilige Schrift Alten und Neuen Testaments nach der Auslegung der reformatorischen Bekenntnisse als die alleinige Grundlage der Kirche und ihrer Verkündigung anerkennen.

Die Glieder der Bekennenden Kirche sind durch das Evangelium aufgerufen.

Deshalb wollen sie sich zum Wort Gottes und zum Tisch des Herrn halten und ein christliches Leben führen. Sie wollen beten und arbeiten für eine Erneuerung der Kirche aus dem Wort und dem Geist Gottes. Sie wissen sich zu entschlossenem Kampf wider jede Verfälschung des Evangeliums und wider jede Anwendung von Gewalt und Gewissenszwang in der Kirche verpflichtet.

Ich bitte um Aufnahme in die Bekennende Gemeinde und vertraue darauf, daß Gott mir zum Wollen das Vollbringen gebe und mich ein lebendiges Glied Seiner Kirche werden lasse. Ich erkenne an, daß die Not der Bekennenden Kirche von mir Opfer fordert.

Marburg, den 10. August 1934

Prof. D. Hans Frhr. von Soden

(Vor- und Zuname.)

Wenden!

Erinnerung an das Bekenntnis: Rückseite des Mitgliedskärtchens der Bekenntnisgemeinde Marburg vom 10.8.1934

Das Projekt der „Bekenntnisgemeinden" gestaltete sich sehr erfolgreich und strahlte auch aufs Land aus. In vielen Ortsgemeinden wurden die dunkelroten Mitgliedskärtchen ausgegeben. [223] Sie beschreiben auf ihrer Rückseite die Bekennende Kirche als den *„Zusammenschluss derer, die die Heilige Schrift Alten und Neuen Testaments nach der Auslegung der reformatorischen Bekenntnisse als die alleinige Grundlage der Kirche und ihrer Verkündigung anerkennen".*

In ihrem Aufnahmeantrag, dessen Wortlaut ebenfalls zur Erinnerung auf der Rückseite mit abgedruckt ist, bekennen sich die Mitglieder dazu, *„sich zum Wort Gottes zu halten und ein christliches Leben zu führen. Sie wollen beten und arbeiten für eine Erneuerung der Kirche aus dem Wort und dem Geist Gottes. Sie wissen sich zu entschlossenem Kampf wider jede Verfälschung des Evangeliums berufen und wider jede Anwendung von Gewalt und Gewissenszwang in der Kirche verpflichtet."*

Im folgenden Monat Mai 1935 hatte sich ihre Mitgliederzahl auf fast 19.000 Gemeindeglieder schon mehr als verdoppelt. Zwar gelang es auch den D.C., für ihre Versammlungen weiterhin Aufmerksamkeit zu erregen. Doch überzeugten die Bekenntnisversammlungen allerorts allein schon zahlenmäßig mit 1.000 und 2.000 Teilnehmern.

Ein wichtiges Medium waren im Allgemeinen die Kirchenvorstände, die sich überall hinter das Anliegen der Bekenntnisgemeinden stellten. In allen Gremien außer Weidenberg informierten die Pfarrer ihre Kirchenvorsteher regelmäßig über die kirchliche Lage, trugen Entschließungen der Landeskirche vor und berieten über Abwehrmaßnahmen gegen die D.C. Diese gemeinsame Frontstellung erscheint umso eindrucksvoller, wenn man bedenkt, dass ja alle diese Gremien mit dem gleichen Handicap umgehen mussten, aufgrund der politischen Vorgaben Nationalsozialisten in ihren Reihen dulden zu müssen.

[223] Vergl. oben S. 233.

So kam es zu der bemerkenswerten Situation, dass sich bereits im Laufe des Sommers 1935 binnen Kurzem **in allen außer zwei Gemeinden des Gesamtdekanats Bayreuth „Bekenntnisgemeinden" gebildet** hatten, unabhängig davon, ob D.C. vor Ort waren oder nicht.[224] Die einzigen beiden Kirchengemeinden ohne eine solche Bekenntnisgemeinde waren **Busbach** – hier empfanden die Kirchenvorsteher kein Erfordernis, weil es am Ort auch keine Deutschen Christen gab – und **Weidenberg**. Hier sah sich insbesondere Pfarrer REDENBACHER aus kollegialen Gründen weiterhin formal an sein Stillhalteversprechen gebunden, obwohl er ja dem Dekanat inzwischen seine persönliche Bekenntnisbindung mitgeteilt hatte.

Zwar hatte HOFFMANN inzwischen auch hier in Weidenberg angeblich 20 D.C.-Jünger gewonnen – überwiegend unter den Mitarbeitern des örtlichen Autohauses, wo er seinen PKW gekauft hatte und betreuen ließ. – Aber entgegen anderslautender Gerüchte hat HOFFMANN in Weidenberg auf die Gründung einer D.C.-Ortsgemeinde verzichtet. Er wollte seinem geschätzten Kollegen und einzigen geistlichen Gesprächspartner im Dekanat REDENBACHER keinen Vorwand liefern, die Kommunikation abzubrechen. Und er brauchte ihn ja auch für Vertretungsaufgaben bei seiner häufigen Abwesenheit.

Bekenntnisgemeinde Emtmannsberg: Evang. Bartholomäuskirche (Zeichnung: HANS RABENSTEIN)

Hoffmanns nächstgelegene D.C.-Gemeinde war das südlich an Weidenberg angrenzende Seybothenreuth, ein Dorf ohne eigene Kirche. Von diesem Stützpunkt aus versuchten die D.C., auch in umliegende Gemeinden wie **Emtmannsberg** einzudringen. Doch erzeugten sie nur deutliche Abwehrreaktionen und trieben so die Firmierung der Bekenntnisgemeinde voran.[225]

Betrachtet man die absoluten Mitgliederzahlen der D.C., so wundert man sich über damalige Aufregung, die auch in der Forschung über diese Zeit immer noch spürbar ist. Denn eigentlich kamen die D.C. im Raum Bayreuth über ein marginales Dasein nie hinaus. Im gesamten Kirchenkreis Bayreuth überschritten sie kaum die Marke von 3% der Kirchenmitglieder, die sie für ihre Ziele gewinnen konnten.[226]

---

224 Vgl. LAELKB NÜRNBERG, BD Bayreuth, Nr. 26, Übersicht, 28. 5. 1935.

225 Vgl. JOHANNES WILFERT, *Emtmannsberg im Spiegel seiner Geschichte*, S. 404.

226 Vgl. BAIER, *Deutschen Christen*, S. 232.

Oder in Zahlen ausgedrückt: Den 19.000 Bekenntnisgemeindemitgliedern standen gerade einmal 640 D.C.-Mitglieder gegenüber!

Verschweigen darf man allerdings auch nicht, dass das Dekanat Bayreuth damals insgesamt fast 54.000 Mitglieder hatte, von denen die Mehrheit keinen Anlass sah, sich persönlich zu positionieren. Dennoch stellt der Anteil von immerhin 35% Gemeindegliedern, die ihrem Bekenntnis mit dem Beitritt zur Bekenntnisgemeinde besondere Gestalt geben wollten, für eine Volkskirche einen beeindruckenden Wert dar.

Die „geheime" Bekenntnisgemeinde Weidenberg um Pfarrer Redenbacher formiert sich

Man darf nach allen Aussagen von Zeitzeugen davon ausgehen, dass sich auch in Weidenberg die meisten Gemeindeglieder der Volkskirche zugehörig sahen. Sie fühlten sich mit dem Landesbischof solidarisch und waren auch zum persönlichen Bekenntnis bereit. Wenn es hier nie zur Bildung einer expliziten Bekenntnisgemeinde kam, dann war das ausschließlich der besonderen Situation geschuldet, dass sich hier zwei Geistliche zwar an entgegengesetzte Lager gebunden sahen, aber eine Spaltung in der Gemeinde um jeden Preis vermeiden wollten. Deshalb fielen in der ersten Zeit des Kirchenkampfes auch Diskussionen über alle kirchenpolitischen Fragen im Kirchenvorstand aus.

Nach allem, was wir wissen, dürfte die Einstellung bei den Weidenberger Gemeindegliedern nicht viel anders gewesen sein, als auf Dekanatsebene, also: Eine winzige Gruppe von D.C.-Anhängern steht einer erdrückenden Mehrheit von volkskirchlich-landeskirchlich ausgerichteten Gemeindegliedern gegenüber, die wiederum von einem starken Kern von kirchentreuen Bekennern getragen ist. Angesichts der Neutralitätsvereinbarung der beiden Pfarrer sahen die Bekenntnischristen aber lange keine Möglichkeit, sich öffentlich zu artikulieren.

Wir haben hier also das ungewöhnliche Phänomen einer Bekenntnisgemeinde vor uns, deren unbestrittener Leiter REDENBACHER sich und seine Anhänger zum Schweigen verpflichtet. Sie müssen nun für ihr gegenseitiges Erkennen andere Signale und für ihre verschworene Kommunikation eine andere Sprache entwickeln. Genau diese konspirative Klugheit lässt sich im weiteren Verlauf des Kirchenkampfes in Weidenberg beobachten.

Wie Pfarrer Redenbacher eine braune Missionierung Weidenbergs vereiteln kann

Pfarrer HOFFMANN ist mit den Erfolgen seiner Werbung für die D.C. am Marktort Weidenberg unzufrieden. Er fühlt sich durch das Stillhalteabkommen mit REDEN-

BACHER behindert. Um diesen ungeschriebenen Vertrag zu unterlaufen, hat er einen raffinierten Einfall. Die Hensoltshöher Diakonissen, die seit 1926 am Marktort tätig sind, sollen ihm dafür als Vehikel dienen. Unter dem Vorwand einer „Evangelisation", also einer traditionellen pietistischen Missionierungs- und Erweckungsveranstaltung, will HOFFMANN zugkräftige Redner der D.C. in Weidenberg für die Sache der Deutschen Christen werben lassen.

So lädt der Geistliche den Kirchenvorstand am Dritten Adventssonntag,17. Dez. 1934, zu einer Sitzung ein. Sie findet um 10:30 Uhr nach dem Gottesdienst in der Sakristei der St. Michaelskirche statt. Neben den beiden Pfarrern nehmen acht Kirchenvorsteher teil.

HOFFMANN stellt folgenden Antrag: *„Pfr. Hoffmann regt die Abhaltung einer Evangelisation durch Pfarrer Schmidt/Hensoltshöhe an."*
„Evangelisation" – das klingt unverfänglich und in einer volkskirchlichen Gemeinde mit einem deutlichen Arbeiteranteil auch sinnvoll. Zwar gehörten die meisten Ortsbürger der evangelischen, eine kleine Minderheit damals auch der katholischen Kirche an, sie müssen also eigentlich nicht missioniert werden. Aber der ermattete Glaube will doch von Zeit zu Zeit wieder durch zündende Ansprachen und persönliche Bekenntnisse geweckt und aktiviert werden. Dieser Meinung schließt sich auch der Kirchenvorstand an, wenn er in seinem Beschluss diplomatisch erklärt, eine eventuelle Evangelisation sei *„sicherlich wertvoll"*. Doch mit dem nächsten Satz lässt er eine Bombe platzen: *„Um des Kirchenstreites willen sei es jedoch zweckdienlich, mit der Abhaltung noch einige Zeit zu warten."*

Das ist ein klarer Affront gegen den Vorsitzenden des Kirchenvorstandes Pfarrer HOFFMANN. Die Sensation dabei: Der Ablehnungsbeschluss ist einstimmig und wird somit auch von den Nazis im Kirchenvorstand mitgetragen. Was steckt dahinter?

Die bisherige Selbstbeschreibung des Hensoltshöher Gemeinschaftswerks gibt über diesen heiklen Abschnitt ihrer Geschichte eher wenig her und wirkt auf den ersten Blick harmlos. Danach hatte diese 1909 durch den Ausburger Spinnereibesitzer ERNEST MEHL gegründete diakonische Einrichtung „zeitweise ... die Nähe zum Regime gesucht." Ihr Rektor ERNST KEUPP habe sich „für einige Monate" den Deutschen Christen angeschlossen, sei aber nach dem Sportpalastskandal wieder ausgetreten. NS-Prominenz habe die Hensoltshöhe wiederholt besucht und sei dort empfangen worden.

Hier wird mehr verschleiert als enthüllt. Tatsächlich haben die Hensoltshöher Gemeinschaft und mit ihr viele andere Pietisten eine deprimierende Phase ihrer Geschichte gestaltet, vor der sie anschließend lange Zeit die Augen verschlossen haben. Erst im Jahr 1999 hat ihre „Hauselterntagung" in Lemförde, etwa zeitgleich mit anderen ins NS-System verstrickten Einrichtungen wie den Psychiatrien und Euthanasieeinrichtungen, begonnen, diese dunkle Zeit aufzuarbeiten. Ihr eindrückliches Schuldbekenntnis, das man jetzt auf ihrer Webseite nachlesen kann, ist sehr lang und deutlich geworden[227].

Hier wird manches angesprochen, was dem empfindsamen REDENBACHER wohl im Dezember 1934 bekannt war und was er möglicherweise damals warnend im Kirchenvorstand eingebracht hat. In erster Linie mag er wohl an den reichsweit ersten Judenpogrom im nah der Hensoltshöhe gelegenen Gunzenhausen am Palmsonntag 1934 gedacht haben: Drei Juden waren hier unter dem Gejohle der Bevölkerung zu Tode gekommen – dieser blutige Übergriff nahm die Reichspogromnacht von 1938 bestürzend vorweg.

Vielleicht war REDENBACHER aber auch die völlig verquere Theologie der Hensoltshöher auf den Magen geschlagen, welche die Person des Diktators HITLER zum anbetungswürdigen gottgleichen Messias machen wollten. Daneben gab es auch die schockierende Tatsache, dass nicht nur das Schwesternpersonal der Hensoltshöhe den Hitlergruß verwendete, sondern sogar schon die kleinen Kinder in ihren Kindergärten anleiteten, mit „Heil Hitler“ zu grüßen. Noch viele andere regimestabilisierende Verhaltensweisen wurden seinerzeit verdrängt und jagen den versammelten Hauseltern in Lemförde und mit ihnen den heutigen Lesern noch aus einem Abstand von 60 - 90 Jahren Schauder über den Rücken.

Hensoltshöher Diakonisse 1931-38 in Weidenberg: Schwester MARGARETE ZAGEL

Wenn man sich also den damaligen Zustand des Hensoltshöher Diakonissenhauses vor Augen hält, darf man nicht nur an die brave Diakonieschwester MARGARETE ZAGEL denken, die am Marktort von 1931-38 praktizierte und die, für jeden bekannt, in dem kleinen Häuschen an der Steinach wohnte. Sie ist von dieser gruseligen Entwicklung in ihrem Mutterhaus seinerzeit wohl genauso überrollt worden, wie viele ihrer frommen Mitschwestern damals auch.

Die heutige Oberin hält die damalige Weidenberger Diakonisse jedenfalls rückschauend für eine sehr seelsorgerlich mütterliche Schwester, und man darf hoffen, dass diese Eigenschaft in ihrem anstrengenden täglichen Dienst

[227] Auf der Webseite https://www.stiftung-hensoltshoehe.de/stiftung/geschichte.html im letzten Abschnitt: Der DGD und die Hensoltshöhe in der NS-Zeit.

treppauf-treppab damals genügend zum Tragen gekommen ist. Denn D.C.-Pfarrer HOFFMANN machte diese Schwester dann zur Leiterin der zentralen Diakoniestation. Noch heute bietet diese Station, im Bündnis mit den römischen Katholiken und den Altkatholiken, die ambulante kirchliche Krankenpflege für den Raum um Weidenberg an.[228]

Wenn der Weidenberger Kirchenvorstand damals die Evangelisation durch die Hensoltshöher so einmütig zurückweist, dann ist dieser Beschluss eine solche erwähnte Chiffre der geheimen Bekenntnisgemeinde in Weidenberg und verrät ihr kräftiges Wirken. Es bringt ihren Verdacht zum Ausdruck, dass es sich bei dieser Evangelisation nicht um eine geistliche Erweckung, sondern um eine kirchenpolitisch begründete Agitation der D.C. handelt.

Diese Ablehnung der braunen Hensoltshöher trägt ganz klar die Handschrift des wackeren Frontmanns der verborgenen Weidenberger Bekenntnisgemeinde GEORG REDENBACHER. Er genoss Autorität auch bei den Nationalsozialisten im Kirchenvorstand und in den Ortsstrukturen und hatte den dauerhaften Respekt des Ortsgruppenleiters. Aber REDENBACHER zeigte sich bei der Formulierung des damaligen Beschlusses auch als Meister der Diplomatie: Er wertet Evangelisationen nicht grundsätzlich ab, sondern erklärt sie nur zum gegenwärtigen Zeitpunkt für inopportun. So hilft er seinem unterlegenen Kollegen HOFFMANN, seine Niederlage ritterlich zu tragen. HOFFMANN lernt daraus. In Zukunft lässt er heikle Sitzungsthemen vor allem dann behandeln, wenn REDENBACHER am persönlichen Erscheinen verhindert ist.

Bibelwoche, Jahreslosung und Monatslosung als Kampfmittel im Kirchenkampf

Um seinen D.C.-Freund Pfarrer SCHMIDT aus dem braunen Gunzenhausen dennoch zum Vortrag nach Weidenberg zu bringen, modifiziert HOFFMANN seine Strategie. Er will in Weidenberg die erste **Bibelwoche** durchführen. Das ist in jeder Beziehung eine

[228] Die Geschichte dieser Diakonie wird übrigens auf deren Webseite „https://www.weidenberg-evangelisch.de/diakonie-weidenberg/auf-den-spuren-der-diakonie“ und ihr folgend auch noch in der ersten Folge des Projektes „MYRTEN FÜR DORNEN“ S. 109 nicht ganz korrekt dargestellt. Es war nicht Pfarrer HOFFMANN, der damals den Diakonieverein gründete. Dieser entstand vielmehr bereits als Projekt aufgrund einer Kirchenvisitation im Jahr 1926 unter der Regie von Pfarrer JOHANNES HÖRNER.

Auch waren Hensoltshöher Schwestern nach Auskunft der leitenden Schwester bereits von 1926 an durchgängig in Weidenberg tätig. Allerdings betrieben sie die Gemeindepflege und den Besuchsdienst vermutlich eher nebenbei. Ihre Hauptaufgabe war die Traktat- oder auch „Blättermission“, sowie der Gemeindedienst an den Frauen, die sie in Gebets- und Gesprächskreisen sammelten.

Überraschung. Doch wieder ist Pfarrer REDENBACHER die treibende Kraft im Hintergrund.

Bereits im folgenden Monat lässt Hoffmann den Kirchenvorstand zu diesem Zweck erneut zusammenkommen. Bis auf den Bauern VOGEL aus Fenkensees ist das Gremium vollzählig. Als erster Beratungsgegenstand ist vorgesehen: *„Überlassung der St. Michaelskirche dahier zur Abhaltung einer Evangelisation durch Pfarrer Schmidt, Gunzenhausen, in der Zeit vom 2.-9. Februar [1935].“* Erst aus dem Beschluss selbst geht hervor, dass sich der Protokollant hier verschrieben hat; es geht nicht um das erneute, beim ersten Mal abgelehnte Vorhaben einer Evangelisation, sondern um die erstmalige Abhaltung einer damals neuartigen **Bibelwoche.**

Die Beratung über diesen Gegenstand ist tatsächlich eine Sensation. Sie dokumentiert erstens, dass es auch unter den Anhängern der Deutschen Christen eine volksmissionarische Strömung gab, sonst hätte HOFFMANN diesen Sitzungspunkt gar nicht erst zugelassen. Diese Gruppe hatte in den Nationalsozialismus die Hoffnung gesetzt, dass er Bevölkerungsteile, denen die Kirche fremd geworden war, wieder zum christlichen Glauben zurückbringen könnte. Möglicherweise will HOFFMANN sich hier als Vertreter dieser volksmissionarischen Linie bei den D.C. präsentieren.

Zum anderen aber war allerdings die Bibelwoche ganz klar die „Erfindung“ der Bekennenden Kirche. Sie richtete sich gegen die Sektierer der D.C., welche den christlichen Glauben verbogen und die Bibel manipulierten. Die Bibelwoche war eine sehr junge geistliche Frucht des Kirchenkampfes; die Idee war in jenem Januar 1935 gerade erst aus der Taufe gehoben worden. Und zweifellos war in Weidenberg der hellhörige Pfarrer REDENBACHER der findige Kopf in dieser Sache und der eigentliche Wegbereiter dieser Bibelwoche vor Ort. Er verfolgte die theologischen Entwicklungen der Bekennenden Kirche mit heißem Herzen und war lediglich durch das Stillhalteabkommen mit seinem Kollegen gehindert, hier mehr zu tun.

So hatte REDENBACHER auch schon mit Befriedigung die grundlegende „**Theologische Erklärung**“, das sg. „Barmer Bekenntnis“, begrüßt, welche die Barmer Bekenntnissynode im Mai 1934 verabschiedet hatte. Es war ein deutliches Christus-Bekenntnis, mutig in die Zeit hineingesprochen und so recht nach Redenbachers Herzen. Aber noch mehr reizte ihn die „Erklärung zur praktischen Arbeit“, mit welchem die Synode auch die volksmissionarische Idee erneuern wollte. Sie zielte auf nicht weniger als die grundlegende geistliche Erneuerung des ganzen Pfarrerstandes, den Aufbau von Bekenntnisgemeinden und die Sendung der Gemeinden zu Evangelisation, Schriftendienst und Dienst an den Entfremdeten.

Drei praktische Modelle sollten diese Glaubensvertiefung das ganze Jahr über bis in jeden Tag hinein unterstützen: **Jahreslosung, Monatslosungen** und **Bibelwoche**.

In vielen Familien, auch in Weidenberg, war zwar schon lange das **Losungsbüchlein** der Herrnhuter Brüdergemeine in Gebrauch[229], das jedem Tag ein eigenes Bibelwort als „Kampfparole“ zuwies. Und bereits im Jahr 1930 hatte der württembergische evangelische Theologe und Liederdichter OTTO RIETHMÜLLER als Vorsitzender des Evangelischen Reichsverbands weiblicher Jugend die **„Jahreslosung“** ersonnen. Er wollte den rassistischen Parolen der aufstrebenden Nationalsozialisten ein kräftiges Bibelwort entgegenstellen. Bezeichnenderweise hatte er für 1930 als erste Jahreslosung das Paulus-Wort aus Römer 1,16 gewählt: *„Ich schäme mich des Evangeliums von Jesus Christus nicht“.*

Die täglichen
Losungen und Lehrtexte
der Brüdergemeine

für das Jahr
1937
207. Ausgabe
Herausgegeben von der Direktion der
Deutschen Brüder-Unität in Herrnhut i/S
Verlag der Unitätsbuchhandlung in Gnadau

In vielen Weidenberger Haushalten zu finden: Das Losungsbüchlein im kritischen Jahr 1937

Doch erst das Jahr 1934 war die Geburtsstunde der heutigen Jahreslosung. Seitdem wurde sie für alle evangelischen Kirchen verbindlich. Sie sollte mehr sein als eine fromme Übung, nämlich eine hochpolitische Kampfparole und ein Erkennungszeichen im weltanschaulichen Kampf gegen den Totalitarismus. Ein solches kämpferisches Bibelwort sollte über das ganze Jahr gestellt sein und so an jedem Tag an den notwendigen Glaubenskampf erinnern. So war die herausfordernde erste offizielle Jahreslosung aus 1. Petrus 25 so recht nach Redenbachers Geschmack: *„Des Herrn Wort aber bleibet in Ewigkeit.“*

Seit Mai 1934 gab es zusätzlich die **„Monatssprüche“**, eine Idee des Kasseler Jugendwarts OSKAR SCHNETTER. Jeweils ein neues Bibelwort sollte jeden Monat auf Plakaten öffentlich verbreitet werden. Weil dafür gelbes Papier verwendet wurde, nannte man sie damals die „gelben Monatssprüche“. Sie erreichten innerhalb kürzester Zeit Rekordauflagen von ½ Mio. Exemplaren. Anfangs versuchte die NSDAP mit ihrem „Braunen Spruch“ zu konkurrieren. Doch gab es für dieses Plagiat manchen Spott.

Mit Hilfe der Vielzweckwaffe „Gesetz zur Abwehr heimtückischer Angriffe gegen Partei und Staat“, dem sg. „Heimtückegesetz“, verbot das NS-Regime aber schließlich die fromme Plakatierung.

Die erste BIBELWOCHE in Weidenberg bedenkt die Bergpredigt

Die **Bibelwoche** wiederum sollte den Glauben geistlich vertiefen. Die Teilnehmer sollten angehalten werden zum selbständigen Umgang mit der Bibel, einem vertieften

229 Erstmals eingeführt 1731,

Schriftverständnis und letztlich zur unmittelbaren Begegnung mit Christus durch das Zeugnis der Heiligen Schrift.

An sieben Wochentagen hintereinander, beginnend an einem Samstag und ausklingend am Sonntag der darauffolgenden Woche, sollte die Neugier der Gemeindeglieder auf die Bibel geweckt und Grundwissen über ihre Texte vermittelt werden.

Die ursprüngliche Idee für solche eine Woche mit der Bibel fußte in der Bibelbewegung des frühen 19. Jh.; diese wiederum hatte ihre Wurzel in den Bibelstunden der Erweckungsbewegung. In den „Volksmissionswochen" nach dem Ersten Weltkrieg hatten sie erstmals eigene Gestalt angenommen; ihre Programme gegen Revolution und Entkirchlichung waren aber in der NS-Zeit verboten worden.

In diesem Januar 1935 war die Bibelwoche auf einem Seminar für badische Pfarrer gerade erstmals wieder eingeführt worden. Im Frühjahr desselben Jahres sollte sie dann deutschlandweit zur Anwendung kommen. Sie sollte die Gemeinden zur geistlichen Auseinandersetzung mit der nationalsozialistischen Weltanschauung befähigen.

Die Stätte der ersten Weidenberger Bibelwoche im Januar 1935: Die St. Michaelskirche (Aufnahme 1938)

So darf man sagen, mit der Entscheidung des Weidenberger Kirchenvorstandes an diesem 27. Jan. 1935 gehört diese Gemeinde zu den ersten in Deutschland, welche die Bibelwoche abhalten! Der wegweisende Beschluss lautet damals:

„Mit allen gegen 1 Stimme (Stimmenthaltung) wurde beschlossen, die geheizte Michaelskirche dem Pfarrer Schmidt-Gunzenhausen zum Zweck der Abhaltung einer Bibelwoche zu überlassen."

Da diese Bibelwoche der zentral beschlossenen Themenstellung folgte, wissen wir auch von ihrem Thema damals in Weidenberg: Im Mittelpunkt stand die **Bergpredigt** des Matthäusevangeliums, das „Grundgesetz des Neuen Bundes". Es bleibt aber offen, welche Position Pfarrer HOFFMANN in dieser wichtigen Kirchenvorstandssitzung einnahm. Er wusste ja vom Hintergrund der Bibelwoche in der Bekennenden Kirche. Eine echte Gegenstimme wurde gleichwohl nicht verzeichnet. Vielleicht verbirgt HOFFMANN sich hinter der Enthaltung.

Vielleicht war die Einladung an seinen umstrittenen Kollegen Pfarrer SCHMIDT aus Gunzenhausen aber auch der Kompromiss, den der Kirchenvorstand seinem D.C.-Pfarrer zuliebe einging. Vielleicht war es sogar der letzte Versuch von Pfarrer HOFFMANN, sich als Vertreter der volksmissionarischen Linie bei den D.C. zu profilieren und damit eine gewisse Nähe zur Landeskirche zu demonstrieren.

Jedenfalls verlässt Pfarrer Hoffmann dann im April 1935 endgültig diese vermittelnde Linie, nachdem sein Versetzungsgesuch erneut fehlgeschlagen ist. Nun geht er mit der Gründung einer eigenständigen D.C.-Gemeinde für ganz Oberfranken in Bayreuth endgültig auf bewussten Konfrontationskurs zur Landeskirche.[230]

Konfirmationen des D.C.-Pfarrers nach eigenem Gusto

Dass seit Herbst 1933 mit THEODOR HOFFMANN ein etwas eigenwilliger Pfarrer die I. Pfarrstelle innehat, wird auch im Konfirmandenbuch der Kirchengemeinde sichtbar. Er hat andere Vorstellungen vom Konfirmandenunterricht und seiner geistlichen Akzentsetzung. Seitdem verschwinden die bislang üblichen Fleißnoten, und auch die Konfirmandensprüche werden nicht mehr eingetragen. Auch die kirchlichen Sonntagsbezeichnungen sowie die Daten der Konfirmationen fehlen zunächst; sie sind erst später durch Pfr. REDENBACHER nachgetragen.

Ansonsten ist aber in diesem Buch nicht viel von den besonderen Umständen und der aufgeheizten Stimmung dieser Zeit erkennbar. Nur ab und zu ahnt man an Spitzen die vielen treibenden Eisberge ...

Hoffmanns erste Konfirmation findet am traditionellen Weidenberger Konfirmationstermin, dem Sonntag Quasimodogeniti, 8. April 1934, statt.

Etwas rätselhaft mutet der Eintrag dieser Konfirmation an.[231] Es wird nicht ganz klar, wer bei den 25 Jungen der Konfirmator war. Es ist aber zu vermuten, dass bei den Buben Pfarrer HOFFMANN der Konfirmator war. Denn die Geistlichen wechselten jährlich die Gruppen, und Pfarrer REDENBACHER hat in diesem Jahr die Mädchen konfirmiert.

Eingetragen hat die Jugendlichen Pfarrer REDENBACHER, wobei aber als Nr. 25 Hoffmann ältester Sohn OTTO von der Hand des Vaters und außerhalb der sonstigen

---

230 S.o. im Kapitel *„Das trojanische Pferd der Nazis“* den Abschnitt: *„Hoffmann gründet die D.C.-Ortsgruppe Bayreuth“*, S. 228f.

231 Palmsonntag, 14. April 1935.

alphabetischen Reihenfolge nachgetragen ist. Dieser Sohn ist also wohl nicht bei einer gesonderten D.C.-Konfirmation eingesegnet worden; das ist bei dem Engagement des Vaters für die D.C. eigentlich verwunderlich.

Fleißeintrag und Konfi-Sprüche fehlen bei diesen Jungen, während sie bei den Mädchen noch aufgeführt sind. Extra vermerkt ist aber, dass zwei Konfirmanden aus „gemischter Ehe“ stammen. Ferner ist ohne Nummer und mit fremder Feder ein geheimnisvoller Unbekannter vermerkt, ein KARL-HEINZ A., der in Nürnberg gebürtig ist; alle Angaben zu den Eltern fehlen.

Mit der Konfirmation 1935 wird der Termin auf den **Palmsonntag** vorverlegt. Dabei wird extra vermerkt, dass angeblich von 44 Eltern 40 den Wunsch geäußert hätten, auf diesen neuen Termin zu gehen. Um den Traditionstermin „Weißer Sonntag“ hat es also offenbar einen Konflikt gegeben, bei dem sich Pfarrer HOFFMANN eigenmächtig durchgesetzt hat. In den Protokollen des Kirchenvorstandes wird aber dazu nichts ersichtlich, sodass die Gründe für die Verlegung unbekannt bleiben.

Den Eintrag seiner 18 Jungen hat Pfarrer REDENBACHER mit Fleißnoten und Sprüchen versehen. Wohl alle dieser Buben dürften die Hitlerjugend durchlaufen haben. 10 von ihnen sind später von unbekannter Hand als gefallen bzw. verstorben gekennzeichnet worden, es ist also einer der am schlimmsten durch den Krieg betroffenen Jahrgänge. – Bei den 26 Mädchen, die HOFFMANN konfirmiert hat, dominieren statt Noten oder Sprüchen nun Angaben über die Eltern, die zugespitzt sind in Aussagen über die Konfession. Dass deckt sich mit der Beobachtung, dass Pfarrer HOFFMANN mit den örtlichen Katholiken ein Problem hatte und bei ihnen „wilderte“.

Auch am Palmsonntag 1936 hält Pfarrer REDENBACHER bei den 11 Mädchen an seinen Fleißnoten fest, verwendet aber jetzt statt Ziffern eine Wortbeurteilung. Dabei fällt die große Bandbreite der gewählten Eigenschaftswörter auf. Offenbar versuchte er, jedem Mädchen eine typische Eigenschaft zuzuschreiben. So sind die einzelnen Mädchen bei ihm „zu lustig“, „willig“, „gewissenhaft“, „ordentlich“, „gutmütig“, „anständig“, „fügsam“. Drei von ihnen werden als „ernst“ bezeichnet, wobei offenbleibt, ob er hiermit eine für dies Alter eher untypische In-sich-Gekehrtheit oder die Bereitschaft zum tieferen Eindringen in den Stoff beschreiben will. – Erstmalig fehlen aber bei ihm in diesem Jahr die Konfirmandensprüche, ohne dass ein besonderer Grund dafür erkennbar ist.

Bis zu diesem Zeitpunkt wählte REDENBACHER je nach Jahrgang sehr unterschiedliche Bibeltexte für seine Konfirmanden aus. Alle Worte erscheinen bei ihm stets sehr persönlich ausgesucht und wiederholen sich kaum. Manchmal überwiegen bei dieser Auswahl Bibeltexte aus dem Johannesevangelium und der Offenbarung; in späteren Jahren sind dann vor allem die Paulusbriefe die Quelle, allen voran der Römerbrief.

Auch das Alte Testament hat bei REDENBACHER stets seinen Platz, vor allem der Profet Jesaja, daneben die Psalmen, Klagelieder und Sprüche.

In diesem Jahr konfirmiert Pfarrer HOFFMANN 37 Jungen der Gemeinde.

Für das Jahr 1936 finden sich ein besonderer Eintrag im Weidenberger Konfirmandenbuch:

„Konfirmanden der Gemeindegruppe ‚Deutsche Christen' in Bayreuth 1936, Konfirmation Palmsonntag 5.4.1936 nachmittags ½ 2 Uhr Hospitalkirche Bayreuth durch Pfr. Th. Hoffmann in Weidenberg".

Von den sechs vermerkten Jungen und 12 Mädchen stammt keines aus Weidenberg. Die Eltern sind fast alle in Bayreuth ansässig, eine Familie wohnt in Münchberg, eine in Hof. Die Väter kommen überwiegend aus gehobener oder Mittelschicht: Braumeister, Kaufleute, Studienprofessoren (davon einer katholisch), Gewerbebaurat, Ingenieur, Buchhalter, Kulturbaurat, Fabrikdirektor, Pastor, Verwaltungsinspektor, Krankenpfleger, Verwaltungssekretär, Gaukassenverwalter, Büttner, Krankenkassenkontrolleur.

Eine weitere Konfirmation feiert diese **D.C.-Gaugemeinde Bayreuth** mit 11 Jungen und 11 Mädchen dann im spannungsreichen Jahr 1937, am Palmsonntag 21. März, nachmittags 1937. Die Namen dieser D.C.-Konfirmanden sind wieder im Weidenberger Konfirmandenbuch mit eingetragen. Auffällig sind diesmal Vermerke über Hoffmanns starke Mission bei den Katholiken mit zahlreichen Übertritten. Am selben Vormittag hatte HOFFMANN in Weidenberg auch die Mädchen der Gemeinde eingesegnet *(Foto rechts).*

Bei seinen 20 Jungen hat Pfarrer REDENBACHER in diesem Jahr außer den Namen gar nichts eingetragen. Es ist das Jahr, in dem die Bibelworte in Tages-, Monats- und Jahreslosung die Bedeutung von persönlichen Bekenntnissen gewinnen. Von solchen Zeugnissen der Beken-

Konfirmandinnen im Bekenntnisjahr 1937:
Im Talar Pfarrer THEODOR HOFFMANN

nenden Kirche fühlt sich Pfarramtsführer HOFFMANN offenbar provoziert und hat sie sich anscheinend in den Kirchenbüchern erfolgreich verbeten. Diese erzwungene Zurückhaltung dürfte Pfarrer REDENBACHER nicht leichtgefallen sein. Aber da Pfarrer HOFFMANN für die Kirchenbücher verantwortlich war, musste REDENBACHER nachgeben.

Dafür schlägt er in diesem entscheidenden Jahr 1937, in dem der **Kirchenkampf** auch in Weidenberg seinen Höhepunkt erreicht, ganz bewusst seinen neuen eigenen Weg ein: Nun erscheinen seine Bibelworte mit dem bewusst gewählten Schwerpunkt des Alten Testaments am höchsten Punkt Weidenbergs, direkt oberhalb von St. Stephan, eingemeißelt in den Stein der von ihm inspirierten **Evangelischen Marter,** welche MARGARETHE SCHILLING aus Lessau stiftet *(Bild)*. Auf diese Weise will REDENBACHER einen offenen Angriff auf seinen Kollegen HOFFMANN vermeiden, ihn aber doch bewusst und für alle sichtbar korrigieren. So entsteht damals dieses einmalige religiöse Zeichen, das ohne Angst vor drohenden Repressalien entgegen der damals triumphierenden Hitler-Ideologie Christus als das A und O der Weltgeschichte preist: *„Ich weiß, dass mein Erlöser lebt".* Auf allen Seiten fügt REDENBACHER profetische Zitate aus der Lutherübersetzung bei, die das baldige Ende der damaligen Willkür-Herrschaft vorhersagen.

Einträge über die Konfirmanden der „Deutschen Christen" finden sich übrigens seit diesem Jahr nicht mehr. Pfarrer HOFFMANN hat endgültig die Hoffnung aufgegeben, in Weidenberg eine D.C.-Gemeinde gründen zu können. Die Bekennende Kirche hat hier ihren Durchbruch errungen.

Im folgenden Jahr 1938 ist unter den 22 Weidenberger Jungen Hoffmanns zweiter Sohn **Herbert** dabei. Er ist 1923 in seinem ersten Wirkungsort Ay-Senden geboren. Es fällt also auf, dass beide Kinder des D.C.-Pfarrers Hoffmann nicht in der D.C.-Gemeinde Bayreuth konfirmiert worden sind, sondern zusammen mit ihren Schulkameraden in Weidenberg. – Die 24 Mädchen konfirmiert in diesem Jahr Pfarrer Redenbacher.

Warum in diesem Jahr als Konfirmationstermin erstmals der Sonntag **Judika,** also eine Woche *vor* Palmsonntag, gewählt wurde, verraten die Pfarramtsakten nicht. Es ist eine Terminveränderungen ohne Beratung im Kirchenvorstand, also allein von HOFFMANN bestimmt. Den Hintergrund bildet die berüchtigte, von den Nationalsozialisten organisierte „Volksabstimmung" über den Anschluss Österreichs an Hitlerdeutschland, die ohne Rücksicht auf die Kirche am **Palmsonntag,** 10. April 1938, stattfand. An diesem Tag mussten die Hitlerjungen und BdM-Mädchen den ganzen

Tag über als Wahlpropagandisten und Schlepper Dienst tun. HOFFMANN wich bereitwillig aus und verlegte seinen Konfirmationstermin.[232]

Die Gestapo wollte übrigens in diesem Jahr die Bekanntgabe der Konfirmandenlisten verbieten, um so den Wirkungsbereich der Evang. Kirche einzuschränken. Da die NS-Partei aber befürchtete, dass die evangelischen Geistlichen negativen Einfluss auf das Hitlerplebiszit ausüben könnten, hatte man diese Verfügung zurückgenommen.

Die letzte Konfirmation, die Pfarrer HOFFMANN in Weidenberg hält, findet dann wieder am Palmsonntag statt: dem 3. April 1939. Nach dem vereinbarten Turnus konfirmiert HOFFMANN die 16 Mädchen und REDENBACHER die 22 Jungen der Geburtsjahrgänge 1924-26. Wieder gab es keine Fleißnoten und keine Bibelsprüche.

Aber erst 1941, als mit einer Rückkehr HOFFMANNS nicht mehr zu rechnen ist, kehrt REDENBACHER zu seiner alten geistlichen Gewohnheit zurück und trägt die Konfirmandensprüche ins Kirchenbuch ein. Und gar ein weiteres Jahr lässt er noch verstreichen, bis er auch den alten Konfirmationstermin „Weißer Sonntag" wieder einführt. Dass er dieser Fest Quasimodogeniti („Wie die neu geborenen Kinder") wieder als Konfirmationstag feiern kann, ist dem traditionsbewussten und emotional stark engagierten Geistlichen Redenbacher eine rechte Genugtuung.

Konfirmandensprüche im Kirchenbuch: Zug der Konfirmand*innen 1941 mit Pfarrer REDENBACHER über den Obermarkt

[232] Die Scheinwahl vom 10. April, die mit allen propagandistischen Mitteln gefördert wurde, hatte für die Bürger der angrenzenden Frankenpfalz noch ein schauriges Nachspiel. Nachdem abends herauskam, dass die Kirchenpingärtner das reichsweit schlechteste Wahlergebnis abgeliefert hatten, versammelten sich über 100 Weidenberger, angeführt von einem Konvoi mit drei Lastwagen voll SA-Leuten und dem Ortsgruppenleiter als Anführer im offenen PKW, zu einer aggressiven Prozession nach Kirchenpingarten und bedrohten die beiden katholischen Ortsgeistlichen mit dem Leben, weil sie angeblich ihre Gemeinde aufgewiegelt hätten. Dieser Überfall hatte nach dem Krieg bei den Entnazifizierungsverhandlungen der Beteiligten ausschlaggebende Bedeutung. – vergl. das Buch „SPURENSUCHE FRANKENPFALZ" desselben Verfassers, S. 32-37 und 61-62, sowie den Supplementband des Projektes „MYRTEN FÜR DORNEN – Als Hitlers Gottheit infragestand, S. 100 ff).

Denn in diesem dritten Kriegsjahr 1942 hat die NSDAP erstmals eine „Verpflichtung der Jugend“, eine Art nationalsozialistische Jugendweihe, eingeführt. Sie fand am 22. März 1942 statt. Dagegen hatte auch der Landeskirchenart auf seine Weise protestiert; er hatte angeordnet, dass an dem Tag keine Konfirmationen stattfinden dürften. So wollte man sich von diesem peinlichen Naziritual abheben. Aber von Weidenberg nahm ohnehin niemand teil.

4. Die örtlichen Übergriffe des D.C.-Pfarrers Hoffmann

Als Pfarrer Hoffmann das historische Erste Weidenberger Pfarrhaus abreißen lassen wollte

Das Pfarrhaus hinter der St. Michaelskirche war Pfarrer HOFFMANN vom ersten Tag seines Dienstes an ein Dorn im Auge. Sein schlechter Zustand war der von ihm benannte Hauptgrund in seinem spontanen ersten Versetzungsgesuch.[233]

Keine Frage, schon immer stellte für den jeweiligen Inhaber der Ersten Pfarrstelle ein zeitgemäßes Wohnen und ein angemessenes Amtieren in diesem historischen Gebäude ein Problem dar, wie die alten Geschichten zeigen. Geheimnisvolle Gewölbe und uralte Kellertreppen aus den Zeiten der alten Burg erzählen manches von vergangenen Zeiten auf diesem Felsen. Und die Pfarrchronik berichtet gar von gravierenden Bauschäden wie einstürzenden Zimmerdecken.[234]

Uraltes Gebäude mit hohem Bauaufwand:
Weidenberger Erstes Pfarrhaus

Doch HOFFMANN ist wohl der erste Pfarrer, der sich, wie die Kirchenvorstandssitzungen am 20. Februar 1935 und am 14. Sept. 1936 zeigen, als Radikallösung einen Abbruch und völligen Neubau dieses äußerlich im Barockstil gehaltenen Gebäudes vorstellt. Neben den Ansichten der Denkmalspflege geht es dabei

---

[233] HOFFMANN hatte sich um Weidenberg nicht beworben; so hatte er das Pfarrhaus und den Dienstort vorher auch gar nicht angeschaut.

[234] Vergl. in der o.a. Folge des Projektes „MYRTEN FÜR DORNEN – Licht und Schatten der neuen Zeit“ die Geschichten vom Pfarrer Böhner, S. 152.

aber immer auch um die „staatliche Baulast“, also den gesetzlichen Finanzierungsanteil, der aus der rigiden Behandlung der Kirchen in der Säkularisationszeit herrührt. Er beträgt für Weidenberg 2/3 der Kosten.

Erstaunlicherweise gibt es von staatlicher Seite für Hoffmanns Wunsch keine Schwierigkeiten. Man hätte sich ja vorstellen können, dass HITLER nach seiner innenpolitischen Niederlage im Kirchenkampf alle finanziellen Zuwendungen an die Kirche streicht. Tatsächlich war dies immer auch sein gern eingesetztes Drohmittel, um die Bischöfe bei der Stange zu halten. Doch flossen die staatlichen Zahlungen auch in diesen kontaminierten Zeiten weiter.

Das unlösbare Problem war dagegen der Anteil, den die Kirchengemeinde qua Kirchenstiftung immer selbst beitragen soll; ein Neubau übersteigt jedenfalls die Möglichkeiten der Kirchengemeinde damals bei weitem. Die ebenso brisante Frage, was wohl die Denkmalspflege zu einem Abriss sagen würde, wird seinerzeit gar nicht erst gestellt. So bleibt als einzige Alternative die Sanierung des alten Bauwerkes und der funktionsgerechte Umbau der Wohnräume im Obergeschoss, den man damals dann aber immer wieder vor sich herschiebt. So behält Pfarrer HOFFMANN bis zuletzt viel Grund für seinen Unmut über sein Wohnen.

Als die Kirche Hakenkreuzfahnen vom Kirchturm wehen lässt

Zu den befremdlichsten Bildern dieser Zeit gehören auch Fotos, welche Hakenkreuzfahnen zeigen, die von Kirchtürmen herabwehen. Auch wenn dem Autor solche Bilder von der Weidenberger Michaelskirche bislang (noch) nicht vorliegen, sondern nur von der benachbarten Kirche in Neunkirchen oder der Stadtkirche Bayreuth, so ist unzweifelhaft, dass es sie auch von Weidenberg gegeben hat.

Sicher meint jedermann, die Kirchen seien damals zu solchem braunen Salut gezwungen worden und denkt, die eigentliche Kirchenfahne sei doch die bekannte weiße Fahne mit dem violetten Kreuz. Umso überraschter ist man, wenn man erfährt, dass die Kirchenleitung und die Kirchengemeinde Weidenberg mit der Anschaffung von Hakenkreuzfahnen eigenständig gehandelt haben.

Unter Punkt 5 der Tagesordnung „Sonstiges“ beschließt der Weidenberger Kirchenvorstand am 6. Okt. 1935: *„Die Anschaffung einer Hakenkreuzfahne für die Sankt Michaelskirche wird genehmigt.“*

Es ist wenig zweifelhaft, dass die Initiative zu diesem Beschluss von Pfarrer Hoffmann kommt, der in diesem Jahr seinen bereits 1933 beantragten Parteibeitritt von der NSDAP endlich bewilligt bekommt. Mit seinem Beschluss greift der Kirchenvorstand aber einer Anordnung vor, die dann der Landeskirchenrat am 14. Nov. 1935 für alle Kirchengemeinden erlässt und im kirchlichen Amtsblatt veröffentlicht: *„Soweit*

Hakenkreuzbeflaggung im vorauseilenden Gehorsam: Kirchturm von Neunkirchen

Kirchen mit der Reichs- und Nationalflagge noch nicht versehen sein sollten, ist alsbald eine solche anzuschaffen. Die mitgeteilte Anordnung bezieht sich auch auf Pfarrhäuser. Evang.-Luth. Landeskirchenrat; D. Meiser." [235] Mit *Reichs- und Nationalflagge* meint der Landeskirchenrat zu der Zeit die nationalsozialistische Hakenkreuzfahne.

Beide Beschlüsse sollen dazu dienen, die strengen Anordnungen des Reichsinnenministeriums zu erfüllen, die weiter unten beschrieben werden. Die kirchliche Anordnung hat aber einen eigentümlichen und wenig bekannten Hintergrund.

Denn bis zum Ende des Kaiserreichs 1918 gab es gar keine eigene Kirchenfahne. Bei festlichen Anlässen zog man auch in der Kirche entweder die Reichsfahne in den Farben Schwarz-Weiß-Rot mit den Hoheitszeichen der Hohenzollernmonarchie auf. Sie ist auch auf dem Neukirchner Kirchturm links zu erkennen. Oder es war die jeweilige Landesfahne zu hissen. Als dann aber mit der republikanischen Reichsverfassung von 1919 die Nationalfarben auf Schwarz-Rot-Gold wechselten, mochten sich einige Kirchen damit nicht solidarisieren. Wenn Pfarrer und Gemeinden diese neuen „demokratischen" Farben hissen wollten, kam es stets zu Protesten aus konservativen Kreisen. So wurde eine neue Fahne entwickelt, eben die bekannte **Kirchenfahne** mit dem violetten Kreuz auf weißem Grund; sie stand für einen eigenen Weg der Kirchen abseits der Politik und wurde 1926 zur Kirchenfahne des Deutschen Evangelischen Kirchenbundes und aller Landeskirchen.

Neuer Wind blies erst, als im März 1933 Reichspräsident PAUL VON HINDENBURG *zwei Flaggen* zu Nationalflaggen bestimmte, die grundsätzlich *zusammen* zu hissen seien: die alte kaiserliche Flagge Schwarz-Weiß-Rot und die rote Fahne der Nationalsozialisten mit dem Hakenkreuz. Die Kirchen waren davon allerdings nicht berührt.

Es war dann die Nationalsynode der Deutschen Evangelischen Kirche (DEK), die sich nach der aufgezwungenen Kirchenwahl vom Juni 1933 neu konstituiert hatte. Wegen ihrer NS-Mehrheit nannte man sie spöttisch auch „Propagandaabteilung der NSDAP" (W. CONRAD). Am 9. August 1934 hatte sie ohne Not und im vorauseilenden

---

[235] Amtsblatt der Evang.-Luth. Kirche in Bayern Nr. 29 vom 19. November 1935.

Gehorsam beschlossen, **die eigene Kirchenfahne abzuschaffen**. Stattdessen sollte bei allen feierlichen Anlässen seitdem nur noch die Hakenkreuzfahne aufgezogen werden. Lediglich bei rein kirchlichen Feiertagen und Anlässen sollte die Kirchenfahne zunächst noch weiter wehen. Alle, bedauerlicherweise auch die bayerischen Synodalen – die ja ebenfalls mehrheitlich Parteimitglieder waren –, hatten zugestimmt.

Seit 1934 umstritten: Die evangelische Kirchenfahne zwischen alter Reichsfahne, Hakenkreuzfahne und D.C.-Fahnen (im Hintergrund) beim Luthertag in Berlin 1933

Zu weiteren Reglementierungen war es dann nach Hindenburgs Tod gekommen: Das „Reichsflaggengesetz“ von 1935 hatte die Hakenkreuzfahne zur alleinigen Reichs- und Nationalflagge bestimmt. Dazu hatte der Reichsinnenminister im Oktober 1935 unter Androhung von Geld- oder Gefängnisstrafe verfügt, dass an Tagen allgemeiner öffentlicher Beflaggung auch Kirchen und kirchliche Dienstgebäude mit der Hakenkreuzflagge zu beflaggen seien. **Bei kircheninternen Anlässen könnte weiter die Kirchenfahne gezeigt werden.** Auf den ersten Teil dieser Anordnung nahmen die oben genannten Beschlüsse des Weidenberger Kirchenvorstandes und der Landeskirche Bezug. Privatpersonen durften übrigens seitdem die Kirchenfahne überhaupt nicht mehr zeigen.

Doch einzelnen Pfarrern und Gemeinden blieb die Hakenkreuzfahne an Kirchturm und Pfarrhaus ein Stein des Anstoßes. So gab es manchen bleibenden Widerstand gegen diese Bestimmungen. Auch hier reagierte die von Nationalsozialisten gelenkte DEK wieder vorauseilend. Am selben 9. November 1938, an dem die Nazis die systematischen Pogrome gegen die Juden entfachten, **schaffte die Evangelische Kirchen ihre eigene Fahne endgültig ab**. Das Heraushängen dieses sichtbaren Symbols eines kirchlichen Zusammenhalts war nun aufgrund dieser kirchlichen Entscheidung auch an kirchlichen Feiertagen völlig verboten. Seitdem durfte an Kirchen und kirchlichen Dienstgebäuden nur noch die Hakenkreuzfahne gezeigt werden. Der Staat konnte sich über so viel Ergebenheit eigentlich nur wundern. Er selbst hatte diese Selbstaufgabe der Kirchen nie verlangt.

Eine besondere Ironie der Geschichte war aber bereits 1937 zu bestaunen. Denn als die Nazis nach dem für sie verlorenen Kirchenkampf auch auf Distanz zu den D.C. gingen, verboten sie dieser religiösen Parteigruppierung die Weiterverwendung aller

NS-Symbole. Auf Anordnung der Gestapo mussten nun sogar Hakenkreuzflaggen von D.C.-Kirchen *abgehängt* werden, da sie gegen das Gesetz zum Schutz nationaler Symbole verstießen!

Als Pfarrer Hoffmann auch bei den Katholiken wilderte

Heute leben die Bürger von drei christlichen Konfessionen in und um Weidenberg in friedlicher Eintracht beieinander und suchen das interkonfessionelle Gespräch: evangelisch-lutherische, römisch-katholische und altkatholische Christen. Das war nicht immer so. Die Altkatholischen kamen ohnehin erst nach dem Zweiten Weltkrieg aus dem Sudetenland hierher. Und die römischen Katholiken waren bis zum Kriegsbeginn in Weidenberg eine sehr kleine Gemeinde von kaum mehr als 100 Seelen, die von Kirchenpingarten aus mitbetreut wurden. Sie erlebten erst mit der Evakuierung der Saarländer zu Kriegsbeginn 1939 einen ersten Mitgliederschub.

Abwerbungen aus der kleinen Gemeinde: Röm-kath. Kirche Rosenhammer vor 1945

Doch das Jahr 1936 ist auch in der Arbeit von Pfarrer HOFFMANN ein besonderes Jahr. Nachdem er im Jahr zuvor in Bayreuth eine D.C.-Gemeinde etablieren konnte, will er nun auch in seiner Dienst- und Wohnsitzgemeinde Mitglieder für diese Sekte werben. Da sich sein Erfolg bei den landeskirchlich eingestellten Weidenberger Protestanten sehr in Grenzen hält, sucht er seine Schäflein nun vermehrt auch bei den Katholiken. Sein geschultes Auge und sein wacher Sinn erkennen sofort, wenn einer hier nicht gefestigt ist.

Aber noch führt der Weg der Mitgliedergewinnung über die Aufnahme in die evangelische Landeskirche, denn Pläne, die D.C. zu einer eigenen Freikirche zu machen, werden erst im folgenden Jahr gesponnen. Der Weidenberger Kirchenvorstand muss zustimmen, wenn einer aufgenommen werden will; er ist auch Zeuge bei der liturgisch gestalteten Aufnahmehandlung mit Feier des Hl. Abendmahls.

So findet am Palmsonntag, dem 5. Apr. 1936, im Anschluss an den Gemeindegottesdienst eine besondere Sitzung des Kirchenvorstandes mit acht von 11 Mitgliedern statt. An diesem Sonntag ist auch Herr EHRMANN erstmalig als Nachrücker für den nach Pegnitz verzogenen Kaufmann HANS ELBEL erschienen und wird in sein Amt eingewiesen.[236]

Der Hauptpunkt der Sitzung ist die Neuaufnahme von Gemeindegliedern. Für dieses Jahr meldet das Eintrittsbuch der Kirchengemeinde so auffallend viele Eintritte wie sonst erst wieder bei der Wiedereintrittswelle nach 1945. Alle acht Eintretenden sind Übertritte aus der Röm.-kath. Kirche. Das Protokollbuch des Kirchenvorstandes vermerkt für drei von ihnen den folgenden Aufnahmebeschluss (Name gekürzt):

„Der Zweck der Sitzung ist folgender: 1. die Steinmetzehefrau Victoria K. dahier, geboren 19.1.1901 in München, röm.-kath. Konfession, 2. die Steinarbeiterehefrau Frieda P. dahier, geboren am 20.5.1907 in Schweinfurt, röm.-kath. Konfession, 3. die ledige Anne P. dahier, geboren 7.4.1884 in Eckartsreuth, ohne Beruf, röm.-kath. Konfession, geben die persönliche Erklärung vor dem hiesigen Pfarreramt ab, dass sie nach reiflicher Überlegung gewillt sind, in unsere Evang.-Luth. Kirche einzutreten. Der Kirchenvorstand freut sich ihres Entschlusses und nimmt sie gern in unsere Kirche auf. Zur Bestätigung unterzeichnen: Hoffmann / Seyhs / N. Nüssel."

Sowohl bei diesen drei hier aufgenommen Frauen, als auch bei den weiteren fünf Eintritten in diesem Jahr dürfte es sich wohl ausschließlich um Personen gehandelt haben, die Pfarrer HOFFMANN persönlich geworben hat. Mit größter Wahrscheinlichkeit sind sie zugleich seinen D.C. beigetreten, doch finden sich darüber in Weidenberg keine Angaben.

Ein Kirchengrundstück für spätere Zwangsarbeiterbaracken

Am 16. Dezember 1936 verhandelt der Kirchenvorstand unter Leitung von Pfarrer HOFFMANN über Grundstücksangelegenheiten der Pfründe. Interessant ist hier besonders das große damals noch kirchliche Grundstück Stadelwiese Plan Nr. 967. Es

[236] ELBEL wird letztmalig im KV-Protokoll vom 17. Dezember 1934 erwähnt - dort rot unterstrichen. Auch sein Wegzugsvermerk vom 6. Oktober 1935 ist im Protokollbuch rot unterstrichen. Damit wollte ihn wohl ein späterer Rezensent als D.C.-Mitglied kennzeichnen.

Jedenfalls bestätigt ein Eintrag von Pfarrer HOFFMANN im Weidenberger Taufbuch unter der Matrikelnummer 40a für den 27. Dez. 1937 die Taufe von Elbels erstem Kind WILFRIED ELBEL in einem Gottesdienst der Deutschen Christen. ELBEL ist hier als „Bezirkskassier" der NSDAP bezeichnet. Taufpate ist der Weidenberger Parteigenosse MICHAEL HÜBNER, der im spanischen Bürgerkrieg in Hitlers Legion Condor kämpfte und später als Marktschreiber in Weidenberg unter dem Pseudonym „MS" die Nazi-Zeit in sehr geschönter Sichtweise beschreibt (vergl. JOACHIM KRÖLL, S. 164f).

Elbels Nachrücker im KV HANS EHRMANN ist Lagerarbeiter beim Steinschleifbetrieb SCHILLER. Er wohnt in Kattersreuth, ist ein zuverlässiger Parteigenosse, gehört wie Pfarrer HOFFMANN der SA als Oberscharführer an; er fungiert als Blockleiter der NSDAP, d.h. als Spitzel im örtlichen Nahbereich.

erstreckt sich am Obermarkt im Winkel zwischen der Seybothenreuther und der Alten Bayreuther Straße jeweils hinter den bebauten Grundstücken und umfasst zu der Zeit rd. 1,5 HA.[237]

Die Ortsgemeinde mit ihrem Bürgermeister GEORG RUMLER hat ihre Absicht bekundet, dass sie diese ganze Fläche kaufen oder eintauschen möchte. Einen Grund dafür hat sie nicht genannt, er wird erst im Krieg offensichtlich. Der größte Teil der Fläche ist aber noch bis 1940 verpachtet. So werden in dieser Sitzung nur zwei freie kleine Randstücke zum Preis von 2 RM/m² an Anwohner verkauft.

Im hier angesprochenen oberen Bereich der Stadelwiesen lassen die Nazis bald nach Beginn des Bombenkrieges, also Anfang der 40-er Jahre, wie Zeitzeugen berichten, mehrere große Baracken errichten, angeblich zum Zweck der Kinderlandverschickung durch die Hitlerjugend. Hier sollen also Kinder, die aus den zerstörten Großstädten nach Weidenberg in Sicherheit gebracht werden, von der Hitlerjugend betreut werden.[238]

Tatsächlich werden diese Baracken dann zur Unterbringung tschechischer Zwangsarbeiter verwendet bzw. als Durchgangslager für kriegsgefangene Ausländer, nach dem Krieg auch für Flüchtlinge. Die Arbeiter waren in Anwesen, Läden und Betrieben in ganz Weidenberg eingesetzt. Die damaligen Planierarbeiten im abschüssigen Gelände und die Fundamentreste der eigentlichen Baracken sind teilweise heute noch zu erkennen. – Der mittlere und untere Teil der Stadelwiesen beherbergt auch bis in die Gegenwart eine Schrebergartenkolonie; damals war sie für die Selbstversorgung der Bevölkerung im Krieg wichtig.

Zum gleichen Preis wie die beiden anderen Käufer erwirbt übrigens in dieser Sitzung auch ein Nachbar von Pfarrer REDENBACHER einen kleinen Streifen des großen, vom Pfarrer bearbeiteten Obst- und Grasgartens der II. Pfarrstelle zur Anlegung eines Gemüsegartens.

Als Pfarrer Hoffmann für eine radikale D.C.-Veranstaltung einseitig das Stillhalteabkommen bricht

Von ausgesprochenen Propagandaveranstaltungen der D.C. in Weidenberg hört oder liest man aber bis Anfang 1937 nichts. Erst jetzt, als der Kirchenkampf seinen

---

[237] Pfründegrundstücke sind solche Flächen, die im Eigentum der Kirche sind und ursprünglich dem Zweck der Besoldung des jeweiligen Pfarrstelleninhabers dienten. Sie werden vom Pfründestiftungsverband in München zentral verwaltet und in regelmäßigen Abständen neu verpachtet, bzw. in Einzelfällen auch verkauft.

[238] Vergl. dazu das Kapitel über die Kinderlandverschickung *„Ferien ohne Heimkehr"* in der sechsten Folge des Projektes „MYRTEN FÜR DORNEN – Untergehen und Aufstehen", S. 131ff.

Höhepunkt erreicht und die Deutschen Christen auch in den Augen der Nazis am Niedergang sind, erfährt man erstmals von einer öffentlichen D.C.-Versammlung in Weidenberg. Sie findet Ende April 1937 statt. Pfarrer REDENBACHER ist neugierig hingegangen. Anschließend berichtet er dem Dekanat davon.[239] Der Versammlungsort wird nicht genannt. Wahrscheinlich ist es der Saal im Gasthof Vogel am Obermarkt, der den Nazis schon seit der Gründung ihrer Ortsgruppe im Februar 1929 als „Ersatzkirche“ dient.[240]

Viele Weidenberger seien gekommen, dazu Bayreuther als Gäste. Der Ton des Gastredners sei rau, radikal und rassistisch gewesen. Offenbar gehörte er der Thüringer Richtung an, die sich von den Gemäßigteren losgesagt hatten, die aber auch von den Nazis bewusst fallengelassen wurden. Das Alte Testament solle als Buch der Juden abgeschafft werden, hieß es. Auch die ganze „Bekenntnisfront“ müsse weg, denn auch dahinter stünden Juden. Es gäbe „36 Volljuden“ in der Kirche.

Klar wird an diesem Abend aber auch, auf welch anti-römischer Haltung Hoffmanns Werbeversuche bei den Katholiken beruhen. Der D.C.-Referent bekennt offen, dass der Nationalsozialismus und die D.C., anders als die „Bekenntnisfront“, die beiden „Feinde“ des Papstes seien. Nachdem ursprünglich in Deutschland ja alle einmal der römisch-katholischen Kirche angehört hätten, hätten sich inzwischen neun Zehntel „von Roms Fesseln befreit“.

Für die weitere Entwicklung der Weidenberger Bekenntnisgemeinde war nach Redenbachers Einschätzung dieser entlarvende Abend der D.C. ein wichtiger Meilenstein. Diese Versammlung hätte bei der gesamten Weidenberger Kirchengemeinde ein verstärktes Interesse für die innerkirchlichen Auseinandersetzungen geweckt. Nur wenige Personen hätten sich nach dem Vortrag in die Mitgliederliste der D.C. eingetragen; viele wären lediglich aus Neugierde erschienen.

So ist hier also ein wichtiger Schuss nach hinten losgegangen. Pfarrer HOFFMANN hat einseitig das Stillhalteabkommen mit seinem Kollegen gebrochen; er hat sich dafür aber nichts eingehandelt, als den energischen Widerstand dieses Pfarrers, der nunmehr nur noch seinem Gewissen folgen will. Und HOFFMANN spürt jetzt erstmals auch deutlich den Gegenwind aus der ganzen Gemeinde.

Sichtbares Zeichen ist die sensationelle **Aufstellung des Bekenntnismarterls** am höchsten Punkt über Weidenberg auf der Bocksleite in diesem Jahr. Eine breite Öffentlichkeit unter Führung der Honoratioren des kulturtragenden Weidenberger Verschö-

---

239 LAELKB NÜRNBERG, KD Bayreuth, Nr. 152, Bericht von REDENBACHER, 4. 5. 1937. – Für diesen wichtigen Hinweis dankt der Verfasser Frau LIESA WEBER, aaO. S. 296ff

240 Vergl. dazu den Abschnitt *„Mit dir sind es 17“* in der dritten Folge des Projektes „MYRTEN FÜR DORNEN – Der Anstreicher …“ S. 109ff.

nerungsvereins, dessen Vorstand Pfarrer REDENBACHER seit seinem Amtsantritt im Jahr 1919 angehört, wirkt dabei mit.[241]

Hatte HOFFMANN bis dahin in seiner Eigenschaft als landeskirchlich angestellter Pfarrer eine gutwillige Basis in dieser Gemeinde, so verliert er sie jetzt. Wie schon bis dahin bleibt die Mehrheit in der Weidenberger Kirchengemeinde auch weiter gegen die D.C. eingestellt; aber von nun an richtet sich diese Ablehnung auch stärker gegen die Person Hoffmanns. Was die beiden Pfarrer unbedingt hatten vermeiden wollen, nimmt jetzt seinen Lauf: HOFFMANN polarisiert. Der Friede in der Gemeinde ist gestört. **Nun hat auch für Weidenberg der eigentliche Kirchenkampf begonnen.** Für HOFFMANN ist es der Weg in die Sackgasse, aus der es keinen normalen Ausweg mehr gibt.

Auch ist das Handtuch zwischen den Pfarrern HOFFMANN und REDENBACHER nun dauerhaft zerschnitten. REDENBACHER sieht sein Vertrauen tief enttäuscht. Seitdem verbietet es sein Stolz – oder wie er es sagt: sein Gewissen – , seinen Kollegen HOFFMANN um Vertretungen zu bitten. Darin folgt er einem Rat, den schon die Dahlemer Pfarrer ganz zu Beginn ihres Widerstandes gegen eine D.C.-Kirche gegeben hatten. Lieber verzichtet er auf seinen zustehenden Jahresurlaub.

Reinen Tisch gegenüber den Nazis: GEORG REDENBACHER

Auch hinsichtlich seiner NSDAP-Mitgliedschaft entschließt sich REDENBACHER, endlich reinen Tisch machen. Er selbst gehörte ja zu der großen Zahl der spöttisch so genannten „Märzgefallenen“, die sich bald nach der Machtergreifung mit naiven Erwartungen der Partei angeschlossen hatten, hatte aber diesen Eintritt schon im selben Jahr angesichts der eskalierenden Judenverfolgung bereut. Doch hatte er den Austritt bis zu diesem Zeitpunkt trotz schlechtem Gewissen immer wieder aufgeschoben. Nun schickt er seine Haushälterin zum Ortsgruppenleiter RUMLER; sie soll sein Austrittsgesuch abgeben. REDENBACHER fühlt sich jetzt merklich erleichtert.

[241] Vergl. dazu die Kapitel *„Tannen für Hecken und Myrten für Dornen“* in der ersten Folge des Projektes „MYRTEN FÜR DORNEN“, S. 15ff, sowie *„Zeichen setzen im Kirchenkampf“* in der zweiten Folge, S. 322ff.

5. Wie auch in Weidenberg die Bekenntnisgemeinde ans Licht tritt

Ein Zwischenruf im Gottesdienst mit Folgen

Auch in der Gemeinde wächst die Anspannung. Am Sonntag 18. Juli (1937) kommt es erstmals zu einer öffentlich wahrnehmbaren Entladung. Sie hat weitreichende Folgen. Hintergrund ist eine neue Eskalationsstufe bei der Kraftprobe zwischen Staat und Bekennender Kirche.

Genau 18 Tage vorher, am Morgen des 1. Juli 1937, waren zwei Männer von der Geheimen Staatspolizei im Pfarrhaus von Berlin-Dahlem erschienen, um MARTIN NIEMÖLLER zu einer „kurzen Vernehmung" mitzunehmen. Für NIEMÖLLER als Gründer des evangelischen Pfarrernotbundes und konsequenteste Leitfigur der Bekennenden Kirche war solcher Polizeibesuch nichts Ungewöhnliches. Er war seit 1935 bereits fünfmal verhaftet worden, aber jedes Mal nach kurzer Zeit wieder freigekommen. Doch diesmal kam es anders. Acht Jahre lang, bis Kriegsende, sollte er nun die Freiheit nicht mehr sehen. HITLER hatte die Geduld verloren; er war entschlossen, NIEMÖLLER durch einen Prozess endgültig mundtot zu machen und damit der widerständigen Bekennenden Kirche den entscheidenden Schlag zu versetzen.

Man hatte NIEMÖLLER zunächst ins Polizeipräsidium am Alexanderplatz geschleppt und ihn dann in Moabit ins Untersuchungsgefängnis eingeliefert. Dort erhielt er die Häftlingsnummer 1325 und die Einzelzelle 448.

Zu diesem Zeitpunkt waren etwa 40 Verfahren gegen ihn als Pfarrer anhängig. Er sollte vor der Öffentlichkeit des In- und Auslandes als Staatsfeind verurteilt werden, womit man auch eine Kriminalisierung der ganzen Bekennenden Kirche erreichen wollte. Doch Niemöllers Ver-

Kurz vor der Verhaftung 1937: MARTIN NIEMÖLLER mit Dahlemer Konfirmanden haftung bewirkte etwas ganz anderes: Sie löste eine gewaltige Welle der Solidarität inner- und außerhalb Deutschlands aus.

Gleich am nächsten Tag hatte der Landeskirchenrat in München eine Bekanntmachung an alle Geistlichen verfasst und für die beiden folgenden Sonntage, 4. und 11. Juli, die Verlesung von **Fürbitten-Listen** für NIEMÖLLER und alle anderen verhafteten und gemaßregelten Amtsbrüder im Deutschen Reich angeordnet. An diesen beiden Sonntagen hatte Pfarrer HOFFMANN in Weidenberg Predigtdienst. Doch er hatte die kirchliche Anordnung bewusst ignoriert und die Verlesung der Fürbittliste absichtlich unterlassen. Als sich das in der Gemeinde herumsprach, brach die Erregung los. Pfarrer REDENBACHER wurde gebeten, die Lesung am nächstmöglichen Sonntag nachzuholen. Das war dann der 18. Juli 1937.

Unmutsäußerung von den Emporen:
Innenraum der Weidenberger St. Michaelskirche

An diesem Tag hielt Pfarrer REDENBACHER eine besonders eindringliche Predigt. Nach dem Predigtlied begann er die Fürbittliste vorzutragen. Niemöllers Name war der Letzte. Bei der Nennung dieses Namens ließ ein einzelner Kirchenvorsteher von der Empore aus eine deutliche Unmutsäußerung hören. Sie löste in der Gemeinde heftige Reaktionen aus.

Pfarrer HOFFMANN und auch die anderen Parteigenossen, von denen man wusste, dass sie der Bekennenden Kirche kritisch gegenüberstehen, fühlten sich von einer breiten Öffentlichkeit angegriffen. Obwohl - oder weil – HOFFMANN wusste, dass REDENBACHER und zwei wichtige Kirchenvorsteher verhindert waren, berief er kurzfristig den Kirchenvorstand am folgenden Donnerstag zu einer außerordentlichen Sitzung zusammen.

Das Protokoll ist das umfangreichste im Protokollbuch und wirkt, als wollte sich HOFFMANN damit eines Tages vor der Geschichte rechtfertigen. Dies wird durch die Formulierung bestätigt, dass der Kirchengemeinde *durch Kanzelabkündigung und Anschlag an der Kirchentür* von den Beschlüssen Kenntnis gegeben werden soll. Möglicherweise ist das Protokoll zu diesem Zweck damals auch vervielfältigt und in der Gemeinde verteilt worden.

Wie unvorteilhaft so etwas wirkt, wenn ausgerechnet der örtliche Exponent der Bekenntnisbewegung und zwei wichtige Kirchenvorsteher hier bewusst übergangen wurden und gar nicht mitberaten und mitstimmen konnten, darüber machte sich HOFFMANN keine Gedanken. Weil das Protokoll einen unmittelbaren Eindruck von den Ereignissen vermittelt, sei es hier im Wortlaut abgedruckt:[242]

*„**22. Juli 1937** - SITZUNG DES KIRCHENVORSTANDES ... Tagesordnung: 1. Beschlussfassung über die Notwendigkeit von **besonderen Gottesdiensten**. / 2. Stellungnahme zu dem Verhalten des Kirchenpflegers Herrn Stumpf am letzten Sonntag in der Kirche. (Zwei Angelegenheiten des Kirchenvorstandes). ...*

***Ad 1 und 2**. Am Sonntag, den 18. Juli (1937) wurde auf Befehl (sic!) des Ev.-Luth. Landeskirchenrates in München während des Gottesdienstes durch **Pfarrer Redenbacher** eine Kanzelabkündigung verlesen, in welcher die Namen der durch die Staatspolizei verhafteten ev. Pfarrer der Gemeinde bekannt gegeben wurden. Als zuletzt der Name des Berliner Pfarrers **Niemöller** verlesen wurde, machte Kirchenpfleger **Fritz Stumpf** in der Erregung über diese Kanzelabkündigung von der Empore aus die Bemerkung: . „Dieser Hetzer hat's verdient!“ (Es war dies lediglich eine Bemerkung, die Herr Stumpf laut vor sich hinsagte. Man hat zwar in der ganzen Kirche hören können, dass jemand etwas ausgerufen hat, aber so laut war die Bemerkung nicht, dass man die einzelnen Worte in der großen Kirche hätte verstehen können.) Nun entstandenen irrigen und böswilligen Gerüchten zu begegnen, erklärt der Kirchenvorstand einstimmig: Der Kirchenvorstand **bedauert den von Kirchenpfleger Stumpf gemachten Zwischenruf**, erkennt zugleich an, dass Kirchenpfleger Stumpf aus vollberechtigter Entrüstung über die Störung des Friedens im Gottesdienst gehandelt hat und spricht Kirchenpfleger Stumpf auch für die Zukunft sein vollstes Vertrauen aus.*

*Der Kirchenvorstand ist einstimmig **gegen die Abhaltung von besonderen Gottesdiensten** aus Anlass der „Not unserer Kirche", und ebenso auch **gegen Kanzelabkündigungen** kirchenpolitischer Art, weil dadurch der Friede in der Gemeinde erfahrungsgemäß aufs Schwerste gestört würde. **Besondere Gottesdienste und Kanzelabkündigungen kirchenpolitischer Art sind bisher in der hiesigen Kirche unterblieben; die Gemeinde hat bisher auch im Frieden ihres Glaubens leben dürfen**. Einer Störung dieses Friedens wird sich der Kirchenvorstand entschieden widersetzen. Eine **Not der Kirche** sieht der Kirchenvorstand in Sowjet-Russland und in Sowjet-Spanien, nicht aber in Deutschland. Aus gleichen Gründen verlangt der Kirchenvorstand einstimmig, dass bei **Vertretungen der beiden hiesigen Pfarrer** durch*

---

[242] Protokollbuch des Kirchenvorstandes Weidenberg ab 1933, S. 33.

auswärtige Geistliche ***für die Dauer des Kirchenstreites*** *zuvor die Einwilligung des Kirchenvorstandes erholt wird* [letzter Halbsatz ist unterstrichen.]

Endlich beschließt der Kirchenvorstand einstimmig, dass der Kirchengemeinde ***durch Kanzelabkündigung und Anschlag an der Kirchentür*** *von vorstehenden Beschlüssen Kenntnis gegeben wird ...“*

Sitzungsverlauf und Protokoll tragen ganz die pathetische Handschrift von THEODOR HOFFMANN. Er nutzt den Kirchenvorstand einseitig zur Durchsetzung seiner Standpunkte. Der Mann der mit seiner Autorität diese Beschlüsse mit Sicherheit verhindert hätte, Pfarrer REDENBACHER, ist durch seine Verhinderung an diesem Tage kaltgestellt. Die anderen D.C.-Gegner wagen in der Sitzung nicht den Mund aufzumachen.

Wie Hoffmann den Kirchenkampf in Weidenberg per Beschluss aushebeln will

HOFFMANN zeigt sich in dieser Sitzung einmal mehr als treuer Gefolgsmann von Nationalsozialismus und D.C., wenn er unter dem Stichwort „Not der Kirche“ die Anliegen von Pfarrernotbund und Bekennender Kirche bewusst lächerlich macht. Indem er die vom NS-Regime verbreitete Bolschewismus-Furcht aufnimmt, versucht er raffiniert, den Fokus vom Kirchenkampf weg auf den zu dieser Zeit tobenden Spanischen Bürgerkrieg zu lenken.[243]

Ein Wort ist auch zur Kritik zu sagen, die der von HOFFMANN manipulierte Kirchenvorstand hier an der Praxis der **Kanzelabkündigungen und der „besonderen Gottesdienste“** übt. Die Namen der Verfolgten abzukündigen, für sie zu beten und Bekenntnisgottesdienste zu feiern, waren – neben dem Glockenläuten oder Verweigern desselben und dem Kirchengebet – die auffallendsten und öffentlichkeitswirksamsten **Kampfmittel** der Bekenntnis-Christen in dieser weltanschaulichen Auseinandersetzung mit dem NS-Staat.

Gegen diese typischen Formen von kirchlichem Widerstand besaß der Staat nur wenige Mittel. Erst sobald einzelne Pfarrer über diese Mittel hinausgingen und z.B. auch die angeordnete Beflaggung verweigerten[244] oder auch auf der Kanzel deut-

---

[243] Hier führt seit Juli 1936 bis April 1939 die demokratisch gewählte republikanischen Regierung Spaniens – von HOFFMANN im KV-Protokoll ironisch „Sowjet-Spanien“ genannt – einen verzweifelten Abwehrkampf gegen faschistische Putschisten unter General FRANCISCO FRANCO. Mit Mussolinis und Hitlers Unterstützung („Legion Condor“ – Bomben auf Guernica) siegten schließlich die Anhänger Francos. Damals begann dessen bis 1975 fortdauernde Diktatur, der sogenannte Franquismus.

[244] Zum Beispiel KARL STEINBAUER, auch er war im Juni 1937 verhaftet worden.

licher gegen das Regime Stellung nahmen, konnte dies geradewegs ins Gefängnis führen.[245]

Für Pfarrer HOFFMANN war sein Handstreich ein Prestigeerfolg in seinem fortdauernden persönlichen Kampf gegen die Kirchenleitung. Er hatte den Weidenberger Kirchenvorstand einspannen können, um sich den Anordnungen des Landeskirchenrates zu widersetzen. Es war insbesondere auch ein klarer Affront gegen seinen Intimfeind, den Landesbischof HANS MEISER. Dieser Frontstellung war sich HOFFMANN stets bewusst, wie das auch sein oben zitierter, stolzer Lebensrückblick verrät, den er als „Pfarrbeschreibung" hinterließ.

Dieser aufmüpfige Geistliche hatte von seiner Kirchenleitung sicher eine echte Disziplinarmaßnahme gegen seine Person erwartet, wie sie die Kirche schon einmal mit seiner Zwangsversetzung nach Weidenberg demonstriert hatte. Vielleicht wäre er sogar auf eine Amtsenthebung gefasst gewesen. Soweit wollte aber der Landeskirchenrat bewusst nicht gehen, gab er sich doch der trügerischen Hoffnung hin, alle D.C.-Pfarrer wieder für die Kirche zurückgewinnen zu können. HOFFMANN dagegen interpretierte diese Nachgiebigkeit als Schwäche eines zahnlosen Tigers und setzte bald noch eins drauf.

Obwohl HOFFMANNS selbstherrlicher Beschluss nur durch die Abwesenheit des streitbaren Kollegen REDENBACHER und zwei weiterer Kirchenvorsteher möglich war, verrät die Argumentation im Sitzungsverlauf doch immer noch erstaunlich viel von der damals in Weidenberg verbreiteten Stimmung zugunsten der Bekennenden Kirche. Die breite Öffentlichkeit verurteilte offensichtlich den Zwischenruf Stumpfs und gab damit der Landeskirche recht, die sich deutlich auf die Seite Bekenntnisbewegung gestellt hatte. Die im KV-Beschluss behauptete „einstimmige Meinung" gegen die Abhaltung von besonderen Bekenntnisgottesdiensten und gegen Kanzelabkündigungen „kirchenpolitischer Art" ist die Meinung der kleinen Gruppe um Pfarrer HOFFMANN, die aber in Weidenberg nicht wirklich mehrheitsfähig war.

Überraschend ist die doppelte Botschaft hinsichtlich des Zwischenrufers. Er hatte ja die Verhaftung Niemöllers und das Gerichtsverfahren gegen ihn als „verdiente" Maßnahme gegen einen „Hetzer" verunglimpft. Für diesen scharfen Zwischenruf im Gottesdienst spricht der KV einerseits sein Bedauern aus. Zugleich versucht er aber, den Rufer in Schutz zu nehmen. Man bescheinigt ihm einen vollberechtigten Gefühlsausbruch und behauptet, seine Entrüstung habe der „Störung des Friedens im Gottesdienst" gegolten.

---

245 Ebenfalls im Juni 1937 wurde z.B. Vikar DIETZ in Hohentrüdingen wegen kritischer Predigtäußerungen über das Winterhilfswerk zu fünf Monaten Gefängnis verurteilt.

Der Angesprochene, Schneidermeister FRITZ STUMPF, genoss als Gemeindeglied und Verwalter von Kirchenvermögen, Friedhof und Grabstätten offenbar ein hohes Ansehen. Er war auch Vorstand im Gesangverein, aber wohl kein Parteimitglied. Im Unterschied zu anderen Pg. im Kirchenvorstand darf er dann auch im ersten Nachkriegskirchenvorstand 1946 weitermachen.

Man sieht, die Linien im Kirchenvorstand verlaufen nicht parallel zur Parteizugehörigkeit. Es sind in diesem kritischen Jahr 1937 auf allen Seiten viele Emotionen im Spiel. Das gilt auch für Pfarrer REDENBACHER selbst. Er ist mit Recht darüber empört, dass man ihn von dieser sensiblen Beratung ausschloss und meldet das anschließend auch seinen Vorgesetzten.

Seit seinem Parteiaustritt war Pfarrer REDENBACHER für seine Widerständigkeit bekannt. Mancher bekam das mit, wenn er wieder einmal angriffslustig und lautstark gegen Hitler und seine Nazis polemisierte.[246] Von ihm konnte HOFFMANN jetzt kein Stillhalten mehr erwarten.

SO hat sich REDENBACHER an diesen feindseligen Kirchenvorstandsbeschluss auch nicht gebunden gefühlt. Vielmehr hat er alles betrieben, um seine Annullierung zu erreichen und sich damals an den Kreisdekan Oberkirchenrat OTTO BEZZEL gewandt.

BEZZEL war seit dem Januar dieses Jahres Nachfolger von KARL PRIESER im Amt des Kreisdekans.[247] Obwohl BEZZEL den Nazis gegenüber als weit kompromissbereiter galt als PRIESER, blieb er in dieser Sache nicht untätig. So existiert ein scharfer Antwort-Brief an das Pfarramt Weidenberg vom 9. Sept. 1937, den Bezzel abgefasst hat. Das Schreiben nimmt Bezug auf die KV-Beschlüsse vom 22. Juli 1937 und ist an dieser Stelle zwischen den Seiten des Protokollbuches eingeklebt.

Hat das Pfarrer REDENBACHER nach dem Amtsverzicht seines Kollegen HOFFMANN im Nov. 1942 getan? Oder war es noch Pfarrer HOFFMANN selbst, der damit demonstrieren wollte, dass man es bei Bezzels Schreiben mit der Reaktion eines zahnlosen Tigers zu tun habe?

Bezzels Schreiben verweist jedenfalls den KV unter Pfr. HOFFMANN mit recht scharfen Worten in seine Schranken. Es ist somit ein **wichtiges Dokument** am Höhepunkt des damaligen Kirchenkampfes, der in Weidenberg im selben Jahr 1937 in der Aufstellung des „Evangelischen Marterls" an der Weidenberger Bocksleite gipfelt.

---

[246] S.u. bei den *„Geschichten vom Pfarrer Redenbacher"*, S. 355.

[247] OTTO BEZZEL war bis dahin II. Pfarrer in St. Ulrich, Augsburg. Er war Mitglied der Bekennenden Kirche und gehörte zum Führungsstab Meisers in München. Nach dem Krieg war er neben den jeweiligen Landesbischöfen der einflussreichste Mann der Kirchenleitung.

BEZZEL schrieb:[248]

„Aufgrund des Art. 15 der Kirchenvorstandsverordnung (KABl 1922 S. 208) darf ein Beschluss des Kirchenvorstands dem Bekenntnis der Kirche, den Rechten und Befugnissen des Pfarramts und den allgemeinen kirchenrechtlichen Bestimmungen nicht widerstreiten. Demnach werden die in der Kirchenvorstandsitzung vom 22.7.37 gefassten Beschlüsse über die Abhaltung von Bittgottesdiensten und die Vertretung von Geistlichen ***aufgehoben und für ungültig erklärt****.*

1. Die Abhaltung von Bittgottesdiensten hat der Landeskirchenrat ***angeordnet****, und sie war deshalb in allen Gemeinden durchzuführen. Der Kirchenvorstand Weidenberg hat mit seinem Beschluss* ***gegen die Anordnung des Landeskirchenrats verstoßen.***

Die Not der Kirche wird nicht nur von der Kirchenbehörde, sondern auch von weiten Kreisen des Kirchenvolkes – sicherlich auch des Weidenberger – empfunden. Darum hat es die Kirche mehr denn je notwendig zu beten. Es hat wahrlich mit „Kirchenpolitik und Störung" nichts zu tun, wenn die Gemeinde Gottes bittet, dass ER seiner Kirche Menschen schenken wolle, die fest im Glauben und ohne Wanken in der Treue zum Evangelium Jesu Christi stehen.

2. Es ist eine weitere Überschreitung seiner Zuständigkeit, wenn der Kirchenvorstand verlangt, dass er bei der Vertretung der beiden Pfarrer vorher um seine Einwilligung gefragt wird. Über die Vertretung von Geistlichen bestimmt der Pfarrer bezw. die Kirchenbehörde. Aus diesem Grunde werden die Beschlüsse des Kirchenvorstands Weidenberg ***aufgehoben und für ungültig erklärt****. Es wolle dies den Kirchenvorstand in der nächsten Sitzung eröffnet und im Protokollbuch des Kirchenvorstandes vermerkt werden."*

6. Hoffmanns letzte Scharmützel

Wie Pfarrer Hoffmann auch in Weidenberg zum offenen Kampf gegen die Landeskirche übergeht

nstatt sich den Weisungen der Kirchenleitung zu fügen, geht HOFFMANN nun aufs Ganze. Knapp einen Monat nach Bezzels Brief beruft er für den 7. Okt. 1937, wiederum ein Donnerstag, den Kirchenvorstand erneut zur Sitzung zusammen. Wieder ist Pfarrer **Redenbacher** an diesem Tag nicht

---

[248] Eingeklebt zwischen S. 34 und 35 im Weidenberger Protokollbuch unter dem 9. Sept. 1937: Schreiben Nr. 3196 des Kreisdekans Bayreuth an das Evang.-Luth. Pfarramt Weidenberg. Betreff: Kirchenvorstandsbeschlüsse vom 22.7.1937. – Hervorhebungen durch den Autor von „MYRTEN FÜR DORNEN".

dabei. Ebenso fehlen mit Oberlehrer NÜSSEL und Altbürgermeister LOCHMÜLLER zwei weitere Personen, die keine Parteigenossen sind.

NICOLAUS NÜSSEL war seit 1896 bis zu seinem Ruhestand Lehrer in Weidenberg, nach Zeitzeugenaussagen „ein Riese von Mann" und eine Autorität. Bereits 1921 hatte die Marktgemeinde ihn anlässlich seines 25. Dienstjubiläums zum Ehrenbürger gemacht. Jahrzehntelang war er nun schon im Kirchenvorstand und auch dort als Respektperson anerkannt.

NÜSSEL hatte für diese Sitzung aber unerwartet ein Rücktrittsgesuch gestellt, das im ersten Punkt der Tagesordnung auch angenommen wurde. Gründe werden nicht genannt. Neben gesundheitlichen bzw. altersbedingten Rücksichten könnte NÜSSEL seinen Rücktritt auch als Protest gegen Hoffmanns Agieren verstanden haben. Ihm wird in dieser Sitzung makabrerweise als Trost ein „Ehrengrab" in Aussicht gestellt. Es soll eine überlange Ablauffrist von 50 Jahre bekommen. Er stirbt tatsächlich zwei Jahre später, im ersten Kriegsjahr 1939.

Im zweiten Punkt wird zum Schreiben des Kreisdekans lapidar festgestellt: „**Der Kirchenvorstand hält seine Beschlüsse vom 22. Juli 1937 einstimmig aufrecht**."

Der dritte Punkt behandelt erneut die Reparatur des ersten Pfarrhauses. Hier hatte das Kultusministerium eine mögliche Mittelzusage von der Übertragung des uralten Präsentationsrechts aus den Zeiten der V. LINDENFELS auf den Staat abhängig gemacht. Damit wollten die NS-Machthaber einen Einfluss auf die Pfarrstellenbesetzung in Weidenberg erzwingen. Der Kirchenvorstand nutzt die Gelegenheit zu einer freudigen Loyalitätsbekundung:

*„**Als Christen und Nationalsozialisten** stehen wir in rückhaltlosem Vertrauen zur Staatsführung des Dritten Reiches; wir wünschen deshalb einstimmig, dass die mit dem Privatpatronat verbundenen Rechte für Weidenberg, insbesondere auf das Präsentationsrecht, seitens der Staatsführung ausgeübt werden."*

Beschlusspunkt 2, wonach der Kirchenvorstand seine ablehnenden Beschlüsse vom 22. Juli 1937 zu den besonderen Gottesdiensten, Kanzelabkündigungen und Vertretungen der Pfarrer entgegen den Weisungen der Kirchenleitung aufrechterhalten möchte, ist eine **direkte Kampfansage** an die Landeskirche. Wie es scheint, blieb sie aber für HOFFMANN ohne erkennbare Folgen, wie auch alles andere, was die Landeskirche jemals an Maßnahmen gegen diesen widerspenstigen Geistlichen androhte.

Dieses wiederholte Schweigen der Landeskirche, wo disziplinarische Maßnahmen angesagt gewesen wären und wohl auch von HOFFMANN erwartet wurden, diente ihm später immer wieder zu seiner Rechtfertigung. Er hat es der Kirchenleitung nach dem Krieg auch genüsslich und schriftlich unter die Nase gerieben.

Andererseits scheint nun der Kirchenkampf in Weidenberg weitgehend seinen Zündstoff verloren zu haben. Die wenigen folgenden KV-Protokolle verraten jedenfalls nichts mehr davon.

Wie Hoffmann die Flinte ins Korn wirft

Nachdem HOFFMANN sich in Weidenberg seiner Gemeinde und seinem wohlmeinenden Kollegen REDENBACHER entfremdet hat und sich auch in Bayreuth die Misserfolge für die D.C. häuften, für die Pfarrer HOFFMANN mit verantwortlich gemacht wurde, scheint er sich in allen Bereichen seines Dienstes in der Sackgasse gesehen zu haben. Doch vermochte er niemals seine persönlichen Anteile für diese verfahrenen Jahre seines Lebens zu erkennen.

Seit seinem Dienststrafverfahren 1933 vor dem Disziplinarhof der Landeskirche hatte er sich mit seiner Entsendung nach Weidenberg stets „strafversetzt" und in seiner Persönlichkeit durch den Landeskirchenrat herabgewürdigt gefühlt. Seitdem hatte er mit der Leitung der Landeskirche auf allen Ebenen und Bischof MEISER im Besonderen auf Kriegsfuß gestanden und machte dafür rückblickend die mangelnde seelsorgerliche Einsicht der Landeskirche verantwortlich. Die Landeskirche sollte letztlich Schuld gewesen sein auch für seine versandeten Aktivitäten für die D.C.

Einen Ausweg sah er aber noch, der ihm erlaubte, erhobenen Hauptes seine Rechte als Pfarrer noch ein wenig wahrzunehmen: HOFFMANN hatte ja Hitlers unverblümte Kriegsvorbereitungspläne wahrgenommen. Er war zwar 1939 schon über 50 Jahre alt (*4.12.1888). Aber HITLER würde jeden erfahrenen Offizier gebrauchen können. Wenn er sich nun trotz seines fortgeschrittenen Alters freiwillig zum **Militärdienst** meldete, könnte er weiter Titel, Gehalt und Dienstwohnung behalten, wäre aber dem Zugriff der Kirche weitgehend entzogen.

So meldet sich HOFFMANN tatsächlich im Sommer 1939 noch vor Beginn des II. Weltkrieges zum Dienst im Heer.[249] Der letzte Eintrag einer Amtshandlung durch HOFFMANN ist die Beerdigung des 16-jährigen Bauernsohns ADAM POTZEL aus Fischbach am 19. August 1939.

Wie Pfarrer Hoffmann den Weidenberger Kirchenvorstand auch weiterhin um den Finger wickelt

Die letzten beiden Protokolle von Kirchenvorstandssitzungen, die Pfarrer HOFFMANN unterschrieben hat, tragen die Datumsangaben 16. Januar 1939 und dann noch

---

[249] Mehr dazu oben im Abschnitt *„Ein erneuter radikaler Kurswechsel Hoffmanns zum Militär"* ab S. 259ff.

einmal 18. Februar 1940. Bei diesem zweiten Termin hatte er wohl Heimaturlaub vom Militär. Danach übernimmt Pfarrer REDENBACHER vertretungsweise die Pfarramtsführung. Im Jahr 1942 meldete sich HOFFMANN aus freier Entscheidung dann ganz vom Dienst in seiner Kirche ab und ist seitdem Reserveoffizier im aktiven Kriegsdienst.

Er leistet sich aber dennoch im Februar 1943 eine Posse, die sich in den Protokollen des Kirchenvorstandes widerspiegelt. Denn es ist eigentlich klar, dass ein Pfarrer, der seinen Dienst in der Kirche aufgibt, damit auch sein Anrecht auf eine Dienstwohnung verliert. HOFFMANN sieht das anders. Er beantragt eine weitere Nutzung zu einem Spottpreis von 30 RM im Monat, die ihm der Kirchenvorstand auch bewilligt. So bleibt also Hoffmanns Familie noch bis Frühsommer 1943 in dem Weidenberger Pfarrhaus wohnen, das ihm in seiner Dienstzeit so verhasst gewesen war.[250]

Menschen emotional beeindrucken:
THEODOR HOFFMANN 1937

Solches Verhalten ist für HOFFMANN typisch; bezeichnend ist aber auch die positive Reaktion des Kirchenvorstandes. HOFFMANN konnte offenbar Menschen emotional beeindrucken

So hat er dann auch nach dem Krieg im Jahr 1950 den Weidenberger Kirchenvorstand nochmals um den Finger gewickelt, als es um ein Gutachten zu seinem Wiedereintritt und zu seiner neuerlichen Amtsaufnahme ging. Er hat es verstanden, den reuigen Sünder darzustellen, der an das Gebot Jesu gemahnt: Wie oft soll ich meinem Bruder vergeben?, sodass der *„Kirchenvorstand .. davon mit Bewegung Kenntnis [nahm] und ... einstimmig“* beschloss, *„ihm diese Bitte um Christi willen zu gewähren.“*

[250] Mehr dazu im Abschnitt *„Mietgesuch für das bislang so ungeliebte Pfarrhaus“* oben auf S. 263f.

II. ANDERE GESCHICHTEN VOR ALLEM VOM PFARRER REDENBACHER

Inhalt:

3. Ein angespanntes Pfarrerdasein in Kriegszeiten

4. Die letzten Jahre

ANHANG

1. Der Mensch Georg Redenbacher

Ein liebenswürdiger, aber auch eigensinniger Geistlicher (1935)

(Senior LAMMEL)

In seiner Gesamtwürdigung über Pfarrer GEORG REDENBACHER stellt der Senior des Kapitels, der Bindlacher Pfarrer LUDWIG LAMMEL, 1935 fest:

„REDENBACHER ist im Kirchenkampf seine eigenen Wege gegangen ohne eigentliche Stellungnahme.[251] *Gute liebenswürdige Umgangsformen ... Besucht die Konferenzen nicht, angeblich, weil er sich keinen Erfolg vom Konferenzbesuch verspricht. Er glaubt, bei den Kollegen kein Verständnis zu finden (Ist wiederholt mit einem Antrag, z.B. auf Abschaffung des Klingelbeutels und dem auf Abschaffung des Konfirmationsgelübdes, nicht durchgedrungen). Obwohl kirchenpolitisch auf ganz anderem Standpunkt stehend wie der derzeitige I. Pfarrer [Hoffmann], steht er doch in gutem Einvernehmen mit diesem, weil beide, um den Frieden zu wahren, sich jeder kirchenpolitischen Agitation und Äußerung enthalten. L. Lammel.“*

Redenbachers Töchter (1911-51)

Pfarrer REDENBACHER hatte zwei Töchter: LYDIA und RUTH.

RUTH (1911-96) wurde, wie ihre jüngere Schwester LYDIA, noch in Redenbachers vorigem Wirkungsort Schottenstein geboren. Sie kam als Achtjährige nach Weidenberg und wurde hier im Jahr 1927 vom eigenen Vater konfirmiert. Sie studierte in München später bildende Kunst fürs Lehramt ohne Abschluss und wurde Malerin und Bildhauerin. Später betrieb sie in München eine Boutique. Sie blieb ledig.

Dem Personalakt zufolge war ihr gesundheitliches Problem eine zunehmende Ertaubung, die sie daran hinderte, den angestrebten Lehrberuf auszuüben. So blieb sie auch noch nach dem Tod des Vaters 1951 zeitlebens auf die kirchliche Fürsorge

---

[251] Das trifft so nicht zu. Tatsächlich veränderte sich auch bei Pfarrer REDENBACHER mit dem Übergriff des NS-Regimes auf den Landesbischof 1934 die Einstellung. Er teilte am 22. Okt. 1934 seinen inneren Schwenk zur Bekennenden Kirche dem Dekanat auch schriftlich mit (vergl. den Abschnitt oben S. 343ff: *„Nach dem frommen Volksaufstand schwenkt Redenbacher zur Bekennenden Kirche um“*).

Außerdem kannte Pfarrer LAMMEL die hier vorgelegten Untersuchungsergebnisse über REDENBACHER und die geheime Bekenntnisgemeinde in Weidenberg noch nicht. Er wusste aber von dem Stillhalteabkommen der Pfarrer. Aufgrund der komplizieren Verkehrsanbindung und der damals noch mühsamen weiten Wege sahen sich diese beiden Kollegen REDENBACHER und LAMMEL eher selten.

Am Grab von Georg und Margarete Redenbacher:
Enkel und Urenkel mit dem Autor
2014 auf dem Weidenberger Friedhof

angewiesen. Sie hat den Vater schon als Jugendliche in Lebensgröße gemalt. Nach seinem Tod hat sie auch das Grabsteinkreuz für ihn auf dem Weidenberger Friedhof von St. Stephan gestaltet.

Bereits als 24-Jährige hatte sie schon für die früh verstorbene Mutter das Grabmal gestaltet. Die im klassischen Stil gestaltete Epitaphplatte soll lange Zeit hindurch in der Kirche gestanden haben. Sie deckt heute das gemeinsame Grab der Eltern, ist aber einer zunehmenden Verwitterung ausgesetzt. Dieses Grab mit seinem auffallenden Kreuzstein findet sich auf dem Friedhof Sankt Stephan am Zugang vom Nordwesteingang in der Nähe von Grab Schütz.

Die jüngere, ebenfalls noch in Schottenstein geborene Tochter Lydia (1914-2000) wurde 1930 vom Vater konfirmiert. In der Nazizeit 1935/36 hat sie im Lager Kempten Arbeitsdienst geleistet. Sie hat 1942 in Weidenberg Alexander König geheiratet und wirkte als Lehrerein für neuere Sprachen an der Oberrealschule in Bayreuth, dem heutigen GMG. Zeitzeugen wie Gunter Kießling und Normann Schiller erinnern sich noch gern an sie; sie hatten bei ihr Unterricht.

Der junge Ehemann ist bereits im August 1943 als Wehrmachtssoldat beim deutschen Überfall auf Russland in Charkov gefallen; Pfr. Redenbacher musste schweren Herzens die Trauerfeier für den eigenen Schwiegersohn halten. Lydia wohnte dann zwischenzeitlich mit ihrer kurz danach geborenen Tochter Ursula und mit ihrer Schwester zusammen im II. Pfarrhaus, bis Georg Redenbacher am 23. Feb. 1951 im Alter von 71 Jahren verstarb und sie das Haus für den Nachfolger räumen mussten.

An diesem Tag lernte sie den leitenden Forstmann Josef Niederwald (1907-1995) kennen. Sein Lebenswerk nach dem Krieg wurde die Wiederaufforstung und Neugestaltung des verwüsteten Veldensteiner Forstes. Eine Gedenkplatte am Großen Lochstein mit seinem Namen und der Widmung „Ein Leben für Wald und Natur“ erinnert seit 2016 an ihn. Lydia heiratete ihn damals, verzog nach Pegnitz und bekam noch den Sohn HANSJÖRG und die Tochter GABRIELE. Die beiden Mädchen wurden übrigens später Ärztinnen und haben Familie. Dankenswerterweise haben alle bereitwillig am Zustandekommen des Projektes „MYRTEN FÜR DORNEN" mitgewirkt.[252]

Am Großen Lochstein im Veldensteiner Forst: Gedenkplatte für Redenbachers Schwiegersohn

Eine familiäre Tragödie (1935)

(Nach Erinnerungen von FRIEDA PONATER)

Viele tragische Fälle begegnen dem Weidenberger Allgemeinarzt Dr. MÜLLER im Lauf der Zeit, die ihm auch ganz persönlich nahe gehen. So sucht ihn eines Tages auch MARGARETE REDENBACHER, geb. BAYERLEIN, auf, die Ehefrau des Pfarrers. Sie klagt ihm ihre ständigen Schmerzen. Der Doktor muss ihr schweren Herzen eröffnen, dass sie unter einem heimtückischen Krebs leidet.

Lebenslange Erinnerung: MARGARETE REDENBACHER bei der Verlobung 1909

Sie ist erst 44 Jahre alt, als Pfarrer REDENBACHER am 10. Februar 1935 von ihr Abschied nehmen muss. In diesem Jahr hätten die beiden Eheleute ihre silberne Hochzeit feiern wollen. Der Pfarrer ist so angegriffen, dass er seinen Kollegen THEODOR HOFFMANN bittet, die Beerdigung vorzunehmen. Zu diesem Zeitpunkt haben diese beiden so gegensätzlich orientierten Pfarrer noch ein fast freundschaftliches Verhältnis. Diese Beziehung beginnt sich erst mit dem weiteren Verlauf des Kirchenkampfes einzutrüben.

Weil REDENBACHER von seinem Dienst immer stärker in Anspruch genommen wird und sich auch nicht als echter „Hausmann" fühlt, sucht er eine Haushälterin.

---

252 Vergl. auch die bebilderte Zeitzeugenliste am Ende der 3 Folge des Projektes „MYRTEN FÜR DORNEN", sowie die grundsätzlichen Erwägungen zu den Zeitzeugen am Ende von Folge 6.

Bewährte Haushälterin:
CHRISTIANE BRATENGEYER 1949

Seitdem versorgt als Köchin zunächst eine Frau SCHILLER den Pfarrer. Ihr folgte die ledige CHRISTIANE BRATENGEYER, die aus Laineck stammte. Sie versieht den Haushalt des Pfarrers in vergleichbarer Weise, wie es auch die Haushälterinnen in katholischen Priesterhaushalten tun und umsorgt den Geistlichen dann bis an sein Lebensende.

Frl. BRATENGEYER war befreundet mit der damals etwa 30-jährigen Patin der Zeitzeugin FRIEDA PONATER. So durften die Kinder öfter im Garten des Pfarrhauses spielen und kamen bisweilen auch in die Wohnung des Pfarrers oder in seine Küche. Auf diese Weise kannte die Haushälterin viele Kinder vom Obermarkt und auch unten von der Au, wo das Armenhaus stand. Dann steckte sie ihnen auch manchmal etwas zu essen zu.

Auch die Chorschülerin UTE DENNERT, die Tochter des Naziopfers CHRISTIAN DENNERT, die dort unten gegenüber der Scherzenmühle wohnte, kannte die Haushälterin gut. Als sie dann zur Schwesternausbildung nach Erfurt geht, sendet ihr Pfarrer REDENBACHER auf seiner Bildpostkarte auch einen Extragruß „von CHRISTIANE“.

Am Obermarkt wohnte Frieda Ponaters Patin. Sie sah gut aus; dennoch fand sich kein Ehemann. Weil sie aber dank ihrer Freundschaft zu Redenbachers Haushälterin viel im Haus von Pfr. REDENBACHER verkehrte, blieben Gerüchte in dem überschaubaren Marktort natürlich nicht aus, die besagten, sie hätte ein Auge auf den verwitweten Pfarrer geworfen. Doch dies war bloßes Gerede.

Redenbacher fischt in der Steinach und im Weißenbächlein (1936-44)

(Nach Erinnerungen von FRIEDA PONATER, verh. Gluche; HANS und BETTY RABENSTEIN, geb. SCHILLER; MATHILDE ROTHE, verh. KRETSCHMER)

In der munteren Steinach tummelten sich früher viele wildlebende Forellen. Gastwirt und Müller ROTHE vom Rosenhammer hatte in den Gewässern um sein Anwesen aber die Fischrechte erworben und begründete in seinen Mühlteichen eine ernstliche Forellenzucht. REDENBACHER, der mit ROTHE gut befreundet war, kam hier des Öfteren zum Angeln. Er habe gern in der Steinach bzw. beim Müller geangelt, sagt HANS RABENSTEIN.

An solchen Tagen kam REDENBACHER zu Fuß vom Obermarkt die Kantorsgasse hinab, seine Haushälterin CHRISTIANE BRATENGEYER hinterdrein. Der Pfarrer war leger gekleidet. Den Griff seines unvermeidlichen Gehsteckens hielt er in der Hand, schlenkerte damit den Stock im Kreise und pfiff ein fröhliches Lied dabei. Sein schwerer Schritt hallte auf dem Kopfsteinpflaster. Seine Haushälterin folgte ihm mühsam. Sie musste über der Schulter die lange Angel tragen, die aus einer einzigen Rute bestand. In der anderen Hand hielt sie einen speziellen Transportbehälter für die Forellen. Da sie seit ihrer Geburt an einem Bein stark behindert war, humpelte sie bei jedem Schritt.

Unten kamen sie zunächst am Haus der Familie der kleinen BETTY SCHILLER vorbei, dann am Armenhaus mit seinen zahlreichen Bewohnern.[253] Wenn BETTY und die anderen Kinder dann dort den Pfarrer sahen, riefen und winkten sie ihm zu, und er erwiderte ihren Gruß.

Sobald er den Scherzenbach bei der Mühle überquert hatte, kam er als nächstes zum Gebäude des ehemaligen Porzellanwerkes. Hier wohnte seit 1930 die Familie DENNERT mit ihren drei Kindern; sie sprachen alle sehr norddeutsch, denn sie kamen aus Hamburg. Hier an der Steinach fertigte DENNERT acht Jahre hindurch seine weltweit anerkannten Rechenschieber der Marke DEWE (Dennert-Weidenberg), bis nach der Reichspogromnacht 1938 die internationalen Aufträge wegbrachen.[254] REDENBACHER hielt oft an und sprach dann mit Herrn oder Frau DENNERT über den Gartenzaun hinweg. Dann zog er weiter zu seinem Angelplatz.

Wenn er dann zurückkam, erwarteten ihn die Kinder schon, denn nun bot sich ihnen ein schon erwartetes Schauspiel dar: Vorneweg wieder der Pfarrer mit Gehstock, dahinter seine Haushälterin mit der Angelrute über der Schulter und dem Behälter mit den gefangenen und noch lebenden Fischen in der Hand. Ihr schweres Hüftleiden zwang sie zu einem schweren Schritt, der unter der Last des gefüllten Fischeimers nun noch mehr schwankte. Bei jedem Schritt schwappte ein kleiner Schwall Wasser aus dem Luftloch. Die Kinder amüsierten sich sehr. Manche Kinder waren aber auch bös und riefen ihr „Humpelbein" nach, aber erst, wenn die beiden Erwachsenen schon weit genug weg waren.

Bald nach Kriegsbeginn verdüsterte sich aber die Szene in beiden Häusern, und aus Redenbachers fröhlichen Gartenzaungesprächen wurden immer ernsthaftere und dringende seelsorgerliche Interventionen. In dem einen der Häuser, dem Armenhaus, kehrte MARTIN L., Vater einer achtköpfigen Kinderschar, im Frühjahr 1940 nicht

---

[253] Vergl. das Kapitel *„Leben im Armenhaus"* in der fünften Folge des Projektes „MYRTEN FÜR DORNEN – Spuren der Opfer", ab S. 83.

[254] Vergl. das im Kapitel aaO. *„Ein Unternehmer am Scheideweg"*, ab S. 171.

mehr von einer Arbeitsstelle im Allgäu zurück. Der stattliche Mann hatte unter psychotischen Störungen gelitten. Sie waren Ergebnis vieler Tragödien dieser Familie mit unerwarteten Kindstoden, sowie Martins Zwangssterilisation, die zu seelischen Überlastungen geführt hatten. Nach einem Anfall in Kempten an seiner Arbeitsstelle war er in ein Nervenkrankenhaus eingeliefert worden. Dort brachten ihn Naziärzte im Rahmen der Euthanasieprogramme bei Hungerkostexperimenten zu Tode.[255]

Auch die Familie DENNERT wurde von mehreren Tragödien heimgesucht. Denn die Drittälteste der Dennert-Kinder, die bildhübsche Tochter HEIKE, erlebte 1941 ihre Konfirmation nicht mehr. Sie starb an den Folgen einer Ohrenentzündung. Alle Schulkinder begleiteten sie und heulten Rotz und Wasser. Der Vater, der wegen seiner Arbeitslosigkeit ein ortsbekannter Nazikritiker geworden war, wurde zwei Jahre später bei der Gestapo angezeigt und in Berlin ins Gefängnis geworfen und sollte vom Volksgerichtshof verurteilt werden. Er starb an unbekannter Ursache am 5. Mai 1944 in seiner Zelle in Tegel[256]. Ganz Weidenberg war von dieser Tragödie erschüttert.

Der barmherzige Angler (1949)

(HANS LINDNER, letzter Konfirmandenjahrgang 1949)

Hobby-Angler und Menschenfischer:
GEORG REDENBACHER mit seinem letztem Konfirmandenjahrgang 1949

Der Jahrgang von HANS LINDNER war der letzte, den Redenbacher 1949 konfirmierte.

Diese Konfirmanden wussten, dass eines der Hobbies, mit denen sich Pfarrer REDENBACHER von seinem anstrengenden Seelsorgedienst entspannte, offenbar bis fast an sein Lebensende das Angeln war. Sie beobachteten ihn dabei.

[255] Aao. S. 153ff.

[256] Aao. Se. 316ff.

Da gab es bei Weidenberg das Weißenbächlein. Es strömt von Hesslach herunter nach Görschnitz, durchläuft den Ort und mündet jenseits der Eisenbahnbrücke in die Warme Steinach. Ein Teil des Bächleins war im Eigentum der Kirchengemeinde, aber an Angler verpachtet. In dem Bächlein schwammen auch Forellen.

Auch Pfr. REDENBACHER pflegte dort zu angeln. Dann kamen die Kinder und umlagerten ihn. Sie hofften, etwas von seiner Beute zu erhaschen.

Einmal kam der Schmied an den Teich. Er wusch sich im Bach die Hände. Pfr. REDENBACHER sah nur, wie er mit seinen Händen Bewegungen im Wasser machte. In seiner gutmütigen Art nahm er an, auch der Schmied versuche, Forellen zu fangen, dass er aber dabei keinen Erfolg gehabt habe. Weil ihm der Schmied leidtat, nahm er von seiner Beute aus dem Eimer und drückte dem erstaunten Schmied eine Forelle in die Hand.

Die Butzeleschlacht (1936)

(FRIEDA PONATER, verh. GLUCHE)

Pfarrer REDENBACHER strahlte, bei aller Würde seines äußerlichen stattlichen Erscheinungsbildes, auch viel Humor und Menschenfreundlichkeit aus. Wenn man so jemandem einen Streich spielt, meint man dies als Ausdruck von Liebe und Zuneigung zu der Person, die man hinter dem Amt wahrgenommen hat.

So machte der Geistliche häufig Besuche in den Häusern. Wenn er stockschlenkernd durch die Straßen ging, liefen ihm gern die Kinder nach und versuchten, ihn zu necken.

Einmal, bei einem Besuch im entlegenen Altenreuth am Rande des Tals jenseits von Waizenreuth, versteckten sich die Kinder, als sie ihn kommen sahen. Sie hatten im Wald „Butzele" gesammelt, die kleinen kugeligen Fruchtstände der Klette. Ihre hakenbesetzte Oberfläche hat sicher schon manches Kind verleitet, Kletten als Wurfgeschosse zu missbrauchen, denn die Widerhaken haften gar so schön in Kleidung und Haaren.

Leider war das geplante Attentat dem Pfarrer nicht ganz verborgen geblieben. Der rasche Atem und das Kichern der Kinder waren nicht zu überhören. Doch sie riskierten es wirklich und warfen ihm ihre „Butzele" nach. Doch Pfarrer REDENBACHER streifte sie nur lässig ab und lächelte den Kindern zu.

Ein Don Camillo mit kräftigem Handschlag (1935-40)

(SUSANNE HÜBSCH, HANS LINDNER)

Der Pfarrer galt als guter Prediger, dem auch die Jungen zuhörten. Aber im Unterricht nahmen ihn nicht nur die Mädchen wie SUSANNE als sehr streng wahr, sondern auch die Jungen. REDENBACHER verlangte den Kindern viel Lernstoff aus Katechismus und Gesangbuch ab.

Der junge LINDNER genoss wegen seiner damaligen körperlichen Zartheit und der Zurückhaltung seines Wesens bei ihm ein gewisses Privileg. Andere Jungen, insbesondere solche, die ins Gymnasium gingen, waren oft frecher. Sie bekamen dann aber die Körperkräfte dieses Don Camillo zu spüren. Er verpasste ihnen kräftige Ohrfeigen.

Auch eine andere Zeugin erlebte den Pfarrer sehr zornig und schlagbereit. Ein Erstklässler hatte ihn im Religionsunterricht provoziert. REDENBACHER holte aus und schlug dem kleinen Jungen so kräftig uns Gesicht, dass die Nase blutete. Erschrocken über die Folgen seines Zorns sei er aber gleich losgerannt. Er sei durch das ganze Schulhaus gerannt, um nach Wasser und einem Tuch zu suchen; denn damals gab es in den Klassenräumen noch keine Waschbecken.

Verbreitete Schwarze Pädagogik:
Haarers Erziehungsratgeber seit 1934

Als er wiederkam, hätten sich die Kinder mucksmäuschenstill verhalten, so erschrocken seien sie immer noch von dem Ausbruch ihres Pfarrers gewesen.

Über die möglichen psychologischen, aber auch strafrechtlichen Seiten solcher Erziehungsmethoden gab es damals noch keine Diskussion. Eltern, Pfarrer, Lehrer waren damals noch die unbedingten Respektspersonen. Dass sie Kinder schlugen, war die die Regel.

Solche Übergriffe von Erwachsenen gegen Kinder und Jugendliche trafen nicht nur Lausbuben, sondern auch störrische Mädchen. Die meisten Eltern praktizierten diese Form der „schwarzen Pädagogik“. Sie wurden ihnen seit 1934 im damals „modernsten“ Erziehungsratgeber, dem unseligen Buch der NS-Lungenärztin JOHANNA HAARER, nahegebracht.[257]

Die Kinder erduldeten die Schläge. Auch im Nachhinein haben eher wenige nach Zeitzeugenmeinung diese Behandlung als ungerecht empfunden, so verinnerlicht waren die düsteren Erziehungsprinzipien über Generationen hin-

---

[257] Das viel gelesene Buch von JOHANNA HAARER *„Die deutsche Mutter und ihr erstes Kind“* erschien in erster Auflage 1934 und ist bis 1987 unzählige Mal neu aufgelegt worden. Als noch schlimmer wird Haarers 1939 erschienenes antisemitisches Kinderbuch angesehen: *„Mutter, erzähl von Adolf Hitler“!* Die leidgeprüften beiden jüngsten Töchter JOHANNA jr. und GERTRUD HAARER rechneten 2012 unter dem Titel *„Die deutsche Mutter und ihr letztes Kind“* mit diesen Erziehungsvorstellungen ab und präsentierten dabei ihren Umgang mit diesen Traumata.

weg. Doch ohne dass sie sich und anderen das eingestehen wollten, brannten sich ihnen solche Schläge in Wahrheit in die kindliche Seele ein und veränderten oft für ein ganzes Leben ihr Wesen. So wuchsen Menschen heran, die dann auch als Erwachsene bisweilen an ihrer eigenen Persönlichkeit zweifelten. Erst Untersuchungen der Biographien von Kriegskindern seit den 2000-er Jahren haben die unsäglichen Traumata aufgedeckt, welche, neben anderen kriegsbedingten Ursachen, vor allem die schwarze Pädagogik hinterlassen hat.

Solche seelischen Folgen zu verursachen – das hat so einer wie Pfarrer REDENBACHER mit seinen Schlägen sicher nicht gewollt. Aber manchmal braucht das Problembewusstsein auch bei nachdenklichen Menschen Zeit zum Reifen.

Der Lümmel (1936)

(FRIEDA PONATER, verh. GLUCHE

Einmal wurde im Unterricht auch Pfarrer REDENBACHER selbst zum Leidtragenden.

Der Geistliche erzählte den Kindern im Religionsunterricht gern Geschichten. Es war in der vierten oder eher fünften Klasse, die Hauptschüler waren also unter sich. Da hat FRIEDA PONATER beobachtet, wie einmal ein als böser Lausejunge bekannter Bub das Bein aus der Bankreihe in den Gang ausstreckte. Die Beobachterin getraute sich aber nicht, etwas zu sagen und erlebte das Folgende mit Schrecken:

Der Pfarrer, der dozierend auf und ab ging, hatte das Hindernis nicht bemerkt. Auf einmal ist er darüber gestolpert. Der Länge lang ist er krachend zu Boden gestürzt. Bei seiner stattlichen Figur war das ein ziemlicher Schlag.

Die Kinder haben sehr unterschiedlich reagiert. Etliche haben darüber gelacht. Manche waren erschrocken. Ob sich der Pfarrer wehgetan hat? An eine drakonische Reaktion des Pfarrers kann sich FRIEDA aber nicht erinnern.

2. Die Auseinandersetzung mit Nationalsozialisten und Deutschen Christen

Religionsunterricht beim Bekenntnis- und beim D.C.-Pfarrer (1936-40)

(SUSANNE SCHILLER, verh. HÜBSCH; BETTY SCHILLER, verh. RABENSTEIN u.a.)

Pfarrer REDENBACHER verteilte im Unterricht Fleißbilder, wenn man etwas gut gelernt hatte. Aber BETTY RABENSTEIN erinnert sich, dass REDENBACHER ein strenger Pfarrer war, bei dem die Kinder viel auswendig lernen und aufsagen mussten, „über 150 Stücke“ aus Katechismusstoff und Kirchenliedern.

Die „gute Stube der Nazis": Marktplatz mit Schulhaus, Gasthof Vogel (links) und Apotheke (rechts) um 1937

Manche Schüler und Schülerinnen, so auch SUSANNE, empfanden seinen Unterricht als „altmodisch"; die Sache hatte zu wenig mit ihrem Leben und dem Alltag zu tun. Sie hatten deshalb lieber Pfarrer HOFFMANN im Unterricht.

HOFFMANN forderte von den Schülern nicht so viel. Er gab vieles aus seiner Haunstättener Praxis der Lebensreformbewegung zum Besten. Andere empfanden Hoffmanns Unterricht aber als oberflächlich und fragten sich, was das Besprochene mit Religion zu tun hätte.

„Indoktriniert", also auf die Lehren des Nationalsozialismus getrimmt, fühlten sich die Schüler aber auch bei Pfarrer HOFFMANN nicht. Das war Sache anderer Lehrer, die sich bewusster an Stil und Inhalt der „neuen Zeit" anpassten; die Schüler lehnten solche gewollte ideologische Beeinflussung eher ab.

Obwohl Pfarrer HOFFMANN wegen seines überregionalen Engagements für die „Deutschen Christen" ziemlich viel unterwegs war, nahm er, in der Wahrnehmung der damals jugendlichen Zeitzeugen, seine Aufgaben als Seelsorger in der Gemeinde durchaus ernst. So erinnert sich SUSANNE an das Krankenlager der Patin ihrer Mutter. HOFFMANN sei regelmäßig zu Hausbesuchen bei der Bettlägerigen gekommen. Damals verlief die Einteilung der Seelsorgesprengel anscheinend entlang einer Nord-Süd-Linie entlang den Linden, wobei Pfarrer HOFFMANN offenbar den östlichen Sprengel betreute. Er hat mit den Besuchten nicht nur gesprochen, sondern ihnen auch vorgelesen; nach Susannes Erinnerung könnten das Predigten, aber auch Unterhaltendes gewesen sein.

Auch die Konfirmandenprüfung verlief bei Pfarrer HOFFMANN nach dem Empfinden der Kinder weniger streng als bei Pfarrer REDENBACHER. Wer etwas wusste, konnte sich melden. Niemand wurde blamiert. Diese faire Methodik beobachteten allerdings Redenbachers Konfirmanden genauso. Es herrschte also so eine Art Wettbewerb zwischen den Gruppen, die jeweils hinter ihrer Führerfigur standen.

Im Unterschied zum Bürgermeister und Ortsgruppenleiter GEORG RUMLER wurde Pfarrer HOFFMANN in Weidenberg von etlichen Menschen lange Zeit hindurch **nicht als fanatisch empfunden**. Man nannte ihn den **„Geschichtlespfarrer"**, weil er in seine Predigt gern kleine Erzählungen einflocht, um die Ansprache kurzweiliger zu machen.

Wie die Kinder immer wieder beobachteten, war HOFFMANN praktisch veranlagt. Das Gleiche sagen sie von seiner Frau; sie habe z.B. gern gestrickt. Sie habe eine „langsame Sprache" gehabt, bemerkten sie; sie sprach wohl Dialekt.

Veränderungen im pädagogischen Alltag durch die Nazis

Die Schüler erlebten natürlich auch manche äußere Änderung im Religionsunterricht mit, ohne freilich die Hintergründe zu kennen. Bis 1939 fand der Religionsunterricht in der Schule am Obermarkt, dem heutigen Rathaus, statt. Die Konfirmanden dagegen trafen sich bei den Pfarrern in deren Häusern.

Doch bereits 1940 wurde es den Kirchen untersagt war, schuleigene Räume für religiöse Unterweisung zu nutzen. Außerdem durfte Religionsunterricht nur noch in sogenannten Eckstunden erteilt werden, in denen die Aufnahmefähigkeit der Schülerinnen und Schüler stark vermindert war. Aufgrund dieser starren Regelung mussten manche Stunden ausfallen, da der zur gleichen Zeit in verschiedenen Klassen angesetzte Unterricht von den wenigen Geistlichen nicht mehr erteilt werden konnte. Im Verlauf des Krieges wurde deshalb oft auf Laienkräfte zurückgegriffen, die zumindest für außerschulische religiöse Unterweisung sorgten. Es war jedoch äußerst schwierig, von den Bezirksregierungen die Genehmigung für die Zulassung solcher Kräfte zu erhalten.

Im Jahr 1941 wurden übrigens in Weidenberg und auch anderenorts überraschenderweise zwei Konfirmationen abgehalten: für die Geburtsjahre 1926-27, also die Achtklässler, am eiskalten Palmsonntag, 6. April 1941, und für die Siebtklässler mit den Geburtsjahrgängen 1927-28 am herrlich warmen Sonntag Trinitatis, dem 8. Juni 1941. Und das hatte auch etwas mit der Schule zu tun. Denn reichsweit wurde jetzt der **Schuljahresbeginn auf September** festgesetzt; zugleich wurde die Hauptschule eingeführt. Hintergrund war das Machtstreben der Nationalsozialisten: Auch in den inzwischen von den Deutschen besetzten Gebieten sollte das Schulwesen und die Schulzeit vereinheitlicht werden. In diesem Jahr wurden alle Kinder, die bis zum 31. August 1941 das sechste Lebensjahr vollendet hatten, in die Schule aufgenommen.

Im April dieses kirchlich sehr schwierigen Jahres 1941 wurde auch das **Schulgebet offiziell abgeschafft**. Zudem gab es in Bayern auch manche Übergriffe von NS-Funktionären auf Kruzifixe in Klassenzimmern. Doch bewirkten flammende Proteste aus der Bevölkerung erstaunlicherweise, dass solche Übergriffe zeitweilig völlig eingestellt wurden. Das war sicher eine Konzession des NS-Staates an die Bürger, um die Stimmung in dieser heiklen Phase des II. Weltkrieges nicht zu verderben.

Diese „Kruzifix-Affäre“ ist für viele Historiker auch ein Ansatzpunkt, um die allzu gleichgültige Haltung der Deutschen in der Judenfrage zu problematisieren, nachdem in diesem Jahr öffentlich wahrnehmbar die industrielle Massenvernichtung der Juden im Osten begann: Mit gleichem Einsatz hätte man auch hier etwas erreichen können.

Eine kleine Bemerkung am Rande, die auch die Pfarrämter und Schulen berührte: In diesem Jahr 1941 wurden per **Normalschrifterlass** im persönlichen Auftrag von ADOLF HITLER alle gebrochenen Schriften, darunter auch die „Deutsche Sütterlinschrift“, abgeschafft. Ab jetzt sollte nur noch die auf Grundlage der lateinischen Schrift entwickelte Deutsche Normalschrift als Ausgangsschrift an den Schulen verwendet werden. Auch wurde die bisher übliche Frakturschrift für den Buchdruck verboten und stattdessen die Antiqua verfügt. Der ideologische Hintergrund waren Hitlers Welteroberungspläne: Sie sahen eine möglichst überall lesbare einheitliche Schrift vor. Die alten Deutschen Schriftarten wurden nun als rückwärtsgewandte Romantik abgetan.

Diese Wendung ist auch in den Kirchenbüchern zu beobachten. Man erkennt, dass sich die Schreiber immer wieder um ein Umlernen ihrer vertrauten Schrift bemühen, in den Belastungen ihres Alltags oft mit geringerem Erfolg. Zu diesem Zeitpunkt ist das meiste in den Kirchenbüchern und anderen historischen Urkunden, zum Leidwesen heutiger Leser, noch in Sütterlin geschrieben.

1943 erfolgt der nächste Schlag gegen die Kirchen: Auf den Lehrerinnen- und Lehrerbildungsanstalten wird **kein Religionsunterricht mehr erteilt.** Auch hier protestierte der Bayerische Landeskirchenrat, jedoch ohne Erfolg. Der Nachwuchs an Lehrkräften mit religiöser Ausbildung war so nicht mehr gesichert.

Einen Rückschluss auf die besonderen Umstände des Krieges, der Evakuierung der bombardierten Städte und der Flucht aus dem Osten lassen auch die Einträge zur Konfirmation am Weißen Sonntag, 8. April 1945, zu: Unter den 47 Kindern stammen nun je zwei Kinder aus Breslau (Schlesien), Tilsit (Ostpreußen), je ein Kind aus Kaiserslautern, Hamburg, Nürnberg, Glogau (Schlesien) und Podewils (Pommern).

Im folgenden Jahr 1946 werden sogar nur Kinder von Flüchtlingen und Evakuierten konfirmiert: Die 13 Jugendlichen stammen aus Tilsit/Ostpr., Berndorf/Liegnitz, Spalitz, Oppeln, Fürth (2), Budisawa (2), Börknitz/Schles., Glogau und Altenburg in

Ostpreußen (2). Im Jahr 1947 sind es dann noch etwa 10 von den 64 Konfirmierten, die nicht aus dem Weidenberger Raum stammen.

Hoffmanns Auto und seine D.C.-Jünger (1936-40)

(SUSANNE HÜBSCH u.a.)

SUSANNE weiß, dass Pfr. Hofmann auch ein **Auto** hatte. Er benötigte es vor allem bei seiner Agitations- und Vertretungstätigkeit für die D.C., die von Hof bis Nürnberg reichte. Daher kommen auch seine intensiven Kontakte zur Familie des Autohändlers KIEẞLING, die ihm die Firmenangehörigen bescheinigen. Er brachte es fertig, alle Kießlings zeitweilig zur Ideologie der Deutschen Christen zu bekehren. Dafür mussten sie sich dann nach dem Krieg vor der Spruchkammer rechtfertigen. Ihre Aussagen geben einen tiefen Einblick in Hoffmanns Agitationstätigkeit und wie sie bei den geworbenen D.C.-Mitgliedern ankam. Sie sind an den entsprechenden Stellen mit verarbeitet.

So hatte Hoffmann also durchaus einige Anhänger für diese Partei-Sekte in Weidenberg und Umgebung. Ob allerdings deren Anzahl so beeindruckend und die Wirkung so tief gegründet war, wie sein Amtsnachfolger Pfarrer FÖRSTER uns in seiner rückwärtsgewandten Beschreibung glauben machen will, wenn er schreibt, HOFFMANN habe „dabei einen beträchtlichen Anhang gehabt", muss stark bezweifelt werden. Spätestens ab 1938/39 war die D.C.-Bewegung jedenfalls auch in Weidenberg tot.

Ausdrücke des Zorns auf die Nazis (1937)

(GABRIELE STAUFENBIEL)

Nach dem Eklat mit seinem Amtsbruder HOFFMANN am Höhepunkt des Kirchenkampfes hatte Pfarrer REDENBACHER auch hinsichtlich der NSDAP reinen Tisch gemacht. Seine Haushälterin CHRISTL BRATENGEYER hatte sein Austrittsgesuch beim Ortsgruppenleiter RUMLER abgegeben. Und der Pfarrer war erleichtert.

Die Enkelinnen erzählen von Berichten ihrer damals 23-jährigen Mutter, Redenbachers jüngerer Tochter LYDIA, über diesen Parteiaustritt: REDENBACHER habe sich in

Spott auf Hitler mitgehört: REDENBACHER mit (von links) Enkelin URSULA und den Töchtern RUTH und LYDIA 1949

eine Holzkiste gestellt und sei dann mit den beiden Beinen nacheinander bewusst über den Rand hinausgestiegen und habe gesagt: Nun bin ich ausgetreten. Der tiefere symbolische Sinn dieser Handlung: Er hat sich als Parteigenosse in seiner Freiheit eingeengt empfunden wie in einer Kiste; nun hat er seine innere Freiheit wiedergewonnen.

Aber sein Zorn auf das Naziregime blieb. REDENBACHER besaß schauspielerische Fähigkeiten. Mit Mimik und Stimme reagierte er diesen Zorn gern bei offenem Fenster ab, sodass es jedermann hören konnte, der draußen vorbeikam. Laut tönend ahmte er die pointierte, schnarrende Redenweise Hitlers nach und ironisierte seine Worte. Die Haushälterin schloss dann immer die Fenster. Die Leute fragten am anderen Tag: Habt ihr denn gestern wieder HITLER gehört?

Ein Geistesarbeiter im Grünen (1937)

(GABRIELE STAUFENBIEL)

GEORG REDENBACHER arbeitete gern im Garten. Manche Gemeindeglieder meinten, ein Pfarrer wäre nur mit geistlichen Dingen beschäftigt. Kommt jemand und sieht ihn mit dem Spaten, sagt: „Na, Herr Pfarrer, arbeiten Sie auch mal was?"

Eine fantasievolle Erinnerung:
Redenbachers und Helbichs Schafritt

Der Ritt auf den Schafen (1937)

(Nach Erzählungen von GABRIELE STAUFENBIEL)

Am Höhepunkt des Kirchenkampfes im Sommer 1937 wollte Pfarrer REDENBACHER auf den radikalen D.C.-Vortrag antworten, den sein Kollege HOFFMANN organisiert hatte. Deshalb lud er ganz gezielt Pfarrer HANS-MARTIN HELBICH nach Weidenberg ein. Dieser sollte in der Kirche einen Aufklärungsvortrag über die D.C. halten. Der Zulauf war beträchtlich.[258]

HELBICH war als junger Stadtvikar in Nürnberg im Jahr 1934 wegen seiner unverblümten Kritik am Vorgehen der Nazis gegen den Landesbischof

---

[258] Vergl. oben auf S. 251f den Abschnitt *„Redenbacher organisiert einen Aufklärungsvortrag gegen die D.C. …"* im Kapitel über Pfarrer Hoffmann: *„Der Widerstand der Bekenntnisgemeinden stoppt die D.C."*.

verhaftet und seines Amtes enthoben worden. Er hatte aber bald in Bad Steben in Oberfranken weiterarbeiten können. In diesem entscheidenden Jahr 1937 wirkte er im offiziellen Auftrag der Landeskirche als Gegenpol gegen den dort agitierenden Reichsbischof MÜLLER und die „Deutschen Christen". Er hielt an verschiedenen Orten Bekenntnisgottesdienste und wandte sich mit deutlichen, teilweise scharfen Predigten gegen die rassistische und sektiererische Denkweise der „Deutschen Christen".

HELBICH und REDENBACHER verstanden sich auf Anhieb. Schon am Nachmittag brachten sie sich im großen Pfarrgarten mit verbalen Lockerungsübungen und kabarettistischen Reden auf HITLER gegenseitig in Fahrt und übten ritterliche Gefechte. Die Schafe des Pfarrers auf der großen Wiese im Angesicht der Kirche mussten als Schlachtrösser herhalten. Durch das einmalige Foto der beiden Pfarrer, die da in kurzen Hosen auf zwei Schafen reiten, und durch die Erzählungen der begeisterten, damals längst erwachsenen Töchter, kam diese Geschichte in die Familienlegende.

Humor war eben, neben seiner Dickköpfigkeit, die beste Waffe, mit der sich REDENBACHER im Kirchenkampf behauptete. Das meinte auch HELBICH, der bei der Ausstellung seines „Persilscheins" für REDENBACHER nach dem Krieg an diesen gemeinsamen Tag in Pfarrgarten und Kirche dachte: *„Wenn darum die Irrlehre der Deutschen Christen in der Gemeinde Weidenberg kaum Boden gewinnen konnte, so ist das nicht zuletzt das Verdienst des Pfarrers Redenbacher".*[259]

Das Bekenntnismarterl von 1937 auf der Bocksleite

Nach dem Eklat mit seinem Kollegen HOFFMANN im Frühjahr/Sommer 1937 am Höhepunkt des Kirchenkampfes war Pfarrer REDENBACHER nun ohne Rücksicht auf die eigene Person bereit, den Kampf gegen den Missbrauch des christlichen Glaubens aufzunehmen. 1937 ist das Jahr, in dem er dann seine Position als Leiter des honoratiorenstarken Verschönerungsvereins nutzt, um das evangelische Marterl der MARGARETE SCHILLING auf der Bocksleite aufzustellen. Es bildet das „Leitfossil" des ganzen Projektes „MYRTEN FÜR DORNEN". REDENBACHER schaffte es damals sogar, den linientreuen Ortsgruppenleiter GEORG RUMLER zur Zustimmung zu überreden.

Die Lutherzitate aus den alttestamentlichen Profetenbüchern auf dem Kreuzbalken und den vier Seiten des Sockels sagen alles über Redenbachers klaren und mutigen Bekenntnisstandpunkt am Höhepunkt von Hitlers Herrschaft.[260]

---

[259] Aus Anlass der Entnazifizierung; Dokument im Personalakt Redenbacher.

[260] Vergl. dazu insbesondere das Kapitel *„Tannen für Hecken und Myrten für Dornen"* in der ersten Folge des Projektes „MYRTEN FÜR DORNEN – Am Vorabend der Urkatastrophen" S. 15ff.)

Familientreffen an der Bekenntnismarter: Redenbachers Enkel und Urenkel

Im Jahr 2014 lernten die Enkel und Urenkel Redenbachers anlässlich eines Familientreffens dieses religiöse Symbol der Kirchenkampfzeit auf der Weidenberger Bocksleite erstmals kennen und waren sichtbar beeindruckt.

Die wilden Söhne vom Pfarrer Hoffmann (1937-41)

(SUSANNE SCHILLER, HANS RABENSTEIN)

Pfarrer HOFFMANN hatte zwei Söhne, die nach allgemeiner Beschreibung rechte Draufgänger waren. Sie wurden beide noch in Senden, Hoffmanns erster Wirkungsstätte, geboren, OTTO am 20. Nov. 1919 und HERBERT am 4. August 1923.

Sie haben beide vom Vater die praktische Begabung erbt, die sie später in ihren Beruf als Ingenieure einbrachten. Sie teilten aber das Schicksal vieler Pfarrerskinder, dass sie nämlich eine unstete Jugend erlebten und wenig Zeit hatten, in einer Gegend zu verwurzeln. HOFFMANN selbst soll sie als „Lausbuben" bezeichnet haben.

HERBERT war eineinhalb Jahre älter als SUSANNE. Er zeigte sich gern im Überschwang seiner nationalsozialistischen Begeisterung und ließ sich 1938 durch den Vater in HJ-Uniform konfirmieren. Allerdings legte er Wert auf die Gemeinschaft mit den Jungen seiner Altersgruppe. So nahm er nicht an der gesonderten D.C.-Konfirmation in Bayreuth teil, sondern feierte seine Konfirmation in Weidenberg.

Am Marktort machte man besonders den Älteren von Pfarrers Buben für manche Streiche verantwortlich: So verschwanden in einer Gasse am Obermarkt von einem Fenster Lebensmittel, die dort zum Kühlen und Frischbleiben herausgelegt worden waren, und stattdessen lag dort plötzlich eine tote Maus. Oder auf einmal erloschen Lampen der Straßenbeleuchtung; ein Luftgewehr hatte sie getroffen, und jeder wusste, wer der Täter war.

HANS RABENSTEIN meint sogar, dass beide Söhne damals auffielen: Sie hätten gern mit Kanonenschlägen, d.h. Faschingsböllern, experimentiert und so versucht, bei anderen Jugendlichen Eindruck zu machen.

Der Ältere, OTTO, habe bald bei Fahrschule KIEßLING einen Krad-Führerschein gemacht. Er sei dann sehr rasant und riskant Motorrad gefahren. Sein Image habe er dadurch untermauert, dass er gern vor anderen damit prahlte, er überhole auch bei Gegenverkehr.

Solche Beispiele zeigen, dass die Buben mit der widersprüchlichen Rolle des Vaters als Offizier des ersten und zweiten Weltkrieges, als örtlicher Angehöriger der SA und D.C.-Funktionär und als Erster Pfarrer der Landgemeinde Weidenberg wohl nicht ganz zurecht gekommen sind.

Im Krieg absolviert OTTO seit Ende 1940 seinen Wehrdienst bei der Marine. Im Jahr 1943 findet sich auch HERBERT bei den Soldaten. Sie kehren aber beide unverwundet heim.

Am 17. Okt. 1942 stellt der Vater THEODOR HOFFMANN, der sich seit August 1939 freiwillig zum Dienst in Hitlers Wehrmacht gemeldet hat, ohne Angabe von Gründen Antrag auf Entlassung aus dem Kirchendienst. Der Landeskirchenrat erteilt mit Wirkung zum 1. November d.J. die Genehmigung. Im Jahr 1943 treten HOFFMANN und seine Frau sowie der Sohn OTTO ganz aus der Evang.-Luth. Kirche aus.

Gleichwohl lässt sich dieser OTTO im Okt 1948 in Hersbruck kirchlich trauen. Der Landeskirchenrat hat seine Zustimmung gegeben, nachdem die Eltern im Rahmen eines religiösen Erziehungsvertrages die evangelische Kindererziehung zugesichert haben. Auch im Jahr 1949 sind Familie HOFFMANN und ihr Sohn OTTO noch nicht wieder in Kirche.

Der jüngere Sohn HERBERT erhält 1950 eine Anstellung in Augsburg und wohnt seither in Haunstetten in der Alpenrosestraße. Er hatte auch nach dem Krieg noch Kontakt mit der Zeitzeugin SUSANNE.

Der norwegische Fjord (1939)

(SUSANNE SCHILLER, verh. *HÜBSCH)*
Pfarrer REDENBACHER hatte auch musisch-künstlerische Neigungen, die er aber nur im engeren familiären Kreis pflegte. So malte er auch gern. Neben Selbstbildnissen und Portraits existieren auch Landschaftsgemälde.

Als SUSANNE HÜBSCH, geb. SCHILLER, 1939 von Pfarrer HOFMANN bei dessen letzter Konfirmation eingesegnet wurde, brachte sie die traditionellen „Küchle“ auch zum Pfarrer REDENBACHER. Da zeigte er ihr ein selbst gemaltes Bild von einem norwegischen Fjord. Es sei nach der Fantasie gemalt, erklärte er. Sie emp fand das Bild als recht düster. Mag sein, dass GEORG REDENBACHER seine düsteren Vorahnungen vom Krieg hier mit hineingemalt hat.

3. Ein angespanntes Pfarrerdasein in Kriegszeiten

Kein Urlaub aus Gewissensgründen (1. Sept. 1939)

(MARIANNE SCHÜTZ, verh. MÖNCH, Tochter des Apothekers)

Mit seinem vehementen Einsatz für die Parteigliederung „Deutsche Christen" hatte Pfarrer HOFFMANN sich vorgenommen, den Landeskirchenrat zu demütigen, doch der Ertrag war seit 1937 immer dürftiger geworden. HOFFMANN war tief enttäuscht. Zu einen Bußgang gegenüber der Landeskirche war er in seinem Trotz aber nicht bereit. So wählte er zum zweiten Mal in seinem Leben als Ausweg aus einer verfahrenen Situation das Militär, obwohl er inzwischen schon über 50 Jahre alt war. Er entschied sich kurzfristig im August 1939, zu einem Zeitpunkt, als REDENBACHER zum ersten Mal seit drei Jahren Urlaub genommen hatte.

Denn Pfarrer REDENBACHER hatte nach dem Eklat von 1937 und auch im Jahr 1938 auf seinen Jahresurlaub verzichtet, weil er sich als Bekenntnispfarrer von einem D.C.-Pfarrer, der sein Vertrauen so schamlos missbraucht hatte, nicht vertreten lassen wollte. Kein Wunder, dass sich bei ihm nun des Öfteren Zeichen von Müdigkeit und Schwäche einstellten.

So verschwand REDENBACHER nun doch in den Sommerferien 1939 für ein paar Wochen zum Urlaub an der Ostsee. Seine geliebte Angel hatte er im Gepäck. Er war ahnungslos, dass genau in dieser Zeit sein Kollege HOFFMANN die Gemeinde verlässt. HOFFMANN hatte die Kirche als seine Dienstgeberin genauso vor vollendete Tatsachen gestellt. Was jetzt kam, wusste wohl HOFFMANN vorher, aber nicht REDENBACHER: HITLER löste am 1. September mit dem Überfall auf Polen den Zweiten Weltkrieg aus.

REDENBACHER sitzt nun an seinem Urlaubsort an der Ostsee fest. Die Züge in dieser Gegend werden für die Truppenbewegungen nach Osten in Richtung Polen gebraucht. Der Pfarrer kann nicht heim.

Der Vater von Zeitzeugin MARIANNE, der Apotheker GUSTAV SCHÜTZ, ist in Sorge um die Gemeinde. Sie steht in dieser Krise ganz ohne einen Geistlichen da. SCHÜTZ ist der Meinung, dass die Gemeinde jetzt unbedingt ihren Pfarrer braucht. Er will REDENBACHER heimholen. Den Apotheker und den Pfarrer verbindet ein enges gegenseitiges Verhältnis.[261] Tatsächlich setzt SCHÜTZ sich trotz des Krieges in sein Auto. Natürlich braucht er den pflichtbewussten Pfarrer nicht lange zu überreden, REDENBACHER weiß selbst, dass sein Platz in diesen Zeiten bei der Gemeinde ist. Er ist froh, wieder zu Hause zu sein.

REDENBACHER muss sich also nun ganz allein um die große Gemeinde kümmern. Er versieht den Seelsorgedienst, den Unterricht und erledigt die ganze Verwaltungsarbeit der ersten Pfarrstelle mit, eine außerordentliche Belastung. Trotzdem kann er auch im folgenden Jahr keinen Urlaub machen. Dabei wurde er zeitweilig so ernsthaft krank, dass er sich davon nie mehr ganz erholte. Das Dekanat gibt ihm selbst dafür die Schuld, wenn es ohne Nachfrage der Gründe feststellt: *„Pfr. Redenbacher lebt ja außer Verbindung mit dem Kapitel"*, daher gebe es keine Urlaubsabsprachen. Der Dekan macht den Vorschlag, einen entlassenen Wehrmachtspfarrer als Urlaubsvertretung einzusetzen. Das sei besser, *„als Redenbacher zusammenbrechen zu lassen"*.[262]

So nimmt REDENBACHER im Herbst des folgenden Jahres 1941 eine Auszeit für einen längeren Krankheitsurlaub. Bei den Amtshandlungen und Gottesdiensten vertritt ihn Pfarrer GEORG PEETZ aus Neustädtlein. Weiter sind als Aushilfen bei Kasualien der verfolgte Pfarrer NIEDERSTRAßER aus Warmensteinach[263] und bei einer Taufhandlung am 4. Sept. 1941 sogar sein seit August 1939 beim Militär dienender D.C.-Kollege THEODOR HOFFMANN nachweisbar.

---

[261] Vergl. das Kapitel „Eine gemütliche Apotheke" in der dritten Folge des Projektes „Myrten für Dornen", S. 321.

[262] LAELKB Dekanat Bayreuth an LKR 18.11.43.

[263] Pfarrer WOLFGANG NIEDERSTRAßER (vergl. LIESA WEBER, „Handlungsspielräume" S. 171) hatte die Pfarrstelle Warmensteinach seit Juli 1940 inne. Bereits zu Weihnachten desselben Jahres war er in Auseinandersetzungen mit der NSDAP-Ortsgruppe geraten, weil die Proben zu seinem Krippenspiel angeblich die NS-Weihnachtsfeier störten. Auch beschwerte er sich, dass die Hitlerjugend ihre Übungen zur sonntäglichen Gottesdienstzeit abhielt. Es kam zu Denunziationen aus der Gemeinde. Seine engagierten Predigten gegen die kirchenfeindliche Politik des NS-Staates und die Verweigerung des Hitler-Grußes erregten Anstoß. Seine Kritik am NS-Staat „Weil der Gottlose Übermut treibt, muss der Elende leiden" ist den von REDENBACHER gewählten Bibelzitaten auf der Weidenberger Bekenntnismarter von 1937 inhaltlich nahe.

In einem Verfahren vor dem Bayreuther Sondergericht wegen fortgesetzten Vergehens gegen das Heimtückegesetz und den Kanzelparagraphen drohte NIEDERSTRAßE eine mehrjährige Haftstrafe. Die Kirche ließ ihn im Februar 1943 fallen und zum Kriegsdienst einziehen. Sein Kreisdekan BEZZEL begründete zynisch diesen Akt: NIEDERSTRAßER werde beim Militär lernen, dass *„in der Batterie und im größeren Rahmen keiner seinen privaten Krieg führen kann. Lassen Sie sich das zum Exempel dienen"* (zitiert nach BJÖRN MENSING, Zeugnis, 773). Nach Übersendung der Verfahrensakten wurde NIEDERSTRAßER im Dezember 1944 der Gestapo übergeben und im April 1945 in das überfüllte Konzentrationslager Dachau überstellt. Ein katholischer Priester half ihm bei der Flucht.

Fisch von der Ostsee (um 1943)

(Marianne Schütz)

Im Kriegsjahr 1943 geboren: Redenbachers Enkelin Ursula mit Mutter Lydia König 1949

Dass jedermann, der am Arbeitsprozess beteiligt war, genügend Erholung und Urlaub genoss, war den Machthabern im totalitären Hitlerstaat wichtig. Denn wenn das Volk eine wirkliche „Volks- und Leistungsgemeinschaft aller Deutschen" sein sollte, dann musste die Führung – das war Hitlers Vorstellung – dafür sorgen, *„dass jeder einzelne seinen Platz im wirtschaftlichen Leben der Nation in der geistigen und körperlichen Verfassung einnehmen kann, die ihn zur höchsten Leistung befähigt und damit den größten Nutzen für die Volksgemeinschaft gewährleistet."*[264]

So hatten die Nazis auch die durchschnittliche Urlaubszeit der Arbeiter und Angestellten von vorher 8-12 Tagen auf „zwei bis drei Wochen pro Jahr" verlängert und die sehr populäre Freizeitorganisation „Kraft durch Freude" installiert. Neben dem Projekt eines „Volkswagens für jedermann"[265] sollte diese NS-Organisation Kultur und Freizeitangebote machen.

So wurde auf der Insel Rügen ein gigantisches Unterkunftsprojekt begonnen, der heute noch existierende und inzwischen vollendete „Koloss von Prora", ein 4,5 km langes, mehrstöckiges Gebäude, das „Seebad der 20.000". Per „KdF-Schiff" wurden Nah- und Fernreisen angeboten.

Doch diese Reisen blieben für die meisten Volksgenossen unerschwinglich. Und mit Kriegsbeginn war endgültig Schluss mit Urlaubsvergnügen für die Arbeitenden. Den Volkswagen brauchte jetzt das Militär, und die Schiffe wurden zu schwimmenden Lazaretten umgebaut. Nur die Bessergestellten konnten sich jetzt noch Urlaube und Reisen leisten. Dazu gehörte auch der Apotheker.

Einmal (wohl im Kriegsjahr 1943) war die 17-jährige Marianne mit ihren Tanten in Graal-Müritz an der Ostsee. Ihr Vater hatte ihr aufgetragen, sie sollte dort auch einen geräucherten Fisch kaufen und ihn an Pfarrer Redenbacher schicken. Viel-

---

[264] Adolf Hitler in seiner Verordnung über Wesen und Ziel der Deutschen Arbeitsfront (DAF) 1934.

[265] Vergl. das Kapitel *„Ein Auto für den Doktor"* in der dritten Folge des Projektes „Myrten für Dornen", S. 297f.

leicht sollte das ein Trost und eine Erinnerung an den damals abgebrochenen Ostsee-Urlaub sein; vielleicht war es aber auch eine Anspielung, denn bei den Weidenbergern galt der Pfarrer aufgrund seiner Angelleidenschaft als Fischliebhaber.

MARIANNE war dieser Auftrag aber peinlich. So sieht sie sich noch heute mit roten Ohren in diesem Fischgeschäft stehen. Erst recht schienen die beiden Tanten verwundert, die ihr nun helfen sollten, ein geeignetes Päckchen zu besorgen. Als sie die beiden Erwachsenen auch noch dazu bringen wollte, den Fisch fachgerecht zu verpacken und mit der Post zu versenden, da hatte sie das unbedingte Gefühl, lästig zu fallen. An die anschließende Reaktion von Pfarrer REDENBACHER kann sie sich freilich nicht mehr erinnern. Er war zu der Zeit schon mit seiner neu geborenen Enkelin URSULA beschäftigt, die er mit seiner ganzen Liebe umgab.

Von Seidenraupen und Maulbeerbüschen (um 1940)

(MARIANNE SCHÜTZ, um 1940. – Auch MATHILDE, verh. KRETSCHMER konnte sich an die folgenden, heute völlig surreal erscheinenden Begebenheiten erinnern)

Trotz seiner beruflichen Belastung erscheint Pfarrer REDENBACHER in Mariannes Erinnerung stets als ein sehr lustiger und fantasievoller Mann. Er hatte immer eine neue Idee, ja, er war in ihren Augen ein „Spinner vor dem Herrn".

Einmal hatte Pfarrer REDENBACHER in seinem Pfarrhaus Wein selbst gemacht. Als sich nun die Konfirmanden bei ihm zum Unterricht trafen, wollte er ihnen einen Testschluck geben. In dem Moment ist die Flasche explodiert, und alle waren nass. Die Mütter daheim waren entsetzt!

Aber am aufregendsten war doch die Geschichte mit den Seidenraupen.

Pfarrer REDENBACHER hatte ja eine Vorliebe für besondere Pflanzen und Tiere. So beherbergte der Treppenaufgang in seinem Pfarrhaus einige Vitrinen mit Schmetterlingen aus aller Welt. Davon erzählen viele Zeitzeugen. Wenn die Konfirmanden zum Unterricht kamen, bewunderten sie die bunte Falter-Sammlung. Manche erschauerten auch bei der Betrachtung der geflügelten Mumien, die da mit Stecknadeln aufgespießt hingen. Doch nochmals eine ganz andere Kategorie von Einfällen war die Zucht von exotischen Seidenraupen.

Die Seidenraupe ist ja die Larve des Seidenspinners oder Maulbeerspinners, einer Schmetterlingsart, die ursprünglich in China beheimatet war. Seit Mitte der Dreißiger Jahre hatte das NS-Regime auch in Deutschland für die Seidenraupenzucht geworben. Die Führung hatte den Plan, wirtschaftlich auf den verschiedensten Gebieten vom Ausland unabhängig zu werden. Alles diente der Kriegsplanung. So sollte Seide als Rohstoff für die Herstellung von Fallschirmen dienen, damit Luftlandeeinheiten hinter den Linien des Gegners niedergehen konnten.

Doch wie züchtet und ernährt man Seidenraupen, und wie gewinnt man ihre Seide? Seidenraupen ernähren sich ja ausschließlich von Blättern des Maulbeerbaums. So ließen die Machthaber in Parks und auf anderen öffentlichen Flächen Maulbeersträucher als Hecken pflanzen. Als dann der Krieg ausbrach, wurden in Deutschland auch viele junge Leute zur Mitarbeit bei der Seidenproduktion aufgerufen. Ganze Schulen beteiligten sich.

Die Jugendlichen lernten, Seidenraupen auf speziellen Zuchtgestellen zu füttern oder die Kokons von den Rahmen abzustreifen. Bei fortschreitendem Krieg wurden in Österreich sogar Zwangsarbeiter zum Füttern der Seidenraupen und zur Seidenproduktion im großen Maßstab eingesetzt.

Pfarrer REDENBACHER hatte mit der Rüstungsproduktion natürlich gar nichts Sinn. Ihn reizten aber diese ungewöhnlichen Tiere. Sie sind ja in der staunenswerten Lage, einen feinen und dabei ungewöhnlich stabilen Seidenfaden von bald 1 km Länge herzustellen. Zugleich klingt ihre exotische Ernährung vom Maulbeerbaum biblisch, erinnert sie doch an den Propheten Amos, der ein Züchter von Maulbeerbaumfeigen war. Auch das Lebensgefühl des Zöllners Zachäus konnte REDENBACHER seinen Konfirmanden nahebringen: einer, der sich aus Scham wegen seiner Kleinheit im Blattwerk eines ausgewachsenen Maulbeerbaums versteckt.

Seide für die Rüstungsproduktion: Mädchen beim Lösen der Kokons von Seidenraupen

Und hatte Jesus nicht auch das winzige Senfkorn dem scheinbar so eindrucksvollen Maulbeerbaum gegenübergestellt und gesagt: *Wenn ihr Glauben hättet so groß wie ein Senfkorn, dann könntet ihr zu diesem Maulbeerbaum sagen, reiß dich aus und versetze dich ins Meer, und er wird euch gehorchen* (Luk. 17,5f). Warum hätte man wohl den prächtigen Maulbeerbaum herausreißen sollen? Weil diese Pflanzen die Angewohnheit haben, sich besonders gern in der Nähe von Brunnen anzusiedeln; sie verstopfen mit ihrem kräftigen Wurzelwerk die Brunnen und entziehen so den Menschen das lebensspendende Brunnenwasser.

Für Pfarrer REDENBACHER, der ja in der Auseinandersetzung mit der totalitären Weltanschauung der Nazis gern lebensnahe und anschaulichen Predigten hielt, war das ein wahrhaft willkommenes Gleichnis für den umkämpften Glauben! „Wasser", „Quelle" und „Brunnen" sind ja biblische Symbole für Gott. So ist auch der Maulbeerbaum ein typisches Redenbacher-Gleichnis, um in der Nazizeit den Christen Mut zu machen: Die Quellen des Glaubens müssen von fremdem Wurzelwerk freigehalten werden! Und musste man nicht den tiefen Sinn der Bitte der Jünger an Jesus, gerade in der herausfordernden Kirchenkampfzeit, bewusst ins rechte Licht stellen? *Herr, stärke uns den Glauben!*

Symbolliebender Prediger: GEORG REDENBACHER, Gemälde von HANS RABENSTEIN (jetzt im Besitz von Redenbachers Enkeln)

So pflanzte der originelle Geistliche also in seinem Garten zunächst mal einen Maulbeerbaum und Maulbeerbüsche, als Futterlieferanten für die Seidenraupen. Ihre Aufzucht machte freilich Arbeit und kostete Zeit. Da brauchte er viele Helfer.

Mehrmals täglich wollen ja die Raupen, wenn sie aus dem Ei geschlüpft sind, gefüttert werden, bis sie dann, nach gut einem Monat, spinnreif sind. Dann kann man beobachten, wie aus der Spinnwarze an ihrem Kopf ein Protein-Faden austritt. Den verspinnen sie Windung für Windung mit gezielten Kopfbewegungen um sich herum, bis ein weißer ovaler Kokon sie völlig umschließt.

Würde man die Seidenraupe jetzt in Ruhe lassen, dann könnte man 14 Tage später ein noch größeres Wunder bestaunen, das sich im schützenden Kokon vorbereitet hat. Dort hat sich die Raupe inzwischen verpuppt. Und nun löst sie an einer Stelle den Kokon auf, und heraus kommt die gewandelte Gestalt eines Schmetterlings!

Will der Mensch jedoch das Seidengarn für sich und seine Fallschirme gewinnen, dann muss er diese Schmetterlingspuppe vor ihrer Verwandlung töten. Er verbrüht sie mit kochendem Wasser oder heißem Dampf; dann wickelt er den Spinnfaden vorsichtig ab. Ja, man kann es kaum glauben, aber es gab damals in Deutschland seit 1939 nicht nur für Menschen, sondern auch für solche Tiere extra Tötungsanstalten! Pfarrer REDENBACHER war freilich das wundersame und gleichfalls gleichnishafte Naturereignis wichtiger als der Seidenertrag. Der christliche Glaube betrachtet ja den Schmetterling als Symbol für das Osterereignis: Bei der Auferstehung verwandelt sich der Mensch. Sein bisheriger Körper stirbt ab und bleibt auf der Erde zurück, nicht anders als der alte Leib der Raupe und der Puppe. Was sich wie ein Schmetterling nun erhebt, ist beim Menschen die Seele. In der griechischen Sprache des Neuen Testaments ist das Wort für „Schmetterling" und für „Seele" dasselbe: „Psychè".

Nicht zufällig verschonen ja manche Naturvölker bewusst die Schmetterlinge, weil sie in ihnen die Seele der Verstorbenen sehen. Aber auch christliche Künstler deuten damit die Auferstehung der Menschen, bzw. das Leben nach dem Tod. So waren Seidenraupen und Maulbeerbäume für Pfarrer REDENBACHER natürliche Symbolpredigten. Und er war begeistert von seinem Erfolg, besonders als sich bei seinen Seidenraupen wirklich eine Fülle von Nachwuchs einstellt. Das Ergebnis musste er unbedingt dem Apotheker zeigen.

Auch die Apothekerstochter MARIANNE war neugierig. Sie pflückte das Futter vom Maulbeerbaum im Pfarrgarten, und bald war auch bei ihr das ganze Zimmer voll mit Seidenraupen. Noch heute stöhnt sie über diesen unverhofften Segen! Ja, er war wirklich ein Spinner, dieser Pfarrer Redenbacher, sagt sie rückblickend liebevoll.

Die Schneeballschlacht (1940)

(SUSANNE HÜBSCH)

Während des Krieges wurde die direkte Zugverbindung zwischen Bayreuth und Weidenberg nur sehr lückenhaft bedient. Die Schüler mussten daher für den Heimweg oft die Bahnlinie von Bayreuth in Richtung Weiden nehmen und dann am Bahnhof von Seybothenreuth aussteigen. Dann machten sie sich zu Fuß auf den fast 6 km langen und etwas beschwerlichen Heimweg über den Höhenrücken der Bocksleite, auf dem die uralte Handelsstraße zwischen Franken und Böhmen quert, um dann nach Weidenberg hinabzusteigen.

SUSANNE muss damals schon mindestens 14 oder 15 Jahre alt gewesen sein. Einmal war auch Pfarrer REDENBACHER mit im Zug. Anders als sein Kollege HOFFMANN besaß er kein Auto, sondern war auf die Bahn angewiesen, oder er nutzte gar Schusters Rappen. Er kam offenbar von einer Besorgung oder dienstlichen Besprechung in Bayreuth und war auf dem Heimweg. Es war Winter, und es lag viel Schnee. Als der Zug hielt, stiegen die Buben möglichst rasch und unauffällig aus. Sie hatten etwas vor.

Als auch der Pfarrer ausstieg, wurde er aus seinen Gedanken gerissen: Wie ein Geschützfeuer flogen ganzen Batterien von Schneebällen heran und prasselte auf ihn nieder. Der Getroffene hob den Kopf und tat, als habe er nichts bemerkt; rasch ging er am Versteck vorbei, in dem die Buben sich verborgen hatten, und bog eilig und mit großen Schritten zum Weg ab, der nach Weidenberg hinaufführt.

Auch die Gruppe der Jugendlichen nahm diesen Weg. Die jungen Leute unterhielten sich gut und dachten längst an etwas ganz anderes. Als sie gerade die buschbestandene Talsohle des Weidenbachs überquerten und schon den Ortseingang von Weidenberg vor sich sahen, da brach plötzlich ein Gewitter über sie herein. Unmengen von Schneebällen hagelten auf sie hernieder.

Pfarrer REDENBACHER hatte seinen Vorsprung genutzt und einen großen Vorrat von Schneebällen geformt und aufgehäuft. Es gab ein großes Hallo. Wie es damals so war, waren solche Streiche Sache der Buben, die Mädchen schauten vergnügt zu. Ihnen imponierten beide, die Buben, und der Pfarrer.

Konfirmandenspruch und Stöckelschuh (Kriegskonfirmation 1941)

(FRIEDA PONATER, verh. GLUCHE; MATHILDE ROTHE, verh. KRETSCHMER)

Die meisten Konfirmanden haben GEORG REDENBACHER als einen angenehmen und zugänglichen Pfarrer in Erinnerung, auch wenn sie sich oft nicht mehr an Details erinnern. Viele lernten ihn schon in der Volksschulzeit oder bei Hausbesuchen kennen.

FRIEDA hat aber eine andere Erinnerung an die Einteilung der Seelsorgesprengel als SUSANNE. Danach hätten zu Redenbachers offiziellen Sprengel praktisch alle Gemeindeglieder gehört, die südlich der Steinach, also z.B. am Obermarkt bzw. in den südlicheren Dörfern wohnten. Diese Vorstellung könnte aber auch damit zusammenhängen, das REDENBACHER seit dem Weggang von Pfarrer HOFFMANN im August 1939 für die ganze Gemeinde zuständig war.

Dass Redenbachers Konfirmanden viel aus Katechismus und Gesangbuch auswendig lernen mussten, war für FRIEDA kein Problem. Sie lernte leicht und war fleißig.

Dann aber kam der Konfirmationstag. Da waren die Kinder ohnehin angespannt. Mit der Einsegnungsfeier am Vormittag war ja noch nicht alles vorbei. Am Nachmittag mussten die Konfirmierten das häusliche Feiern unterbrechen und noch einmal zusammenkommen. Das ging ja noch. Aber bei dieser Gelegenheit sollten sie den Konfirmationsspruch, den der Pfarrer für jeden einzelnen Konfirmanden ausgesucht hatte, noch einmal vor allen Leuten aufsagen. Das fanden manche schlimm, „da hat kein Essen geschmeckt“. Doch immerhin, so haben sich viele ihren persönlichen Konfirmandenspruch für ihr ganzes weiteres Leben wirklich gemerkt. Und zur Bestätigung sagt Mathilde ihn, aus einem Abstand von 75 Jahren, noch einmal fließend auf:

„Daran wird jedermann erkennen, dass ihr meine Jünger seid, wenn ihr Liebe untereinander habt“ (Joh. 13, 25).

Aber das Ereignis, auf das einzelne Mädchen richtig stolz waren, das waren die ersten „Stöckelschuhe“. Aus der heutigen Sicht von „High Heels“ war dieser Ausdruck stark übertrieben, diese Schuhe waren lediglich leicht hochhackig, wie auch das Foto

Mit „Stöckelschuhen" über das Obermarktpflaster:
GEORG REDENBACHER, mit den Achtklässlern des Konfirmandenjahrganges 1941

zeigt, mit relativ breiten Absätzen. Manche wünschten sich zu diesem Anlass gar nichts anderes. Andere mokierten sich in diesen ärmlichen Zeiten – es war jetzt Krieg – : Wie kann man sich zur Konfirmation nur so etwas Unpraktisches wünschen! Auf dem unebenen Kopfsteinpflaster des Obermarktes knickte der ungeübte Fuß leicht um, man geriet ins Stolpern. So konnte der Prozessionsweg vom II. Pfarrhaus zur Kirche zur Tortur werden: Aber das nahmen die modebewussten jungen Damen gern in Kauf.

In diesem Jahr 1941 gab es zwei Konfirmationen, warum, weiß der MATHILDE nicht mehr.[266] Beide Einsegnungsfeiern hielt Pfarrer REDENBACHER. Der Kreis der Angehörigen, die zu Fuß zur Kirche kamen, war klein: nur die Eltern und die Patin. Ein Auto hatten die wenigsten, zum Beispiel Dr. MÜLLER oder Herr KIEßLING, es gab ja im Krieg kein Benzin.

Die Kirche war von den Kindern vorher mit Kränzen und Girlanden an den Emporen geschmückt worden, am Eingang standen Fichten. Die Mädchen saßen vorn rechts, die Buben links vom Altar.

Die häusliche Feier fand ebenfalls in kleinem Kreis statt. Geschenke gab es so gut wie gar keine. Für vieles hätte man ja einen Bezugsschein gebraucht. Man musste praktisch denken. So wurde das Konfirmationskleid meist selbst geschneidert, den

[266] Tatsächlich wurde in diesem Jahr das Konfirmationsalter auf die 7. Klasse herabgesetzt. Am Palmsonntag, 6. April 1941 konfirmierte Pfarrer REDENBACHER die Achtklässler, zu denen auch MATHILDE gehörte. Es war mit 20 KonfirmandInnen der schwächste Jahrgang, den dieser Geistliche in Weidenberg je einsegnete. Sonst waren die Gruppen meist doppelt so groß. – Am Sonntag Trinitatis, 8. Juni 1941 folgte die Konfirmation der Siebtklässler mit 35 Jungen und Mädchen.

Stoff bezog man auf der Kleiderkarte. Die Farbe war traditionell das ernste Schwarz, im bewussten Unterschied etwa zum bräutlichen Weiß bei der Erstkommunion der Katholiken.

Zur Prüfung besaßen die Mädchen ein Extrakleid. MATHILDE kann sich noch gut erinnern: Das Ihrige war kornblumenblau. Man musste Sprüche aus der Bibel und Liedverse auswendig aufsagen können. An zwei Lieder erinnert sie sich noch heute: *„Befiehl du deine Wege"*, und *„Nun ruhen alle Wälder"*. Auch Stücke aus dem Katechismus von MARTIN LUTHER mussten die Jugendlichen auswendig können.

Dass sich einzelne Konfirmandinnen, wie FRIEDA, zu ihrer Einsegnung den „Luxus" von Stöckelschuhen leisteten, verwundert MATHILDE heute noch. Schließlich bekam man ja auf den Bezugsschein nur ein einziges Paar Schuhe für das ganze Jahr! Was wollte denn das Mädchen in der ganzen übrigen Zeit des Jahres mit diesen Stöckelschuhen anfangen?

Auch nach der Konfirmation gingen viele konfirmierte Jugendliche noch regelmäßig zur Kirche.

Der Stein im Schuh; Schmetterlinge im Treppenhaus (1948)

(Hans Lindner)

Pfarrer Redenbachers Predigtweise war anschaulich und plastisch. Selten hatte der Pfarrer ein vollständiges Manuskript. Gern verwendete er ungewöhnliche Sprachbilder. Manches prägte sich den Konfirmanden ein Leben lang ein.

Einmal hatte er wohl einen Stein in den Schuh bekommen, der ihn ziemlich drückte. Da predigte er über den Stein im Schuh. Die Jungen konnten es nachvollziehen, obwohl sie die eigentliche Aussage der Predigt heute vergessen haben. Vielleicht ging es um das schlechte Gewissen und die Beichte als Akt der Seelenreinigung, nach der man sich wieder wohl fühlt, so, als wäre der Stein nun aus dem Schuh entfernt.

Ein einziges Mal war der Auswärtige HANS LINDNER im II. Pfarrhaus. Da sah er auch die Schmetterlingssammlungen. Die Schaukästen zierten dort das Treppenhaus.

Schmetterlinge im Treppenhaus, Maulbeerbüsche im Garten: Das II. Pfarrhaus Weidenberg um 1935

4. Die letzten Jahre

Stimmen von Zeitzeugen über Pfarrer Redenbacher (1942-49)

HANS RABENSTEIN, *Weidenberg (konfirmiert 1942)*

Pfarrer REDENBACHER war von Statur etwa mittelgroß und stark bis korpulent. Er wohnte im II. Pfarrhaus am Obermarkt. Das riesige Gartengrundstück hinterm Haus, in dem er oft mit nacktem Oberkörper und Schürze arbeitete, erstreckte sich bis unterhalb des Altes Schlosses und war mit Gras und Bäumen bestanden.
Er war als Pfarrer beliebt, als Pädagoge aber streng, im Sinne von fordernd und pädagogisch konsequent: Z. B. musste man zur Konfirmandenprüfung „320 Fragen lernen". Den Unterricht empfanden die Schulkinder und Konfirmanden als anschaulich und geordnet. Er hatte eine kräftige Stimme. Seine Predigten waren sinnvoll, deutlich und überzeugend. Er hat sich getraut auch öffentlich seine Meinung gegen die Nazis zu äußern.

WERNER FISCHER, Sophienthal (konfirmiert 1942)

Der Konfirmandenunterricht bei Pfarrer REDENBACHER war immer lustig. Die Kinder freuten sich, wenn sie ihn mit seinem Stock schlenkernd schon von ferne kommen sahen. Nach der Begrüßung sangen die Kinder Lieder aus dem Gesangbuch und lernten neue oder sagten die beim letzten Mal auswendig gelernten Lieder auf. Dann erzählte der Pfarrer aus der Bibel – zwar gab es auch in jedem Haus eine Hausbibel, aber die brachte man nicht mit. Der Unterricht endete mit einem Gebet.

Allgemeinarzt Dr. HANS GÜNTER MÜLLER, Weidenberg (konfirmiert 1943)

Dr. MÜLLER war von Pfarrer REDENBACHER am Palmsonntag 1943 konfirmiert worden. Auch er kannte seinen Konfirmandenspruch noch, so wie die meisten Zeitzeugen: *„Jesus spricht: Niemand kann zu mir kommen, es sei ihm denn vom Vater gegeben"* (Joh. 6,68).

REDENBACHER war für ihn das „Abbild eines Pfarrers", eine „Seele von Mensch", leutselig, immer freundlich. Er ist selbst auf Kinder zugegangen und nicht ausgewichen, wenn man auf ihn zugegangen ist. Man hat diesen Pfarrer nicht gefürchtet, sondern geliebt; er war gesellschaftlich integriert und wurde auch von der Arztfamilie regelmäßig eingeladen.

FRITZ WITTAUER, Lessau (konfirmiert 1945)

FRITZ wohnte zwar auf der anderen Seite von Lessau unterhalb des Baches und gehörte damit kirchlich eigentlich zu Stockau. Die Familie ging aber oft auf dem „Lessauer Kirchweg" nach Weidenberg zum Gottesdienst. Pfarrer REDENBACHER sei ein sehr guter, überzeugender Prediger gewesen, man habe aufmerksam zugehört und die Ohren gespritzt. Bei den Nazis sei er öfter mit kleinen Seitenhieben angeeckt.

HENRIETTE RUMLER, verh. RUCKRIEGEL (konfirmiert 1946)

Pfarrer REDENBACHER war ein Pfarrer, der ein Herz und einen Sinn für die Jugend hatte. Die jungen Leute durften auch sonst ins Pfarrhaus kommen, um seine Schmetterlinge zu bewundern oder ihn als Naturfreund zu erleben.

MICHAEL ZIMMERMANN, Lessau (1949)

MICHAEL wohnte zwar auf der anderen Seite von Lessau unterhalb des Baches, er gehörte kirchlich zu Stockau und hatte Religionsunterricht und Konfirmandenunterricht bei Pfarrer LAUTER aus Neunkirchen. Die weiten Wege dorthin musste man auch im Winter bei Schnee zu Fuß gehen. Er hat aber gute Erinnerungen an Pfr. REDENBACHER: *„Das war noch ein Pfarrer. Der kam auch zur Dorfkerwa und stieß mit den Leuten an. Er ging auf die Menschen zu."* Er erinnert sich, dass er REDENBACHER als stattlich wahrnahm und dass man ihn in seinem Garten am Pfarrhaus hat arbeiten sehen, in Schürze.

Die letzten Jahre

Seit Pfarrer REDENBACHER im Jahr 1939 in Weidenberg die Verwesung der I. Pfarrstelle mit übernommen und jetzt also zwei Pfarrstellen ausfüllen musste, zeigten sich immer wieder Symptome von Erschöpfung und Krankheit. Dazu kam ein Unfall durch einen komplizierten Beinbruch, den er sich im Februar 1944 zuzog und der einen längeren Klinikaufenthalt notwendig machte. Laut einem Entscheid der Unfallversicherung, den das Visitationsprotokoll von 1944 erwähnt, war der Geistliche bis Ende dieses Jahres 40% arbeitsbeschränkt.

Zwar wurde die I. Pfarrstelle bereits ab 1. Juni 1943 dem Pfarrer HELLMUT HEIM zugewiesen; dieser tritt aber seinen Dienst erst im Juni 1945 an, um seine u.k.-Stellung als Taubstummenseelsorger nicht zu gefährden. Das heißt, erst nach Ende des Krieges wird REDENBACHER von der zusätzlichen Verwaltung der I. Pfarrstelle befreit. Doch erwarten ihn, neben der seelsor-

Kontaktfreudiger Kultur- und Sinnesmensch: GEORG REDENBACHER in seinen letzten Lebensjahren gerlichen Begleitung der Angehörigen der vielen Gefallen und Kriegsopfer, bereits seit 1944 neue Belastungen durch die notwendige geistliche Betreuung der Evakurierten und Flüchtlinge, die damals zu Hunderten nach Weidenberg strömen; unter ihnen sind viele Evangelische.

REDENBACHER fühlt sich auch durch das Urteil bedrückt, das die Spruchkammer am 30. Sept. 1946 im schriftlichen Verfahren gegen ihn verhängt. Obwohl er nur wenige Jahre der NSDAP angehörte und sich schon bald von der naiven Hoffnung auf HITLER zum klaren NS-Gegner entwickelt hat, gruppiert man ihn als „Mitläufer" ein, also in derselben Stufe, wie anfänglich auch den Ortsgruppenleiter (!), und legt ihm eine Sühne von 300 RM und die Übernahme der Gerichtskosten auf. Aus gekränktem Stolz verzichtet REDENBACHER auf einen durchaus chancenreichen Einspruch.

Hahn im Korb: Redenbachers Töchter und Schwestern 1949

Für den 1. Okt. 1949 bittet der Geistliche nach einer Dienstzeit von 41 Jahren, davon einer Amtszeit von 30 Jahren in Weidenberg, um Versetzung in den Ruhestand, da ist er schon fast 70 Jahre alt. Er darf noch im Pfarrhaus bleiben und genießt hier die verbleibende Zeit in der häufigen Gegenwart der beiden Töchter und der Enkelin URSULA.

Doch schon länger hat sich bei ihm ein heimtückisches schmerzhaftes Leiden eingestellt, eine bösartige Geschwulst an der Blase, die sich nicht als heilbar erweist. Sie macht ihm seine letzte Lebenszeit zu einer Anfechtung in seinem an Anfechtungen reichen Leben.
Schaut er dabei zurück, so war die größte bis dahin erlebte persönliche Prüfung unzweifelhaft der allzu frühe Krebstod seiner geliebten, erst 43 Jahre alten Ehefrau MARGARETE im Jahr 1935.

Andererseits hatte er als die größte theologische und menschliche Anfechtung sicher die Herausforderung des Kirchenkampfes erlebt. Hier hatte sich diesem empfindsamen Mann die Frage nach der Brüderlichkeit unter Amtskollegen gestellt, nachdem ihm, dem zu wachsender Klarheit reifenden Bekenntnispfarrer, mit Pfarrer HOFFMANN ein uneinsichtiger Funktionsträger der „Deutschen Christen" gegenüberstand. REDENBACHER hat ja lange zu vermeiden ver sucht, diesen Konflikt nach außen zu tragen, bis ihm dann mit der Aufstellung des Bekenntnismarterls an der Bocksleite am Höhepunkt des Kirchenkampfes eine fantasie- und wirkungsvolle Lösung eingefallen war.

Aber nun, am Ende einer arbeitsreichen Lebenszeit, war es die böse Erkrankung, die unausweichlich am 23. Februar 1951, nur zwei Jahre nach dem Beginn seines Ruhestandes, sein Leben beendete. Obwohl er gern gelebt hatte, war dieser Tod für ihn, kurz nach Vollendung seines 71. Geburtstages, doch auch eine Erlösung, für die Gemeinde aber ein Schrecken.

An diesem kühlen und verregneten Freitag war zwar die Nachricht vom selben Tag, dass die deutschen Eiskunstläufer RIA BARAN und PAUL FALK aus Dortmund in Mailand erstmals Weltmeister im Paarlauf geworden waren, Balsam auf die noch geschundene nationale Seele. Aber die Betroffenheit über den Tod ihres beliebten Geistlichen überwog in Weidenberg doch alle anderen Gefühle. Die Nachwirkungen zeigten sich dann auch in den folgenden Tagen.

Der Abschied von einem beliebten Seelsorger

Die Beerdigung bereitete Pfarrer JOHANN FÖRSTER vor, der 1949 die Nachfolge von HELMUT HEIM angetreten hatte. Er hatte seinen Kollegen ja noch kennenlernen und bei seiner Erkrankung begleiten können, und er kannte die Anhänglichkeit der großen Gemeinde.

Er ließ REDENBACHER in der großen St. Michaelskirche vor dem Altar aufbahren. In einem offenen Sarg mit weißer Innenausstattung ruhte der Geistliche mit friedlich entspannten Gesichtszügen wie schlafend, angetan mit Talar und dem geistlichen Pfarrhut. Unzählige Menschen defilierten an diesem Wochenende am Sarg vorbei und erwiesen ihrem Pfarrer die Ehre.

Als dann am folgenden Dienstag die eigentliche Beerdigungshandlung begann, konnte die große Kirche die unendliche Trauergemeinde kaum fassen. Pfarrer FÖRSTER hielt seine Predigt auf Wunsch der Angehörigen zu dem Lobpsalm 103, 1-5 *„Lobe den Herrn meine Seele ... und vergiss nicht, was er dir Gutes getan hat."*

Dann formierte sich bei dem unfreundlichen Februarwetter mit Temperaturen um den Gefrierpunkt ein Trauerzug, wie ihn die Geschichte des Marktortes bisher noch kaum gesehen hatte: Während die Letzten noch aus der Kirche traten, war die Spitze in Richtung Obermarkt und Friedhof schon weit am Haus des Baders vorbei, dessen rundes Baderschild sich auffallend über die Straße reckt. Sie folgten der prunkvollen pferdebespannten Leichenkutsche des Stellmachers ABRAHAM SCHWENK und zogen

Trauernde Menschen, soweit das Auge reicht:
Trauerzug für Pfarrer REDENBACHER am 27. Februar 1951

unter Glockengeläut den Obermarkt hinauf und dann den weiten Weg zum Friedhof hinunter.

Im selben Grab, in dem schon seine Frau ruhte, wurde auch GEORG REDENBACHER beigesetzt. Später wurde hier auch seine Tochter RUTH zur Ruhe gebettet.

Das Grab von Pfarrer Redenbacher

Sicher war GEORG REDENBACHER ein Mensch mit Ecken und Kanten, kauzig, schrullig, „ein bisschen verrückt“, wie es manche seiner Schüler und Konfirmanden empfanden, aber ein klarer, deutlicher Prediger, dem man gerade auch in diesen ernsten Zeiten aufmerksam zuhörte. In einer Zeit, in der mit der Machtergreifung Hitlers überhebliche Menschen immer mehr nach dem Throne Gottes griffen und sich selbst an seine Stelle setzten, gab er seinen Gemeindegliedern Rat und Halt.

Als er am 23. Februar 1951 starb, trauerten in der Gemeinde außerordentlich viele Menschen. Obwohl der **Redenbacherbrunnen**, seine einzige öffentliche Ehrung, schon seit den 80-er Jahren verschwunden und heute vergessen ist, ist doch der Mensch und Seelsorger REDENBACHER bei Vielen erstaunlich lebendig geblieben. Doch erinnert heute als einziges sichtbares Zeichen nur noch das **Grabmal** auf dem Friedhof St. Stefan an diesen Pfarrer.

Wer zu Fuß von Weidenberg den steilen Stephansweg herab kommend durch den Nordeingang des Friedhofs direkt auf die Kapelle St. Stephan zugeht, sieht schon von weitem, inmitten des einförmigen Meeres der modernen glatten Grabsteine, das auffallende halbhohe, helle Steinkreuz aufragen, das seine Tochter RUTH für seine Frau und ihn entworfen hat. An beherrschender Stelle hat hier *der* Seelsorger seine letzte Ruhe gefunden, der sich unter den 20 wechselnden Seelsorgern Weidenbergs im vergangenen Jahrhundert wohl am stärksten in den Herzen der Weidenberger verankert hat.

Tritt man näher, so gibt die erhaben herausgehauene Schrift auf Quer- und Längsbalken ein Bibelwort des neuen Testamentes zu lesen: *„Ich bin die Auferstehung und das Leben“*, - das berühmteste der sieben "Ich-bin-Worte" Jesu aus dem Johannes-Evangelium, das Trostwort, das Redenbacher stets bei den Begräbnisfeiern für seine Gemeindeglieder verwendet hat und dem er auch selbst stets vertraute. Darüber sieht man die ineinander verschlungenen griechischen Buchstaben Alpha und Omega; sie verkünden in der Offenbarung des Johannes Gottes Ewigkeit.

Unter solchen klaren Gottesworten wollte dieser Verkündiger begraben sein, der selbst in seiner Verkündigung in den dramatischen drei Jahrzehnten zwischen dem Ende des Ersten und dem Ende des Zweiten Weltkrieges immer klare Worte gefunden hat.

Zu Füßen dieses Kreuzes bedeckt eine Sandsteinplatte das Grab. Für seine Frau MARGARETE hatte Redenbacher nach ihrem Tod dieses klassische Epitaph in Lebensgröße aus Sandstein gestalten lassen. Es ist im Stil der Epitaphien der alten Reichsritter V. KÜNSBERG und V. LINDENFELS gehalten, die sich in Weidenberg nach Trauerfällen in St. Michael und St. Stephan auf diese Weise verewigt hatten. REDENBACHER hatte sei-

Durch Witterung und Vandalen gefährdet:
Familiengrab von GEORG REDENBACHER

ne älteste Tochter RUTH um die Gestaltung gebeten. Sie war künstlerisch begabt und studierte bildende Kunst fürs Lehramt.

Da liegt MARGARETE wie schlafend auf ein Kopfkissen gebettet und mit einem Tuch verhüllt und hält auf ihrem Körper, unterstützt von der linken Hand, die aufgeschlagene Bibel. Die rechte Hand scheint auf eine bestimmte Bibelstelle zu weisen. Welche Stelle dies war, bleibt uns leider verborgen, denn der Amtskollege Pfarrer Theodor Hoffmann, der diese Beerdigung auf Wunsch von Pfarrer Redenbacher vorgenommen hatte, hat in seiner Zeit leider die alte Sitte unterbunden, Bibelsprüche für Kasual-Gottesdienste in die Kirchenbücher einzutragen.

Dieses Epitaph stand lange Zeit in der Friedhofskirche St. Stephan und symbolisierte für Pfarrer REDENBACHER die Liebe und die geistliche Nähe zu seiner Frau.

Als REDENBACHER dann 1951 starb, gestaltete seine Tochter RUTH, die durch eine fortschreitende Ertaubung inzwischen schwer behindert war und sich entgegen ihrem Lebenswunsch nur noch nebenberuflich als Malerin und Bildhauerin betätigen konnte, für ihn als ergänzendes Grabzeichen das aufgerichtete Kreuz mit dem Johannesspruch. Auf dem Sockelstein schlug sie die Namen der Eltern heraus: *„Hier ruhen in Gott Margarethe Redenbacher und Georg Redenbacher“*. Die metallenen Lettern für ihren eigenen Namen wurden 1996 dort aufgesetzt, nachdem auch sie im Grab ihrer Eltern ihre letzte Ruhe gefunden hatte.

Zu Füßen dieses Kreuzes wurde nun diese Epitaphplatte niedergelegt, die bis dahin in der Friedhofskapelle ihren beschützten Platz gehabt hatte. Dass diese Verbringung ins Freie keine besonders glückliche Idee war, zeigt sich in der Gegenwart: Ohnehin passen Grabplatte und Kreuz auch stilistisch nicht zusammen. Durch die Witterungseinflüsse hat der Sandstein zudem seine Konturen verloren. Das umlaufende Band in erhabener gotischer Schrift wird unleserlich. Man kann nur noch bruchstückhaft entziffern: *„Hier in Geduld und Glauben ... Pfarrerswitwe Margarete Redenbacher.* Die Gesichtszüge der liegenden Gestalt verwaschen zunehmend. Auch ist die Platte und das ganze Grabmal Gewalteinwirkungen besonders ausgesetzt.

So ging vor einigen Jahren ein Aufschrei der Entrüstung durch Weidenberg, als der Fall einer Friedhofsschändung bekannt wurde: Betrunkene junge Leute hatten sich nachts an vielen Grabmälern zu schaffen gemacht. Sie stürzten Grabsteine um, verwüsteten Anpflanzungen, brachen auch das alte gusseiserne Marterlkreuz am Grab neben der Kapelle ab, und, was am meisten entsetzte, machten auch vor dem Grab der Familie von Pfarrer REDENBACHER mit dem Vandalismus nicht Halt. Das von RUTH REDENBACHER geschaffene steinerne Grabkreuz wurde damals umgestoßen und zerbrach. Den Schaden mussten die jungen Leute wieder gut machen, man sieht aber die Wunden noch heute.

Ein Brunnen für Pfarrer Redenbacher (1938)

BETTY UND HANS RABENSTEIN

Der Redenbacherbrunnen beim Holzsteg in der Nähe des Stauwehres für die Scherzenmühle ist beiden Rabensteins seit ihrer Kindheit bekannt. Dort hüteten sie schon als Kinder Gänse. Es gab ihn also bestimmt schon seit den dreißiger Jahren. Nach dem Protokoll des Verschönerungsvereins wurde die Anlage im Jahr 1938, also unter der Ägide von Pfarrer REDENBACHER, errichtet und in den folgenden Jahren vervollständigt: Ein runder Tisch war von kleinen Sitzbänken umgeben.–. Die **Namensgebung** erfolgte posthum 1958 als „Ehrung" durch den Verschönerungsverein. Von 1919 bis 1951 war Pfarrer REDENBACHER 32 Jahre lang bis zu seinem Lebensende für den Verein tätig gewesen und hatte sich verdient gemacht. Im Vorstand des WVV war er insgesamt 23 Jahre von **1931-34 als I. Vorstand und von 1934-1951 als Schriftführer aktiv.** Der Brunnen erinnerte auch an die Vorliebe Redenbachers für das Angeln in der Steinach.

Dieser Brunnen, von HANS RABENSTEIN 1973 gezeichnet, ist auch in seiner 1959 gezeichneten Karte der Weidenberger Umgebung eingezeichnet.[267] Der Brunnen selbst bestand aus einer Säule aus roh behauenen, gemauerten Kalksteinen. Das Wasser lief aus einer Röhre in eine einfache, mit Feldsteinen umrahmte ebenerdige Brunnenfassung Die Wasserzuleitung erfolgte durch eine einfache Leitung aus einer Quelle im Hang jenseits der Steinach.

Das Wasser hatte eine anerkannt gute Qualität und wurde, wie noch die Zeitzeugin Frau FÜNFSTÜCK berichtete, als Trinkwasser geschätzt und oft von Kindern für die Familie geholt. Wohl in den achtziger Jahren gab es einen Hangrutsch nach einer Überflutung, in dessen Folge die Steinach vom Wasserwirtschaftsamt vertieft und begradigt wurde. Dabei wurde auch der Brunnen beseitigt.

Existierte noch bis in die 1980-er Jahre: Der Redenbacher-Brunnen am Stauwehr der Warmen Steinach auf einer Zeichnung von HANS RABENSTEIN

[267] Vergl. die Kartenzeichnung 1959 von HANS RABENSTEIN *„Weidenberg und um Umgebung"* in der 2. Folge des Projektes „MYRTEN FÜR DORNEN – Licht und Schatten der neuen Zeit" S. 356-357.

Wo man weitere Geschichten vom Pfarrer Redenbacher findet:

Der eigenmächtige Lehrplan (1908)
im Kapitel „*Widersetzlich und widerspenstig*", in der 2. Folge des Projektes „MYRTEN FÜR DORNEN – Licht und Schatten der neuen Zeit", S. 22ff

Der Mensurstreit (1911)
aaO. im Kapitel „*Ein Visionär, der den Gebrauch todbringender Waffen stigmatisiert*", S. 27-31.

Der Abendmahlsstreit (1914)
im Kapitel „*Gewissensbisse beim Abendmahl*", aaO. S. 31-33.

Der Klingelbeutelstreit (1917)
im Kapitel „*Eine Vision vom Umdenken der Deutschen nach Kriegsende*", aaO. S. 33-35.

Ein streitbarer Pfarrer (1911-1917)
im Kapitel „*Streitlustig und zugleich verletzlich*", aaO. S. 56 ff.

Obstanbau und schöne Künste (ab 1919)
im Kapitel „*Redenbachers beschauliche Steckenpferde*", aaO. S. 39 ff.

Der Mord in Fenkensees (1934)
im Kapitel „*Kriminaldelikte*" in der 3. Folge des Projektes „MYRTEN FÜR DORNEN – Der Anstreicher und seine Lehrjungen, S. 335 ff.

Befreundet mit dem Apotheker (1939)
im Kapitel „*Gottesdienst und Kundendienst*", aaO. Folge 3, S. 309 f.

Beim Doktor (1941)
im Kapitel „*Arzt und Apotheker*", Folge 3, S. 280,
sowie im Kapitel „*Auch der Pfarrer muss zum Doktor*", aaO. in Folge 3, S. 311 f.

Nachgehende Seelsorge (1942)
im Kapitel „*Ein Pfarrer der Herzen*", in Folge 2, S. 52 ff.

Ein kauziges Original darf weitermachen (1948)
im Kapitel „*Genugtuung am Ende der Dienstzeit*", in Folge 2, S. 13 ff.

Ein Brunnen als Erinnerung (1938, 1957)
Kapitel „Ein Brunnen für Pfarrer Redenbacher"
aaO. Folge 2, S. 337 ff

ANHANG

Literatur:

AAS, NORBERT (Herausgeber), Zwischen Weltanschauungskampf und Endzeitstimmung, Die Evangelische Kirche Bayreuths im Nationalsozialismus. Bumerang-Verlag Bayreuth, 2010.

BENZ, WOLFGANG, Geschichte des Dritten Reiches. bpb-Schriftenreihe Band 377/ 2000.

BAIER, HELMUT, Die Deutschen Christen Bayerns

BAIER, HELMUT und HENN, ERNST, Chronologie des Kirchenkampfes 1933-1945, Selbstverlag des Vereins für bayerische Kirchengeschichte, 1969

CONRAD, WALTER, Kirchenkampf. Berlin 1947.

DÖTTERL, MATTHIAS (posth.) und TAEGERT, JÜRGEN-JOACHIM, Wo König und Herzog einfache Leute sind, Spurensuche Frankenpfalz im Fichtelgebirge, Geschichte, Schlösser, Sprache, Kultur. Kirchenpingarten 2009

HAARER, JOHANNA, Die deutsche Mutter und ihr erstes Kind, 1934

HAARER, JOHANNA jr. und GERTRUD, Die deutsche Mutter und ihr letztes Kind. 2012

HARTMANN, GERHARD, Kirche und Nationalsozialismus. Topos Verlag Kevelaer Verlagsgemeinschaft Topos plus 2007

HERZ, ULRICH, Ein Deutscher Christ im Kampf mit der Kirchenleitung und Landesbischof Meiser. Der Fall des Ansbacher Pfarrers Gottfried Fuchs (1892–1960). In: Zeitschrift für Bayer. Kirchengeschichte 82. Jg. 2013, S. 143-204

KERSHAW, IAN, Hitler: 1889-1945. DVA ^{4}2000

KLEE, ERNST, Die SA Jesu Christi, Die Kirche im Banne Hitlers. Fischer TB 1989

KRÖLL, JOACHIM, Geschichte des Marktes Weidenberg. Marktgemeinde Weidenberg 1967

MAYER, BERND und PAULUS, HELMUT, Eine Stadt wird entnazifiziert, Die Gauhauptstadt Bayreuth vor der Spruchkammer. Ellwanger Bayreuth 2008

MEIER, KURT, Kreuz und Hakenkreuz, Die evangelische Kirche im Dritten Reich. Dtv 2. Aufl. 2008

MENSING, BJÖRN, Pfarrer und Nationalsozialismus, Geschichte einer Verstrickung am Beispiel der Evangelisch-Lutherischen Kirche in Bayern. 2. durchges. Auflage, Rabenstein Bayreuth 1999

ROEPKE, CLAUS-JÜRGEN, Die Protestanten in Bayern. Kirche zwischen Auftrag und Erwartung. Süddeutscher Verlag München 1972

SCHULZE, NORA ANDREA, Hans Meiser, Lutheraner – Untertan – Opponent. – Als Datei aus der maschinenschriftlichen Vorlage eingelesen von Jürgen Joachim Taegert 2020

SIMON, MATTHIAS, Die Evang.-Luth. Kirche in Bayern im 19. und 20. Jahrhundert. Claudius-Verlag München 1961

SPERL, AUGUST, Der oberpfälzische Adel und die Gegenreformation. In: Vierteljahrsschrift für Wappen-, Siegel- und Familienkunde, 28. Jg. Berlin 1900.

STROHM, CHRISTOPH, Die Kirchen im Dritten Reich. C.H.Beck 2011

TAEGERT, JÜRGEN JOACHIM, Div. Artikel im neuen HEIMATBUCH GESEES, 2021

WILFERT, JOHANNES, Emtmannsberg im Spiegel seiner Geschichte. 1987

WEBER, LIESA, Handlungsspielräume und Handlungsoptionen von Pfarrern und Gemeindegliedern in der Zeit des Nationalsozialismus. Vandenhoek und Ruprecht 2019

ZIPFEL, FRIEDRICH, Kirchenkampf in Deutschland 1933-1945. Walter de Gruyter 1965

Archive:

BUNDESARCHIV BERLIN: Unterlagen zur Nazimitgliedschaft von Einzelpersonen und zu Opfern der Naziherrschaft

LANDESKIRCHLICHES ARCHIV NÜRNBERG: Personalakten von ehemaligen Weidenberger Pfarrern

STAATSARCHIV BAMBERG: Akten zu den Entnazifizierungsverhandlungen 1946-59

STAATSARCHIV COBURG: Akten, Meldebögen und Listen zu den Entnazifizierungsverhandlungen 1946-59

GESAMTÜBERSICHT für die sechs Folgen des Projektes „Myrten für Dornen" und den Supplementband über die Weidenberger Kirchen- und Ortsgeschichte:		
Folge Nr.	*Überschriften der jeweiligen Folge:*	*Die Bücher und Inhalte der jeweiligen Folge:*
1	**„AM VORABEND DER URKATASTRO-PHE(N)"** **– Quellen zur Weidenberger Geschichte** ISBN 978-3-947247-15-8	1. **„TANNEN FÜR HECKEN UND MYRTEN FÜR DORNEN"** – Das evangelische Bekenntnismarterl der Margarete Schilling 1937 auf der Weidenberger Bocksleite 2. **„DIE PFARRBESCHREIBUNG 1913/14"**, eingelesen, kommentiert und fortgeführt bis in die Gegenwart 3. **„DIE GESCHICHTE VON WEIDENBERG UND UMGEBUNG"** 1896 von Pfarrer Johannes Michael Einfalt 4. **„BESCHREIBUNG DER MARKTGEMEINDE WEIDENBERG"** 1900 von Lehrer Joh. Erhard Reblitz 5. **DER „WEITBERÜHMTE MARCK WEIDENBERG"** samt Umgebung 1692 von Magister Johann Will 6. **„DER STUMME SCHREI ZUM HIMMEL"** – Die Steinkreuze um Weidenberg und in der Frankenpfalz 7. **„KULTURATTACHÉ UND GESCHICHTS-GEWISSEN"** – Erinnerung an Adam Kießling
2	**„LICHT UND SCHATTEN DER NEUEN ZEIT"** **– Alltagsleben in der Vorahnung der Katastrophe** ISBN 978-3-947247-16-5	1. **„WO SIND DENN DIE RITTER?"** – Leben und Geschichten vom Pfarrer Redenbacher **2. „BEIM MARKTBRAND *NICHT* MIT VERBRANNT"** – Geschichte der Kirchen Weidenbergs, der Gemeinde und ihrer Pfarrer anhand der Epitaphien und neuer Recherchen 3. **ARBEIT, WOHLSTAND UND ARMUT BEI DEN „GAASLA"** – Soziales Leben, Beruf und Gewerbe in Weidenberg um die Wende zum 20. Jh.

2		**4. „Als Weidenberg Kurort werden wollte“** – Pfarrer Redenbacher und der Verschönerungsverein Weidenberg (ein Durchgang durch die Geschichte der Marktgemeinde Weidenberg 1903-2013)
3	**„DER ANSTREICHER UND SEINE LEHRJUNGEN“** **– Braune Herrschaft in Weidenberg seit 1929** ISBN 978-3-947247-17-2	1. **„Seit 1933 sind wir alle nicht mehr normal“** – Georg Rumler und der Aufstieg der Nazis in Weidenberg von 1929 bis zu ihrem Durchbruch 1933 **2. „Bei mir ist niemand zu Schaden gekommen“** – Die Herrschaft der Nazis in Weidenberg und ihre Gegner **3. Physikus und Pharmazeut“** – Das Weidenberger Gesundheitswesen bis in die erste Hälfte des 20. Jh.
4	Christsein am Scheideweg – Weidenberg im Kirchenkampf ISBN 978-3-947247-18-9	**1. „Bloß keine Atheisten“** – Glückliche Fügungen und vereitelte Wunder bei der Entwicklung der protestantischen Landeskirche in Bayern und im Kirchenkampf im Dritten Reich **2. „Das Trojanische Pferd der Nazis“** – Der Weidenberger Pfarrer Theodor Hoffmann und die Deutschen Christen **3. Die „heimliche“ Bekenntnisgemeinde Weidenberg** und andere Geschichten vom Pfarrer Redenbacher
5	**„SPUREN DER OPFER“** **– Anteilnahme und Verleugnung** ISBN 978-3-947247-19-6	1. **„ANNA MARGARETA – Gedenken des Unbegreiflichen“** – Spurensuche NS-Opfer des Euthanasie-„T4-Programms“ aus der Kirchengemeinde Weidenberg 2. **„MARTIN - Leben im Armenhaus, Sterben an Hungerkost“** – Spurensuche Opfer der Armut und der „wilden Euthanasie“ aus Weidenberg

5		3. „JENSEITS DER ROTEN LINIE“ – Ein Weidenberger in den Klauen von Gestapo und Volksgerichtshof: Die Akte Dennert-Weidenberg 1930-1944
6	**„UNTERGEHEN UND AUFSTEHEN“** **– Der Alltag unter Kriegsbedingungen und das Danach** ISBN 978-3-947247-20-2	**1. „HITLERS GRIFF NACH DER JUGEND“** 1.1 „HASENJAGEN, ABER GELERNT HABEN WIR NICHTS“ – Schule und der kleine Widerstand im Alltag 1.2 „BDM-MÄDCHEN MARIANNE 1.3 „HITLERJUNGE HANS“ **2. „GÄSTE UND FREMDLINGE (1)“** 2.1. DIE EVAKUIERUNG DER SAARLÄNDER 2.2 „FERIEN OHNE HEIMKEHR“ – Gestrandet bei der Kinderlandverschickung 3. „WARTEN AUF DIE SIEGER“ – Naziübergriffe, Widerstand, Krieg, Kriegsende und Neubeginn in Weidenberg“ (= Rumler-Biographie Teil III 1936-1945 ff) 4. „MIT OST-SPIONEN UND ALTEN SEILSCHAFTEN ZUM NEUEN AUFBRUCH?“ – Die Entnazifizierung 1946-48 und der holperige Neustart der Parteien-Demokratie in Weidenberg **5. „GÄSTE UND FREMDLINGE“ (2)** – Gablonzer Glasknopfmacher in Weidenberg, oder: Wie die „Sudetendeutschen“ nach Oberfranken kamen 6. „EIS VON DER OMA, KINO VOM OPA“ – Die Weidenberger „Rosenau- Lichtspiele“ im Wandel der Zeiten 1926-1971
7	**SUPPLEMENT** **– Der NS-Überfall auf die Kirchenpingärtner Pfarrer 1938;** und: **– Die Weidenberger Himmelsbriefe** ISBN 978-3-947247-55-4	**1. „ALS HITLERS GOTTHEIT INFRAGE STAND“** – Der Widerstand der Frankenpfälzer und der Überfall der Weidenberger Nazis nach den Hitlerwahlen 1938 2. „DIE WEIDENBERGER HIMMELSBRIEFE“ – Ein vergessener stummer Schrei nach Segen